国家级职业教育规划教材

人力资源和社会保障部职业能力建设司推荐

国际贸易实务

高职高专电子商务专业任务驱动型教材

主编　喻跃梅

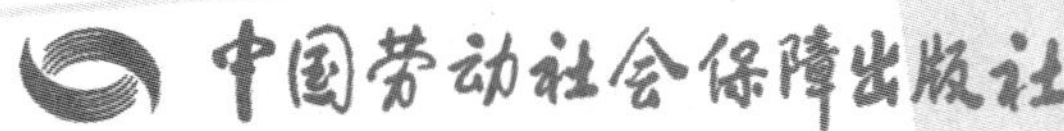

图书在版编目(CIP)数据

国际贸易实务/喻跃梅主编. —北京：中国劳动社会保障出版社，2010
高职高专电子商务专业任务驱动型教材
ISBN 978-7-5045-8673-5

Ⅰ.①国… Ⅱ.①喻… Ⅲ.①国际贸易-贸易实务 Ⅳ.①F740.4

中国版本图书馆 CIP 数据核字(2010)第 225353 号

中国劳动社会保障出版社出版发行
（北京市惠新东街1号 邮政编码：100029）
出版人：张梦欣
*
三河市潮河印业有限公司印刷装订 新华书店经销
787 毫米×1092 毫米 16 开本 18.5 印张 411 千字
2010 年 11 月第 1 版 2022 年 12 月第 13 次印刷
定价：30.00 元

营销中心电话：400-606-6496
出版社网址：http://www.class.com.cn
http://jg.class.com.cn

前　言

为了满足高等职业技术院校电子商务专业教学改革的需要，我们组织了一批教学经验丰富、实践能力强的教师与行业、企业的专家，在充分调研和集思广益完善课程教学方案的基础上，编写了国内首套高等职业技术院校电子商务专业任务驱动型教材，包括《电子商务概论》《电子商务技术与应用》《商务站点建设与管理》《Web数据库应用》《网络信息发布与营运》《商情分析》《客户关系管理》《电子商务物流》《国际贸易实务》《电子商务应用与实训》（第二版）等。

在本套教材的编写过程中，我们力求贯彻以下三项原则：

一、围绕培养目标选取教材内容

本专业的培养目标是使学生能够利用计算机、网络、信息等现代化技术手段完成企业的商务工作。本套教材内容的选取紧紧围绕这一培养目标来展开，即根据电子商务工作流程的需要，着重介绍营销、交易、管理等工作内容以及这些工作中常用的计算机技术、网络技术、信息技术、电子物流技术和典型电子商务平台运用技术等，既有基础知识和专业知识，又有电子商务工作技能的训练，提高了教材的针对性和适用性。

二、按照任务驱动教学模式安排教材内容

教材中的各教学单元分别以企业的信息搜集、市场调查、招标采购、销售推广、客户服务、物流管理等工作中的典型业务为项目，按照典型业务的需要，安排相关的商务内容和技术支持内容，并做到“理论学习有载体，技能训练有实体”，以利于激发学生的学习兴趣，提高教学效果。

三、充分体现国家职业标准的要求

为了推动高等职业技术院校贯彻落实“双证书制度”，本专业教材涵盖了国家职业标准《电子商务师》中电子商务员、助理电子商务师等应知和应会的内容。这样，学生在取得学历证书的同时，也很容易考取电子商务专业的中、高级国家职业资格证书。

在本专业教材的编写过程中，有关省市教育部门、人力资源和社会保障部门以及一批高等职业技术院校给予我们有力的支持，教材的主编、参编、主审等有关人员做了大量的工作，在此，我们表示衷心的感谢！同时，恳切希望用书单位和广大读者对教材提出宝贵的意见和建议，以便修订时加以完善。

人力资源和社会保障部教材办公室

2009 年 7 月

内 容 简 介

本书为国家级职业教育规划教材，由人力资源和社会保障部职业能力建设司推荐。

本书根据高职高专电子商务专业的教学实际，由人力资源和社会保障部教材办公室组织编写。本书采用任务驱动的编写思路，以国际贸易业务流程为主线，通过设置不同的典型国际贸易工作环节为任务，使学生掌握开展国际贸易实务的主要技能，主要内容包括：寻找客户、准备交易，进行业务联系，选择交易磋商的方式，确定商品的品名、品质，确定商品的数量，确定商品的包装，选择贸易术语，进行价格核算，选择运输方式，选择货物运输保险，选择支付方式，签订合同及合同的履行，催证、审证与改证，准备出口货物，报检报关，外汇核销与出口退税等。

本书由喻跃梅主编，赵欣副主编，彭瑶参加编写。其中模块一与模块三由喻跃梅编写，模块二由赵欣编写，模块二任务10由彭瑶编写。

目　录

模块一

建立业务关系

任务1 寻找客户、准备交易

教学目标

1. 掌握在国际贸易中建立业务关系的途径和方式。
2. 了解国际市场调研的基本内容，熟悉市场行情。
3. 能够通过传统和网络途径寻找到客户。
4. 能够根据需要进行市场调研。

任务引入

2008年7月，毕业于哈尔滨某职业技术学院的学生刘萍通过面试进入哈尔滨一家外贸企业——哈尔滨弗瑞德贸易有限公司（Furide Trading Co.,Ltd.）从事进出口业务，成为一名外贸业务员。哈尔滨弗瑞德贸易有限公司是经国家批准的具有进出口经营权的综合性贸易公司。其经营范围包括纺织品、机电设备、服装、建筑材料、轻工产品等。公司与多家供货厂商有固定的业务往来，货源基础雄厚。

刘萍进入公司后跟随资深外贸业务员叶琳熟悉国际贸易业务，了解市场行情，熟悉产品的市场分类，寻找客户，争取订单。

任务分析

国际贸易业务有其特殊性，具有不同于国内贸易的特点，其交易过程、交易条件、交易习惯及所涉及的法律问题，都远比国内贸易复杂。每位业务员必须能够接到客户的订单并能迅速开展业务。作为一名新业务员，在开展进出口业务之前，需要用3个月甚至半年的时间深入生产企业，熟悉进出口商品的基本信息和相关情况，同时也要熟悉相关网站，查询各种商品的标准。外贸业务的展开有其规律性，必须从最基本的工作做起，熟悉出口商品并了解市场行情，开发客户并建立营销渠道，进出口双方在交易前需要进行国际市场调查，选择定位国际目标市场，寻找客户。

相关知识

在国际贸易的实际业务中，不同的交易、不同的贸易条件，其业务环节也不尽相同。在具体工作方面，各个环节又常交叉进行，或者齐头并进。但是无论是出口贸易还是进口贸易，就它们的基本业务程序而言，主要包括交易前的准备、国际贸易合同的磋商及合同的履行三个阶段，如图1—1—1所示。

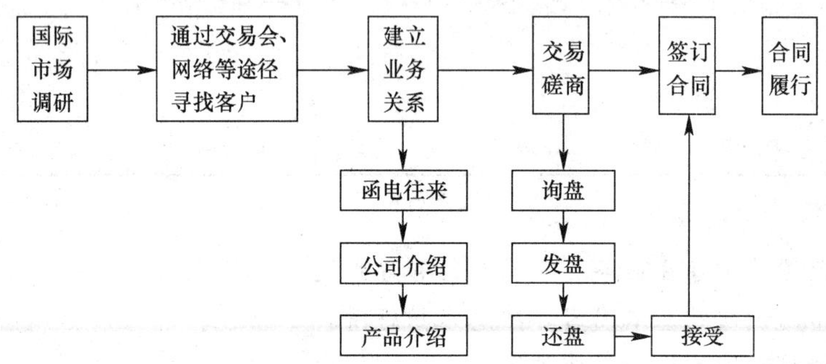

图1—1—1 国际贸易业务流程图

一、熟悉商品，了解市场行情

从事国际贸易，无论是出口还是进口，首先必须对经营的商品非常熟悉，对商品的基本性能和市场行情要做到心中有数。

1. 熟悉商品

在开展业务前必须熟悉商品的以下信息：

（1）商品的生产知识：原料供应、产量销量、包装类别、能源环保、加工周期和储备能力等。

（2）商品的生产工艺：基本配方、工艺流程、设备性能和质量管理等。

（3）商品的基本性能：物理（化学）性能、成分、含量、规格和型号等。

（4）商品的标准与包装：销往国家的技术、安全、卫生和环保等各项规定，原料、体积、重量和各种运输工具允许的装载量等。

（5）商品编码：海关税则的分类和《商品名称及编码制度》（简称“协调制度”，又称HS）商品编码的使用等。

（6）商品的价格：原材料价格、同类商品价格、历史价格及发展趋势等。

2. 进行国际市场调研，了解市场行情

外贸业务员要做到对市场行情了如指掌，必须进行必要的国际市场调研。国际市场调研是为了获得与贸易有关的各种信息，通过对信息的分析，得出国际市场行情特点，判断贸易的可行性并进而制定贸易计划。

国际市场调研主要包括国际市场环境调研、国际市场商品行情调研和客户调研。

（1）国际市场环境调研

国际市场环境调研主要包括国际市场经济环境调研（见表 1—1—1）、国际市场政治环境调研与国际市场文化环境调研（见表 1—1—2）。目的在于对经济环境的总体了解，也是对可能的风险和效益情况作评估。对外贸易应尽量在经济环境较好的国家和地区开展。

表 1—1—1　　国际市场经济环境调研

项目	内容
市场规模	人口（人口的总量及增长率、人口年龄结构、家庭规模和人口流动性等）
	收入分配（人均国内生产总值、人均可支配收入和就业情况等）
经济特征	基础设施（运输、港口、运输设备及对外航线、能源、通信和商业设施、都市化程度等）
	经济发展水平（经济发展阶段、经济增长率和经济结构等）
政治环境	政局稳定性
	政府干预程度
	民族情绪
	经济贸易政策
	进出口双边政策
法律环境	目标国法律法规（对外贸易法、产品责任法、专利法、进出口许可制度、进口配额规定、海关法、商标法和出入境检测检疫法等）
	国际法律法规惯例（双边条约和协定、国际贸易惯例等）

表 1—1—2　　国际市场文化环境调研

项目	内容
教育水平	学校和科研机构的数量及水平等
	国民受教育水平
	教育经费投入水平
宗教信仰	宗教节日
	宗教禁忌
	宗教组织
其他	风俗习惯、语言文字、美学理念和价值观等

（2）国际市场商品行情调研

国际市场商品行情调研（见表 1—1—3）主要目的在于通过分析，对比国际市场上同类商品的价格、品质和规模等信息，对自己经营的商品进行清晰准确的市场定位，了解商品的特点、优势和劣势等；通过了解商品的市场行情，分析某种商品经营的历史和现状，并在此基础上科学地预测商品经营的发展趋势和出口前景；通过对商品价格行情变化及其规律的分析，有利于制定合理的商品经营方案，在进出口业务中掌握更多的主动权。

表 1—1—3　　国际市场商品行情调研

项目	内容
商品的市场供给分析	商品供应的来源与渠道
	其他生产厂家的生产能力、效果及库存情况
	替代品和互补品的情况分析
商品的市场需求分析	客户对商品的要求，如对商品质量、规格、包装和商标等的要求和意见
	客户购买方式、动机和偏好
	客户需求的旺季和淡季及消费水平
商品的市场价格分析	国际市场商品价格的分析，价格与供求的变动关系等

（3）客户调研

客户调研在于了解欲与之建立贸易关系的国外客户的基本情况，包括客户的历史、资金规模、经营范围、组织情况、信誉等级等总体状况，还包括客户与世界各地（包括我国）其他客户开展对外经济贸易的历史和现状。只有对国外客户有了一定的了解，才可以与之建立贸易联系。在我国对外贸易实际业务中，常有因对于对方情况不熟悉，匆忙与之进行交易而造成重大损失的事件发生。因此，在交易磋商之前，一定要对国外客户的资金和信誉状况有十足的把握，不可急于求成。一般情况下，调研信息的主要来源如下：

1）一般性资料，如一国官方公布的国民经济总括性数据和资料，内容包括国民生产总值、国际收支状况、对外贸易总量、通货膨胀率和失业率等。

2）国内外综合刊物。

3）委托国外咨询公司进行行情调查。

4）通过我国外贸公司驻外分支公司和商务参赞处，在国外进行资料收集。

5）利用交易会、洽谈会和客户来华做生意的机会了解有关信息。

6）派遣专门的出口代表团、推销小组等进行直接的国际市场调研，获得第一手资料。

7）利用互联网获得信息。

二、寻找目标客户，建立营销渠道

1. 寻找客户的途径

（1）建立企业网站来展示商品

在现代贸易中，如果企业拥有自己的固定主页（包括中文、英文两种版本），就如同传统贸易中拥有一个固定的店面，因为有需求的客户可以找到企业，贸易机会将增加。网站的主要内容应包括企业介绍和产品介绍。

1）企业介绍，主要是为了方便目标市场上的潜在客户能够比较全面地了解公司的整体情况，一般应包括以下几方面内容：

经营范围，主要介绍经营哪些产品或提供哪些服务；经营方式，包括一般进出口、转口贸易、来料来件加工装配、进料加工、代理和独家代理等；经济实力，主要介绍经营历史、资金资本状况、市场竞争力和其他优势等；企业名称、地址、电话、传真、网址和电子邮箱等；另外，也可将公司的隶属关系、所有制形式和经营渠道等写在公司简介中。

2）产品介绍，一般包括每一种产品的名称、规格、编号、报价和标准等内容，力求细致完善。另外，最好附有产品照片，比较直观。

（2）广告宣传

广告宣传的方式有：在报刊、专业杂志、网络媒体上刊登商业广告，例如可以在一些著名商业网站，如环球资源（www.globalsources.com）、阿里巴巴（www.alibaba.com）、美商网或者行业的 B2B（Business to Business）网站发布自己的公司和产品信息，这会让海外的客商有机会找到企业和企业的产品；通过广播、电视等传播信息；举办专门的展销会或者参加一些境内和境外的交易会，如美国拉斯维加斯消费类电子展；派专门的推销小组到国外进行直接的宣传活动，直接寻求国外代理商或经销商，如能争取到一些大的国际采购商集中采购，可减少中间环节，降低流通费用，提高产品的价格竞争能力；如果是新颖小巧的商品，可以采用邮购方式直接将商品目录和产品等销售给最终用户。

广告宣传应依据不同商品的特点和不同的市场习惯，采用灵活多样的方式。广告宣传既要做到新颖、有针对性、有吸引性、能够刺激潜在消费者的购买冲动，又要特别注意真实性。同时，进行广告宣传还要注意节约，应巧妙选择宣传方式，合理采取推广组合（如参展、BBS、数据库、贸易平台和传统广告相结合），认真设计广告内容，撰写有吸引力的推广和宣传文本，以最少的投入获得最广泛的宣传效果。做好出口商品的对外广告宣传，是使商品顺利进入市场、扩大销售的重要手段。

（3）充分利用工商名录

工商名录分为国内工商名录和国际工商名录。国际工商名录收录了各国著名的贸易公司、商号的名称、电话、传真、公司地址、主要经营项目及历史经营情况。这类名录通常是各国商会编纂的，如欧洲黄页（Europages），是一个使用多种语言、利用多媒体技术进行欧洲市场推广的专业商业目录。它包括了印刷簿、光盘和网站三种媒体形式，展示语言多达 25 种，是进出口公司和出口型生产企业特别是中小企业寻找海外客户，尤其是欧洲客户的首选途径。欧洲黄页的发行量大、专业性强、目标客户明确的特点确保了企业广告投放的有效性，为企业带来高质量买家，是中国企业打开欧洲市场的金钥匙。

又如美国黄页，它专注于提供本地化搜索服务。有 56％的美国人在购买商品前会翻阅美国黄页或者浏览其网站，一年浏览量高达 150 亿人次，超过 24％ 的使用美国黄页的用户，其消费比其他客户多。其旗下有 City Pages、People Pages、个性化目录等。

（4）由驻外机构和合资、合作伙伴开发新顾客

很多大公司在国外设立分公司，其主要目的就是开发新的客户，为公司争取更多的贸易机会。因为驻外人员和分公司里的当地员工更了解该地的情况，容易发现新的客户。

还有一种方式是在国外寻找合资、合作伙伴，在当地联合开设营销公司或者工厂，或采取契约生产、对外组装、授权经营等方式，借助外资的力量和人际关系开发新客户，此方式能够降低政治风险，减少贸易摩擦，规避贸易壁垒。

(5) 采取战略联盟开发客户

中小型出口企业或者贸易公司规模小，独自在国际市场寻找客户比较困难，应该利用我国许多产品产地相对集中的优势，采取多种形式的中小企业出口联盟战略来开发客户。例如浙江海宁出口皮革的企业在莫斯科建立的海宁皮革专业市场，以温州企业为主在巴西开设的中国商城等都是这种模式的成功典范。

(6) 充分利用来华的各种外国代表团和专场采购会

每年来我国的外国经济访问团、市场调查团、参加国际展览会的国外团组很多，可以利用这些机会选择贸易对象。或者参加一些政府机构和大的广告媒体牵头组织的专场采购会，如“环球资源”组织的汽车配件专场采购见面会，深圳市贸易工业局组织的跨国公司专场采购会等。

(7) 国外老顾客的介绍

合作若干年的老客户，也会介绍新客户给出口贸易商。

(8) 通过商会、驻外使领馆及对外贸易协会的介绍

可以主动通过驻外使领馆的商务处、各国商会和协会及其网站寻找客户，通过商会的行业信息可以使我们了解更多的当地商业资讯。

(9) 利用搜索引擎

出口商可以利用搜索引擎、隐性数据库、收费数据库等寻找客户，还可以在雅虎、Google 等搜索引擎上注册，这样许多潜在客户都能通过搜索找到出口商的网站，了解其公司及产品。

(10) 利用 B2B 网站寻找客户

B2B (business to business) 是电子商务按交易对象分类中的一种。这种形式的电子商务是在企业与企业之间进行的，一般以信息发布与撮合为主，主要是建立商家之间的桥梁，为寻找国际贸易客户提供便利的条件。

2. 赢取客户的方法

当今世界，国际贸易的竞争已经从单纯的价格竞争逐步转向了以质量为核心的综合因素的竞争。寻找客户并进一步赢取客户需要每个出口商用心去做。

(1) 巧妙做广告

出口商寻找客户的一个重要途径就是参展和做广告。众所周知，外销广告和参展费用是一笔不小的支出，可以采取和同行分摊展位、利用政府资金的支持等方法来降低成本。可利用的政府资金有“外贸发展基金”“外贸专项贷款”和“中小企业国际市场开拓资金”等，符合条件的企业均可申请。

(2) 充分运用电子商务

电子商务突破了时间、空间上的限制，而且营运成本相当低廉，如果运用得当可以获得高额回报，非常适合我国的中小出口企业和贸易公司。对中小企业来讲，运用电子商务是比较经济和较为有效的赢取客户的方法。

(3) 专业的态度

收到客人的咨询都必须认真地回复。就像在商店里，一些随便看看的客人也可能在导购

人员的引导下而产生购买欲，一些本身就对产品有兴趣的买家会加快下订单的步伐。在向客户介绍产品的时候，应尽可能地提供清晰的产品图片和印刷精美的产品目录，同时联系方式要明确清楚。并且对产品的质量和技术参数要熟悉，提供给客户的产品尽量系列化，要让客户感到介绍者是可信任的专业人员。另外必须要有耐心，因为极少有客户会在短时间内下订单，他们在选择供应商时是十分慎重的，往往要经过相当复杂的程序才能确认新的供应商。

（4）提供特色服务

一些出口商本身规模小，成本已经达到最低水平，如果只打价格战是毫无竞争力的，这就要求在特色经营上下工夫，尽量给客户提供特色化服务，如弹性的供货安排，延长付款期限，代客管理物流，提供实时信息和良好的售后服务，了解和满足客户要求，主动为客户解决问题等。要用心分析市场、了解市场行情和变化规律，针对不同的市场需求，对产品档次、花色品种和市场进行细分，以产品差别化应对需求多样化。

（5）利用“绿色”标准营销

现在，绿色贸易壁垒已经成为我国出口企业的一道巨大的障碍。许多发达国家甚至是一些发展中国家都蓄意制定一系列苛刻的环保标准，对来自我国的产品或者服务加以限制。出口商要赢得客户，必须使其产品在国际市场上能够满足进口国政府和消费者对保护环境、维护健康等的要求，所以我们要密切关注“绿色壁垒”方面的新动向，重视绿色标志和标准，要争取获得 ISO 14000、CE 等认证。对许多出口产品来讲，通过 ISO 14000 系列认证是进入发达国家市场的先决条件，也就取得了通向欧美市场的通行证。

（6）采用市场多元化策略

出口商要根据国际贸易格局的变化，调整出口市场结构，向欧美、东南亚重点市场多出口，开拓新兴工业化国家和地区市场，以及有潜力的非洲、东欧、西亚市场，加强与我国香港、澳门、台湾地区的经贸合作。在巩固传统市场的基础上努力开拓新的市场，争取更多的客户。

（7）重视用传真机询价或者回复的客户

虽然现在绝大部分的国际商务往来是以电子邮件、即时通信软件等形式来沟通，但是有些做了几十年生意的大买家，仍然习惯用传真机。所以当收到这样的传真函件时，要慎重对待、及时回复。

三、选择出口商品的原则

第一，选择在本国或本地区具有比较优势的产品，以便在出口时能以较低的成本收购该产品，减少运费、保险费等其他费用，增加产品的竞争力。不宜选择比较劣势的产品，特别是从国外进口原材料的产品。

第二，一般情况下应该选择易耗品作为出口商品，而不宜选择耐用品作为出口商品。因为易耗品寿命短，使用周期短，需求量大，其潜在出口贸易量大；而耐用品则相反，使用寿命长，使用周期长，需求量较小，其潜在出口贸易量就小。

任务实施

刘萍在对公司的业务熟悉了一段时间，并得到资深外贸业务员和经理的指点后，考虑到自己的实际情况和公司的经营优势，决定将自己的业务范围定位于纺织服装产品出口。她用近三个月的时间到工厂车间实习，了解产品的种类、规格、性质、包装、生产工艺和生产能力等，然后通过各种方法了解纺织服装的国内外市场行情。做好必要的业务准备以后，刘萍开始通过各种途径寻找客户。2009 年 3 月刘萍在网上看到一则信息：加拿大一客户需求全棉男衬衫服装，刘萍随即在网上仔细浏览查询信息，得知该加拿大客户系多伦多一进口批发商。具体信息为：

Mr. Paul Lockwood
Purchasing Division
Brothers Trading Co.，Ltd.
＃ 304-310 ××Street，Toronto，Canada
Tel No.：(＋01) ×××××××
Fax No.：(＋01) ×××××××
E-mail：××××@www. ×××. com. ×××

刘萍在网络上给对方留了一个信息，准备发出建交函。为了保险起见，刘萍通过网络对该公司的基本经营范围和资信情况进行了简要的了解，准备建立业务关系后，再进行详细的调查。

知识链接

一、国际贸易相关网站（见表 1—1—4）

表 1—1—4　　国际贸易相关网站

网站名称	网站简介
中华人民共和国商务部网站 http：//www.mofcom.gov.cn	商务部政府网站链接了五大综合数据库（中国法规、中国商品、世界买家、环球商展、国别报告）和外贸指南、投资指南、合作指南、贸易救济、世贸咨询等公共商务信息服务项目站点
中国国际电子商务网 http：//www.ec.com.cn	服务对象主要是外经贸企业，主要提供贸易信息、贸易撮合、贸易应用和各类培训服务
阿里巴巴国际贸易网 http：//www.alibaba.com	致力于为进出口贸易提供服务
邓白氏网 http：//www.dnb.com	外贸企业可以利用该公司的网站直接查询自己客户的资信情况
中国国际贸易发展网 http：//www.itdn.com.cn	集客户关系管理、企业信息化管理、网络办公自动化管理、远程管理和大量国际进出口商（企业准客户）为一体的国际商务管理系统

二、国际货物贸易买卖合同所适用的法律

达成和履行国际货物销售合同，必须符合法律规范，才能受法律保护并受法律约束。在一定情况下，国际货物销售合同应当符合合同选择的或根据国际法规则适用的其中一个国家

的国内法，在处理国际货物销售合同以及有关的争议时，一般可以适用本国的国内法或适用对方国家的国内法，此外还可以适用国际贸易惯例或国际公约。

1. 国内法

国内法是指由国家制定或认可并在本国主权管辖范围内生效的法律。首先，国际货物买卖合同必须符合国内法，即符合某个国家制定或认可的法律。但是，由于国际货物买卖合同的当事人所在的国家不同，而不同的国家往往对同一问题的有关法律规定不相一致，因而一旦双方发生争议引起诉讼，就会产生究竟应适用哪一国法律，即以哪国法律处理相关争议的问题。为了解决这种法律冲突，以利于正常的国际贸易，通常的规则是采用在国内法中规定冲突规范的办法。我国法律对涉外经济合同的冲突规范也采用这种国际上的通用规则。根据我国《合同法》第 126 条的规定，涉外合同的当事人可以选择处理合同争议所适用的法律，但法律另有规定的除外。涉外合同当事人没有选择的，适用与合同有最密切联系的国家的法律。

2. 国际贸易惯例

国际贸易惯例是指在国际贸易实践中经反复使用可以确定国际货物买卖合同双方当事人权利义务的习惯性行为规则。国际贸易惯例既不是国家间缔结的条约，也不是某个国家的国内法，而是长期的贸易实践中逐步形成较为明确和内容固定的一些通例。只有合同当事人自愿采用并经司法或仲裁机构认可，才具有约束力，在调整国际货物买卖中起合同法律依据的作用。由于国际贸易惯例不是法律，对当事人没有普遍的强制性，所以当事人在采用某个惯例时，可以对其中的内容进行更改或补充；在国际货物买卖合同中如果作出了与国际贸易惯例不同的规定，在解释合同当事人义务时，应以合同规定为准。在现行的国际惯例中，有些已被某些国家纳入国内法，有些已为国际条约所采用，成为国际条约的内容，这就是惯例“条约化”。如我国《民法通则》第 142 条规定，中华人民共和国缔结或者参加的国际条约没有规定的，可以适用国际惯例。主要的国际贸易惯例、公约有以下几个：关于国际贸易术语的惯例有《国际贸易术语解释通则》《1932 年华沙—牛津规则》《1941 年美国对外贸易定义修订本》。关于支付方式的惯例有《托收统一规则》《跟单信用证统一惯例》(简称《UCP600》)。关于国际货物买卖合同的公约有《联合国国际货物销售合同公约》。关于提单的国际公约有《统一提单的若干法律规则的国际公约》，简称《海牙规则》(Hague Rules)，《1968 年布鲁塞尔议定书》，简称《维斯比规则》(Visby Rules)，《1978 年联合国海上货物运输公约》，简称《汉堡规则》(Hamburg Rules)。

3. 国际公约

国际公约是两个或两个以上主权国家为确定彼此的政治、经济、贸易、文化、军事等方面的权利和义务而缔结的诸如公约、协定、议定书等各种协议的总称。其中调整国际货物买卖合同的国际公约主要是《联合国国际货物销售合同公约》(以下简称《公约》)。《公约》于 1980 年在维也纳外交会议上通过，1988 年 1 月 1 日生效。我国于 1986 年 12 月 11 日加入该公约成为公约成员国。《公约》分别对合同的定义、合同的发价和接受的条件、货物销售总则、买卖双方的义务、风险转移、一般规定以及公约的批准和生效程序做了较为全面的规定。我国在加入公约时提出了以下两项重要保留：

（1）关于国际货物买卖合同书面形式的保留。《公约》规定，国际货物买卖合同无须以书面订立或书面证明，在证明方面也不受任何其他条件的限制，各国可以用包括人证在内的任何方法证明，即国际货物买卖合同可以用口头或书面方式成立。而我国从买卖关系的复杂性及解决纠纷的原则性方面考虑，认为国际货物买卖合同必须采用书面形式，故《公约》关于合同形式的规定对我国不适用。

（2）关于《公约》适用范围的保留。公约第1条①款a项规定，如果合同双方当事人的营业地点处于不同的缔约国，该公约就适用于他们之间订立的货物买卖合同；该款b项还规定，双方当事人的营业地处于不同的国家，即使他们的营业地所在国都不是该公约的缔约国，或一方所在国是该公约的缔约国，另一方所在国不是该公约的缔约国，如果按照国际私法规则导致适用某一缔约国的法律，则该公约也将适用于这些当事人之间订立的国际货物买卖合同。我国对a项的规定完全同意，但对b项的规定提出了保留，这是因为这一规定扩大了《公约》的适用范围，限制了缔约国有关国内法的适用并容易使公约的适用产生不确定性。我国只承认《公约》的适用范围限于营业地分处于不同缔约国的当事人之间所订立的货物买卖合同。

技能训练

1. 利用有关网站，搜索中国全棉男衬衫出口的商品编码和出口信息。

2. 利用有关网站，搜索中国生产和销售男装的企业的名单和联系方式，加拿大从事纺织品贸易的企业的名单和联系方式。

3. 登录中国进出口商品交易会官方网站，了解交易会的有关信息。

4. 模拟作为一名实习业务员，进入一家公司接受培训。该公司是一家具有一定规模的专业进出口公司，经营各类玩具，该公司最近开发了一个新产品——电子宠物狗。上班的第一天，你的部门经理要求你利用互联网收集有关的商品供求信息。

（1）请你根据经理的要求，登录有关的网站查询有关信息。

（2）拟写商品推介信。

思考与练习

1. 谈谈你对“国际贸易实务”课程的认识。“国际贸易实务”课程与其他课程之间是什么关系？在今后的学习中你将如何学习这门课程？

2. 国际市场调研的内容有哪些？如果你要出口一种商品，例如苹果，怎样开展市场调查，主要调查哪方面的内容？

3. 作为一名刚进入贸易公司的业务员，你认为最重要的是什么，在前6个月内你主要熟悉哪方面的内容，获取的经验是什么？

任务2　进行业务联系

教学目标

1. 掌握国际贸易的主要交易方式。
2. 了解网络交易的即时通信工具。
3. 能够通过网络运用即时通信工具进行交易洽谈。
4. 能够根据业务情况与对方建立业务关系，撰写建交函。

任务引入

刘萍从网络上搜索到加拿大的客户购买全棉男衬衫的信息后，准备与对方建立业务联系并给对方发盘，公司让她开始独立完成和该公司的出口业务。

服装是弗瑞德贸易有限公司的主要出口商品之一，除了一般贸易外，该公司出口到美国的部分服装也做来料加工和进料加工。刘萍需要熟悉国际贸易方式，为产品的出口选择合适的贸易方式。

任务分析

1. 建交与交易磋商的方式有口头和书面两种。口头方式主要包括邀请国外客户来访，派遣我方业务人员出国，参加商品交易会，委托我国驻外机构、海外企业代为在当地洽谈，采用双方面对面协商的方式及通过电话洽谈的方式。书面形式中目前企业使用较多的是信函、传真及电子邮件。进行业务联系首先必须选择建交和交易磋商的方式。

2. 交易磋商是买卖双方通过直接洽谈或函电往来的形式，就某项商品的各项交易条件进行协商，以求达成交易的过程。在国际贸易中，这是一个十分重要的环节。通常情况下，交易磋商包括询盘、发盘、还盘、接受四个环节。为了建立业务关系首先应该向对方发出建交函，向对方询盘，或者由对方发出交易意向或发盘。

3. 因为刘萍遇到的是新客户，在出口成交前一定要进行必要的客户资信调查，同时对将要交易磋商的产品在出口国和进口国有哪些贸易障碍进行必要的调研。

4. 随着国际贸易的发展，新的贸易方式在不断发展和涌现。在实际业务中，由于商品间存在差异，市场也各有特点，贸易方式日趋多样化。目前比较常见的贸易方式除采用一般贸易的逐笔售定的方式外，还有包销、代理、寄售、招标与投标、拍卖、加工贸易等。针对不同的产品、不同的情况，采取恰当的贸易方式能够使公司利益得到最大化。因此，对现今国际贸易方式有所了解，是非常必要的。在贸易实践中，必须学会选择适合自己的贸易方式。

相关知识

通过网络找到求购信息以及公司的联络方式后，可以通过书面、电子邮件以及网络的及时通信工具与买方取得及时的联系，建立业务关系，然后进行交易磋商。

一、网络的即时通信工具

即时通信（instant messenger，IM）系统可以说是目前我国上网用户使用率最高的网络服务平台，无论是老牌的 ICQ，还是国内用户量第一的腾讯 QQ，微软的 MSN Messenger 都是大众关注的焦点，它们能迅速便捷地与贸易伙伴进行实时交谈和互传信息。而且现在的 IM 软件还集成了数据交换、语音聊天、网络会议、电子邮件的功能。除了以上通用的即时通信平台，一些电子商务公司还推出了面向电子商务的商业服务软件。其中阿里巴巴的贸易通和慧聪的买卖通是比较有代表性的两个产品。

阿里巴巴的贸易通提供了一个类似 QQ 界面的商务即时聊天工具。所有的功能都围绕着方便用户做生意展开，如产品搜索引擎、发布商情、用户分组（我的采购商、我的供应商、未分组商友等）、搜索商业伙伴、添加商业伙伴等，还可以进行语音视频交谈，如图 1—2—1 所示。

图 1—2—1　贸易通的界面

二、外贸函电的写作

1. 外贸函电的基本要求

（1）礼貌

函电磋商是买卖双方不见面的往来，因此，在函电的用语上要礼貌；此外，对方的来电要及时答复。通常在信函的开头，要表现出客气与尊重，如：

- Thanks for...
- We thank you for...
- It is a great pleasure to...
- Received your fax and many thanks for your...
- We have received with many thanks your letter of...
- We take the pleasure of...

（2）清晰

外贸函电要求意思表达清晰、明确，不能含混不清。在用词上要准确，不能引起歧义。

（3）简洁

外贸函电要求用最简单的词语表达准确的商务信息，因此书写中应避免烦琐、重复。例如，在表示金额时直接用 for 就可以了，不必用 in the amount of 表述。

（4）完整

书面磋商已经形成了一定的固定模式，有关的国际公约或各国的法律对书面磋商也有一定的约定，例如，构成一项发盘要内容完整，应包括主要的交易条件。

（5）正确

交易磋商是一项复杂的商务活动，政策性、策略性、技术性和专业性很强。在国际贸易中，交易双方分属不同的国家或地区，彼此有着语言和文字沟通方面的差异，因此必须注意函电文字表达的准确性。

2. 函电的一般结构

（1）信头（letter head）。信头是写信人公司的名称，位于信纸的上部。外贸公司或厂家一般都有各自印有信头的信纸。信头通常应包括公司名称、地址、邮编、电话号码、传真号码、E-mail 等信息。

（2）日期（date）。日期的写法有三种：

1）10th March，2008；2）March 10，2008；3）March 10th，2008。

（3）引证号码（reference）。一般有两个："Our Ref:" 和 "Your Ref:"。它是发信人为了便于归档分类所做的编号，同时也是希望对方复信时指明原信编号，以便查找。引证号码通常可用文件号码、部门编码、函电书写者姓名的缩写及打字员姓名缩写等来编制。

（4）信内地址（inside address）。收信人的公司名称及地址。

（5）称呼（salutation）。写信给公司时常用 Dear Sir（s）［英］或 Gentlemen［美、加］，如写信给公司的某个人，可用（My）Dear Mr...，女性用 Dear Madam...，较熟悉的人可称呼 Dear John，Dear Alice 等。

（6）事由（subject line）。位于称呼语下面，常用大写或画底线形式以示醒目，使收信人一看便知其内容，并能及时转交有关经办人。事由一般言明信件的主题，也可写明商品名称、数量、订单合同号码等。

（7）正文（body）。大多包括三部分：第一段是引导段，第二段提供信息或说明事实，第三段涉及将来的打算和行动。

（8）结尾敬语（complimentary close）。不管什么内容的外贸函电大都采用格式语句 Yours faithfully/sincerely/truly，其中 Yours 可以与后面部分颠倒，如 "Sincerely yours,"。

（9）签名（signature）。签名通常打印在手写签名的下面，其下打印写信人的职务或职位。

（10）附件（enclosure）。外贸函电常有附件随信附寄，如报价单、发票、支票等。附件位于信纸左下角，用缩写 ENCL 或 ENC 表示，后用冒号，然后注明附件名称，如：

ENCL：1check

ENC：one B/L

3. 外贸书信的格式

（1）平头式（block form）：信件每行都向左对齐，不留空格，包括日期、地址、事由、结尾敬语。

（2）缩进式（indented form）：信头、信内地址及签名每逢换行都向右缩进 3～5 个字母的位置，正文各段缩进 5～10 个字母，其他部分的排列是：日期位于右边，事由居中，结尾敬语位于右边或中间。

(3) 混合式 (moditled block form with indented paragraphs)：大体与平头式相同。不同点是日期位于右边，事由居中，结尾敬语靠中右，正文每段开始都采用缩行。

目前最常见的是平头式，其次是混合式。

三、国际贸易方式

从事国际贸易可以有很多方式，不同的贸易方式所遇到的问题是有差异的，贸易方式的多种多样为企业选择适合自己的经营途径提供了广阔的空间，要恰当选择适合自己的贸易方式。

1. 单纯的销售方式

单纯的销售方式，就是指买卖双方在进行国际贸易时的交易目的和交易方式比较简单，通过货物买卖合同双方建立起买卖关系，即卖方是出口方，出售产品，买方是进口方，收货付款。双方的贸易范围仅限于货物与货款。

单纯的销售方式按照当事人在销售中的关系划分，可以有逐笔售定、经销与包销、代理、寄售和展卖、招标与投标等形式。

(1) 逐笔售定

售定即卖断，逐笔售定是指买卖双方在签订货物买卖合同以后，就建立起售定关系，卖方根据合同规定的货物条款交货，买方根据合同接货付款，一旦合同履行完毕，双方的合同关系即告解除。如果希望继续进行买卖，将再一次签订合同，重新建立合同关系。在买卖过程中，无论市场发生何种变化，买卖双方各自自主经营、自负盈亏。

(2) 经销与包销

在逐笔售定的贸易方式中，买卖双方的关系是不固定的，这次贸易双方是“伙伴”，一旦贸易结束，“伙伴”关系就不存在了。出口商为了使自己的商品通过国外经销商的销售渠道在国外市场上站住脚，保住市场地位，并不断扩大市场份额，可通过与进口商订立经销协议的方式，与国外客户建立一种长期稳定的购销关系，这就是经销 (distribution)。

经销关系双方通过签订经销协议来确定双方的关系，经销方式中的进口商被称为经销商。

在经销方式下，也采取卖断的做法，出口商与经销商是买卖关系，经销商对其经销的商品，自垫资金、自担风险和自负盈亏。

按经销商权限的不同，经销方式可分为一般经销和独家经销两种类型。

一般经销亦称为定销。在这种方式下，出口商可以在同一时间、同一地区，委派几家经销商来经营同类商品。

独家经销 (sole distribution) 亦称包销 (exclusive sales)，是指经销商在协议规定的期限和地域内，对指定的商品享有“独家专营权”。与其他方式相比，包销方式可以有力地调动包销商经营的积极性，并能有效地利用包销商的销售渠道达到巩固和扩大市场的目的。但是，如果出口商在运用包销方式时不慎重，也可能使出口的经营受到约束。比如包销商经营能力有限或资信不佳，就有可能出现“包而不销”的情况；如果包销商能力过强，可以操纵市场与价格，则又有可能向出口商压价，从而损害出口商的利益。所以选择包销商时，必须仔细调查，慎重行事。

（3）代理

1）代理的含义与性质

代理（agency）是指出口人即委托人（principal）通过签订代理协议，将商品委托给国外客户即代理人（agent），委托其在一定地区和一定时间内为出口人代售商品或招揽生意的贸易方式。委托人与代理人之间是委托代理关系而不是买卖关系，这一点与包销完全不同。代理关系是通过双方签订代理协议来确定的。

代理的特点是，代理人有推销代理商品的义务，并根据推销业绩享有收取佣金的权利，在委托人的授权范围内，代表委托人从事商业活动，而不以自己的名义与第三者签订合同；代理人通常是运用委托人的资金从事业务活动，不担风险，不负盈亏，只获取佣金。

2）代理的种类

在国际经营中，代理按照行业性质不同可分为销售代理、购货代理、运输代理、广告代理、诉讼代理、仲裁代理、银行代理和保险代理等。

国际贸易中进出口双方之间的代理主要是销售或购货代理。根据委托人授权权限的大小，可将代理分为总代理、独家代理和一般代理三种：

①总代理

总代理（general agent）是委托人的全权代表。在指定地区内，代表委托人从事销售活动和其他更为广泛的与商务有关的活动。

②独家代理

独家代理（exclusive agent or sole agent）是指委托人授予代理人在规定期限和规定地区代销指定商品的专营权。委托人不得在以上范围内自行或通过其他代理人销售指定商品。

③一般代理

一般代理也称佣金代理（commission agent），是指不享有独家代理专营权的代理商，委托人可同时委托若干个代理人在同一地区推销相同商品。

一般代理同独家代理的区别在于，一般代理的代理商不享有独家代理的专营权。在我国出口业务中，较多地采用一般代理。

（4）寄售和展卖

1）寄售

寄售（consignment）指出口人又称寄售人先将货物运往国外寄售地，委托国外约定的代销人，按照寄售协议的条件代为出售商品，货款由代销人在货物出售后扣除佣金和其他费用，然后向寄售人结算的一种做法。

寄售是一种委托代售的贸易方式，双方当事人为委托关系，而非买卖关系。寄售方式中，出口方是委托人、寄售人；进口方是代销人，接受委托从事寄售业务，因此是受托人。寄售是出口方委托国外代销商开拓商品的销路，扩大出口的一种贸易方式。

2）展卖

展卖（fairs and sales）是利用展览会和博览会及其他交易会的形式，对商品实行展销结合的一种贸易方式。我国对外贸易中采用展卖的方式比较普遍。展卖将出口商品的展览和推销进行了有机结合，展销结合，以销为主。

展卖的形式有国际博览会、中国出口商品交易会以及其他各种定期、不定期的洽谈会等。

（5）招标和投标

1）招标与投标的含义

招标（invitation to tender）是指招标人（买方）事先发出招标通告或招标单，提出在规定的时间、地点准备买进的商品的名称、品种、数量和有关的交易条件，邀请投标人参加投标的行为。

投标（submission of tender）是指投标人（卖方）应招标通告的邀请，根据招标人规定的要求和条件，在规定的期限和地点，以填写投标单的形式，向招标人发盘，争取中标以达成交易。招标和投标实际上是一种贸易方式的两个方面。

2）招标的方式

目前，国际招标主要有公开招标和非公开招标两种。公开招标又称无限竞争招标，是指招标人在国内外公开发表招标公告，一切愿意参加投标的厂商都有机会购买招标文件，参加投标。非公开招标又称选择性招标，招标人不公开招标公告，而是根据具体的业务要求有针对性地邀请投标者，再由受邀者投标。公开招标竞争激烈，在国际招标中也最为常见。

2. 综合的贸易方式

综合的贸易方式是以简单的货物贸易为基础，将进口与出口、贸易与生产、贸易与融资、货物与劳务结合起来的新型方式。我国在对外开放的进程中，通过开展“三来一补”“进料加工”等贸易形式，推动了地区经济与国际贸易的发展。

（1）加工贸易

1）加工贸易的含义

加工贸易（processing trade）是企业通过进口国外的原材料、零部件或元器件，对其进行加工、制造或装配，利用本企业的生产能力和技术，加工成成品后再销往国外的贸易方式。

通过加工贸易可以提高进口原材料的附加值，获得加工收入。加工贸易是以加工为特征的贸易方式，也是以商品为载体的劳务出口。

2）加工贸易的形式

加工贸易是一种简单的国际间的劳务合作方式，主要有对外加工装配和进料加工两种。对外加工装配是来料加工、来件装配的统称，特点是由外商提供原材料，利用我国国内企业的设备和劳动力按照外商的要求加工，而由我方收取加工费的贸易方式。

进料加工是指企业用自有外汇在国际市场购买原材料、元器件或零部件，按自己的设计加工装配成成品后，再出口销往国外市场。这种做法因此又称为“以进养出”。

（2）补偿贸易

1）补偿贸易的含义

补偿贸易（compensation trade）又称为产品回购（buy back），是指进口方在信贷的基础上，进口机器设备、器材或技术，而用返销的产品或劳务来分期偿还进口商品的货款和利息。它是一种进口与出口结合的信贷交易，是利用外资的一种方式。由于进口机器设备的企业偿还贷款本息并不是使用外汇，而是以商品抵偿商品，故称为补偿贸易。

2）补偿贸易的种类

从补偿贸易的做法上分类，可以分为直接补偿、间接补偿两种。

①直接补偿

直接补偿又称产品返销或回购，指进口方用进口的机器设备和技术生产的部分产品或全部产品，分期偿还进口设备和技术所需的价款和利息。如企业进口生产果汁的设备，用生产出来的果汁来计价偿还。

②间接补偿

间接补偿又称反向购买或互购（counter purchase），指进口方不是用该项进口设备直接生产出来的产品偿还设备价款，而是用双方事先商定的其他商品或劳务去偿还。如企业进口生产果汁的设备，用当地盛产的苹果来计价偿还。

如果将直接补偿和间接补偿结合起来进行补偿，称为混合补偿。补偿贸易的好处是，对机器设备的供应方来说，既可以扩大产品出口，又可以使某些急需类商品（如原料和燃料）来源稳定；就机器设备的进口方而言，可以利用国外的资金技术和销售渠道来提高出口商品的技术水平和质量，以扩大出口。

（3）易货贸易

易货贸易（barter trade）有狭义与广义之分。狭义的易货贸易是指买卖双方根据同一合同互换货物，不用货币支付。这种交易数量有限，没有第三方参加，是一次性交易，它是一种古老的贸易方式。广义的易货贸易，方式比较灵活。主要有以下两种做法：

1）记账易货方式

即一方用一种出口货物交换对方的另一种出口货物，双方都将货值记账，相互抵冲，货款逐笔平衡，无须使用现汇支付；或者在一定时期内平衡，如有逆差，再以现汇或商品支付。

2）对开信用证方式

即信用证进口和出口同时成交，金额大致相等，双方都采用信用证方式支付货款。也就是双方都开立以对方为受益人的信用证，并在信用证中规定一方开出的信用证，要在收到对方开出的信用证时才生效。也可采用保留押金方式，具体做法是先开出的信用证先生效，但是结汇后，银行把货款扣下，留做该受益人开回头证时的押金。

任务实施

刘萍对加拿大客户的资信进行了调查之后，由于初次建立业务关系，选择采用一般贸易方式。

刘萍随即向客户发出了一封要求建立业务关系的电子邮件：

Furide Trading Co., Ltd.

14th Floor ×× Mansion. 76 ×× Road
Harbin, China
Tel:(××××) ×××××××× Fax:(××××) ××××××××
Zip Code:××××××

March 6, 2009
Brothers Trading Co., Ltd.
304-310 ×× Street, Toronto, Canada
Tel NO.:(+01) ×××××××
Fax NO.:(+01) ×××××××
E-mail:××××@www.×××.com.×××

Dear Mr. Lockwood:

From the March 4 issue of Alibaba for the garment we understand that you are just within the scope of our business, part of the market. We now write to you to establish a long-term trade relations.

As a leading trading company Harbin and backed by nearly 20 years of export experience, we have good connections with some reputable clothing factory and sufficient supplies and on-time delivery are guaranteed.

Please find attached our latest catalog. You see, we can provide high-quality men's, women's and children's clothing, from elegant traditional Chinese style, wide range of options to the popular European modem design.

In particular, we would like to inform you that we have a new line that may be most suitable for your requirements (see page 1-6). Most of articles are available from stock.

We are sore you will find a ready sale for our products in Canada as have other retailers throughout Europe and USA.

Please let us know if we may be of further assistance, and we are looking forward to your specification inquiry.

Yours sincerely,

Furide Trading CO., Ltd.
Liu Ping (Miss.)
Day Articles Division

技能训练

1. 请根据下述要求拟写一份建立业务关系的传真（公司的业务范围主要是轻工业品）

Toneveal Products Corp. 的 MY. Shaheen Kamal 今早发来传真，准备增订 20 000 打木尺，同时还提到加拿大的 Shide Trading Co. 想进口一些儿童玩具。请你马上发一份传真给加拿大客户，询问一下详细情况，推荐一下公司的长毛绒玩具。另寄一份原来的价目表，并告知对方上面有些品种的价格与实际价格稍有不同，有些新产品还没有编进去。新的价目表正在印制，完成后会立即寄给他们。

2. 请根据以下资料以进出口公司外销员何先生的身份，回复一封电子邮件

外销员何先生从因特网上获得如下信息：

Subject: Inquiry for Pressed Tumbler

From: leoeagle@worldnet.aus

Date: March 16, 1998

To：liangyiqing@public. sta. net. cn

Your firm has been recommended to us by Mr. James Dickinson，Manager of Seven Stars Co.，with whom we have done business for many years.

We are Eagle Glassware Supplies Ltd. And now interested in your Pressed Tumbler.

We'll be glad if you send us a copy of your catalogue and your best quotation on CIF Sydney and FOB basis.

Looking forward

Leo Duvall

思考与练习

1. 常见的贸易方式有哪些?

2. 经销、代理与寄售的区别是什么?

3. 网络贸易即时通信工具有哪些? 介绍一种你熟悉的网络国际贸易的即时通信工具?

4. 美国加利公司与中国顺达公司签订了一份独家代理协议，指定顺达公司为加利公司在中国的独家代理。不久，加利公司推出指定产品的改进产品，并指定中国创意公司做该改进产品的独家代理。加利公司有无这种权利?

模块二

交易磋商与合同的签订

任务1 选择交易磋商的方式

教学目标

1. 掌握交易磋商的方式与内容。
2. 掌握交易磋商的各环节及其磋商原则。
3. 能够熟悉交易磋商的函电写作。

 任务引入

刘萍在 2009 年 3 月 6 日给对方发出建交函后，得到了对方的回复，双方进入具体磋商阶段。接下来就要了解磋商的环节和要点，并明确磋商的原则。

 任务分析

买卖双方在签订买卖合同之前，通常要经过反复的交易磋商。磋商是为了通过沟通来减少买卖双方的分歧，使交易条件变得更加清晰，最终能够达成交易。所以，磋商是买卖双方进行交易的重要阶段，它关系到合同的签订，以及达成所签合同的各项交易条件。

 相关知识

交易磋商（business negotiation）是指买卖双方通过直接洽谈或函电的形式，就某项交

易的达成进行协商，以求完成交易的过程。交易磋商是国际贸易的重要环节之一，商品的国际交易能否顺利签订合同，主要取决于交易双方对交易条件磋商的结果。

一、交易磋商的方式

交易磋商的方式主要有书面磋商方式和直接洽谈方式（或称为口头磋商方式）两种。口头磋商通常适合于交易双方初次进行交易，或交易内容复杂、条件多的情况，往往可以组成谈判班子采用集体谈判的方式。书面磋商一般通过信函、电传、E-mail 等进行。在实际的业务中最常用的方式就是书面磋商。

二、交易磋商的内容

交易磋商的目的是为了达成交易，订立合同。因此交易磋商的内容是围绕合同各条款进行的，分为主要交易条件和一般交易条件。主要交易条件包括货物的品名、质量、数量、包装、价格、装运、保险和支付八项内容，它们是合同成立必不可少的交易条件。一般交易条件包括商品的检验、索赔、不可抗力和仲裁四项条款，用来保障交易的顺利实施及解决争议。

三、交易磋商的环节

每一笔合同磋商的程序不完全相同，但每一笔合同的磋商一般都包括询盘、发盘、还盘、接受四个环节，其中发盘与接受是达成交易所必需的两个环节。

1. 询盘

询盘（inquiry）又称询价，是指贸易的一方向另一方询问买卖一定货物的各项交易条件的一种洽商邀请。询盘对贸易双方均无法律上的约束力，其间接的意图是建立贸易合同关系，同时也是商界惯用的打听市场行情和对方业务状况的一种手段。所以，询盘所涉及的内容较广，可以就某项交易条件进行询问，也可以就几项交易条件进行询问。询盘通常由买方发出，也可由卖方发出。

买方询盘：Interested in northeast Soybean please telex CIF New York lowest price.（对东北大豆感兴趣，请电告 CIF 纽约最低价。）

卖方询盘：We can supply Soybean 1 000M/T please bid.（我们可以提供大豆 1 000 公吨，请递盘。）

询盘不是交易磋商的必经步骤，但往往是一笔交易的起点。询盘中，当事人一般需注意以下问题：

（1）询盘不一定要有“询盘”字样，凡含有询问、探询交易条件或价格方面的意思表示均可做询盘处理。

（2）业务中询盘虽无法律约束力，但当事人仍须考虑询盘的必要性，尽量避免只是询价而不购买或不售货，以免失掉信誉。

（3）询价时，询价人不应只考虑如何询问商品的价格，也应注意询问其他交易条件，争取获得比较全面的交易信息或条件。

（4）要尊重对方，向对方询价，无论是否出售或购买均应及时处理与答复。

（5）询盘可以同时向一个或几个交易对象发出，但不应在同时期集中做出，以免暴露己方销售或购买意图。

2. 发盘

发盘（offer）又称发价、报盘、报价，是交易的一方向另一方提出各项交易条件，并愿意按这些条件达成交易、签订合同买卖某种商品的表示。发出发盘的一方就是发盘人，收到发盘的一方则被称为受盘人。发盘往往是发盘人在收到对方询盘后发出的，但也可以直接由发盘人发出。发盘人如果是卖方则称为售货发盘（selling offer）；如果是买方则称为购货发盘（buying offer），习惯称为递盘（bid）。

（1）构成有效发盘的条件

1）发盘要有特定的受盘人。在发盘中必须指定一个或多个可以对发盘表示接受的人，只有这些特定的人才可以对发盘表示接受并与发盘人签订合同。

【小思考】

普通的商业性的广告、向大众分发的商品目录、价目表是不是发盘？

分析：因为发盘中没有指定受盘人，它便不能构成有法律约束力的发盘，而只能被视为邀请发盘。

2）表明承诺约束的意旨。发盘人必须明确表示或默示表明自己有责任在受盘人对发盘有效接受时与其订立合同。

3）交易条件必须十分确定。发盘内容的确定表现为发盘中的交易条件必须是完整的、明确的和终局性的。

【小知识】

按《公约》的规定，只要发盘中规定了交易商品的数量与价格，或是确定数量与价格的方法，该发盘就是完整、确切的。虽然这种做法在法律上可行，但在实际业务中还是明确规定各项交易条件比较好，这样做不易产生纠纷，可以使交易顺利进行。

4）发盘必须送达受盘人。发盘于送达受盘人时生效。在此之前，即使该受盘人已通过其他途径知道了发盘的内容，也不能主动对发盘表示接受。所谓送达对方，是指将发盘的内容通知对方或送交对方来人，或其营业地或通信地。

以上是构成有效发盘的四个条件，也是考查发盘是否具有法律效力的标准。若不能同时满足这四个条件，就不是具有法律约束力的发盘。

（2）对发盘有效期的规定

凡是发盘，都有有效期。发盘的有效期是指发盘供受盘人接受的期限，也是发盘人对发盘承受约束的期限。对发盘有效期的规定有以下几种情况：

1）在发盘中明确规定有效期。在明确规定有效期时，常见的一种做法是在发盘中规定一个最后时限。这时发盘人既要在发盘中规定最后时限的具体日期，也要说明受盘人的接受是在这一日期前发出，还是在这一日期前送达发盘人，另外还要说明以何处的时间为准，例如“本发盘限 3 月 2 日复到，以我方时间为准”。我国外贸企业对外发盘时，一般都采用这种方法规定发盘有效期，发盘在送达受盘人时生效，至规定的有效期满为止。

2）在发盘中对有效期不作明确规定。这时，按国际惯例，发盘在合理时间内接受有效。对“合理时间”，国际上并没有统一规定，一般要依据发盘的方式、货物的行情等因素去掌握。

这种对有效期的规定方法极易使交易双方产生争议，因此在实际操作中应尽量不用或少用。

3）若发盘采用的是口头方式，则除非交易双方另有约定，受盘人必须立即表示接受才有效。

（3）发盘的终止

一项实盘发出后，在特定的受盘人作出接受以前，可以在一定条件下终止或失效，具体有如下几种情况：

1）过期。若受盘人未在发盘规定的有效期或合理时间内接受发盘，则该发盘自动失效。

2）撤回与撤销。发盘后，发盘人改变主意，或者将其撤回，或者将其撤销。撤回是发盘人将确定的交易条件发向特定的受盘人，在受盘人接到之前是不具有法律约束力的，可以说发盘尚未生效，那么发盘人可以随时宣布其无效，予以撤回，但以撤回通知先于发盘通知抵达受盘人或与之同时抵达受盘人为条件。反之，发盘的通知已先到达受盘人，发盘即已生效，对发盘人产生了约束力。这时发盘人再想改变主意，就不是撤回，而是撤销。

【小知识】

发盘的撤销

撤销不同于撤回，撤销是发盘生效后，发盘人取消该发盘，取消其效力的行为。对于发盘生效后能否撤销的问题，各国合同法的规定有较大分歧，《公约》对此作了折中。《公约》规定，如果撤销的通知于受盘人发出接受通知之前送达受盘人，在未订立合同之前，发盘可以撤销。但在下列情况下，发盘不得撤销：发盘中写明了发盘的有效期或以其他方式表明是不可撤销的；或受盘人有理由信赖该发盘是不可撤销的，而且受盘人已本着对该发盘的信赖行事，如寻找用户、组织货源等，这时，发盘不得撤销。

3）拒绝或还盘。针对一项发盘，如果受盘人不同意发盘的交易条件，做出拒绝的表示，不论发盘的有效期是否到期，原发盘即告终止。还盘是指受盘人对发盘条件不完全同意而提出修改意见的表示，这种表示，实质上是对原发盘的拒绝。因此，一旦作出还盘，发盘也立即失效。

4）特殊情况。特殊情况即不可抗力，是指发盘人或受盘人难以控制的因素，如战争、封锁、政府禁令、当事人死亡或法人破产等，这种特殊情况一旦出现，发盘立即失效。

发盘因撰写情况或背景不同，在内容、要求上也有所不同。但从总的情况看，其结构一般包括下列内容：

（1）感谢对方来函，明确答复对方来函询问事项。如：Thank you for your inquiry for...（感谢您对……的询盘）

（2）阐明交易的条件（品名、规格、数量、包装、价格、装运、支付、保险等）。如：For the Butterfly Brand sewing machine，the best price is USD79.00 per set FOB Tianjin.（蝴蝶牌缝纫机的最低价格为每台 79 美元 FOB 天津。）

（3）声明发盘有效期或约束条件。如：In reply we would like to offer，subject to your reply reaching us before...（我方愿意报盘，你方回复我方应在……之前）

（4）鼓励对方订货。如：We hope that you place a trial order with us.（我们希望你方能下订单。）

3. 还盘

还盘（counter-offer）又称还价。还盘是对发盘的一种拒绝，还盘一经作出，原发盘即失去效力，发盘人不再受其约束。一项还盘等于受盘人向原发盘人提出的一项新的发盘。还盘作出后，还盘的一方与原发盘人在地位上发生改变。还盘人由原来的受盘人变成新发盘的发盘人，而原发盘人则变成了新发盘的受盘人。新受盘人有权针对还盘内容进行考虑后接受、拒绝或者再还盘。

贸易谈判中，一方在发盘中提出的条件与对方能够接受的条件不完全吻合的情况经常发生，特别是在大宗交易中，很少有一方一发盘即被对方无条件全部接受的情况。因此，虽然从法律上讲，还盘并非交易磋商的必经环节，但在实际业务中，还盘的情况还是很多。有时一项交易须经过还盘、再还盘等多次讨价还价，才能做成。

还盘应注意的问题：

（1）还盘可以明确使用“还盘”字样，也可不使用，只是在内容中表示对发盘的修改。

（2）还盘可以针对价格，也可以针对交易商品的品质、数量、装运、支付或者价格。

（3）还盘时，一般只针对原发盘提出不同意见和需要修改的部分，已同意的内容在发盘中可以省略。

（4）接到还盘后要与原发盘进行核对，找出还盘中提出的新内容，结合市场变化情况和己方销售意图认真对待和考虑。

对买方还盘的答复：

国际贸易中，最常见的还盘是买方对卖方发盘价格的还盘。遇到此种还盘时，卖方一般可按以下方法予以处理和答复：

（1）感谢来函但不能接受其还盘。如：Thank you for your fax of June 5. We regret to say that we cannot accept your counter offer.（感谢 6 月 5 日发来的传真，但很遗憾我们不能接受你们的还盘。）

（2）要求降价。如：If you can reduce the price by 10%，we can do the business.（如你方能降价 10%，我们可以成交。）

4. 接受

接受（acceptance）是交易的一方无条件地同意对方在发盘或还盘中所提出的交易条件，并以声明或行为表示愿按这些条件与对方成交、签订合同。接受如同发盘一样，既属于商业行为，也属于法律行为。一般情况下，发盘一经接受，合同即告成立，对买卖双方都将产生约束力。

（1）构成一项有效接受的条件

1）接受必须由特定的受盘人作出。这一条件与构成发盘的第一项条件是相互对应的。发盘是向特定的人作出的，因此，只有特定的人才能对发盘作出接受，特定的受盘人作出的接受才有效，发盘人才受约束。任何第三者对发盘的接受对发盘人都没有约束力，只能被视为对原发盘人作出的一项新的发盘。

2）接受必须表示出来。接受必须由特定的受盘人以一定的方式表示出来，缄默或不采取任何行动不能构成接受。一般来说，对口头发盘要立即作出口头接受，对书面发盘也要以书面形式表示接受。另外，若交易双方已形成某种习惯做法，受盘人也可以采取某些行动对发盘表示接受，如卖方直接按发盘条件发运货物，买方立即开来信用证。

3）接受必须在发盘的有效期内表示并送达发盘人。发盘中往往规定发盘的有效期，发盘人只在这个期限内承担按发盘条件与受盘人成交的责任。《公约》规定，接受于到达发盘人时生效。如果接受在发盘的有效期内，或者发盘未规定有效期，在合理时间内未到达发盘人，该接受为逾期接受，逾期接受一般无效。

【小知识】

《公约》对逾期接受的规定

《公约》主张，一项逾期接受是否有效应取决于发盘人，如果发盘人收到逾期接受后，毫不迟延地向受盘人发出通知，表示确认其效力，则该项逾期接受仍然有效；如果所使用的信件或其他书面文件表明，逾期接受是在传递正常、能及时送达发盘人的情况下寄发的，但由于出现传递不正常的情况而造成延误，这种逾期接受被认为仍然有效。除非发盘人收到逾期接受时，毫不迟延地向受盘人发出通知，否认逾期接受的有效性；接受的最后一天如果恰逢星期天或节假日，则此项接受可延顺至下一个工作日，对于这时表示的接受，按《公约》的规定，应该视为有效，除非发盘人毫不迟延地以口头或书面形式反对此项接受的有效性。

4）接受的内容必须与发盘相一致。受盘人必须无条件地同意发盘的全部内容才能与发盘人成交，这也是接受的基本原则。

（2）接受的撤回

根据这一规定，受盘人发出接受之后，如想反悔，可撤回其接受，但必须采取比接受更加快速的传递方式，将撤回通知赶在接受通知之前送达发盘人，或者最迟与接受同时送达发盘人，才能撤回。如果撤回通知迟于接受送达发盘人，就不能撤回了。在国际贸易中，表示接受的可以是买方，也可以是卖方。

（3）应注意的问题

如果是我方表示接受，一般应注意以下几个问题：

1）接受时应慎重对洽商的函电或谈判记录进行认真核对，经核对认为对方提出的各项交易条件确已明确、肯定、无保留条件时，再予接受。

2）接受可以简单表示，如："你10日电接受"，也可详细表示，即将洽商的主要交易条件再重述一下，表示接受。一般来说，对一般交易的接受，可采用简单形式表示，但接受电报、电传或信函须注明对方来电、信函的日期或文号；对大宗交易或交易洽商过程比较复杂的，为慎重起见，在表示接受时，应采用详细叙述主要交易条件的形式。

3）表示接受应在对方报价规定的有效期之内进行，并严格遵守有关时间的规定。

4）表示接受前，详细分析对方报价，准确识别对方函件性质是发盘还是询盘，以免使自己被动或失去成交的机会。

由国外客户表示接受时，应注意下列问题：

1）收到国外客户接受后，要认真分析客户接受的有效性，根据客户接受情况及我方经营意图，正确处理把握合同成立与不成立的法律技巧。

2）注意贯彻"重合同、守信用"的原则，只要对方接受有效，即使情况变化对己方不利，仍应同客户达成交易、订立合同，维护己方信誉。

任务实施

加拿大兄弟公司与弗瑞德公司根据各自公司的实际需求情况，在平等互利的基础上进行详细的磋商。

技能训练

请根据下列要求拟写英文的磋商内容：

1. 5月1日接到美国客户的函电要求报“蓝天”牌玻璃杯，货号为TY52，LS16L两款的价格及包装情况。

回复要求：假设TY52的参考价格为CIF NEWYORK 0.24美元/只，LS16L的价格为0.18美元/只，包装方式为6只装1内盒，4内盒装1纸箱。

2. 5月6日收到还盘信，价格略高，不符合我方市场的要求，要求两款都降价0.05美元/只。

回复要求：接受还盘，但要求每款的订单量要在5 000只以上方可。同时采用即期信用证付款，此盘限5月10日前回复有效。

思考与练习

1. 交易磋商的内容是什么？
2. 交易磋商的环节有哪些，哪些是每笔交易必不可少的？
3. 发盘可以撤销，那么接受能否撤销？为什么？
4. 构成有效接受的条件是什么？
5. 构成有效发盘的条件是什么？

任务2　确定商品的品名、品质

教学目标

1. 掌握表示品名、品质的方法。
2. 掌握品质机动幅度与品质公差。
3. 选择合适的表示品质的方法。
4. 正确订立合同的品名和品质条款，同时能够合理运用品质机动幅度与品质公差。

任务引入

弗瑞德公司和加拿大兄弟公司已经建立了业务关系。兄弟公司对弗瑞德公司的服装尤其是男装款式很感兴趣，通过往来函电联系，并在收到弗瑞德公司的样本后，打算试订一批服装。

为此兄弟公司的杰克先生和弗瑞德公司的刘萍就服装的名称及品质进行了讨论。

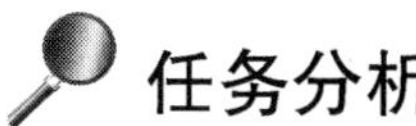

任务分析

在国际贸易谈判中，买卖双方首先要明确所交易的商品的品名和品质，商品的品名、品质关系到买卖双方的权利和义务，它是买卖双方交接货物的一项基本依据。按照《公约》的规定，若卖方交付的货物不符合约定的品名、品质条件，买方有权提出损害赔偿要求，甚至可以拒收货物或撤销合同。因而在合同中要明确规定商品的品名及品质条款。

相关知识

一、商品的品名

1. 商品品名的含义

商品的品名（name of commodity）也称商品名称，简称品名，是指能使某种商品区别于其他商品的称呼或概念。商品的名称一般按自然属性（如动物产品、植物产品、矿产品等）和加工程度（原料、半制成品、制成品）来命名和分类。

【小知识】

为了使国际贸易货物分类体系进一步协同和统一，经过海关合作理事会（现世界海关组织 WCO）和联合国统计委员会多年的共同努力，制定了适合于国际贸易有关各方需要的标准国际贸易商品分类体系。即《商品名称及编码协调制度》，简称《协调制度》（harmonized systems，HS）。《协调制度》是一个新型的、系统的、多用途的国际贸易商品分类体系。它可用于对运输商品的计费与统计、计算机数据传递、国际贸易单证简化、普通优惠制的利用、海关税则、贸易统计等方面。

我国目前实施的商品分类，全部采用《协调制度》目录中对商品的分类原则、结构和全部商品名称，将商品分为 22 类 98 章。因此，国际贸易业务人员在对外成交采用商品品名，应与 HS 规定的品名相适应。

2. 商品的品名条款的内容

国际货物买卖合同中的品名条款并无统一的格式，通常都在“商品名称”或“品名”的标题下列明交易双方成交商品的名称，也可不加标题，只在合同的开头部分，列明交易双方同意买卖某种商品的文句。在合同开头部分，列出交易双方同意买卖某种商品的文句。如

The sellers agree to sell and the buyers agree to buy ×× on the terms and conditions stated below.（买卖双方同意就某商品的买卖达成如下条款。）

品名条款的规定，还取决于成交商品的品种和特点。就一般商品来说，有时只要列明商品的名称即可，但有的商品，往往具有不同的品种、等级和型号。因此，为了明确起见，也有把有关具体品种、等级或型号的概括性描述等都列明，作为进一步的限定。此外，有的甚至把商品的品质规格也包括进去，这实际是把品名条款与品质条款合并。

3. 商品的品名条款注意事项

国际货物买卖合同中的品名条款，是合同中的主要条件。因此，在规定此项条款时，应注意下列事项：

（1）必须明确、具体表达品名条款。必须能确切反映交易标的物的特点，避免空泛、笼统的规定，以利合同的履行。

（2）规定商品的品名应实事求是，切实反映商品的实际情况，必须是卖方能够供应买方所需要的商品，凡做不到或不必要的描述性词句，都不应列入，以免给合同履行带来困难。

（3）确定品名时，应注意有关国家的海关税则和进出口限制的有关规定，恰当地选择有利于降低关税和方便进出口的名称。特别值得注意的是，在合同中应尽量采用与 HS 编码制度一致的商品名称。

（4）注意选用合适的品名。目前国际上班轮运费是按照商品名称规定来划分计收运费标准的，在实际业务中，常常是同一种商品因名称不同，其收费标准也有所不同。

4. 品名条款示例

（1）Sale Contract for Northeast Soybean.

（东北大豆的销售合同）

（2）We hereby conclude the following terms and conditions for the sale of Forever Brand Bicycle.

（我们就永久牌自行车的销售达成如下条款）

（3）Name of Commodity：Sport Shoes.

（商品名称：运动鞋）

（4）Chinese Groundnut，F. A. Q.	中国花生，良好平均品质
Moisture（max 13%）	水分（最高 13%）
Admixture（max 5%）	杂质（最高 5%）
Oil Content（min 44%）	含油量（最低 44%）

二、商品的品质

商品的品质（quality of commodity）是指商品的内在质量和外观形态的综合，内在质量包括商品的物理性能、机械性能、化学成分和生物特性等自然属性；外观形态包括商品的外形、色泽、款式和透明度等。

合同中的品质条款，是构成商品说明的重要组成部分，是买卖双方交接货物的依据。《公约》规定，卖方交付的货物必须与合同所规定的质量和规格相符。除非双方当事人已另有协议，否则货物应适用于同一规格货物的通常用途；适合买方在订立合同时通知卖方的任何特定目的；符合卖方向买方提供的样品或样式，否则即为与合同不符。如卖方交货不符约定的品质条款，不论价款是否已付，买方有权要求卖方减价、赔偿损害，也可要求修理或交付替代货物，甚至拒收货物和撤销合同。我国《合同法》规定，一方违约（卖方交付与合同不符的货物）使合同目的不能实现的，另一方可以解除合同并有权要求损失赔偿，这从法律的角度说明了品质的重要性。

国际贸易的商品种类繁多，即使是同一种商品，在品质方面也可能因自然条件、技术和工艺水平以及原材料的使用等因素的影响而存在种种差别，这就要求买卖双方在商定合同时首先就品质条件作出明确规定。表示品质的方法大致有两类，凭实物表示和凭文字说明表示。

1. 凭实物表示

这是以作为交易对象的商品的实际品质或以代表商品品质的样品来表示商品品质的方法，具体包括以下几种。

（1）看货买卖

又称凭现货买卖，即根据现有商品的实际品质买卖。具体做法是在货物存放地，卖方向买方展示货物，买方或其代理人逐一观看，对满意的货物即与卖方达成交易。卖方按看过的货物品质标准交付货物，买方按看过的货物品质标准收货。只要卖方交付的货物是看过的货物，买方就不得对品质提出异议。这种做法多见于寄售、拍卖、展卖等贸易业务中。

（2）凭样品买卖

样品（sample）通常是从一批商品中抽出来的或由生产、使用部门设计、加工出来的，足以反映和代表整批商品品质的少量实物，这种样品叫做标准样品（standard sample）。凡以标准样品表示商品品质并以此作为交货依据的，称为凭样品买卖（sale by sample）。

【小知识】

有关样品的法律规定

我国《合同法》第 168 条规定，凭样品买卖的当事人应当封存样品，并可以对样品质量予以说明。出卖人交付的标的物应当与样品及其说明的质量相同。第 169 条规定，凭样品买卖的买受人不知道样品有隐蔽瑕疵的，即使交付的标的物与样品相同，出卖人交付的标的物质量仍然应当符合同种物的通常标准。

英国《1979 年货物买卖法》（Sale of Goods Act 1979）规定，凭样品买卖包含下列默示条件：一是整批货物与样品一致，二是买方有合理的机会进行整批货物与样品比较，三是所交货物不得含有对样品进行合理检查不易发现的、不能令人满意的缺陷。

在国际贸易实务中，有些商品难以用文字来说明其品质，代之以实物样品来表示。凭样品买卖的适用范围主要包括工艺品、古董、字画、服装、轻工品、土特产品等不易用文字描述的商品。

根据样品提供者的不同，凭样品买卖可分为：

1）凭卖方样品买卖（sale by seller's sample）。在国际贸易中，通常由卖方提供样品，凡以卖方样品作为交货的品质依据者，称为凭卖方样品买卖。卖方所交货物的品质，必须与提供的样品相同。

2）凭买方样品买卖（sale by buyer's sample）。有时买方为了使其订购的商品符合自身要求，也会提供样品由卖方依样承制，如卖方同意按买方提供的样品成交，称为凭买方样品买卖。

3）凭对等样品买卖（sale by counter sample）。在凭买方样品买卖时，卖方可根据买方提供的样品，加工复制出一个类似的样品交买方确认，这种经确认后的样品，称为对等样品（counter sample）或回样。当对等样品被买方确认后，日后卖方所交货物的品质，必须以对等样品为准。需要注意的问题是：其一，所取样品要有一定的代表性；其二，保留好复样。

此外，买卖双方为了发展贸易关系和增进彼此对对方商品的了解，往往采用互相寄送样品的做法。这种以介绍商品为目的而寄出的样品，最好标明“仅供参考”（for reference only）字样，以免与标准样品混淆。

2. 凭文字说明表示

凭文字说明表示品质，是指用文字、图表、图片等方式来说明成交商品品质的方法。这类表示品质方法可细分为如下几种：

（1）凭规格买卖（sale by specification）

商品规格是指一些足以反映商品品质的主要指标，如化学成分、含量、纯度、性能、容量、长短、粗细等。国际贸易中的商品由于品质特点不同，其规格也各异，买卖双方凡用商品的规格确定品质时，称为凭规格买卖，如“Huiyuan”Pear Juice，Juice Content 100%（“汇源”梨汁，果汁含量100%）。凭规格表示商品的品质一般说来是比较准确的，所以大多数商品交易都采用这种方法。

（2）凭等级买卖（sale by grade）

商品的等级是指同一类商品按规格上的差异，分为品质优劣各不相同的若干等级。以文字、数字或符号表示。对明确等级的商品如茶叶、矿产品等按特级（special grade）、一级（first grade）、二级（second grade）、三级（third grade）等来表示。凭等级买卖时，由于不同等级的商品具有不同的规格，为了便于履行合同和避免争议，在品质条款列明等级的同时，最好一并规定每一等级的具体规格。这对简化手续、促进成交和体现按质论价等，都有一定的作用。

例如：Chinese Green Tea Special Chummed Special Grade Art No. 4320

（中国绿茶　特珍眉　特级　货号　4320）

（3）凭标准买卖（sale by standard）

商品的标准是指将商品的规格和等级予以标准化。商品的标准，有的由国家或有关政府主管部门规定，有的由同业公会、交易所或国际性的工商组织规定。有些商品习惯凭标准买卖，人们往往使用某种标准作为说明和评定商品品质的依据。但是由于商品标准不断地修改或变动，在合同中援引标准时，也应注明采用标准的版本名称及其年份。

如：Rifampicin in Conformity with B. P. 1993

（利福平按1993年版英国药典规定）

在实际的业务中，出口商品一般应以我国标准为依据，如有可能和把握，可酌情采用外国标准；进口商品一般采用国际标准并结合本国实际采用。

在国际贸易中，对于某些品质变化较大而难以规定统一标准的农副产品，往往采用“良好平均品质”（fair average quality，FAQ）这一术语来表示其品质。“良好平均品质”是指一定时期内某地出口货物的平均品质水平，一般是指中等货，也称大路货。在标明大路货的同时，通常还约定具体规格作为品质依据。如“中国桐油 F. A. Q.，规格：游离脂肪酸最高4%”。“上好可销品质”（good merchantable quality，GMQ）一般指卖方所交货物应为“品质上好，适合商销”，如冷冻鱼类等商品。这两种表示品质的方法非常笼统，因此一般不建议采用。

（4）凭说明书和图样买卖（sale by descriptions and illustrations）

在国际贸易中，有些机电、仪表等技术密集型产品，因其结构复杂，对材料和设计的要求严格，用以说明其性能的数据较多，很难用几个简单的指标来表明品质的全貌，而且有些产品，即使其名称相同，但由于所使用的材料、设计和制造技术的某些差别，也可能导致功能上的差异。因此，对这类商品的品质，通常以说明书并附以图样、照片、设计图纸、分析表及各种数据来说明具体性能和结构特点。按此方式进行交易，称为凭说明书和图样买卖。

（5）凭商标或品牌买卖（sale by trade mark or brand）

商标（trade mark）是指生产者或商号用来识别所生产或出售商品的标志。品牌（brand）是指工商企业给制造或销售的商品所冠的名称。商标或品牌自身实际上是一种品质象征。人们在交易中可以只凭商标或品牌进行买卖，无须对品质提出详细要求，如“瑞士”军刀、“海尔”家电。

牌名、商标都属于工业产权，大多数国家都制定了有关商标法给予保护，因此，在与外商采用凭商标或品牌买卖出口商品时，应遵照有关国家的法律规定，在销往国办理注册，维护商品的专有权；而在进口时，要注意是否有权或授权使用该商标或品牌，避免产生知识产权问题的纠纷。

【小知识】

在采用凭商标或品牌进行买卖的时候，作为卖方，一定要保持商品质量的稳定性，以免因一两批货的质量不够好而拖垮整个品牌。特别是多家工厂共用一个品牌的，更应注意这一问题。作为买方，第一，要注意这些商品是否因其他原因造成损坏或变化；第二，要注意同一品牌或商标的商品是否来自不同的工厂，以防止商品品质与品牌商标所代表的品质不一致；第三，还要谨防假冒商标，以免受骗上当。

（6）凭产地名称买卖

在国际货物买卖中，有些产品因产区的自然条件、传统加工工艺等因素的影响，在品质方面具有其他产区的产品所不具有的独特风格和特色，对于这类产品，一般也可用产地名称来表示品质，如四川涪陵榨菜、浙江金华火腿、山东龙口粉丝、法国香水等。

三、合同中的品质条款

合同中品质条款的内容有繁有简，通常包括商品品质的表述内容及相应的品质公差与品质机动幅度。

1. 针对不同商品，合理、正确选用表示品质的方法

在买卖合同中，一般视不同商品和不同表示品质的方法而定，包括商品的品名、规格、等级、品牌、标准以及交付货物的品质依据等。凭样品买卖时，应列明样品的编号、寄送日期，有时还要加列交货品质与样品“大致相符”或“完全相符”的说明等。凭标准买卖时，应标明标准名称及其版本年份。而且还应注意有些商品可以用几种方法表示它的品质，但是不能随意滥用，避免增加交货难度。

2. 品质条款订立要合理，而且要具有灵活性

由于商品的特性、生产技术条件、运输条件以及气候等多种因素的影响，卖方所交货物的品质难免会与合同约定的品质有些出入，因此，在合同中允许货物的品质在一定范围之内略高或略低于合同的品质要求。

（1）品质公差

有些工业制成品，由于在生产过程中不能做到很精确，可根据国际同行业所公认国际惯例或经买卖双方协商同意，对合同中的品质指标订有允许的“公差”，这就是品质公差，如手表 24 小时的合理误差为 2 秒。在品质公差以内，交货品质如仍有差别，一般均按合同价计算，而不另作调整。

（2）品质机动幅度

这是指对初级产品或农副产品，允许卖方所交货物的质量指标在一定幅度内灵活浮动。在品质机动幅度内，有时需要按比例计算增减价格，并在合同中订立“增减价条款”。规定品质机动幅度的方法有三种：

1）规定范围：对某项货物的品质指标规定允许有一定差异范围。例如：白坯布，幅阔 35/36 英寸，即布的幅阔只要在 35 英寸到 36 英寸的范围内，均作为合格。

2）规定极限：对有些货物的品质规格规定上下极限。规定极限的表示方法常用的有：最大、最高、最多（Maximum，缩写为 Max.）、最小、最低、最少（Minimum，缩写为 Min.）。如：

大米，碎粒 35%（最高）　Rice，Broken grains 35%（Max.）

水分 15%（最高）　Moisture 15%（Max.）

杂质 1%（最高）　Admixtures 1%（Max.）

3）规定上下差异：规定上下差异也是使货物的品质规格具有必要的灵活性的有效方法，如：灰鸭毛，含绒量 18%，上下 1%（Grey Duck Feather，Down content 18%，1% more or less）。

3. 品质条款示例

（1）Plush Bear，Article Number：T260，details as per the sample dispatched by the Seller on 10 Sep. 2009.

（绒毛熊，货号 T260，详情根据卖方 2009 年 9 月 10 日寄送的样品。）

（2）Changhong Brand Color TV Sets details as per attached descriptions and illustrations.

（长虹牌彩色电视机，凭说明书和图样买卖。）

（3）Shawls，Y231，150 cm×28 cm，the goods to be delivered shall be about equal to sample.

（披肩，货号 Y231，150 厘米×28 厘米，交货品质与样品大致相等。）

任务实施

兄弟公司首先通过商会、银行详细了解了弗瑞德公司，然后又与弗瑞德公司在网上进行了一系列的沟通和磋商，尤其是详细、全面地了解了弗瑞德公司的产品，同时也比较了中国境内其他同行业企业，对弗瑞德公司的资信情况、产品情况比较信任。于是兄弟公司初步确定第一笔订单从服装开始。并就具体的业务磋商后选定先进口一批男式纯棉衬衫，货号分别为：1094L、286G、654。

1. 兄弟公司首先与弗瑞德公司确定商品的名称

Commodity：Men's Cotton Woven Shirts

2. 由于服装类商品用文字说明无法明确表示其品质，所以双方确定采用凭样品买卖

业务员刘萍于 2009 年 4 月 5 日的函电中对产品进行了详细的说明，同时给杰克寄送了样品。兄弟公司收到后，仔细检验了商品的品质并进行了确认，同意交货品质与样品大体相同。

双方确定了品名及品质条款如下：

Name of Commodity：Men's Cotton Woven Shirts

Style No. 1094L

Style No. 286G

Style No. 654

The goods to be delivered shall be about equal to sample.

知识链接

样品的种类

1. 宣传推广样

企业用于境内外参展、对外展示的实物。一般是从一批商品中抽取出来的，或是由生产使用部门设计加工出来能代表今后交货质量的实物，通过样品实物形态向公众反映出商品品质全貌。

2. 参考样

卖方向买方提供仅作为双方谈判参考用的样品。参考样与成交样品的性质不同，不作为正式的检验依据。样品寄给买方只做品质、样式、结构、工艺等方面的参考，为产品的某一方面达成共识创造条件。

3. 测试样

交由买方客户通过某种测试检验卖方产品品质的样品。如果样品测试结果不能达到客户

的要求，客户可能不会下单订货。

4. 修改样

买方对样品的某个方面提出修改，修改后卖方又重新寄回买方确认的样品。

5. 确认样

指买卖双方认可、最后经买方确认的样品。在完成确认样品后，必须由技术检验部门评估，只有经技术检验部门评估合格的样品才可发送给客户。重点评估以下方面：

（1）所选的材料是否与客户要求完全一致。

（2）样品各个部位的尺寸是否与客户的图纸完全一致。

（3）样品的颜色和包装是否与客户的要求完全一致。

（4）样品的数量是否与客户的要求完全一致。

（5）本企业是否有留样。

6. 成交样

卖方交付的标的物与买方保留的样品具有同一质量标准的买卖。

7. 产前样

生产之前需寄客户确认的样品。一般是客户为了确认大货生产前的颜色、工艺等是否正确，向卖方提出的基本要求之一。

8. 生产样

大货生产中的样品是在随机抽取的前提下，反映大货生产时品质等情况，客人根据生产样，可能会作出一些新的改进指示。

9. 出货样

产品已经做好准备出货之前的样品。有些客户就根据这个样品来决定这批货的品质。

此外，在不同的行业中，还有与该行业对应的其他样品种类。例如纺织服装中的款式样（pattern sample）、广告样（salesman sample）、齐色齐码样（size/color set sample）、水洗样（washed sample）和船样等。

凭样品买卖应注意：

（1）卖方提供样品的时候必须有足够的代表性，确实能够代表整批货物的平均品质。不要太高，也不要太低，太高了会给以后交货造成困难，太低会对价格有影响，还影响成交。

（2）卖方在向国外客户寄送样品的时候，应该留一份货样，作为备用。

（3）买方来样成交时，不要轻易改动，若要改动，必须征得对方的同意。

（4）凭买方来样成交时，买卖合同中必须写明“该商品在国际市场销售中不存在侵犯第三方权益，如构成侵权行为，卖方概不负责，由买方承担”。

（5）要严格区分参考样品和标准样品，以免引起纠纷。如果不是标准样品，即不是成交的样品，事先应该写清楚参考样品的字样。

技能训练

1. 模拟买卖双方，针对某一货物进行洽商，并签订合同的品名和品质条款。

2. 山东省某玻璃制品有限公司和国外客商进行磋商，客商对该公司的 T12、T23 两款玻璃杯比较感兴趣，决定购买。请查询相关网站，了解玻璃器皿的品质是如何规定的，并针对这两款商品拟定具体的品名和品质条款。

3. 请查询相关资料并拟写下列商品的品质条款。

自行车、玩具狗、芝麻、面粉

思考与练习

1. 表示品质的方法有哪些？举例说明。
2. 分析并讨论针对同一种商品而言，各个国家或地区对品质有哪些不同的要求？
3. 分析合同中为什么要规定品质机动幅度条款，如何规定？
4. 在订立合同中的品质条款时要注意哪些问题？
5. 案例分析

我国某出口公司出口一批苹果，500 吨，在信用证中规定苹果为三级品，但是在交货前卖方发现仓库中的三级品的苹果数量不够，为了按期交货，其中 200 吨选用的是二级品，同时在发票中注明：二级苹果按照三级品计价。请问，我方处理是否妥当，是否能够顺利结汇？

任务 3　确定商品的数量

教学目标

1. 掌握常见的计量单位、度量衡制度及其单位的换算。
2. 掌握常见的计重的方法。
3. 掌握溢短装条款的内容。
4. 能够正确、合理的订立合同中的数量条款及数量的溢短装条款。

任务引入

弗瑞德公司和兄弟公司在经过一系列的磋商后，兄弟公司决定试订一个 20 英尺集装箱的男式衬衫，如销售情况良好，再建立长期的合作关系。作为业务员刘萍要对产品进行仔细核算，一个 20 英尺的集装箱能装多少商品，确定后再签订具体的数量条款。

任务分析

在国际贸易谈判中，数量条款是买卖双方交接货物的依据，也是处理与交接数量有关的索赔或理赔的依据。因此要正确掌握交易数量订立好合同中的数量条款。

按照某些国家的法律规定，卖方交货数量必须与合同规定相符，否则，买方有权提出索赔，甚至拒收货物。

《公约》规定，按约定的数量交付货物是卖方的一项基本义务，如卖方交货数大于约定的数量，买方可以拒收多交的部分，也可收取多交部分中的一部分或全部，但应按合同价格付款；如卖方交货数少于约定的数量，卖方应在规定的交货期届满前补交，但不得使买方遭受不合理的不便或承担不合理的开支，即使如此，买方也有保留要求损害赔偿的权利。我国《合同法》第 30 条规定，有关合同标的、数量、质量、价款或者报酬、履行期限、履行地点和方式、违约责任和解决争议方法等的变更，是对要约内容的实质性变更。说明了数量条款是合同的重要条款。

相关知识

一、计量单位及度量衡制度

1. 计量单位

在国际贸易中，确定买卖商品的数量时，必须明确采用什么样的计量单位。由于商品的种类和性质不同，采用的计量单位也不同，通常采用的计量单位见表 2—3—1。

表 2—3—1　　常用计量单位

计量单位	计量单位名称表示	适用商品
重量	公吨（metric ton，mt）、长吨（long ton，lt）、短吨（short ton，st）、千克（kilo gram，kg）、克（gram，g）、盎司（ounce，oz）	一般适用农产品、矿产品及部分制成品，如棉花、羊毛、谷物、矿产品。对黄金、白银等贵重商品常采用克、盎司来计量，钻石则采用克拉计量
数量	件（piece，pc）、双（pair）、套（set）、打（dozen，doz）、罗（gross，gr）、卷（roll）、令（ream，纸张的计量单位，一般为 500 张）、袋（bag）、包（bale）、纸箱（ctn）	适用于工业制成品，尤其是日用消费品、轻工业品、机械产品及部分土特产品，如文具、玩具、衣服、车辆等
长度	米（meter，m）、英尺（foot，ft）、码（yard，yd）	适用于金属绳索、丝绸、布匹等商品
面积	平方米（square meter，m^2）、平方英尺（square foot，ft^2）、平方码（square yard，yd^2）	适用于玻璃板、地毯、皮革等商品
体积	立方米（cubic meter，m^3）、立方英尺（cubic foot，ft^3）、立方码（cubic yard，yd^3）	适用于木材、天然气和化学气体
容积	升（liter，L）、加仑（gallon，约等于 4.546L）、蒲式耳（bushel，1 蒲式耳的小麦、大豆为 60 磅）	适用于谷物和流体货物，如小麦、汽油、酒精等

2. 度量衡制度

由于各国度量衡制度不同，所使用的计量单位也各不相同，目前国际贸易中通常使用的计量单位有公制（Metric System）、英制（British System）和美制（U. S. System）三种。此外，还有在公制基础上发展起来的国际单位制（International System of Units，SI）。不同的度量衡导致统一计量单位所表示的数量有所差异，见表2—3—2。

表2—3—2　　度量衡制度重量单位的表示

度量衡制度及采用国家	表示方法	与千克的换算关系
公制的国家（如东欧、拉美、东南亚等地区的国家）	公吨（metric ton）	1 mt=1 000 kg
英制国家（如英国、新西兰、澳大利亚等）	长吨（long ton）	1 lt=1 016 kg
美制国家（如北美的国家）	短吨（short ton）	1 st=907 kg

二、计算重量的方法

在国际贸易中，有许多商品是按重量进行买卖的。其主要计算方法有以下几种：

1. 按毛重计算

毛重（gross weight，G. W.）是指货物本身的重量加上皮重，即加上包装材料的重量。这种方法适用于低值商品。某些产品如农副产品中的大豆、大米等，商品和自身包装不便分开，所以采用以毛重计算价格。这种计量和计价方法，在国际贸易中称做“以毛作净”（gross for net）。

2. 按净重计算

净重（net weight，N. W.）是指货物的本身重量，即不包括皮重的货物的实际重量。如果合同中未明确规定用毛重还是净重计量、计价的，则按惯例“以净重计价”。皮重的计算方法一般有以下几种：

（1）按实际皮重计：对所有包装物称重所得的重量。

（2）按平均皮重计：总皮重＝抽样平均单件皮重×总件数。

（3）按习惯皮重计：总皮重＝习惯单件皮重×总件数。

（4）按约定皮重计：总皮重＝约定单件皮重×总件数。

3. 按公量计算

所谓公量（conditioned weight，C. W.）就是用科学方法抽出商品中的水分后，再加上标准含水量所求得的重量。这种方法通常用于价值较高而水分含量极不稳定的货物，如羊毛、生丝等。

4. 按理论重量计算

理论重量（theoretical weight，T. W.）是指某些有固定规格形状和尺寸的商品，如马口铁、钢板等，只要规格一致，每件重量大体上相同，就可以从其件数推算出总量。

5. 按法定重量计算

法定重量（legal weight，L. W.）是指海关在征收从量税时的征税重量，即商品的实物净重加上商品的销售包装重量。

【小案例】

我国外贸公司以CIF条件与外商达成一笔出口合同，进口500 mt的大豆。信用证规定：采用麻袋包装，每袋装25 kg。但是货到后买方检查发现，交货时每袋毛重为25 kg，净重24 kg。马上致电询问，并要求扣除短量部分的货款。请问，买方的要求是否合理，为什么？作为外商应该如何处理？

分析：

(1) 要求合理。卖方交货的数量应该严格按照信用证规定，由于未注明以毛作净，所以按照惯例，卖方应按照商品的净重交货。所以外商每袋短量1 kg。我方有权要求扣除短量部分的货款。

(2) 外商也要由有关部门出具检验证明，来明确是否存在短量的问题，如确实短量，则应按买方的要求扣除短量部分的货款。

三、数量机动幅度

在国际贸易中应明确规定具体的买卖数量。但是由于有些商品的数量难以精确计量，比如大宗散货，或受包装条件和运输工具的限制以及自然损耗等，实际交货数量往往不容易做到绝对准确，为了避免日后争执，买卖双方应事先谈妥并在合同中订明交货数量的机动幅度。

数量机动幅度是指卖方可按买卖双方约定某一具体数量多交或少交若干量的幅度。规定数量机动幅度的方法有两种：一为溢短装条款；二为规定“大约”数量。

1. 溢短装条款

所谓溢短装条款（more or less clause），就是允许交货时可多交或少交一定百分比的数量。

【小知识】

《跟单信用证统一惯例》（UCP600）第30条b款规定，在信用证未以包装单位件数或货物自身件数的方式规定货物数量时，货物数量允许有5%的增减幅度，只要总支取金额不超过信用证金额。

溢短装条款中一般包括三方面内容：溢短装的伸缩幅度、选择权、溢短装部分计价方式。

一般而言，溢短装条款由卖方决定，但是买方负责租船接货的情况下，为了便于同租船合同衔接，也可规定由买方或船方决定。在数量机动范围内多装或少装的货物，有三种价值计算方法：按合同规定的价格计算；按装运时的市场价格计算；按到货时的市场价格计算。后两种方法主要是为了避免享有溢短装权利的一方在商品价格波动时人为地故意多装或少装。

2. “大约”数量

在合同数量前加“大约”（about）字样，也可使具体交货数量作适当机动，即可多交或少交一定百分比的数量。

【小知识】

国际上对“大约”的具体含义没有一种统一解释，为了防止争议，《UCP600》第30条

a 款规定，“约”或“大约”用于信用证金额或信用证规定的数量或单价时，应解释为允许有关金额或数量或单价有不超过 10%的增减幅度。

3. 示例

(1) Northeast soybeans, gross for net, 5% more or less at sell's option.

(东北大豆，以毛作净，5%的溢短装由卖方决定。)

(2) Rice, 1 000 metric tons, 5% morc or lcss at buycr's option.

(大米，1 000 公吨，5%的溢短装由买方决定。)

四、订立合同数量条款应该注意的问题

1. 正确掌握成交数量

对出口商品数量的掌握应该考虑国外市场的供求状况，国内市场的货源供应情况，国际市场的价格动态，以及国外客户的资信状况和经营能力。对进口商品数量的掌握应该考虑国内实际需要、国内支付能力，以及市场行情变化等。

2. 数量条款的各项内容应具体、明确

在数量条款中应明确计量单位、计量方法和计量工具，并选择使用买卖双方共同接受的度量衡制度。数量条款切忌模糊不清，避免使用笼统的字眼，应使买卖双方的责任分明，以避免履约时的纠纷。

3. 规定合理的数量机动幅度

数量机动幅度大小应合理。存在分批装运时，应争取每批都有机动幅度，否则，应争取前几批装运数量准确，最后一批留作调整。机动幅度的选择权应合理，同时，溢短装数量的计价方法也要合理。

任务实施

兄弟公司根据实际需要决定订购弗瑞德公司三种产品、货号分别是 1094L、286G 和 654，订购数量如下：

Style No.：1094L　　8 000 pcs

Style No.：286G　　10 000 pcs

Style No.：654　　2 000 pcs

1. 业务员刘萍根据货物的具体数量及货物的包装方式进行了核算，按照兄弟公司的订购数量，货物包装采用的是 12 件/打，1094L 为 10 打/箱，而 286G、654 均为 8 打/箱，计算出：

Style No.：1094L　　8 000 pcs　(大约为 670 dozs 即 8 040 pcs，为 67 ctns)

Style No.：286G　　10 000 pcs (大约为 840 dozs 即 10 080 pcs，为 105 ctns)

Style No.：654　　2 000 pcs　(大约 168 dozs 即 2 016 pcs，为 21 ctns)

合计　　20 000 pcs　　1 678 dozs　20 136 pcs　193 ctns

又由于一个 20 ft 的集装箱的有效容积大约为 25 m^3，载重量一般为 17.5 mt。按照以往出货情况，产品的装箱尺寸大致为：60 cm×40 cm×50 cm，体积为：0.12 m^3，25/0.12≈208 箱，每件服装的重量大约为 0.35 kg，总量为 20 136×0.35≈7 047 kg，因而可以装在一个 20 ft 的集装箱内。

2. 确定后，刘萍马上与杰克联系，询问此数量是否可以接受。杰克根据公司的实际需求情况，又对数量进行了修改：

Style No.：1094L	8 400 pcs	700 dozs	70 ctns
Style No.：286G	9 600 pcs	800 dozs	100 ctns
Style No.：654	1 920 pcs	160 dozs	20 ctns
总计：	19 920 pcs	1 660 dozs	190 ctns

3. 为了避免实际装箱有误差，所以订立了 5%的溢短装条款，为此就数量条款与杰克达成一致，在合同中订立如下：

Quantity：

Style No.：1094L　　8 400 pcs

Style No.：286G　　9 600 pcs

Style No.：654　　1 920 pcs

5% more or less at seller's option（5%的溢短装由卖方决定）

知识链接

计算集装箱箱内装货数量的方法

通常集装箱在装箱的时候方式有三种，即分别按包装箱的长、宽、高计算，还要考虑到集装箱的最大载重量，最终合理确定装箱数量。

例如：某出口产品，其包装箱为长 50 cm×宽 40 cm×高 30 cm，每箱的毛重为 8.5 kg，如果选用 40 ft 的集装箱，箱内的尺寸为长 11.8 m×宽 2.13 m×高 2.18 m，有效容积为 55 m^3，最大载重量为 27 mt，计算该集装箱最多可以装多少箱？

集装箱的箱内尺寸为长 11.8 m×宽 2.13 m×高 2.18 m，单位换算为 1 180 cm×213 cm×218 cm，按体积进行计算。

方法一：

1 180/50=23.6　　213/40=5.3　　218/30=7.3

最多可以放 23×5×7=805（箱）

方法二：

1 180/40=29.5　　213/30=7.1　　218/50=4.36

最多可以放 29×7×4=812（箱）

方法三：

1 180/30=39.3　　213/50=4.26　　218/40=5.45

最多可以放 39×4×5=780（箱）

最多可以装 812 箱（第二种方法）

按照重量进行计算得出：

27 mt=27 000 kg

27 000/8.5=3 176 箱>812 箱

因此，该集装箱最多可以放 812 箱。

技能训练

1. 一批出口商品，商品采用纸箱包装，纸箱的尺寸为长 80 cm，宽 70 cm，高 90 cm，每箱的毛重为 5 kg，试问如果选用一个 20 ft 的集装箱能装多少箱？

2. 我国某粮油进出口公司出口小麦，合同规定 10 000 mt，允许有 5%的溢短装，请问该如何进行装运，对于多装或少装的部分又该如何处理？

3. 就某种商品，先了解商品的包装情况，再根据包装情况，计算出一个 40 ft 集装箱（集装箱箱内长 12 000 mm，宽 2 300 mm，高 2 380 mm，容积为 65 m^3）应装多少货物？其中商品在集装箱内的摆放不同，装箱数量是否会不同，哪种摆放方式装箱数量最多？

思考与练习

1. 合同中的数量条款中的“大约”数量应如何掌握？
2. 讨论在订立合同中的数量条款，都应该考虑哪些因素？
3. 针对哪些商品，签订合同时要考虑在数量条款中规定溢短装条款，该如何规定？

任务 4 确定商品的包装

教学目标

1. 了解商品的包装，包括运输包装及销售包装。
2. 掌握运输包装的内容。
3. 掌握常见的指示性标志与警告性标志的图示。
4. 能够正确订立合同中的包装条款。
5. 能够制定出运输标志。

任务引入

弗瑞德公司的刘萍就商品的包装和兄弟公司的杰克进行了磋商，一般来说，服装的出口采用的是纸箱包装。主要有均色均码和混色混码两种方式。双方经过磋商后签订了合同的包装条款。

任务分析

在国际贸易谈判中，包装条款也是双方磋商的一项内容，因为包装是说明货物的重要组成部分，包装条件是买卖合同中的一项主要条件，按照某些国家的法律规定，如卖方交付的货物未按规定的条件包装，或者货物的包装与行业习惯不符，买方有权拒收货物。如果货物按另行约定的方式包装，但却与其他货物混杂在一起，买方可以拒收违反约定包装的那部分货物，甚至可以拒收整批货物。

相关知识

包装是指按照一定的要求，采用一定的技术方法用某些容器、材料及辅助材料包裹商品，达到保护商品、方便运输、易于存储、便于销售以及提高销售价值的目的。

在国际贸易中，除少数商品因其本身的原因不需要包装外，绝大多数商品都需要一定的包装。需要包装的货物称为包装货，不需要包装的货物称为散装货（如粮食、煤炭、矿石等）或裸装货（如木材、钢铁型材、车辆等）。

一、商品包装的意义

商品包装是商品生产的继续，凡需要包装的商品，只有经过包装，才算完成生产过程，商品才能进入流通领域和消费领域，才能实现商品的使用价值和价值。经过适当包装的商品，便于运输、装卸、搬运、储存、保管、清点，为各方面提供便利。在当前国际市场竞争十分激烈的情况下，许多国家都把改进包装作为加强商品对外销售的重要手段之一。良好的包装，不仅可以保护商品，而且还能宣传美化商品，提高商品身价，吸引顾客，扩大销路，增加售价，并在一定程度上显示出口国家的科学、文化、艺术水平。

【小知识】

《公约》第 35 条

第（1）款规定，卖方交付的货物必须与合同所规定的数量、质量和规格相符，并须按照合同所规定的方式装箱或包装。

第（2）款规定，除双方当事人业已另有协议外，货物除非符合以下规定，否则即为与合同不符：货物按照同类货物通用的方式装箱或包装，如果没有此种通用方式，则按照足以保全和保护货物的方式装箱或包装。

二、商品包装的种类

包装一般可以分为运输包装（outer packing for transportation）和销售包装（consumer packing for sale）两种。

1. 运输包装

运输包装又称外包装或大包装，是指将货物装入特定容器，或以特定方式成件或成箱的包装。它的作用主要在于保护商品、便于运输、减少费用、方便储运、便于点数等。良好的包装有助于货物运输各个环节的顺利进行。

商品在运输过程中，不一定都需要包装。随着运输装卸技术的进步，越来越多的大宗颗粒状或液态商品，如粮食、水泥、石油等，都采用散装方式，即直接装入运输工具内运送，配合机械化装卸工作，既降低了成本，又加快了速度。另外有一类可以自行成件的商品，在运输过程中，只需加以捆扎即可，这种方式称为裸装，如车辆、钢材、木材等。但绝大多数商品在长途运输过程中，需要进行运输包装，根据包装方式的不同，运输包装主要可分为单件运输包装和集合运输包装。

（1）单件运输包装

单件运输包装，指货物在运输过程中作为一个计件单位的包装。

1）按照包装造型分为：箱、桶、袋、包、捆、罐等。

2）按照使用材料分（见表 2—4—1）。

表 2—4—1　　**常见的运输包装**

使用材料	说明	常见包装
箱（case）	不能紧压的货物通常装入箱内	箱包括木箱（wooden case）、板条箱（crate）、纸箱（carton）、瓦楞纸箱（corrugated carton）、漏孔箱（skeleton case）等
桶（drum，cask）	液体、半液体以及粉状、粒状货物，可用桶装	桶包括木桶（wooden drum）、铁桶（iron drum）、塑料桶（plastic cask）等
袋（bag）	粉状、颗粒状、块状的农产品及化学原料，常用袋装	袋包括麻袋（gunny bag）、布袋（cloth bag）、纸袋（paper bag）、塑料袋（plastic bag）等
包、捆（bale、bundle）	羽毛、羊毛、棉花、生丝、布匹等可紧压的商品可以先经机压打包，压缩体积后，再以棉布、麻布包裹，外加箍铁和塑料带，捆装成件	包（bale）、捆（bundle）

（2）集合运输包装

集合运输包装，是在单件包装的基础上，把若干单件包装组合成一件大的包装或装入一个大的包装容器内的包装，以适应港口机械化作业的要求。集合包装能更好地保护商品，提高装卸效率，节省运输费用。常见的集合包装方式有托盘（pallet）、集装袋（fexible container）和集装箱（container）等。

1）托盘

托盘是现代工商业生产、运输、储存及包装的很重要的一种工具，它是由可以承载若干数量物品的负荷面和叉车插口构成的装卸用垫板。它是一种基本的物流搬运器具，在商品流通中被广泛的应用，被誉为“活动的地面”“移动的货台”。随着机械化程度的提高，它的使用量也越来越大。根据材质的不同，可分为木质、钢质、塑料、纸质及复合质等多种托盘，如图 2—4—1 和图 2—4—2 所示。其规格一般分为 80 cm×100 cm、80 cm×120 cm、100 cm×120 cm 三种。除此之外还有超大型的，尺寸为 120 cm×160 cm、120 cm×180 cm。

图 2—4—1　塑料托盘

图 2—4—2　木质托盘

2）集装袋

主要用于大型货物的搬运，如化工原料、食品、塑料等块状、颗粒状、粉末状物体，一袋可装 0.5～3 t，原材料以聚丙烯（pp）为主，一条袋重量在 0.5～4 kg 不等。有一次性使用和回收周转使用两种。如图 2—4—3 所示。

图 2—4—3　集装袋

3）集装箱

国际标准化组织（International Organization for Standardization，ISO），对集装箱定义如下：集装箱是一种运输设备，具有足够的强度，可长期反复使用；为便于商品运送而专门设计的，在一种或多种运输方式下运输时，无须中途换装；具有快速装卸和搬运的装置。如图 2—4—4 所示。

2. 销售包装

销售包装又称内包装（inner packing），是在商品制造出来以后，以适当的材料或容器进行的初次包装。销售包装除了保护商品的品质外，还能美化商品，便于宣传推广和陈列展销，吸引顾客和方便消费者识别、选购、携带和使用，从而能起到促进销售、提高商品价值

图 2—4—4　集装箱

的作用。

（1）销售包装的种类

目前国际流行的销售包装大体上有以下几种：

1）便于陈列展销类，如堆叠式、挂吊式、展开式等。

2）便于识别商品类，如透明和开窗包装、贴体包装等。

3）便于使用类，如携带包装、易开包装、喷雾包装、复用包装、配套包装、一次性包装、礼品包装、软包装、微型包装等。

4）便于保存类，如真空包装。为美化商品，增加商品的吸引力，给人以名贵感，厂商常会根据不同商品的特点使用不同的包装附件，如吊牌、丝带、花结、装饰衬垫等来装饰包装。

（2）销售包装的装潢和文字说明

商品销售包装上的装潢和文字说明，是美化商品、宣传商品、吸引消费者，使消费者了解商品的特性和妥善使用商品的必要手段。装潢、图案和文字说明通常直接印刷在商品包装上，也有采用粘贴、加标签、挂吊牌等方式。

（3）条形码

条形码（product code）是指在商品包装上打印的一组平行线条，下面配有数字的标记，这些线条与间隔表示一定的信息，通过光电扫描设备，就可以准确地判断该产品的产地、厂家及商品的一些属性。条形码在零售商业中，对于结算打单、缩短客户等待时间，以及盘点存货、提高管理效率等方面都起着良好的作用。因此，国际货物买卖中，往往要求在商品的销售包装上打印条形码标志，以便于发展国际贸易和实现现代化经营管理。

【小知识】

条形码（见图 2—4—5）

目前得到国际公认用于商品包装的条形码有两种：一是由美国和加拿大共同成立的统一编码委员会制定的 UPC 条形码（Uniform Product Code），作为美、加产品唯一的标码符号；二是由国际物品编码协会制定的 EAN 条形码（European Article Number）。迄今为止，EAN 条码已经称为国际公认的物品编码标志系统。

我国于 1988 年 12 月成立了中国物品编码中心，该中心代表我国于 1991 年 7 月正式加入国际物品编码协会，并已开始履行该会会员的权利和义务。该协会分配给我国的国别号是“690”“691”和“692”。

因此，通常我国出口到美国、加拿大的商品应采用 UPC 码，出口到其他国家和地区则须使用 EAN 码。

图 2—4—5　条形码图示

三、商品包装的标志

为了便于在运输过程中识别商品，通常在商品包装上都印有某种特定的文字或图形，即商品包装标志。它的主要作用是识别商品，便于准确迅速地运输货物，避免差错，加速流转等。按其用途的不同，包装标志可以分为运输标志、指示性标志、警告性标志、重量体积标志和产地标志等。

1. 运输标志

运输标志（shipping mark），俗称唛头，是为了方便货物交接，防止错发、错运、错提货物，方便货物的识别、运输、仓储，保证及时、准确地将商品运到指定的地点或收货单位，而在商品的外包装上标明或刷写的标志，也是国际货物买卖合同、货运单据中有关货物标志事项的基本内容。

（1）一般运输标志的内容

它一般由一个简单的几何图形和字母、数字及简单文字组成，通常印刷在运输包装的明显部位，目的是使货物运输途中的有关人员辨认货物，核对单证。

（2）国际标准化组织运输标志的内容（见图 2—4—6）

按国际标准化组织的建议，运输标志应包括四项内容：

1）收货人或买方的名称字首或简称。

2）参照号码。买卖合同号码、订单、发票或运单号码、信用证号码等。

3）目的地。货物运送的最终目的地或目的港的名称。

4）件数号码。本批每件货物的顺序号和该批货物的总件数。

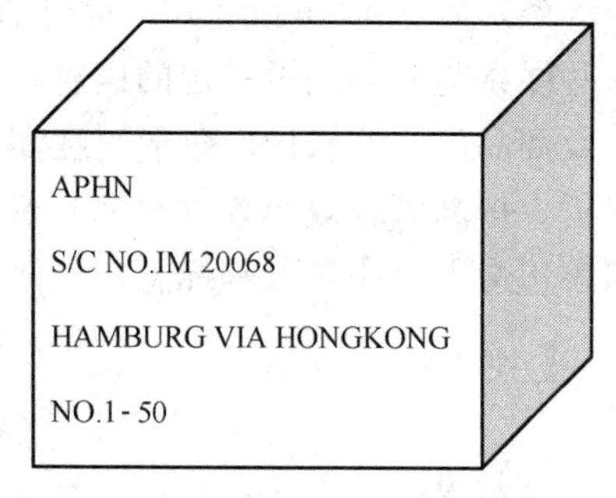

图 2—4—6　运输标志

需要指出的是，为了便于刻唛、刷唛，节省时间和费用，便于在制单及其信息传递过程中使用电信手段，国际标准化组织推荐使用标准运输标志而不使用几何图形或其他图形。在实际外贸业务中，我国外贸企业应尽量参照该标准运输的标志，设计和制作唛头。

2. 指示性标志（见图 2—4—7）

图 2—4—7　常用运输指示性标志

指示性标志（indicative mark），是根据商品的特性对一些容易破碎、残损、变质的商品，在搬运装卸操作和存放保管条件方面提出的要求和注意事项，用图形或文字表示的标志。例如，“怕湿”“向上”“小心轻放”和“禁用手钩”等。为了统一各国运输包装指示标志的图形与文字，一些国际组织，如国际标准化组织、国际航空运输协会和国际铁路货运会议分别制定了包装储运指示性标志，并建议各会员国予以采纳。

我国制定有运输包装指示性标志的国家标准，所用图形与国际上通用的图形基本一致。

3. 警告性标志（见图 2—4—8）

警告性标志（warning mark），又称危险品标志（dangerous cargo mark），是指在装有爆炸品、易燃物品、腐化物品、氧化剂和放射物质等危险货物的运输包装上，用图形或文字表示各种危险品的标志。其作用是警告有关装卸、运输和保管人员按货物特性采取相应的措施，以保障人身和物资的安全。

为保证国际危险货物运输的安全，联合国、国际海事组织、国际铁路合作组织和国际民

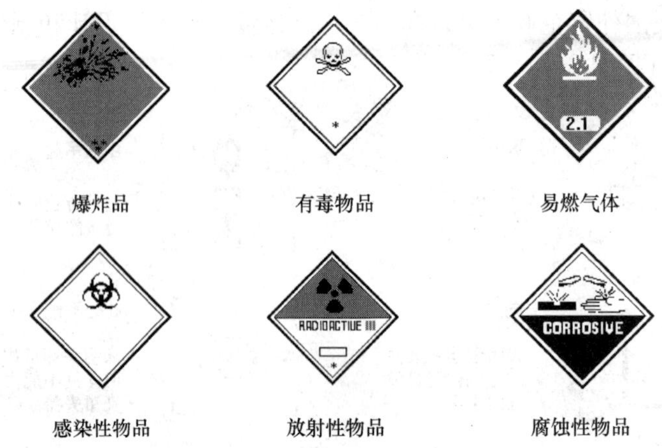

图 2—4—8　常见危险品标志

航组织分别制定有国际海上、铁路、航空危险货物运输规则。在我国危险品的外包装上，应分别依照上述规则，刷写必要的危险品标志。

4. 重量体积标志

重量体积标志，是指在运输包装上标明货物的体积和毛重，以方便储运过程中安排装卸作业和舱位。例如：

Gross Weight　　881 kg

Net Weight　　85 kg

Measurement　　45 cm×35 cm×25 cm

5. 产地标志

产地标志是海关统计和征税的重要依据，是产地说明。一般在商品的内外包装上均应注明产地，作为商品说明的一个重要内容。例如，我国出口商品包装上均注明“Made in China”。

四、买卖合同中的包装条款

包装条款是国际货物买卖合同的重要内容，买卖双方必须认真协商，取得一致意见，并且在合同中作出明确具体的规定。

1. 主要内容

（1）合同中包装条款的内容一般包括包装材料、包装方式（木箱装、纸箱装、铁桶装、麻袋装等）和每件包装中所含物品的数量或重量、尺寸、加固条件等。对一些特殊商品，如精密的设备，还应规定防震措施等条件。

（2）运输标志或唛头一般由卖方设计确定。

（3）包装费用一般有两种规定方式：

1）卖方承担，订明是否要求返回包装材料，返回运费由哪一方承担。

2）买方承担，即包装材料包括在货价中，如“以毛作净”。如买方提供包装材料，应订明买方及时提供包装材料，否则，影响装运由买方承担责任。

2. 示例

(1) In wooden cases of 50 kg net each.

(木箱装，每箱 50 kg 净重。)

(2) In cartons or crates of about 12 kg net，each fruit wrapped with paper.

(纸箱或空格木箱装，每箱净重约 12 kg，每只水果包纸。)

(3) In cloth bales each containing 20 pcs of 42 yds.

(布包，每包 20 匹，每匹 42 码。)

(4) In iron drums of 185 kg net each.

(铁桶装，每桶净重 185 kg。)

(5) In iron drums or cardboard drums of 60 kg net each.

(铁桶或纸板桶装，每桶净重 60 kg。)

(6) In new single gunny bags of about 50 kg each.

(单层新麻袋，每袋约 50 kg。)

(7) In cloth bags，lined with polythene bags of 25 kg net each.

(布袋装，内衬聚乙烯袋，每袋净重 25 kg。)

(8) Each set packed in one export carton，810 cartons transported in one 40 ft container.

(每台装 1 个出口纸箱，810 纸箱装 1 只 40 英尺集装箱运送。)

五、规定合同中的包装条款应注意的问题

1. 在实际业务中，有时对包装条款只作笼统的规定

例如，使用“适合海运包装”(sea worthy packing)“习惯包装”(customary packing) 或“卖方惯用包装”(seller's usual packing) 等术语。由于此类规定缺乏统一解释，容易引起纠纷与争议。因此，除非买卖双方对包装方式的具体内容事先充分交换意见，或由于长期的业务交往已取得共识，否则合同中不宜采用笼统规定方法。

2. 包装费用一般都包括在货价内，合同条款不必列入

如买方要求特殊包装，则可在合同中增加包装费用，如何计费及何时收费也应在条款中列明。如果全部或部分包装材料由买方供应，条款中应明确包装材料最迟到达卖方的时限(该项时限应与合同的交货时间相衔接)，以及逾期到达买方应负的责任。如买方要求特殊包装，除非事先明确包装费用包括在货价内，其超出包装费用原则上应由买方负担，并应在合同中具体规定负担的费用金额和支付办法。在进口合同中，特别是对包装技术性要求较高的商品，通常要在单价条款后注明“包括包装费用”(packing charges included)，以免事后发生纠纷。

3. 运输标志按国际贸易习惯一般由卖方决定，无须在合同中作具体规定

如买方要求，也可以在合同中作具体规定，应规定标志到达时间(标志内容须经卖方同意)及逾期不到时买方应负的责任等。如买方要求在合同订立以后由其另行指定，则应规定具体时限，并订明若到时未收到有关唛头通知，卖方可以自行决定。

4. 考虑商品特点及进口地消费习惯选择销售包装方式

随着我国对外贸易的不断扩大，出口商品销往的国家和地区也越来越多，因而对各地的喜忌习俗就应有更多的了解。例如，我国以红色为大吉大利，而西欧国家的人民则视红色为

凶兆；我国人民历来视荷花出淤泥而不染，象征清洁高雅，而在日本则对荷花无人问津。此外，有些国家对数字也有忌讳，如日本忌用 4，因此，有的国家对日出口餐具和玻璃器皿时从原先的 4 件/包改为 5 件/包。商品的包装装潢设计也一定要考虑不同国家的人民对于图案和色彩的不同爱好和禁忌。

5. 考虑进口国有关法律、法令规定决定包装方式

不少国家法律、法规对包装都有规定，凡包装不符合其规定的均不准进口或进口后也不准投入市场销售。加拿大规定包装上的文字说明要用英、法两种文字书写，希腊规定商品包装上要用希腊文写明代理商、进口公司、生产国别和重量、数量，科威特规定各种食品包装上都应用阿拉伯文写明生产日期和有效期。此外，还有些国家对包装材料的含铅、含砷量都有规定，因此，在向国外出口商品时应注意遵守不同国家的有关规定。

任务实施

根据业务需要，刘萍同杰克磋商后，确定商品的包装为混码包装，每件装一塑料袋，6 件装一牛皮纸袋，纸箱包装。

Packing：1pc in a plolybag，6 pcs in a kraft bag

1094L	M	L	XL	
	3	3	4	10 dozs/ctn
286G	M	L	XL	
	1.5	3	3.5	8 dozs/ctn
654	M	L	XL	
	1.5	3.5	3	8 dozs/ctn

Total：	1094L	700 dozs	70 ctns
	286G	800 dozs	100 ctns
	654	160 dozs	20 ctns

唛头按照信用证要求制作。

知识链接

中性包装和定牌加工

1. 中性包装

中性包装（neutral packing）是指在商品和内外包装上不注明生产国别和生产厂商名称的包装。主要用于一些尚待进一步加工的半制成品，如供印染用的棉坯布，或供加工成批服装用的呢绒、布匹和绸缎等。其目的主要是避免浪费，降低费用成本。国外有的大百货公司、超级市场向我国订购低值易耗的日用消费品时，也有要求采用中性包装方式的。其原因是，中性包装商品无须广告宣传，可节省广告费用，降低销售成本，从而可达到薄利多销的目的。

采用中性包装，通过转口销售，可以打破某些进口国的关税和非关税壁垒，有利于扩大销售。但需注意，近年来中性包装的做法在国际上屡遭非议，因此，如国外进口商要求对其所购货物采用中性包装时，我方必须谨慎从事。对于我国和其他国家订有出口配额协定的商品，更应从严掌握，因为万一发生进口商将商品转口至有关配额国，将对我国产生不利影响。出口商千万不能因图一己之利而损害国家的声誉和利益。

2. 定牌加工

定牌加工，又称 OEM（original equipment manufacturer，原始设备商），俗称“贴牌”，是加工贸易的一种形式，它是指在来料加工和来样加工业务中，经境内企业加工或装配后，再贴上境外委托方提供的商标或品牌返销国外的经营活动。定牌商品有的在其定牌商标下标明产地，有的则不标明产地和生产厂商。后一种做法，称为定牌中性。采用定牌加工是为了利用国外买方的（包括生产厂商、大百货公司、超级市场和专业商店）经营能力和他们的企业商誉或名牌声誉，以提高商品售价和扩大销售数量。但应注意的是，由于常常使用国外客户提供的商标或品牌，如果企业缺少商标权保护意识，出现侵犯他人商标权的现象，需要承担民事责任、行政责任，严重者还会承担刑事责任，给企业造成巨大经济损失。我国出口企业在进行定牌生产时，一定要与客户及时沟通，得到所使用商标的法定授权，以免造成争议和损失。

【小案例】

某外商购买我方“菊花牌”电风扇，但要求改用外商“飞跃”牌商标，并在包装上不能注有“Made in China”的字样。请问我方是否能够接受?

分析：

(1) 外商所采用的是定牌中性包装。对于我方而言，可以根据实际的业务情况决定是否接受。

(2) 在接受前，要了解“飞跃”牌在国外是否已经由该外商注册，如未注册或是有第三方已经注册，不能接受。如果无法确定商标是否注册，为了保护我方的利益，可以在合同中注明“若发生工业产权争议则由买方负责”。

(3) 接受前，还应该考虑该产品在对方市场的销售情况，若我方商品在对方市场中已经树立了良好的声誉，就不应接受，否则会影响我方商品在市场中所占的地位。

技能训练

1. 我国某公司与美国 AHP 公司签订了一份玻璃器皿的合同，共计 5 000 件，包装方式 50 件/箱，合同号码为 09AFBC0712，价格条件为 CIF New York，请根据上述资料制作一个标准唛头。

2. 请根据下列条件拟定包装条款：某商品 Art No. 332，共计 4 000 件，8 件/纸箱，毛重为 12 kg，净重为 11 kg，外箱尺寸为 35 cm×45 cm×55 cm。

3. 选择身边的某商品，熟悉其包装材料、包装标志、包装唛头。

思考与练习

1. 什么是运输标志，包括哪些内容?
2. 选用包装时应当考虑的问题有哪些?
3. 什么是中性包装? 选择中性包装时应注意什么问题?
4. 案例分析

(1) 我国某公司出口一批货物，合同中规定该商品的包装方式为纸箱包装，每箱装 24 只，但是我方在交货时发现库存中该商品的包装只有 12 只/箱的，为了避免延误交货期，就按此包装将货物发出，结果遭到了外商的拒收。请问，外商是否应拒收货物，为什么? 我方应如何处理?

(2) 某外商与我国某企业洽谈电动车的业务，准备进口我国企业的“振兴”牌电动车，但是要求我方将品牌改为“BOM”牌商标，而且在包装上不得注明“Made in China”字样，请问我方是否能接受，如接受应注意什么问题?

任务 5 选择贸易术语

教学目标

1. 掌握贸易术语的含义和相关的国际贸易惯例。
2. 掌握主要的六种贸易术语的买卖双方的权利及义务，以及在使用中应注意的事项。
3. 能够准确合理地选用合适的贸易术语。
4. 能够正确制定出口合同中价格条款的内容。

任务引入

刘萍与杰克继续对商品的价格问题进行磋商，同时刘萍也和国内的供货厂商联系，了解商品价格情况。首先，双方就价格中采用哪种贸易术语进行具体的商讨，不同的贸易术语所包含的商品的费用不同，所以价格构成也不同。

任务分析

在国际贸易业务中，由于买卖双方处在不同的位置，一般距离也比较远，商品自卖方所在地运到买方处，往往要经过长途运输，经过多道关卡，涉及银行、海关、保险、商检等众多部门的工作。因此，双方要明确自己在交易中应承担哪些责任和风险，支出哪些费用，从而确定具体的价格。价格是整个交易的核心，也是双方争议的焦点，直接关系到双方的经济利益。

相关知识

一、贸易术语的概述

1. 贸易术语

贸易术语（trade terms）又称价格术语或交货条件，它是用一个简短的概念或三个字母的缩写来说明价格的构成及买卖双方有关责任、费用和风险的划分，以确定买卖双方在交接货物过程中应尽的责任和义务。

“责任”是指因交货地点不同而产生的租船订舱、装货、卸货、投保、申请进出口许可、报关等项事宜。“费用”是指因货物的移动而产生的运杂费、保险费、仓储费、码头捐等。“风险”是指由于各种原因导致货物被盗、串味、锈蚀、水渍、灭失等危险。

2. 贸易术语的作用

（1）明确责任，规范、简化手续

简短的术语涵盖了双方承担的责任、费用和风险，简化了洽商的内容和手续，缩短了成交过程，节省了业务费用。例如：每打 25 美元 FOB 上海，如果我方是交易中的出口方，按照 FOB 的含义，我方在交易中的主要责任是：备好货物，将货物运抵上海港口，办好出口清关手续，装上买方安排的运输船只。而货物的运输、保险以及到达进口方国家后的进口手续等事宜，均由买方办理。所以虽然只有几个字母，但却清楚地界定了买卖双方在交易中的责任和义务。

（2）影响买卖合同的性质

国际货物买卖合同基本包括启运合同、装运合同和到达合同三种，它们的分类主要取决于交货地点，而交货地点的不同，决定着双方承担的责任、费用和风险划分的不同。所谓启运合同是指卖方在产地交货的合同；装运合同是指卖方在双方约定的装运地点完成交货的合同，如 FOB 术语签订的合同属于装运合同，即买方按时发货就算履行交货义务，无须保证按时到货；到达合同是指卖方在约定的到货地点完成交货的合同，按照 DEQ 术语签订的合同属于到达合同，卖方要保证按时将货物运到买方，才算履行合同。因而在签订合同时，注意不要把违背该项术语的内容订进合同，造成自相矛盾，改变合同性质。

（3）具有法律作用

如果合同中采用了某一贸易术语，并标明该术语以某一惯例解释为准，则该术语的惯例对双方就有法律约束力，也排斥了该笔业务受某国法律的管辖。

二、有关贸易术语的国际惯例

贸易术语是在长期贸易实践中形成的习惯做法。最初的各种贸易术语并无统一解释，后来经某些国际组织对其加以编纂和解释，并为较多国家的法律界和工商界所认可，才成为有关贸易术语的国际惯例。目前，国际上影响较大的关于贸易术语的惯例有三个，第一个是国际法协会为解释CIF合同而制定的《1932年华沙—牛津规则》，第二个是《1941年美国对外贸易定义修订本》，它对六种贸易术语做了解释，第三个是《2000年国际贸易术语解释通则》(以下简称《2000年通则》)。

《2000年通则》对13种术语做了解释，按其特征归纳为E、F、C、D四组，E组属于启运术语，卖方仅在自己的地点为买方备妥货物；F组属于装运术语，卖方需将货物交至买方指定的承运人；C组也属于装运术语，卖方订立运输合同，但对货物灭失或损坏的风险以及装船和启运后发生的意外所发生的额外费用，卖方不承担责任；D组属于到达术语，卖方必须承担把货物交至目的国所需的全部费用和风险。四组贸易术语的具体交货地点、使用运输方式详见表2—5—1和图2—5—1。

表2—5—1　　《2000年通则》中13种贸易术语表

组别	术语性质	国际代码	含义		交货地点	运输方式
			英文	中文		
E组	启运术语	EXW	ex works	工厂交货	商品产地、所在地	任何
F组	（主运费未付）装运术语	FCA	free carrier	货交承运人	出口国内地、港口	任何
		FAS	free alongside ship	装运港船边交货	装运港口	水运
		FOB	free on board	装运港船上交货	装运港口	水运
C组	（主运费已付）装运术语	CFR	cost and freight	成本加运费	装运港口	水运
		CIF	cost insurance and freight	成本加保险费、运费	装运港口	水运
		CPT	carriage paid to	运费付至	出口国内地、港口	任何
		CIP	carriage and insurance paid to	运费、保险费付至	出口国内地、港口	任何
D组	到达术语	DAF	delivered at frontier	边境交货	两国边境指定地点	任何
		DES	delivered ex ship	目的港船上交货	目的港口	水运
		DEQ	delivered ex quay	目的港码头交货	目的港口	水运
		DDU	delivered duty unpaid	未完税交货	进口国内	任何
		DDP	delivered duty paid	完税后交货	进口国内	任何

为了便于查阅和使用，《2000年通则》将买卖双方的义务各用10个项目列出，见表2—5—2。

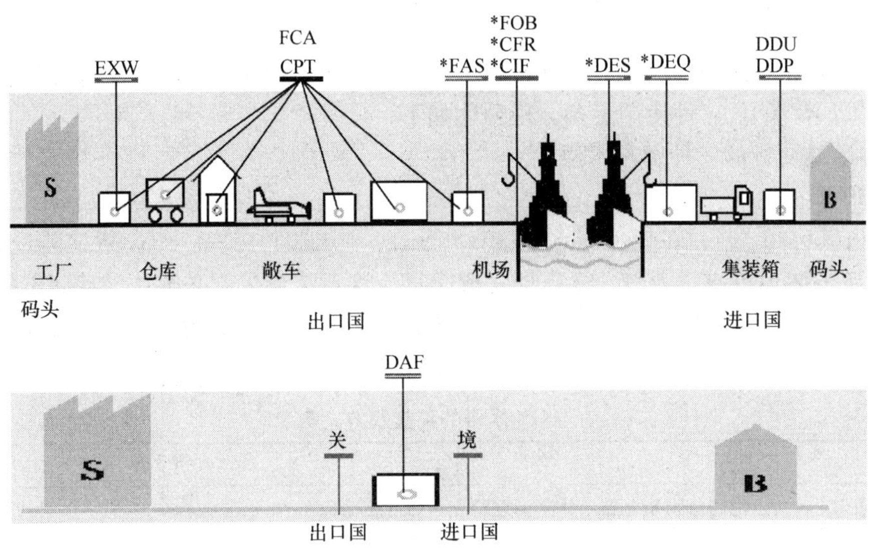

图 2—5—1　各种贸易术语交货地点示意图

表 2—5—2　　买卖双方义务对照表

A　卖方必须	B　买方必须
1. 提供符合合同规定的货物	1. 支付货款
2. 许可证、批准文件及海关手续	2. 许可证、批准文件及海关手续
3. 运输合同与保险合同	3. 运输合同与保险合同
4. 交货	4. 受领货物
5. 风险转移	5. 风险转移
6. 费用划分	6. 费用划分
7. 通知买方	7. 通知卖方
8. 交货凭证、运输单证或有同等作用的电子信息	8. 交货凭证、运输单证或有同等作用的电子信息
9. 检验、包装及标志	9. 货物检验
10. 其他义务	10. 其他义务

【小知识】

国际商会的《2000 年国际贸易术语解释通则》

最早的《国际贸易术语解释通则》是由国际商会于 1936 年制定的，定名为《Incoterms 1936》(Incoterms 来源于 International commercial terms 三词)，其副标题译作《1936 年国际贸易术语解释通则》。为了满足国际贸易发展的需要，国际商会先后于 1953、1967、1976、1980 年对该通则作了四次修订和补充。为了保证 EDI 单据的提供和高级运输技术的实施，1989 年 7 月国际商会对《Incoterms 1980》进行了全面修订，形成《1990 年通则》。在该通则实施十年后，为了适应经济全球化发展的趋势，国际商会在广泛征求 Incoterms 使用者的基础上，对《1990 年通则》进行了部分修改，形成了《2000 年通则》。

三、六种主要贸易术语

在出口贸易实务中，FOB、CFR、CIF、FCA、CPT、CIP是六种常见的贸易术语，其中FOB、CFR、CIF三种使用最多。现分述如下：

1. 装运港交货的三种贸易术语

(1) FOB

free on board (... named part of shipment) ——船上交货（……指定装运港），是指货物在指定的装运港越过船舷，卖方即完成交货。这意味着买方必须从该点起承担货物灭失或损坏的一切风险。该术语适用于海运或内河运输。根据《2000年通则》，买卖双方的主要义务及其注意事项，见表2—5—3。

表2—5—3　　FOB术语的买卖双方义务

卖方义务	买方义务
1. 约定期限内，在装运港将货物装上船，并向买方发出交货通知 2. 取得出口许可证或其他官方许可，承办出口的海关手续 3. 负担货物越过船舷为止的一切费用和风险 4. 提供商业发票和证明货物已经交到船上的通常单据或电子信息	1. 支付价款 2. 租船或订舱，支付运费，将船名、装船地点和交货时间通知买方 3. 取得进口许可证或其他官方许可，承办进口和过境海关手续 4. 负担货物越过船舷后的一切费用和风险 5. 收取货物，接受与合同相符的单据

使用FOB术语的注意事项：

1）对船舷为界的理解。按照FOB术语的解释，货物在指定装运港越过船舷，卖方即完成交货。船舷为界是一种历史遗留的规则，它说明风险划分的界限，而不是责任和费用的界限。《2000年通则》规定，采用这一术语成交合同的卖方必须在装运港将货物装上船。当货物在装运港越过船舷（across the ship's rail）时，货物遭受损失或灭失的风险就由卖方转移到了买方。作为惯例，双方可以根据业务需要，作必要的修改。例如，FOB合同的买方要求提供“清洁已装船提单”，卖方同意的话，该FOB合同的交货地点就从“船舷”延伸到了“船舱”。即卖方负责将货物装入船舱，并负担货物装入船舱为止的一切灭失或损失的风险。

2）船货衔接问题。在FOB术语中，卖方负责装运，买方负责租船或订舱，双方各负其责，衔接不好，就会出现船等货或者货等船的问题。因此，应明确规定，如果船等货，由此产生的空舱费、滞期费由卖方承担；如果货等船，由此产生的仓储费、保险费及因迟收货款利息均由买方承担。如果双方约定，由卖方代办租船订舱，其风险和费用则由买方承担，如卖方租不到船，买方不得以此向卖方索赔。

3）装船费用的负担问题。按照FOB的字面意思（船上交货）来看，卖方要支付装船之前的费用。但由于租船方式不同，装货费用（loading charges）的负担也有所不同。如买方使用班轮运输，船方管装管卸，装卸费打入运费之中，装船费用由买方承担。但如果使用租船装运，船方一般不负担装卸费用，这就需要买卖双方在合同中明确装船费用由谁负担，从而产生了FOB术语的变形，见表2—5—4。FOB的变形是为了说明装船费用负担问题，并不改变FOB的交货地点及风险划分界限。

表 2—5—4　　FOB 术语的变形

FOB 变形	说明
FOB 班轮条件（FOB liner terms）	指装船费用如同班轮运输那样，由支付运费的一方（买方）负担
FOB 吊钩下交货（FOB under tackle）	指卖方将货物置于轮船吊钩所及之处，从货物起吊开始的装船费用由买方负担
FOB 包括理舱（FOB stowed）	指卖方负担将货物装入船舱并支付理舱费在内的装船费用
FOB 包括平舱（FOB trimmed）	指卖方负担将货物装入船舱并支付平舱费在内的装船费用

4）美国对 FOB 术语的特殊解释。《1941 年美国对外贸易定义修订本》中“在出口地点的内陆运输工具上交货”和“在装运港船上交货”两种术语在交货地点上有可能相同。比如，都是在纽约交货，卖方可以理解为在纽约港口交货，也可以认为在纽约市内交货，为了避免理解上的误差，双方约定在装运港船上交货时，应在 FOB 和港名之间加上“Vessel”字样，即 FOB Vessel New York 以示区别。另外，该修订本采用 FOB 术语时，风险划分的界限在船上不在船舷；买方办理出口证件并支付税捐和费用，而不是由卖方办理。因此，在与美国、加拿大等国商人洽商采用 FOB 术语成交时，应做出明确规定。

（2）CFR

cost and freight（... named port of destination）——成本加运费（……指定目的港），也称运费在内价，是指货物在装运港越过船舷，卖方即完成交货，并支付货物运至指定目的港所需的运费和必要的费用。但交货后货物灭失或损坏的风险以及由于各种事件造成的额外费用，则转移到买方。该术语适用于海运或内河运输。按照《2000 年通则》的解释，以 CFR 术语成交的合同，买卖双方各自承担的责任和义务见表 2—5—5。

表 2—5—5　　CFR 术语的买卖双方义务

卖方义务	买方义务
1. 自负风险和费用，取得出口许可证或其他官方批准的证件，在需要办理海关手续时，办理货物出口所需的一切海关手续 2. 签订从指定装运港承运货物运往指定目的港的运输合同；在买卖合同规定的时间和港口，将货物装上船并支付至目的港的运费；装船后及时通知买方 3. 承担货物在装运港越过船舷为止的一切风险 4. 向买方提供通常的运输单据，如买卖双方约定采用电子通信，则所有单据均可被同等效力的电子数据交换（EDI）信息所代替	1. 自负风险和费用，取得进口许可证或其他官方批准的证件，在需要办理海关手续时，办理货物进口以及必要时经由另一国过境的一切海关手续，并支付有关费用及过境费 2. 承担货物在装运港越过船舷以后的一切风险 3. 接受卖方提供的有关单据，受领货物，并按合同规定支付货款 4. 支付除通常运费以外的有关货物在运输途中所产生的各项费用以及包括驳运费和码头费在内的卸货费

使用 CFR 术语的注意事项：

1）卖方应及时发出装船通知。按 CFR 条件成交时，由卖方安排运输，由买方办理货运保险。如卖方不及时发出装船通知，则买方就无法及时办理货运保险，甚至有可能出现漏保货运险的情况。因此，卖方装船后务必及时向买方发出装船通知，否则，卖方应承担货物在运输途中的风险和损失。

2）按 CFR 进口应慎重行事。在进口业务中，按 CFR 条件成交时，鉴于由外商安排装运，由我方负责保险，故应选择资信好的国外客户成交，并对船舶提出适当要求，以防外商与船方勾结，出具假提单，租用不适航的船舶，或伪造品质证书与产地证明。若出现这类情况，会使我方蒙受损失。

3）CFR 术语的变形（见表 2—5—6）。卸货费究竟由何方负担，买卖双方应在合同中订明。为了明确责任，可在 CFR 术语后加列表明卸货费由谁负担的具体条件，但是在 CFR 术语的附加条件，只是为了明确卸货费由何方负担，其交货地点和风险划分的界线，并无任何改变。《2000 年通则》对术语后加列的附加条件不提供公认的解释，建议买卖双方通过合同条款加以规定。

表 2—5—6　　CFR 术语的变形

CFR 变形	说明
CFR 班轮条件（CFR liner terms）	指卸货费按班轮办法处理，即卖方负责卸货，买方不负担卸货费
CFR 卸到岸上（CFR landed）	指由卖方负担卸货费，其中包括驳运费在内
CFR 吊钩下交货（CFR ex tackle）	指卖方负责将货物从船舱吊起卸到船舶吊钩所及之处（码头上或驳船上）的费用。在船舶不能靠岸的情况下，租用驳船的费用和货物从驳船卸到岸上的费用，由买方负担
CFR 舱底交货（CFR ex ship's hold）	指货物运到目的港后，由买方自行启舱，并负担货物从舱底卸到码头的费用

【小案例】

我国某公司以 CFR 术语与国外客商达成一项出口合同，作为卖方，我方负责安排运输和装船。但是我方装船完毕之时恰是元旦（1 月 1 日）凌晨，由于公司休假，所以货船在上午离港时，公司的业务员因为休假而没有及时向买方发出装船通知。待假期结束后，我方业务员准备发装船通知时，却收到了对方发来的要求索赔的电报，原来，该批货物在离港后不久触礁，货物全部受损。由于我方未及时发出装船通知而使对方无法及时办理运输保险，交易的全部损失只能由我方来承担。

【小知识】

卖方及时发出装船通知的重要性

按照国际惯例和相关法律，在以 CFR 术语成交的合同中，卖方在货物装船后必须及时向买方发出装船通知，以便买方办理投保手续。例如，英国《货物买卖法》中就明确规定："如果卖方未向买方发出装船通知，致使买方未能办理货物保险，那么，货物在海运途中的风险将被视为由卖方承担。"这就是说，如果因为卖方未发出通知而致使买方漏保，那么卖方就不能以风险在船舷转移为由免除责任。由此可见，在 CFR 条件的交易中，卖方及时发出装船通知是卖方应尽到的一项重要义务。

（3）CIF

cost insurance and freight（... named port of destination）——成本、保险费加运费（……指定目的港），是指货物在装运港越过船舷时卖方即完成交货。卖方支付货物运至目的港的运费和必要的费用，但交货后货物的风险及由于各种事件造成的任何额外费用由买方承担。卖方还须办理保险，支付保险费。该术语适用于海运或内河运输。根据《2000年通则》，买卖双方的主要义务见表2—5—7。

表2—5—7　　CIF术语的买卖双方义务

卖方义务	买方义务
1. 签订从指定装运港承运货物运往指定目的港的运输合同；在买卖合同规定的时间和港口，将货物装上船并支付至目的港的运费；装船后及时通知买方 2. 承担货物在装运港越过船舷为止的一切费用和风险 3. 负责办理货物的运输保险，支付保险费 4. 取得出口许可证或其他官方许可，承办货物出口海关手续 5. 提供商业发票、保险单和运输单据或电子信息	1. 自负风险和费用，取得进口许可证或其他官方批准的证件，在需要办理海关手续时，办理货物进口以及必要时经由另一国过境的一切海关手续，并支付有关费用及过境费 2. 承担货物在装运港越过船舷以后的一切费用和风险 3. 接受卖方提供的有关单据，受领货物，并按合同规定支付货款

使用CIF术语的注意事项：

1）风险划分界限。按照惯例，在使用CIF术语时，买卖双方风险划分的界限与FOB和CFR相同，都是在货物越过装运港船舷之时，即当卖方装运货物越过船舷，风险即由卖方转移到了买方，此后发生的风险和损失应由买方来承担。但需要注意的是，CIF术语的风险划分界限和费用划分界限是不同的，卖方将运费和保险费支付到目的港，但其承担风险的责任在装运港就结束了。

2）租船或订舱的责任。卖方按照通常条件下习惯的航线，租用适当船舶将货物运往目的港。对于买方提出的限制船舶的国籍、船型、船龄、船级以及指定装载某班轮公司的船只等要求，卖方有权拒绝接受。但卖方能够办到又不增加额外费用时，也可考虑接受。

3）办理保险的责任。在CIF术语中，卖方是为买方的利益而办理货运保险的，主要是保障货物在运输途中的风险。但是如果货物在装运后的运输途中出现风险和损失，卖方并不承担责任，买方可以凭保险单向保险公司要求索赔，但是能否得到赔偿也与卖方没有关系。根据《2000年通则》，卖方只需按最低的保险险别投保，如协会货物保险条款的C险和中国保险条款的平安险（FPA）。最低保险金额为合同规定的价款加10%，即按CIF的发票金额加10%投保。

4）象征性交货。从交货方式上来看，有实际交货（physical delivery）和象征性交货（symbolic delivery）两种。实际交货是指卖方按合同规定将货物实际交给买方，属于实物交接；象征性交货则是指卖方按规定装运货物后，向买方提交包括物权凭证在内的有关单证，就算完成交货义务，无须保证到货。CIF是一种典型的象征性交货，即卖方凭单交货、买方凭单付款，属于单据买卖。只要卖方如期向买方提交了符合合同规定的合格的单据，即使货物在运输途中损坏或灭失，买方也必须履行付款义务。至于货物在途中损失或者货到后发现质量不符合要求，买方可根据情况分别向船方、保险公司或卖方提出索赔。

【小案例】

我国某公司以CIF条件进口一批货物，货物自装运港起航不久，载货船舶因遇风暴而沉没。在这种情况下，卖方仍将包括保险单、提单、发票在内的全套单据通过银行交给买方，要求买方付款。请问：买方是否有义务付款，为什么？

分析：

(1) CIF术语属于典型的象征性交货，即卖方凭单交货、买方凭单付款，属于单据买卖。只要卖方如期向买方提交了符合合同规定的单据，即使货物在运输途中损坏或灭失，买方也必须履行付款义务。

(2) 我方可以凭单据证明向其他责任方如保险公司或船方索赔。

5）卸船费用的负担问题。采用CIF术语时，如果使用班轮运输，由负责租船订舱的卖方承担装卸费用；如果采用租船运输，装船费用由卖方支付，至于目的港的卸船费用（discharging charges）由谁负担，买卖双方应在合同中订明。于是产生了CIF术语的变形（见表2—5—8），以说明卸船费用由谁负担，但不改变CIF的交货地点及风险划分的界限。

表2—5—8　　CIF术语的变形

CIF变形	说明
CIF班轮条件（CIF liner terms）	指卸货费用按班轮条件处理，由支付运费的一方（卖方）负担
CIF舱底交货（CIF ex ship's hold）	指买方负担将货物从舱底起吊卸到码头的费用
CIF吊钩下交货（CIF ex tackle）	指卖方负担将货物从舱底吊至船边卸离吊钩为止的费用
CIF卸到岸上（CIF landed）	指卖方负担将货物卸到目的港岸上的费用，包括驳船费和码头费

6）习惯做法。实际业务中，CIF也常被用于路运和空运。如CIF香港（陆运），CIF巴黎（机场）。

在国际货物买卖中，FOB、CFR和CIF是最为常用的贸易术语，所占比率约为90%～95%。根据《2000年通则》的解释，按照这些贸易术语成交的合同，买卖双方在货物交接方式、交货地点和风险划分等方面相同，区别主要是买卖双方所承担的运输、保险责任和费用。它们的异同之处见表2—5—9。

表2—5—9　　FOB、CFR和CIF异同点一览表

<table>
<tr><td>相同点</td><td colspan="6">交货方式相同：都是象征性交货，即卖方凭单交货、买方凭单付款
运输方式相同：都适用于水上运输
交货地点相同：出口国装运港
风险划分界限相同：装运港船舷为界
出口清关手续义务相同：都是卖方的义务</td></tr>
<tr><td rowspan="3">不同点</td><td colspan="2">运输责任/费用</td><td colspan="2">办理保险/费用</td><td colspan="2">装船通知是否通知</td></tr>
<tr><td>FOB</td><td>买方</td><td>FOB/CFR</td><td>买方</td><td>FOB/CFR</td><td>及时通知</td></tr>
<tr><td>CFR/CIF</td><td>卖方</td><td>CIF</td><td>卖方</td><td>CIF</td><td>双方协商</td></tr>
</table>

【小知识】

FOB、CFR、CIF 在实际业务中的利弊分析

FOB、CFR、CIF 由于运输费和保险费的承担者不同，报价不同，对买卖双方所带来的贸易风险以及产品出口成本也会不同。具体来讲，如何选择这三种贸易术语，受以下因素的影响。

1. 履行合同风险

按照有关国际惯例和法律的规定，合同一旦合法有效成立，买卖双方必须履行合同规定的义务，但是由于某些原因，如市场供求发生变化、价格下跌、买方的支付能力或进口许可证等问题使得合同难以履行或者即使买方收到 L/C 后，由于 L/C 条款不符，买方不同意改证，FOB 术语下买方不及时租船订舱等原因使卖方无法按合同规定交货，虽然卖方可根据合同的有关索赔条款，通过仲裁或者诉讼方式向买方索赔，维护卖方利益，但是在实际业务中，由于买卖双方处于不同的国家，其法律制度、公民法律意识都存在差异，即使仲裁庭作出了合理的仲裁或者法院作出了合理的判决，有时也难以有效执行，而且解决违约争端要花费人力、物力、财力，一旦卖方得不到赔偿，则损失更大。

2. 船货风险

由于 CFR 和 CIF 是由卖方办理运输的，因此，卖方可根据自己的备货情况，灵活选择运输企业及时的装运，船货衔接的风险要小得多，并且还可以节省码头的仓储费用，缩短收汇时间。而在 FOB 条件下，船货衔接的问题就比较突出，因为由买方租船定仓后，卖方才能够装船，装船日期的选择就小得多，如果卖方不能在 L/C 规定的装运期装船，卖方就不能交单议付，即使卖方考虑到装船日期的影响，提前备货在装运港，等待买方船只装货，这样还会增加卖方在港口的仓储费。

3. 买方与船运公司合伙欺骗

FOB 术语下，船公司或船代一般由买方指定，卖方对于这些船公司或船代的资信情况通常难以调查清楚，即使调查清楚也需花费额外的财力、人力，加之某个工作环节中的疏忽，难免会给一些不法外商可乘之机与船方串通一气，合伙诈骗卖方货物。而在 CFR、CIF 下，卖方一般会找自己熟悉的资信好的船公司装运货物，这样不至于落到款货两空的境地。因此，在当前海事欺诈案逐年增多的情况下，出口采用 CFR 或 CIF 成交较 FOB 安全。

2. 货交承运人的三种贸易术语

FOB、CFR、CIF 都是在装运港交货的贸易术语，随着现代运输业的发展，新的运输工具和运输形式不断变化，这类术语存在一定的局限性。因而在国际贸易中，货交承运人的术语 FCA、CPT 和 CIP 的使用越来越多。这三种贸易术语适用于包括多式联运的任何运输方式。他们都是以“货交承运人”作为风险划分的界限。按照《2000 年通则》的解释，“承运人”是指在运输合同中，通过铁路、公路、空运、内河运输或上述运输的联合运输方式承担运输或承办运输业务的任何人。

（1）FCA

free carrier（... named place）——货交承运人（……指定地点），是指卖方在规定的时间、地点将货物交给买方指定的承运人，承担货交承运人前的一切风险和费用，并办理出口清关手续，完成交货义务。若卖方在其所在地交货，应负责装货；若在其他地点交货，则

不负责卸货。

FCA是在FOB基础上发展起来的，适用于各种运输方式，特别是内陆城市采用集装箱运输和多式联运更适合采用该术语，以便就地交货、交单结汇。因此有人称FCA为“复合运输FOB条件”。

使用FCA术语的注意事项：

1）关于承运人和交货地点。在FCA条件下，通常是由买方安排承运人，与其订立运输合同，并将承运人的情况通知卖方。该承运人可以是拥有运输工具的实际承运人，也可以是运输代理人或其他人。按照《2000年通则》的解释，交货地点的选择直接影响到装卸货物的责任划分问题。如果双方约定的交货地点是在卖方所在地，卖方负责把货物装上买方安排的承运人所提供的运输工具即可；如果交货地点是在其他地方，卖方就要将货物运交给承运人，在自己所提供的运输工具上完成交货义务，而无须负责卸货。如果在约定地点没有明确具体的交货点，或者有几个交货点可供选择，卖方可以从中选择为完成交货义务最适宜的交货点。

2）风险转移的问题。在采用FCA术语成交时，买卖双方的风险划分是以货交承运人为界。在海洋运输以及陆运、空运等其他运输方式下，均是如此。但由于FCA与F组其他术语一样，通常情况下是由买方负责订立运输契约，并将承运人名称及有关事项及时通知卖方，卖方才能如约完成交货义务，并实现风险的转移。而如果买方未能及时给予卖方上述通知，或者他所指定的承运人在约定的时间未能接受货物，其后的风险是否仍由卖方承担呢?《2000年通则》的解释是，自规定交付货物的约定日期或期限届满之日起，由买方承担货物灭失或损坏的一切风险，但以货物已被划归本合同项下为前提条件。可见，对于FCA条件下，风险转移的界限问题也不能简单片面地理解为一概于交承运人处置货物时转移。因为在一般情况下，确是在交承运人时，风险由卖方转移给买方，但如果由于买方的原因，使卖方无法按时完成交货义务，只要货物已被特定化，那么风险转移的时间可以前移。

3）有关责任和费用的划分问题。FCA适用于包括多式联运在内的各种运输方式，卖方交货的也点也因采用的运输方式不同而异。有时，卖方须在出口国的内地，如车站、机场或内河港口，办理交货。不论在何处交货，根据《2000年通则》的解释，卖方都要自负风险和费用，取得出口许可证或其他官方批准证件，并办理货物出口所需的一切海关手续。这一规定对在出口国的内地口岸就地交货和交单结汇的做法是十分适宜的。

按照FCA术语成交，一般是由买方自行订立从指定地点承运货物的合同，但是，如果买方有要求，并由买方承担风险和费用的情况下，卖方也可以代替买方指定承运人并订立运输合同。当然，卖方也可以拒绝订立运输合同，如果拒绝，应立即通知买方，以便买方另行安排。

在FCA条件下，买卖双方承担的费用一般也是以货交承运人为界进行划分，即卖方负担货物交给承运人之前的有关费用，买方负担货交承运人之后的各项费用。但是，在一些特殊情况下，可委托卖方代办一些本属买方义务范围内的事项，所产生的费用以及由于买方的过失所引起的额外费用，均应由买方负担。

（2）CPT

carriage paid to（... named place of destination）——运费付至（……指定目的地），是指卖方向其指定的承运人交货，并支付运费、办理出口清关手续。买方承担卖方交货之后的一切风险和其他费用。CPT 是在 CFR 基础上发展起来的，适用于各种运输方式。因此，有人称其为“复合运输 CFR 条件”。

在多式联运情况下使用 CPT 术语，卖方承担的风险自货物交给第一承运人时转移给买方，交货后及时向买方发出装运通知以便买方办理保险；货物的装卸费用可以包括在运费之中，由卖方支付，也可另行约定。

使用 CPT 术语的注意事项：

1）风险划分的界限问题。按照 CPT 术语成交，虽然卖方要负责订立从启运地到指定目的地的运输契约，并支付运费，但是卖方承担的风险并没有延伸至目的地。按照《2000 年通则》的解释，货物自交货地点至目的地的运输途中的风险由买方而不是卖方承担，卖方只承担货物交给承运人控制之前的风险。在多式联运情况下，卖方承担的风险自货物交给第一承运人控制时即转移给买方。

2）责任和费用的划分问题。采用 CPT 术语时，买卖双方要在合同中规定装运期和目的地，以便于卖方选定承运人，自费订立运输合同，将货物运往指定的目的地。卖方将货物交给承运人之后，应向买方发出货已交付的通知，以便于买方在目的地受领货物。如果双方未能确定目的地买方受领货物的具体地点，卖方可以在目的地选择最适合其要求的地点。

按 CPT 术语成交，卖方只是承担从交货地点到指定目的地的正常运费。正常运费之外的其他有关费用，一般由买方负担。货物的装卸费可以包括在运费中，统一由卖方负担，也可以由双方在实际贸易实务中另行规定。

3）卖方及时发出交货通知。《2000 年通则》规定，卖方必须在货物交给承运人或其他人接管后，向买方发出交货的详尽通知。在实际业务中，此类通知亦称为“装运通知”(shipping notice)，其作用在于使买方及时办理货物运输保险和办理进口手续、报关和接货。交货通知的内容通常包括合同号或定单号、信用证号、货物名称、数量、总值、运输标志、启运地、启运日期、运输工具名称及预计到达目的地日期等。如果买方需要卖方提供特殊信息，应在买卖合同中约定或在信用证中作出规定。若卖方未按惯例规定发出或未及时发出交货通知，使买方投保无依据或造成买方漏保，货物在运输过程中一旦发生灭失或损坏，应由卖方承担赔偿责任。

【小思考】

CPT 与 CFR 的异同点

CPT 与 CFR 同属于 C 组术语，按这两种术语成交，卖方承担风险都是在交货地点随着交货义务的完成而转移。卖方都要负责安排自交货地至目的地的运输事项，并承担其费用。另外，按这两种术语订立的合同，都属于装运合同，卖方只需保证按时交货，无须保证按时到货。

CPT 与 CFR 的主要区别在于适用的运输方式不同，交货地点和风险划分界限也不同。CFR 适用于水运运输，交货地点在装运港，风险划分以船舷为界；CPT 适合各种运输方式，交货地点因运输方式的不同而由双方约定，风险划分以货交承运人为界。除此之外，卖方承担的责任、费用以及需提交的单据等方面也有区别。

(3) CIP

carriage and insurance paid to（... named place of destination）——运费、保险费付至（……指定目的地），是指卖方向其指定的承运人交货，支付货到目的地的运费，办理货物在途中的保险并支付保险费，承办出口清关手续。买方承担卖方交货之后的一切风险和额外费用。该术语适用于各种运输方式。因此有人称之为“复合运输 CIF 条件”。采用 CIP 术语成交，卖方除负有与 CPT 相同的义务外，还应办理保险并支付保险费，其他如交货地点、风险划分界限等方面与 CPT 相同。

使用 CIP 术语的注意事项：

1）办理保险。按照《2000 年通则》规定，在 CIP 贸易术语条件下由卖方负责办理货物保险，与保险人签订保险合同，支付保险费。在 CIP 条件下，卖方投保的性质与 CIF 条件一样都是卖方为买方利益保险，是卖方代替买方投保的性质。

2）订立运输合同。CIP 贸易术语适合各种运输方式，其中包括空运、陆运、铁路运输和多式联运。CIP 条件下，如果卖方在订立运输合同时，因惯常路线发生不可抗力受阻，卖方可以免责，由此造成的晚交货或不交货，卖方不承担责任。

3）装卸费和过境海关费用。在 CIP 条件下，卖方应该在合同规定日期或期间内将货物交给承运人或其他人或第一承运人接管。若交货地点在卖方所在地，卖方应该负担装货费；若在其他地点交货，卖方则不负担装货费。在目的地（港）的卸货费由买方负担。按照惯例规定，根据运输合同应由卖方负担装货费和在目的地的任何卸货费是指 CIP 贸易术语采用班轮运输，运费中已包括装卸费用，均由托运人即卖方负担。

四、六种主要贸易术语的异同

FCA、CPT、CIP 和 FOB、CFR、CIF 相比，既有相同之处又有区别。

1. 相同点

（1）均属装运合同。卖方保证按时交货，并不保证按时到货。

（2）责任划分的基本原则是相同的。

2. 不同点

（1）运输方式不同。前三种适用各种运输方式，后三种适用水上运输。

（2）交货和风险转移的地点不同。前三种均在货交承运人，而后三种均在装运港船舷。

（3）装卸费用负担不同。在租船运输的 FOB 合同中，应明确装货费由何方负担，在租船运输的 CFR 和 CIF 合同中，则应明确卸货费由何方负担；在 FCA 合同中若在卖方所在地交货，则装货费用由卖方负担。在 CPT 和 CIP 合同中，由于卖方支付的运费已包含装卸费，因此不存在装卸费用由谁负担的问题。

（4）运输单据不同。FOB、CFR、CIF 术语中，卖方应提交已装船清洁提单。而在 FCA、CPT、CIP 术语中，卖方提交的单据应根据运输方式不同而定。如陆运、空运或多式联运方式下，可分别提供铁路运单或承运货物收据、航空运单或多式联运单据。

五、其他七种贸易术语

除了前面介绍的 6 种主要贸易术语外，在《2000 年通则》中还有其他 7 种术语，这些术语虽不常用，但在某些情况下，还是可以满足买方或卖方的特定要求的。因此，应当了解并学会灵活选用。

1. EXW

ex works（... named place）——工厂交货（……指定地点），是指卖方在其所在地或其他指定的地点（工厂、仓库等）将货物交给买方处置时即完成交货。买方承担在卖方所在地受领货物、办理出口清关手续、将货物装上运输工具及检验等全部费用和风险，这是卖方承担责任最少的术语。但是，当买方不能办理出口手续时，不应使用该术语。该术语适用于各种运输方式。

2. FAS

free alongside ship（... named port of shipment）——船边交货（……指定装运港），是指卖方在指定的装运港将货物交到船边，即完成交货。如果买方船只不能靠岸，卖方要负责用驳船把货物运到船边，在船边交货。卖方办理出口清关手续，买方承担交货后的一切费用和风险。该术语适用于水上运输。

3. DAF

delivered at frontier（... named place）——边境交货（……指定地点），是指卖方在边境的指定交货地点，将尚未卸下的货物交给买方处置，办妥货物出口清关手续，但不承办进口清关手续，即完成交货。"边境"一词可用于任何边境。该术语用于陆地边界交货的各种运输方式。风险和费用的转移在同一地点。买方承担受领货物后的一切风险以及后程运输的责任和费用。

4. DES

delivered ex ship（... named port of destination）——目的港船上交货（……指定目的港），是指卖方在指定目的港船上将货物交给买方处置，不办理进口清关手续，即完成交货。卖方须承担卸货前的一切风险和费用。

5. DEQ

delivered ex quay（... named port of destination）——目的港码头交货（……指定目的港），是指卖方在指定目的港码头将货物交给买方处置，不办理进口清关手续，即完成交货。卖方承担货物卸至目的港码头的一切风险和费用。买方办理进口清关手续并在进口时支付一切费用包括关税、税款和其他费用。

6. DDU

delivered duty unpaid（... named place of destination）——未完税交货（……指定目的地），是指卖方在指定目的地将货物交给买方，不办理进口手续，即完成交货。卖方应承担货物运至指定目的地的一切费用和风险，但不包括在目的地国缴纳的任何税费。买方承担此项税费和不能及时办理货物进口清关手续而引起的费用和风险。该术语适用于各种运输方式。

7. DDP

delivered duty paid（... named place of destination）——完税后交货（……指定目的地），是指卖方在指定目的地的约定地点，办理进口清关手续，将货物交与买方，完成交货。卖方须承担将货物运至目的地的一切风险和费用，包括在目的地应缴纳的进口税费。该术语适用于所有运输方式，是卖方承担责任最大的术语。但若卖方不能取得进口许可证，则不应使用该术语。

任务实施

选择合适的贸易术语是双方在合同中要明确的，因为术语不同，双方的权利、义务以及费用的构成都会发生变化。

因而刘萍从以下几个方面考虑选择何种贸易术语：

1. 根据贸易术语的选择原则，即在出口业务中，一般选择 CIF 或 CIP 方式成交。所以刘萍重点考虑了这两种贸易术语。这两种术语的基本模式相似，在价格构成中都包括了通常的运费和约定的保险费，而这两种术语成交的合同都属于“装运合同”，都是卖方凭单交货，买方凭单付款。所不同的就是运输方式不同，交货和风险划分界限不同和运输单据不同。

2. 从节省外汇的角度来看，如果以 CIF 术语成交，我方承担运输和保险责任，就可以用我国的运输公司和保险公司，因而这方面的支出也可以用人民币来支付，而不必花费外汇。从这个方面来看，CIF 贸易术语比较有利于弗瑞德公司。

3. 从市场中的费用波动来看，贸易术语一旦确定，双方的责任和费用的支出也就划分出来了，而在市场上费用是在不断波动的。如运输市场在淡季和旺季的运费也会有涨落，包括燃油费等也不稳定。同时各国运输、保险和关税政策的调整和变化等因素也会极大影响贸易中承担者的费用支出。因此刘萍留意了目前市场上的费用情况，因为不是旺季，所以费用支出变化不大。

4. 从其他因素来看，刘萍又结合本公司出口中通常的实际业务情况，包括汇率的变化趋势、我方的经营意图等进行了分析。

从以上几方面考虑后，刘萍最终选择了 CIF 贸易术语。原因在于从运输方式上看，CIF 适宜水上运输；而从风险来看，CIF 风险划分的界限在货物越过装运港船舷时，就由卖方转移到了买方，此后发生的风险和损失均应由买方来承担。所以相对于弗瑞德公司而言更为有利。

所以刘萍立即与杰克联系，确认其是否同意采用此贸易术语。杰克经过仔细分析考虑，确认采用此术语。

知识链接

选用何种贸易术语和外商进行交易、订立合同，历来就是外贸企业需要慎重考虑的重要问题。因此可以参考以下因素来进行选择：

1. 一般来说，在出口合同中，如使用《2000 年通则》的 C 组术语，不仅有利于我方安排运输、衔接船运，也有利于促进我国对外运输事业的发展，增加外汇收入，若使用 CIF 或 CIP 术语，还有利于我国保险事业的发展和外汇保险费的收入。因此，在出口业务中，一般应选用 C 组术语，特别是 CIP 和 CIF 术语而不宜采用 FOB 或 FCA 等 F 组术语。

2. 按《2000 年通则》，FOB 和 FCA 合同的卖方必须把合同货物装上买方指定的船舶或交付给指定的承运人处置。虽然以 FOB 或 FCA 术语订立的合同，也可按推定交货的方式处理，即凭单交货、赁单付款，但一旦买方或代表其利益的银行对单据进行无理挑剔、借口单据不符拒付货款，而此时货物实际上已掌握在买方或其指定的承运人手中，卖方虽然持有单据，但对货物已失去了掌控，倘若承运人信誉不佳或与买方相勾结，当买方拒付货款时，要追回货物可能会产生困难。

因此，在出口业务中，只有当外商向我方购买大宗商品使用程租船运输，买方为了谋求较低运价，并在保险上得到优惠，要求自行租船、自办保险。在此情况下，为了达成交易，也可接受按 FOB 或 FCA 术语订立合同。

3. 目前，由于国际运输业竞争剧烈，常以优惠运价揽货，国外进口商为贪图少付运费，有的甚至与承运人联手对我国企业实施欺骗，不论货物性质和运量大小，一律采用 FOB 或 FCA 术语，我方企业为了达成交易，往往轻易接受对方要求，导致己方被动，造成损失。

4. 在进口业务中，如果选用 FOB 或 FCA 术语，由我方自行安排运输和保险，有利于确保货运安全，减少运输和保险费的支出。但在实际业务中，进口不用 F 组术语而用 C 组术语也相当普遍。国外出口商要求使用 C 组术语的出发点，除了便于交付货物外，还可在保险费、运输费上得到实惠。假如国外出口商资信可靠，交易应力争按 F 组术语成交，由我方安排货物运输，在一般情况下，可以接受 C 组术语订立合同。

5. 当进口时使用 C 组术语，对我方企业来说，存在一定风险，例如外商以伪造的运输单据骗取我方货款；装货使用不适航的船舶造成货物受损或不能如期到达等。

6. 如果进口使用 CFR 或 CPT 术语，对我方的风险可能更大，中途风险由我方承担，承保的保险公司一般均为我国的保险公司，即使企业获得保险赔款，但最终损失在我国。所以，除非确信国外出口商资信可靠，在进口业务中，以少用 C 组术语为宜。

7. 在国际贸易中，使用 D 组术语的交易有明显增多的趋势。如：在对毗邻国家的出口贸易中，外商要求采用 DAF 术语；欧洲某些国家的进口商出于政治或经济原因，为确保其自身的货物安全坚持按 DES 或 DEQ 条件成交；设立在我国保险区内的企业也有要求以 DDU 或 DDP 条件进口的。由于使用 D 组术语的合同是到达合同，货物在运输途中的费用和风险，均由卖方承担，卖方不仅要负责货物安全到达约定目的地，而且还要保证在约定日期或限期内将货物交付给买方处置。所以对卖方来说，承担的风险比较大。

8. 货到目的港或目的地后，其风险从什么时候起在什么地方由卖方转移给买方，应事先在买卖合同中明确规定，以防止发生纠纷。总之，对于使用 D 组术语的合同，尤其是出口合同，一定要谨慎从事，做到环环扣紧，确保货物和货款的安全。

技能训练

1. 当采用 FOB 术语出口货物时，遇到下列情况应该如何处理？

（1）买方因在国外租船订舱不便，所以委托我方代为租船订舱。

（2）我方在货物准备好后，只需要等待对方的船只到达即可。

（3）买方所派船只比合同中的装运日期晚到 5 天。

2. 在我方出口货物时，采用如下报价，请判断是否正确，如不正确请更正。

（1）每箱 25 元 FOB 纽约

（2）200 英镑 CIF 英国

(3) 每打 18 元 CFR 香港
(4) 每斤 50 元 CIF 纽约
(5) 每套 46 欧元 CPT 北京

思考与练习

1. 什么是贸易术语，它能解决哪些问题?
2. 简述 FOB、CFR、CIF 术语的异同。
3. 为什么说 CIF 是典型的象征性交货?
4. 在采用贸易术语时应考虑哪些问题?
5. 案例分析

(1) 我公司按 CFR 条件出口一批货物，货物达到对方后出现了下列问题：1) 由于意外原因，该货物运抵对方时，比原定时间晚 3 天；2) 由于对方港口繁忙，所以船方向对方加收了额外的费用。针对上述问题，对方向我方提出了索赔，请问是否合理?

(2) 我国 A 公司按照 FCA 条件进口一批货物，合同中规定由国外出口商代办运输事宜。结果在装运期满时，却收到国外来函声称无法租到船，不能按期交货。而 A 公司和 B 公司就该批货物也签订了合同，这批货物是 B 公司急需的原材料，由于没有按期收到货物，导致 A 公司不得不向 B 公司支付了 10 万元的延期违约金。请问，对于 A 公司损失的 10 万元，是否可以向国外客户索赔？为什么?

任务 6　进行价格核算

教学目标

1. 掌握货物的成本核算并能够对外报价。
2. 掌握不同的贸易术语间的价格转换。
3. 能够进行货物的价格核算，包括佣金与折扣的计算。
4. 掌握作价原则，并制定合同价格条款。

任务引入

在选择好贸易术语以后，刘萍还要对价格进行仔细的核算，洽商具体的成交价格，这就涉及商品的成本、费用和利润的核算。在此前刘萍向中国多家供货厂商进行询价，了解到每件男式衬衫（100%纯棉）的采购成本，包括17%的增值税，11%的出口退税率等，所以刘萍就价格问题同杰克进行了磋商，并订立了合同条款。

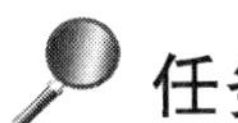

任务分析

商品的价格包括总价和单价两项内容。在单价中除了计量单位、单价金额外，还应明确计价货币、贸易术语。所以在确定了贸易术语后，双方仍然要洽商具体的成交价格，以及商品的成本、费用和利润等，有时还会涉及佣金、折扣的问题。在磋商中还要考虑到各种影响因素，如计价货币汇率的变动、不同的作价原则、不同的贸易政策下价格的变动，针对不同的客户所采取的佣金、折扣政策等，这些都要在磋商和订约时在价格条款中予以明确。

相关知识

一、货物的价格

在国际货物买卖中，货物的价格是买卖双方争论的焦点，是决定货物能否进入市场的重要因素，关系着买卖双方的切身利益，因此，是合同的主要交易条件。

1. 货物价格概述

货物的价格，通常是指单位商品的价格，简称单价（unit price）。进出口业务中使用的单价，比国内货物单价复杂，包括四项内容：货币名称、单价金额、计量单位、贸易术语。例如：USD 200.00/doz CIF London，即：USD（货币名称）、200.00（单价金额）、doz（计量单位）、CIF London（贸易术语）。

【小思考】

影响商品价格的因素

1. 交货地点和交货条件

在国际贸易中，由于交货地点和交货条件不同，买卖双方承担的责任、费用和风险也不同，在确定进出口商品价格时，必须首先考虑这一因素。例如，在同一距离内成交的同一商品，按CIF条件成交与按DES条件成交，价格应当不同。

2. 运输距离

国际商品买卖，一般都要经过长途运输，运输距离的远近关系到运费和保险费的开支，从而影响到商品价格。因此，在确定商品价格时，必须核算运输成本，做好比价工作。

3. 商品的品质和档次

在国际市场上，一般都是按质论价，即优质高价、劣质低价。品质的优劣，包装的好坏，款式的好坏、新旧，商标、品牌的知名度，都影响商品价格。

4. 季节因素

在国际市场上，某些节令性商品，如赶在节令前到货，抢行应市，即能卖上好价。过了节令的商品往往售价很低，甚至以低于成本的“跳楼价”出售。因此，应充分利用节令因素，争取按有利的价格成交。

5. 成交量

按国际贸易的习惯做法，成交量的大小直接影响价格。成交量大，在价格上应予适当优惠，或采用数量折扣办法。反之，成交量小，可适当提价。

6. 支付条件和汇率变动的风险

支付条件是否有利和汇率变动风险的大小，都影响商品的价格。例如，在其他条件相同的情况下，采取预付货款同采取凭信用证付款方式，其价格应有区别。同时，确定商品价格时，一般应采用对自身有利的货币成交。如采用自身不利的货币成交时，应把汇率风险考虑到商品价格中去，即适当提高卖价或降低买价。

2. 佣金

佣金（commission）是卖方或买方付给中间商作为其代买代卖的酬金。佣金的多少视交易数量大小、手续繁简及竞争激烈程度而定。凡在合同条款中将佣金率以及支付方式明示出来的叫明佣；没有在合同中明示的，买卖双方暗中达成协议进行支付的，叫暗佣。佣金率通常在1%～5%之间。佣金往往是在出口商收到全部货款后，再另行支付给中间商，但也有在发票货款中直接扣除的，对此合同要作出规定。

（1）佣金的表示方法

含有佣金的价格即为含佣价，不含佣金的价格即为净价。

含佣价的表示方法："每公吨500美元CIF纽约包括2%佣金"（USD 500.00 mt CIF N. Y. including your commission 2%），通常以"每公吨500美元CIF C2%纽约"来表示。

（2）佣金的计算

在国际贸易中，计算佣金的方法也不同。有的按成交金额约定的百分比计算，有的按成交商品的数量来计算，也有的以FOB总值作为基数来计算佣金，但必须事先明确规定。在计算佣金时我国贸易习惯的做法是根据含佣价来计算。

佣金的计算公式如下：

$$净价=含佣价\times(1-佣金率)$$

$$含佣价=净价\div(1-佣金率)$$

$$佣金=含佣价\times佣金率$$

【小计算】

一批出口商品的成交金额按FOB条件100 000欧元，佣金率为2%，则含佣价和佣金各为多少？

参考答案：含佣价＝净价÷(1－佣金率)＝100 000÷(1－2%)＝102 040.82(欧元)

佣金＝含佣价×佣金率＝102 040.82×2%＝2 040.82(欧元)

3. 折扣

折扣（discount）是卖方按照原价给予买方一定百分比的减让。折扣也分为明扣和暗扣，明扣是指在价格条款中明确规定折扣率，而暗扣则不在价格条款中规定。折扣一般由买方在支付货款时扣除，或是按照所达成的协议暗中另行支付。货价中是否包括折扣和折扣率的大小，都会影响价格的高低。一般来说，折扣率越高，价格则越低。

（1）折扣的表示方法

“每公吨 300 美元 FOB 上海包括 2%折扣”。通常以（USD 300 per mt FOB Shanghai less 3% discount）或（USD 300 per mt FOBD 3% Shanghai）来表示。

（2）折扣的计算方法

折扣一般按发票金额乘以约定的折扣百分率，即得到应减除的折扣金额。

折扣额＝原价(或含折扣价)×折扣率

折扣净价＝原价－折扣额

【小计算】

我公司以每公吨 200 美元 CIF 伦敦，折扣率为 2%的价格出口一批货物，那么我方每公吨的净价收入为多少？

参考答案：折扣额＝原价(或含折扣价)×折扣率＝200×2%＝4(美元)

折后净价＝原价－折扣额＝200－4＝196(美元)

二、货物的价格核算

1. 货物的价格构成

在国际货物买卖中，货物的价格包括成本、费用和利润三大要素。

（1）出口成本（cost）主要是指采购成本。它是贸易商向供货商采购商品的价格，也称进货成本。它在价格中所占比重最大，是价格的主要组成部分。

（2）费用（expenses/charges）。出口货物价格中的费用主要是指商品流通费。比重不大，但内容繁多，是价格核算中较为复杂的因素。业务中常见的费用有包装费（packing charges）、仓储费（warehousing charges）、国内运输费（inland transport charges）、认证费（certification charges）、港区港杂费（port charges）、商检费（inspection charges）、捐税（duties and taxes）、业务费用（operating charges）、银行费用（banking charges）、出口运费（freight charges）、保险费（insurance premium）等。

（3）利润（expected profit）是出口商的预期收入，是经营好坏的主要指标。

2. 出口货物的价格核算

（1）成本核算

对出口商而言，成本即为进货成本，是贸易商向供货商购买货物的支出。但该项支出含有增值税。为了降低出口商品成本，增强产品竞争力，我国也实行出口退税制度，采取对出口商品中的增值税全额退还或按一定比例退还的做法，即将含税成本中的税收按照出口退税比例部分予以扣除，得出实际成本。

【小思考】

出口成本的核算

在核算出口成本时需注意以下几点：

1. 出口商品总成本（退税后）＝出口商品购进价格（含增值税）＋定额费用－出口退税收入

2. 定额费用：出口商品购进价格×费用定额率，费用定额率 5%～10%不等，由各外贸公司按不同的出口商品实际情况自行核定。定额费用一般包括银行利息、工资支出、邮电通信费用、交通费用、仓储费用、码头费用以及其他的管理费用。

3. 退税收入＝出口商品购进价(含增值税)÷(1＋增值税率)×退税率

(2) 运费核算

我国出口货物绝大多数通过海洋运输，除了大宗初级产品采用租船运输外，多数采用班轮运输。采用班轮运输，根据是否装入集装箱可以分为件杂货与集装箱货。

1) 件杂货运费：基本费用＋附加运费。附加运费一般以基本运费的一定比率计收。

2) 集装箱货运费：件杂货基本费率＋附加费（拼箱）；包箱费率＋附加费（整箱）。

运费在班轮运价表中可以查到，常见的计费标准为 W/M，表示重量或体积，船公司选择数值较大的作为计收标准。

(3) 保险费核算

采用 CIF 或 CIP 术语时，出口方要进行保险费核算。计算公式如下：

保险费＝保险金额×保险费率

保险金额＝CIF(CIP)价×(1＋投保加成率)

投保加成率一般是 10%，保险金额以 CIF（CIP）货价或发票金额为基础计算。

(4) 利润核算

利润是商人的预期收入，它可以某一固定数额作为一批商品的利润，也可以用一定的比率来计算利润额。采用利润率核算利润时，一般是以某一成本或某一销售价格为基数。

(5) 盈亏核算

盈亏核算是成本和收入的比较，成本小于收入为盈利，成本大于收入为亏损。外贸盈亏核算是出口总成本与外汇净收入的比较，它是考核企业经营水平的重要指标。对外报价或磋商交易前，应做好盈亏核算，以便决定是否成交。盈亏核算的指标主要有两个：

1) 换汇成本：是出口商品获得每一单位外币的成本，即出口净收入 1 单位外币所耗费的人民币数额。换汇成本高于外汇牌价，出口为亏损；反之则为盈利。公式为：

换汇成本＝出口总成本(人民币)÷出口销售外汇净收入(美元)

出口总成本是指实际成本加上出口前的一切费用和税金。

出口销售外汇净收入是指出口商品按 FOB 价出售所得外汇收入。

2) 出口盈（亏）额：出口销售人民币净收入与出口总成本的差额，净收入大于总成本为盈利；反之为亏损。公式为：

出口盈(亏)额＝(出口销售外汇净收入×外汇买入价)－出口总成本

例：我国一出口商，向国外出口纯棉布鞋 36 000 双，出口价每双 0.60 美元 CIF 多伦多(加拿大)，CIF 总价 21 600 美元，其中海运费 3 400 美元，保险费 160 美元。进货成本每双人民币 4 元，共计人民币 144 000 元（含 17%增值税），出口退税率 14%，费用定额率 12%。当时银行美元买入价为 1 美元＝8.27 元人民币。布鞋换汇成本、盈利额及出口盈利率的计算如下：

出口总成本＝进货成本－[进货成本÷(1＋增值税率)×退税率]＋(进货成本×12%)

＝144 000－[144 000÷(1＋17%)×14%]＋(144 000×12%)

=144 000－144 000÷1.17×14%＋17 280

=144 049.23(元)

出口销售外汇净收入＝(出口销售外汇收入－运费－保险费)

=21 600－3 400－160

=18 040(美元)

换汇成本＝出口总成本÷出口销售外汇净收入

={进货成本－[进货成本÷(1＋增值税率)×退税率]＋(进货成本×12%)}÷(出口销售外汇收入－运费－保险费)

={144 000－[144 000÷(1＋17%)×14%]＋(144 000×12%)}÷(21 600－3 400－160)

=7.985(元/美元)

布鞋换汇成本低于外汇牌价，盈利。

出口盈利额＝出口销售外汇净收入×外汇买入价－出口总成本

=18 040×8.27－144 049.23

=5 141.57(元)

布鞋出口盈利人民币 5 141.57 元。

出口盈利率＝(盈利额/出口总成本)×100%

=(5 141.57/144 049.23)×100%＝3.57%

布鞋出口盈利率为 3.57%。

【小计算】

出口健身椅 1 000 只，出口价：每只 17.3 美元 CIF 纽约，CIF 总价 17 300 美元，其中运费 2 160 美元，保险费 112 美元。进价每只人民币 117 元，共计人民币 117 000 元（含增值税），费用定额率 10%，出口退税率 9%。当时银行的美元买入价为 8.28 元。计算健身椅的换汇成本及 1 000 只的盈利额。

健身椅的换汇成本

={117 000＋(117 000×10%)－[117 000÷(1＋17%)×9%]}÷(17 300－2 160－112)

=119 700/15 028

=7.965(元/美元)

出口健身椅 1 000 只盈利额＝（15 028×8.28）－119 700＝4 731.84（元）

3. 三种贸易术语的对外报价核算

出口报价通常使用 FOB、CFR 和 CIF 三种价格。对外报价核算时，应按照如下步骤进行：明确价格构成，确定成本、费用和利润的计算依据，然后将各部分合理汇总。

FOB、CFR、CIF 三个术语间的换算公式如下：

(1) FOB 价换算为 CFR 价或 CIF 价

FOB 价换算为 CFR 价的公式：CFR＝FOB＋F(运费)

FOB 价换算为 CIF 的公式：CIF＝[FOB＋F(运费)]÷[1－(1＋投保加成率)×保险费率]

(2) CIF价换算为FOB价或CFR价

CIF价换算为FOB价的公式：FOB＝CIF－I(保险费)－F(运费)

CIF价换算为CFR价的公式：CFR＝CIF－I(保险费)

(3) CFR价换算为FOB价或CIF价

CFR价换算为FOB价的公式：FOB＝CFR－F(运费)

CFR价换算为CIF价的公式：CIF＝CFR÷[1－(1＋投保加成率)×保险费率]

【小计算】

出口商品FOB价每件USD 5.00，海运运费平均每件商品为USD 1.2，保险费率为1.04%，投保加成率为10%，佣金5%，求CIFC5%。

参考答案：CIF＝[FOB＋F(运费)]÷[1－(1＋投保加成率)×保险费率]

＝(5.00＋1.2)÷[1－(1＋10%)×1.04%]

＝6.27(美元)

CIFC5%＝净价÷(1－佣金率)＝6.27/(1－5%)＝6.60(美元)

三、商品的作价原则

首先，国际货物买卖按照国际市场价格水平作价。所谓国际市场价格是以国际价值为基础，反映国际市场供求关系，在市场竞争中形成的并为交易双方所接受的价格。价格如：商品交易所价格、主要出口国价格、各国外贸部门、海关统计的价格、大型货物集散地价格等。

其次，在国际市场价格基础上，商品也会受到供求的影响，如高科技产品、紧俏商品等可略高于市场价格水平；库存商品、新商品等可低于市场价格出售。还可以根据销售意图，高于或低于国际市场价格对外报价。如低价多销、高价少销策略来获利。但是需要注意的就是要防止进口反倾销，不要一味降低出口或进口价格。

最后，在参照国际市场价格的基础上，适当考虑国别、地区政策，使外贸配合外交。

四、货物的作价方法

1. 固定价格

在交易磋商过程中，买卖双方将价格确定下来之后，任何一方不得擅自改动。这种做法，意味着双方都要承担签约至交货期间价格变动的风险。如：Unit price USD 100 per set CIF London. No price adjustment shall be allowed.（单价为每套100美元CIF伦敦，此价格不得调整。）

2. 非固定价格

所谓非固定价格，即业务上所说的“活价”。具体分为以下三种：

(1) 具体价格待定：有两种做法，一是规定定价时间和定价方法（如装运月份前50天，参照当地及国际市场价格，确定正式价格）；二是只规定作价时间。（如双方在2008年12月4日确定价格）

(2) 暂定价格：订立一个初步价格，作为开证和初步付款的依据，双方确定最后价格之后再进行清算，多退少补。

（3）部分固定价格，部分非固定价格：近期交货的采取固定价；远期交货的采取非固定价，在交货前一定期限内由双方另行商定。这种方法主要用于分期分批交货或者外商长期包销的商品。

相对于固定价格来说，非固定价格是先订约后作价，双方均不承担市价变动的风险，这给合同的履行带来了较大的不稳定性。

3. 价格调整条款

价格调整条款（price adjustment clause）是按照原料价格和工资的变动来计算合同的最后价格，最后价格与初步价格之间的差额不超过约定的范围（如5%），初步价格可不作调整。例如：如果卖方与其他客户的成交价高于或低于合同价格的5%，对本合同未执行的数量，双方可协商调整价格。此种做法旨在把价格变动的风险固定在一定范围之内，联合国欧洲经济委员会已将此项条款订入一些标准合同，且应用范围已从机械设备交易扩展到一些初级产品交易。

4. 货物的计价货币

是指合同中规定的用来计算价格的货币。可以是出口国或进口国的货币，也可以是第三国的货币，但必须是自由兑换货币。具体采用哪种货币，由双方协商确定。对那些与我国签订支付协定并限定使用某种货币的国家，可使用规定的货币。

国际上普遍实行浮动汇率的情况下，买卖双方都要承担一定汇率风险。出口贸易中，计价和结汇争取使用硬币（hard currency）（即币值稳定或具有一定上浮趋势的货币）；进口贸易中，计价和付汇力争使用软币（soft currency）（即币值不够稳定且具有下浮趋势的货币）。在选择计价货币时，对所要选用的货币分别进行比较、核算，确定使用哪一种货币更合算，达到对方可以接受，我方又能减少风险的目的。同时还要注意订立外汇保值条款，以减少汇兑损失。

五、对外报价核算应注意的问题

1. 按照实际报价的一定百分比计算的内容应一次求出，否则容易造成报价的低估。

2. 实际业务中，除了采用费用额相加的方法外，还有规定定额费用的做法，该费用率的计算基础是含税的进货成本。

3. 银行费用是根据出口发票金额的一定百分比收取，计费基础是成交价格。佣金和保险费通常也根据成交价格来计算。

4. 垫款利息按照进货成本计算，远期收款利息按照成交价格计算。

5. 报价核算有总价核算和单价核算两种方法：总价核算法比较精确，但要将核算结果折算成单价后才能对外报价；单价法核算可以直接求出报价，但计算过程需保留多位小数，以保证报价准确，前面所举实例采用的就是单价核算法。

6. 注意报价的计量单位以及集装箱数量的准确性，其直接影响单位运价和国内费用的多少。

7. 出口报价核算出来之后，可以采用逆算方法验算，即报价产生以后，用收入减去支出等于成本的原理来核算对外报价是否正确。

8. 业务员在对外磋商之前就应进行报价核算，以做到对一票买卖的综合经营状况心中有数。因此，务必填好出口商品价格核算单。

任务实施

1. 价格核算与 CIF 报价

业务员刘萍对商品的价格进行了仔细的核算。货号 1094L 的采购成本为每件 24 元，共计是 8 400 件（700 打），含 17%的增值税，出口退税率为 11%，定额费率为 5%，从大连到多伦多的 20 英尺集装箱整箱装的运费经查询为 2 400 美元，当时的汇率 1 美元兑换为 6.5 元人民币，所以运费折算人民币价格为 17 040 元，客户要求交保一切险和战争险，一成投保，费率分别为 0.8%和 0.02%，公司的预期利润率为 10%，给客户所报的 CIF 价格如下：

实际成本＝24－24÷(1＋17%)×11%＝21.74 元/件

定额费用＝24×5%＝1.2 元

运费＝17 040÷8 400＝2.03 元

保险费＝CIF×110%×(0.8%＋0.02%)

利润＝CIF×10%

CIF＝实际成本＋定额费用＋运费＋保险费＋利润

CIF＝21.74＋1.2＋2.03＋CIF×110%×(0.8%＋0.02%)＋CIF×10%

CIF＝28.03 元

折算为美元：CIF＝28.03/6.5＝4.31 美元/件

在磋商过程中，进口商要求 3%的佣金，业务员刘萍进行核算：

含佣价＝净价/(1－佣金率)＝4.31/(1－3%)＝4.45 美元/件

所以每打的报价为 4.45 美元/件×12 件/打＝53.35 美元/打

同样货号 286G 的采购成本为 20 元人民币，数量 9 600 件（800 打），其他条件不变，可以计算出的美元价格为 3.65 美元/件，含佣价为 3.76 美元/件，每打报价为 45.18 美元；

货号 654 的采购成本为 23 元人民币，数量 1 920 件（160 打），其他条件不变，计算出的美元价格为：4.15 美元/件，含佣价为：4.28 美元/件，每打报价为 51.31 美元。

2. 制定价格条款

根据刘萍的核算，同时又考虑到了原材料的价格上涨因素、汇率变动因素等，与对方磋商，签订了如下价格条款：

Unit Price：

Style No. 1094L	USD 53.35/doz	CIFC3 Toronto
Style No. 286G	USD 45.18/doz	CIFC3 Toronto
Style No. 654	USD 51.31/doz	CIFC3 Toronto
Total Value：	USD 81 698.60	

知识链接

世界各国的货币价值并不是一成不变的，特别是世界许多国家普遍实行浮动汇率，由于国际货物买卖的交货期通常都比较长，从订约到履行合同往往需要一个过程，所以如何选择合同的计价货币就具有重要意义，也是买卖双方在确定价格时必须注意的问题。

一、计价货币

计价货币（money of account）是指合同中规定用来计算价格的货币。如合同中的价格采用一种双方当事人约定的货币（如美元）表示，而没有规定其他货币支付，那么美元既是计价货币又是支付货币（money of payment）；如果双方又规定了采用其他货币（如英镑）支付，那么美元是计价货币，而英镑就是支付货币。

二、计价货币的选择

在选择计价货币时通常要注意以下几个问题：

1. 使用可自由兑换的货币

一般进出口合同都采用可兑换的、国际上通用的，或双方统一的货币进行计价和支付。

2. 把握“进软出硬”的原则

在出口贸易中应选择硬币或具有上浮趋势的货币作为计价货币；在进口贸易中则选择软币或具有下浮趋势的货币作为计价货币，以减缓外汇收支可能带来的价值波动损失。

3. 多种货币组合

通常在进出口合同中也可以使用两种以上的货币来计价，以消除外汇汇率波动的风险。通常多种货币组合也称为“一揽子货币计价”。

4. 利用保值条款

在出口贸易中也可以采用外汇保值条款来减少外汇汇率风险。具体有三种类型：(1) 计价用硬币，支付用软币；(2) 计价与支付都用软币，但签订合同时明确该货币与另一硬币的比价；(3) 确定一个软币与硬币的“商定汇率”。

技能训练

1. 某企业向日本IB公司出口一批货物，共计5 000套，出口总价值为20万美元，CIF大阪，其中从上海到大阪的海运运费为3 000美元，保险按照CIF总价的110%投保一切险，费率为2%，这批货物的出口总成本为90万元人民币。结汇时银行的外汇买入价1美元=7.1元人民币。试计算这笔交易的换汇成本和盈亏额。

2. 请根据某种出口产品进行询价，即向供应商询问进货价格，并通过网络查询产品的出口退税率，并假设公司的利润率及费用率分别为10%和5%，试着对外报FOB、CFR、CIF价格，如含有3%佣金的价格又该如何报价，并试订合同的价格条款。

思考与练习

1. 什么是佣金与折扣?
2. 价格条款包括哪些内容?
3. 举例说明佣金的表示方法。
4. 商品的价格包括哪些内容?

任务7 选择运输方式

教学目标

1. 了解各种运输方式的优缺点。
2. 掌握运输条款的主要内容。
3. 能够根据实际的业务情况，选用合适的运输方式。
4. 能够正确订立合同中的运输条款。

任务引入

兄弟公司商定从弗瑞德公司先进口一个20英尺的集装箱的服装，双方就采用哪种运输方式和如何签订装运条款进行了磋商。

任务分析

国际货物运输不同于国内运输，运程长、环节多、较复杂，所以双方一定要明确好选择哪种运输方式，同时在合同中明确装运条款，这样才能更好地履行合同。

相关知识

国际贸易使用的运输方式有海运、铁路运输、空运、邮运和联合运输等。具体使用哪一种运输方式，由买卖双方在磋商交易时约定。

一、海洋运输

海洋运输（ocean transportation）是国际贸易中使用最为广泛的一种运输方式。目前，占国际运输总量的80%以上，海洋运输具有运量大、运力强、运费低、不受道路限制的特点。海洋运输按经营方式不同，可分为班轮运输和租船运输两种。

1. 班轮运输

班轮运输（liner transport）又称定期船运输，简称班轮（liner），是指船舶在固定航线上和固定港口之间按事先公布的船期表和运费率往返航行，从事客货运输业务的一种运输方式。班轮运输比较适合于运输小批量的货物，具有如下特点：

（1）四定。即固定航线、固定港口、固定船期和相对固定的运费率。海运船期表见表2—7—1。

表2—7—1　　海运船期表

船公司 Carrier	船名/航次 Vessel/Voyage	服务代码 Service	航线 Lane	装船港/卸船港 Load/Unload Port	启-达日期 ETD-ETA	天 Day	挂港
COSCON 中远集运	RIVER WISDOM 140E	远东/美东（AWE2）	中国-美东	SHANGHAI 上海 BOSTON 波士顿	04/15（二） 05/14（三）	29	询价 查看
COSCON 中远集运	COSCO KARACHI 031W	CPG	中国-中东/波斯湾	QINGDAO 青岛 KARACHI 卡拉奇	04/16（三） 05/11（日）	25	询价 查看
COSCON 中远集运	ITAL FIDUC1A 0752-010W	远东/南非南美东（ESA）	中国-中南美	SHANGHAI 上海 BUENOS AIRES 布宜诺斯艾利斯	04/16（三） 05/18（日）	32	询价 查看
COSCON 中远集运	BAUHINIA BRIDGE/009W	EMX	中国-欧洲地中海	SHANGHAI 上海 PIRAEUS 比雷埃夫斯	04/16（三） 05/11（日）	25	询价 查看
COSCON 中远集运	TENG YUN HE 069S	日韩香新（JKN）	中国-澳新	SHANGHAI 上海 TAURANGA 陶朗阿	04/16（三） 05/07（三）	21	询价 查看
COSCON 中远集运	LTONS GATE BRIDGE/38W	欧洲/远东（TES）	中国-欧洲地中海	HONG KONG 香港 LE HAVRE 勒哈弗尔	04/16（三） 05/10（六）	24	询价 查看
COSCON 中远集运	HANJIN DALLAS 0025E	华南/美西（HPSX）	中国-美西	KAOHSTUNG 高雄 SEATTLE 西雅图	04/16（三） 05/05（一）	19	询价 查看
COSCON 中远集运	COSCO FELIXS-TOWE/046E	东南亚/美西（SEA）	中国-美西	XIAMEN 厦门 OAKLAND 奥克兰	04/17（四） 05/07（三）	20	询价 查看
COSCON 中远集运	HANJJN TAIPEI 0052E	MAP	中国-美西	HONG KONG 香港 OAKLAND 奥克兰	04/17（四） 05/05（一）	18	询价 查看
COSCON 中远集运	ATHOS I 0187-012W	远东/南非周班（FAX）	中国-非洲	SHANGHAI 上海 DURBAN 德班	04/19（六） 05/12（一）	23	询价 查看

（2）一负责。即货物由班轮公司负责配载和装卸，运费内已包括装卸费用，班轮公司和托运人双方不计滞期费和速遣费。

（3）班轮公司和货主双方的权利、义务和责任豁免均以班轮公司签发的提单条款为依据。

2. 租船运输

租船运输又称不定期船运输，是指包租整船或部分舱位进行运输。租船方式主要有定期租船和定程租船两种：

（1）定期租船（time charter）。又称期租船，是指按一定期限租赁船舶的方式，即由船东（船舶出租人）将船舶出租给租船人在规定期限内使用，在此期限内由租船人自行调度和经营管理。租期可长可短，短则数月，长则数年。定期租船的特点是：在租赁期内，船舶由租船人负责经营和管理；一般只规定船舶航行区域而不规定航线和装卸港；除另有规定外，可以装运各种合法货物；船东负责船舶的维修和机械的正常运转；不规定装卸率和滞期速遣条款；租金按租期每月（或30天）每载重吨计算；船东和租船人双方的权利和义务以定期租船合同为依据。

（2）定程租船（voyage charter/trip charter），又称程租船或航次租船，是指按航程租赁的方式。

定程租船的特点是无固定航线、固定装卸港口和固定航行船期，而是根据租船人（货主）的需要和船东的可能，经双方协商，在程租船合同中规定；程租船合同需规定装卸率和滞期、速遣费条款；运价受租船市场供需情况的影响较大，租船人和船东双方的其他权利、义务一并在程租船合同中规定。定程租船以运输货值较低的粮食、煤炭、木材、矿石等大宗货物为主。常见船公司见表2—7—2。

表2—7—2　　常见的船公司

名称	网址
中国远洋运输（集团）总公司（中国）	www. cosco. com
中远集装箱运输有限公司	www. coscon. com
中国海运集团总公司-CSC（中国） 中海集装箱运输有限公司	www. cnshipping. com
法国达飞轮船有限公司-CMA-CGM（法国）	www. cma-cgm. com
长荣海运股份有限公司-EMC（中国台湾）	www. evergreen-marine. com
中国外运（集团）总公司-SINOTRANS（中国）中外运集装箱运输有限公司	www. sinotrans. com
意大利邮船公司-LLT（意大利）	www. lloydtriestino. it
韩进海运-HANJIN（韩国）	www. hanjin. com

二、铁路、航空、邮政运输

我国的进出口货物，除通过海洋运输外，还有通过铁路运输、航空运输和邮政运输等方式。

1. 铁路运输

铁路运输具有运行速度快、载运量较大、受气候影响小、准确性和连续性强等优点。在国际贸易中，铁路运输在国际货运中的地位仅次于海洋运输。在我国对外贸易运输中，铁路运输占有一定比重。

我国对外贸易货物使用铁路运输可分为国内铁路运输和国际铁路联运两部分。供应港、澳地区的货物由内地通过铁路运往香港九龙，或运至广州南部转船至澳门，即属国内铁路运输。国际铁路联运是指在两个或两个以上国际铁路运送中，使用一份运送票据，并以连带责任办理货物的全程运送，在由一国铁路向另一国铁路移交货物时，无须发货人、收货人参加的运输方式。我国对周边国家，如朝鲜、越南、蒙古、俄罗斯等国家的进出口货物，大部分采用铁路运输。通过国际铁路联运，使欧亚大陆连成一片，对发展我国与欧洲、亚洲国家的国际贸易提供了有利的条件。

2. 航空运输

国际货物的航空运输具有许多优点：运送迅速，节省包装、保险和储存费用，可以运往世界各地而不受河海和道路限制，安全准时。因此，对易腐、鲜活、季节性强、紧急需要的商品运送尤为适宜。被称为“桌到桌快递服务”（desk to desk express service）。航空货物运输的方式很多，有班机、包机、集中托运和航空急件传送等。近年来，特快专递业务迅速发展。目前快递业务主要有国际特快专递（international express mail service，EMS）和DHL信使专递、FedEx（联邦快递）、UPS（联合包裹）等。

3. 邮政运输

邮政运输又称邮包运输（parcel post transport），是一种最简便的运输方式。各国邮政部门之间订有协定和公约，从而保证了邮件包裹传递的畅通无阻、四通八达，形成了全球性的邮政运输网，遂使国际邮政运输得以在国际贸易中被广泛使用。

三、集装箱运输、国际多式联运与大陆桥运输

集装箱运输、国际多式联运与大陆桥运输是目前国际货物运输使用较多的三种新型的运输方式。

1. 集装箱运输

集装箱又称“货柜”或“货箱”。集装箱运输（container transport）是以集装箱为运输单位进行运输的一种现代化的先进的运输方式，它可适用于各种运输方式的单独运输和不同运输方式的联合运输。集装箱运输的优点是加快货物装卸速度，提高港口吞吐能力，加速船舶周转，减少货损货差，节省包装材料，减少运杂费用，降低营运成本，简化货运手续和便利货物运输等。集装箱运输是运输方式上的一大革命，它的出现和广泛运用，对国际贸易产生了很大的影响。

（1）常见的集装箱的箱型及尺寸（见表2—7—3）

表2—7—3　　常见的集装箱的箱型及尺寸

集装箱尺寸、容积					
箱型 尺寸	一吨箱	十吨箱	20英尺箱	40英尺箱	40英尺箱
长/mm	830	2 921	5 867	12 192	12 192
宽/mm	1 264	2 402	2 330	2 438	2 438
高/mm	1 150	2 396	2 350	2 591	2 591
体积/m^3	1.21	16.81	32.1	76.3	76.3
载重/kg	825	8 382	18 288	27 490	27 490

续表

集装箱类型
1. 干货集装箱——装运一般成件、贵重、高档、易碎等货物
2. 冷藏集装箱——装运需冷冻或需保持一定温度的货物
3. 保温集装箱——装运怕冻货物
4. 通风集装箱——装运新鲜水果等怕热、怕闷货物
5. 开顶集装箱——装运较重、较大不宜在箱门掏装的货物
6. 板架集装箱——装运笨重、大件货物
7. 罐式集装箱——装运液体货物
8. 其他专用集装箱——装运有特殊要求的其他货物，如毒品、危险品、散货等

(2) 集装箱的交接方式

1) 按货物交接地点分为9种：

①门到门（door to door）由发货人货仓或工厂仓库至收货人的货仓或工厂仓库；

②门到场（door to CY）由发货人货仓或工厂仓库至目的地或卸箱港的堆场；

③门到站（door to CFS）由发货人货仓或工厂仓库到目的地或卸箱港的集装箱货运站；

④场到门（CY to door）由起运地或装箱港的堆场至收货人的货仓或工厂仓库；

⑤场到场（CY to CY）由起运地或装箱港的堆场至目的地或卸箱港的堆场；

⑥场到站（CY to CFS）由起运地或装箱港的堆场至目的地或卸箱港的集装箱货运站；

⑦站到门（CFS to door）由起运地或装箱港的集装箱货运站至收货人的货仓或工厂仓库；

⑧站到场（CFS to CY）由起运地或装箱港的集装箱货运站至目的港或卸箱港的堆场；

⑨站到站（CFS to CFS）由起运地或装箱港的集装箱货运站至目的港或卸箱港的集装箱货运站。

2) 按货运数量的交接方式分两种：

①整箱货（full container load，FCL）凡一批货运达到一个或一个以上集装箱内容积的75%及以上或集装箱负荷重量的95%及以上，即可作为整箱货。

②拼箱货（less than container load，LCL）不足整箱货的容积或重量的货载，即需要两批或两批以上同装一箱的货载。

2. 国际多式联运

根据《联合国国际货物多式联运公约》的解释，国际多式联运（international multimodal transport）是指按照多式联运合同，以至少两种不同的运输方式，由多式联运经营人将货物从一国境内接受货物的地点运往另一国境内指定交付货物的地点。国际多式联运大多以集装箱为媒介，把海洋运输、铁路运输、公路运输、航空运输等单一运输方式有机地结合起来，构成一种连贯的运输，是实现门到门运输的有效方式。

3. 大陆桥运输

大陆桥运输（land bridge transport）是指使用横贯大陆的铁路或公路运输系统作为中

间桥梁，把大陆两端的海洋运输连接起来的连贯运输方式。目前运用较广的是西伯利亚大陆桥及亚欧大陆桥。

此外，还有一种“OCP”运输方式。“OCP”是英文“over-land common point”的缩写，意为“内陆公共点”。它是以美国落基山脉为界，界东的广大地区划为内陆地区，凡经海运运到美国西海岸港口再以陆路运往内陆地区的货物，如提单上表明按 OCP 条款运输，可享受比直达西海岸港口费率较低的优惠，陆运的运费率也可降低 5%左右，相反方向的运送也相同。这种优惠只适用于货物的最终目的地在 OCP 地区，而且必须经美国西海岸港口中转。

四、装运条款

明确、合理地规定装运条款是保证合同顺利履行的重要条件。装运条款的内容及其具体订立与合同的性质和运输方式有着密切的关系。我国的进出口合同大部分是 FOB、CIF 和 CFR 合同，而且大部分的货物是通过海洋运输。按照国际贸易惯例解释，在上述条件下，卖方只要装合同规定的货物在装运港履行交货手续，取得清洁的装船单据，并将其交给买方或其代理人，即算完成交货义务。因此，上述合同的装运条款应包括装运时间、装运港、目的港、是否允许转船与分批装运、装运通知，以及滞期、速遣条款等内容。

【小知识】

装运的含义

装运（shipment）原意是指将货物交由船方运往目的地的行为，也就是一般所说的装船。在很多场合，也将装运泛指为将货物交由承运人（包括轮船、火车、飞机、卡车）运往指定目的地的行为。但装运与交货是两个不同的概念。交货（delivery）是指卖方为了完成货物的交接而采取的行为。在涉及运输的合同中，交货指把货物交给承运人以运交给买方的行为。由于我国大部分是以 FOB 、CIF、CFR 和 FCA 、CPT、CIP 术语签订的合同，采用这些贸易术语签约时，卖方在装运港或发货地将货物装上运输工具或交给承运人或第一承运人以运交给买方，交货义务即告完成。因此，业务上经常将“装运”和“交货”两者混同使用。

1. 装运时间

（1）装运时间的含义

在 FOB 合同中，装运时间指卖方在合同中约定装运港，按照港口惯常办法将货物装上买方指定船上的时间。在 CFR 和 CIF 合同中，装运时间指卖方在合同约定的装运港将货物装至船上的时间。在 FCA 合同中，装运时间指卖方在合同约定的地点，将货物交给承运人或第一承运人的时间。

（2）装运时间的规定方法

国际上各类买卖合同对装运时间的规定方法大体上可分为下述几种：

1）明确规定具体时间或期限，这种做法最普遍。它们的共同特点是时间具体、明确，不容易发生误解。常见的有以下几种：

第一，规定具体日期。例如：2009 年 8 月 15 日装运。按这种规定，卖方必须负在规定日期交货的责任，执行起来很不方便，只要货物、车船稍有耽误，就容易构成违约。故除非买卖现货，运输条件可能，否则，卖方一般不愿意接受这种条款。

第二，规定具体期限。如2009年某个月份或某两个月份（2009年5—6月），以至于某年某季度（如第三季度），在这种场合，如合同无相反的规定，卖方一般有权在规定期限内的任何时间装运货物。这种规定方法有较大的灵活性，较适合卖方在订约时尚未生产或收购的情况，以及交货时间比较容易受到运输和其他客观条件影响的货物买卖合同。所以它是国际货贸买卖合同中最常采用的一种规定方法。

第三，规定以某一特定的时间作为装船前提。最常见的是规定在买方开立信用证后若干天内装船。在这种情况下，卖方除负以买方开证作为前提条件的交货责任外，具体装船时间还需要取决于买方开立信用证的时间。

2）装运时间以某种术语说明。当前，国际上有些合同的装运期并没有规定具体的时日，只使用诸如“尽速装船”（shipment as soon as possible）、“立即装运”（immediate shipment）、“即刻装运”（prompt shipment）、“优先装运”（shipment by first opportunity）和“有船即装”（shipment by first available streamer）等。这些文句都含有即期装运的意思，但其具体含义不清，各个国家、各个行业的理解也很不一致，执行起来困难，容易引起争议，一般不宜使用。

3）规定最迟装运日期，比如最迟于2009年4月30日装船。

【小知识】

1. 在确定装运时间时可能存在的风险

第一，卖方在没有任何付款保证的情况下，先期加工、生产、备货，造成卖方无法交货的损失或发货后，双方在货款支付方面的纠纷。

第二，在卖方已经订妥运输工具的情况下，买方突然要求变更装运时间，导致卖方退舱等手续和费用上的麻烦与损失。

第三，卖方因生产、运输或市场行情等原因，要求变更装运时间，导致买方修改信用证，无法生产、销售、转售等风险。

2. 防范风险应采取的对策

第一，对于一些规格比较特殊或专为买方加工制造的、且不容易转售给其他买主的商品，卖方为安全起见，只有在收到付款保证后，才着手生产或收购。为确保买方能按时开立信用证，卖方往往还加列有关买方开证时间的规定。对于一些买方急需或畅销的热门货，卖方也可在规定装运期的同时，还规定买方在装运前先付全部或部分货款，卖方收到规定的货款后再按合同中订明的日期将货物装船。

第二，卖方为防止买方突然要求变更装运时间，造成无法交货的情况，应在合同中加订“所造成的一切损失与风险由买方承担的条款”。

第三，为了运输的需要，在合同中加订其他装运的先决条件。如在船舶或其他运输工具供应比较紧张时，双方在合同中规定装运时间的同时，争取订入“以租到运输工具为准”的条款，也可规定装运通知的条款。

第四，在合同中加订延期交货和延期开立信用证的罚金条款等。

第五，应当避免采用不规定装运时间的做法。因为，在不规定装运时间的情况下，按照一般的解释，卖方应在合同签字后的合理时间内将货物装运，但合理时间是一个模糊概念，需要根据每一个合同的具体情况和双方当事人的意思表示予以确定，解释起来相当麻烦，容易引起纠纷，应避免使用。

2. 装运港和目的港

(1) 装运地和日的地的含义

装运地是指装运港或发货地，在 FOB、CIF 和 CFR 合同的情况下，即指装运港（启运港），但在 FCA、CIP 和 CPT 合同的情况下，装运地即为卖方的发货地，该地点可以是内陆所在地，也可以是启运港。目的地是指目的港或到货地，按照同样原理，目的地可以是港口，也可以是内陆所在地，应视具体的运输方式而定。

(2) 装运港（地）和目的港（地）的规定方法

1）只规定一个装运港（地）和目的港（地），例如：

装运港：上海；目的地：东京

装运地：西安；目的地：杜塞尔多夫（德国）

2）规定两个或两个以上的装运港（地）和目的港（地），例如：

装运港：上海/天津；目的港：鹿特丹/汉堡/阿姆斯特丹　或者

装运港：中国港口；目的港：欧洲主要港口，由买方选择

3）规定一个装运港、多个目的港或多个装运港、一个目的港等

按照各国的法律解释，凡在合同中规定了装运地点，该地点就成了货物说明的一个组成部分，属于合同的主要条件。任何违反条件的情况，即使在制定装运地点的邻近地区装货，也会招致对方的拒收和索赔。因此，出口人和进口人在 FOB、FCA 合同中必须充分重视装运地点的选择和确定。而在 CIF、CFR、CIP 和 CPT 合同中，目的地在何地，直接关系到运费和保险费的高低，因此，正确选择和规定目的地也十分重要。

【小知识】

在规定装运港（地）和目的港（地）方面可能遇到的风险以及防范风险的对策

1. 可能遇到的风险

第一，在大宗货物进出口时，可能遇到由于装运港或目的港的封冻期、吃水深度浅、吞吐能力小、泊位少、装卸设备差、装卸费用高的风险。

第二，在 CIF 或 CFR 合同中，合同规定多个目的港，并由买方选择。买方故意选择卖方所租的船只无法直接进入的港口作为目的港，导致要求改港、移泊困难，从而费用增加或损失增大。

第三，在 CIF 或 CFR 合同中，合同规定不允许转船，但规定的目的港或买方选择的目的港无直达船等。

2. 应采取的对策

第一，在大宗货物进出口时，如以 FOB 贸易术语签约，双方当事人必须了解有关装卸的具体条件，例如：港口设施、泊位多少、吃水深度、吞吐能力、装卸设备、装卸速度、费

用水平、港口惯例等。

第二，FOB合同中的卖方不要轻易接受在专用的码头或泊位装货的条件，以免造成延迟装货甚至无法装货，被迫临时改港，从而引起费用上升和经济损失。

第三，出口业务中，在规定多港口装运时，应规定由卖方选择。

第四，出口业务中，在CIF、CFR、CIP或CPT的合同中，应当尽力避免规定多个目的地，即使规定，也应由卖方选择。如因交易的特点决定必须由买方选择，则应在合同中加订“买方选定的目的地须经卖方确认”等条款。

3. 分批装运和转运

(1) 分批装运和转运的含义

分批装运（partial shipment）和转运（trans shipment）直接关系到买卖双方的利益，因此通常是进出口合同中的重要内容，需要在交易磋商时即给予确定。

1) 分批装运

分批装运又称分期装运（shipment by installments），是一个合同项下的货物先后分若干期或若干次装运。但一笔成交的货物，在不同时间和地点分别装在同一航次、同一船上，即使签发提单的日期和地点不同，注明的目的港相同，也不能按分批装运论处，因为该笔成交货物是同时到达目的港的。

在国际贸易中，凡数量较大，或受货源、运输条件、市场销售或资金的条件限制，有必要分期分批装运、到货者，均应在买卖合同中规定分批装运条款。一般来说，允许分批装运和转运，对卖方来说比较主动（明确规定分期数量者除外）。根据国际商会《跟单信用证统一惯例》规定，除非信用证做相反规定，可准许分批装运。但是，如果信用证规定不准分批装运，卖方就无权分批装运。

2) 转运

转运是指自装货港、发运地或接受监管地到卸货港、目的地的运输过程中，货物从一运输工具卸下，再装上同一运输方式的另一运输工具；或在不同运输方式运输的情况下，货物从一种运输工具卸下，再装上另一种运输工具的行为。

货物在中途转运，容易受损和散失、延迟到达目的地，但在无直达运输工具、转运不可避免的情况下，就有必要在买卖合同中规定允许转运，有时还要规定在何地和以何种方式转运的条款。但是，随着运输工具的不断改进和大型化，集装箱船、滚装船、母子船的不断涌现，以及各种新的运输方式的广泛运用，转运在实际业务中几乎已成为经常发生的现象，并成为被各国贸易界人士普遍接受的事实，转运的含义也发生了变化。如《UCP500》规定：即使L/C规定不准转运，如果是集装箱运输只要货物没有从一个集装箱里掏出装入另一个集装箱，也可以接受转运提单。

(2) 分批装运的规定方法

1) 只规定允许分批装运，对于时间、批次和数量不做具体规定。这种做法对卖方比较有利，卖方可以完全根据货源和运输条件，在合同规定的交货期内灵活掌握。

2) 在规定分批装运的时候，订立每期装运的时间和数量。这种做法对于卖方的限制较严。在接受这种条件之前，卖方必须慎重考虑货源和运输条件的可能性，以免造成被动。但从买方角度看，比较有利于生产或销售的安排。

3）对于一些大宗交易，有时也可以只在合同中规定允许分批交货，但具体时间和数量可由卖方在合同签订后，提出交货计划表，由买卖双方协商确定，纳入合同，予以执行。

【小知识】

分装运输风险

在分批装运的情况下，买卖双方常常因合同规定不明确产生一个问题，即任何一项分批交货的缺陷，将会使整个合同无法履行或带来纠纷。为此，可以采取下列方式防止分装运输的风险：

1. 在合同中明确规定，将每批交货视做一个独立的合同。这是最常见的做法。其好处是把不同批次的交货互相分割开来，不会因某一批交货方面的异议、纠纷影响整个合同的履行，即使在个别批次的交货中发生违约，也不会使整个合同失效。也就是说，受损害的一方只能对该批交货提出异议，要求损害赔偿，以至于拒收，但不得撤销整个合同。

2. 在合同中不做上述规定，而是把每批交货看做是合同的不可分割的组成部分。在这种情况下，所交的货物如果出现严重违约或连续违约，就可能被视做违反整个合同，从而影响到整个合同的履行及其有效性。

3. 在允许转船的情况下，在买卖合同中一般不应接受指定后程运输的船名或船务公司名称或转运港口的规定。因为，按照国际航运惯例，在货物需要转船的场合，通常是由承运人自己根据具体情况确定中转港口以及后程运输的船只，但承运人必须事先征得货主的同意。

4. 在启运地和目的地之间，如无直达运输线路，或直达运输工具稀少，或在采用集装箱运输时启运地无此方面设备，而需集中到其他发货地进行拼箱时，合同中必须制定允许转运的条款。

五、合同中装运条款的订立应注意事项

1. 根据实际情况选择合适的运输方式。

2. 明确装运时间、装运港口及是否允许分批装运及转船。

在规定装运时间时，一定要考虑到货源和船只的实际情况，同时如果我方为出口方，应争取允许分批装运和转船，这样对我方出运比较有利。

3. 明确规定装运港、目的港。

一般都应该选择基本港。同时还要注意港口的实际情况，如有些受季节影响大的港口会因为气候的原因使船只不能进港，因此在选择港口前要充分考虑港口情况。

任务实施

1. 选择运输方式

权衡了几种运输方式的优势和劣势，双方都明确了采用海洋运输这种运输方式。

2. 选择装运港、目的港

装运港是由买卖双方协商而定，但一般都是由卖方认为比较方便的地点。由于弗瑞德公司所在地在哈尔滨，附近没有出口港，所以必须要选择一个离哈尔滨较为便利的装运港出口，根据公司以前的业务经验，都是从大连港出运，因为哈尔滨到大连的公路、铁路都比较便利，而且运费相对比较便宜。而应买方的要求，目的港确定为加拿大的多伦多，并且从大连港有到达多伦多的直达船，所以最终确认装运港仍为大连港。

3. 其他装运条款

由于分批装运和转运条款直接关系到买卖双方的利益，所以双方也进行了详细的磋商。对于出口方而言，选择允许分批装运和允许转船有利于出口方备货、备船，所以进口方的主动性较大，因而刘萍与杰克磋商时争取到了允许分批装运和允许转船。

经过一段时间的磋商，双方就运输事宜达成一致，由此，刘萍制定如下运输条款：

Shipment：Dalian，China

Destimation：Toronto，Canada

Trans Shipment Allowed，Partial Shipment Allowed

Time of Shipment：Not later than June 30th，2009

知识链接

装运通知

装运通知（advice of shipment）是指卖方在将货物装运完毕后，给买方发出的有关货物业已装妥的通知。一般包括：品名、装运数量、船名、日期、金额、唛头、装运港、目的港等。装运通知也是装运条款中不可缺少的一项内容。

装运通知的作用，是使买方得知货物装运情况和预计到达时间，以便及时转售或准备接货并办理必要的保险。装运通知对 CFR 及其他由买方负责办理保险的合同具有特殊重要的意义。在合同中，一般应明确规定卖方必须在装船后 24 小时内，以电报通知买方。

技能训练

1. 请根据下列资料拟订合同中的运输条款：某公司与外商磋商，决定出口一批货物从上海港到日本的神户港，不允许分批装运，允许转船，装运时间为 2009 年 10 月 31 日前。

2. 请进入相关网站查询由大连港—阿联酋的迪拜港（DUBAI），不同船公司的运价及不同集装箱型的运价。

参考网站：锦程物流网（www.jctrans.com）、航运在线（www.sol.com.cn）

思考与练习

1. 简述班轮运输的特点。
2. 班轮运费的构成。
3. 装运条款都包括哪些内容，需要注意什么？

4. 案例分析

(1) 我国向德国汉堡出口一批大豆，共计 1 000 公吨。合同和信用证中规定"从 3 月份开始，连续 4 个月每月平均装运 250 公吨"，实际我方在出口时，3 月份出运 250 公吨，4 月份由于货源问题没有按时出运，5 月份将 4 月份未出运部分补齐，共计出运 500 公吨，6 月份出运 250 公吨。请问，这种做法是否可以，我方能否顺利结汇，为什么?

(2) 信用证规定：从中国港口运至纽约 100 公吨花生，不允许分批装运。受益人提交两套提单：

第一套提单标明：载货船名、航次为：Yixing V. 16，装运港为：Xinganng，卸货港为：New York，净重为 51 公吨，装运日期为：2009 年 9 月 11 日。

第二套提单标明：载货船名、航次为：Yixing V. 16，装运港为：Dalian，卸货港为：New York，净重为 52 公吨，装运日期为：2009 年 9 月 16 日。

请问：银行是否接受单据并付款? 为什么?

任务 8　选择货物运输保险

教学目标

1. 掌握国际货物运输保险的种类。
2. 掌握货物运输保险条款的内容。
3. 根据具体情况，选择适当的保险险别。
4. 能够根据实际的业务需要订立合同中的保险条款。

任务引入

弗瑞德公司的刘萍与兄弟公司的杰克在运输条款上达成一致，选择海洋运输，同时确定选用 CIF 贸易术语，按照贸易术语规定应该由卖方即弗瑞德公司办理保险手续，于是双方就货物保险的具体事宜进行了磋商，并确定了合同中的保险条款。

任务分析

国际货物运输因时空跨距大，业务环节多，可能会遭遇到各种风险，使货物遭受损失，并增加当事人的费用，这些会直接影响到买卖双方的利益。所以为了减少这些损失和费用。当事人往往通过办理国际货运保险来补偿货物遭遇风险后造成的经济损失。

保险条款也是国际货物买卖合同的重要组成部分，它关系到买卖双方的经济利益，因此买卖双方必须在保险条款中明确规定保险的险别、保险金额等事宜。

相关知识

一、海上货物运输保险承保的范围

进出口货物在海运中常常会遇到各种风险而导致货物的损失。保险人是按照不同险别所规定的风险、损失和费用来承担赔偿责任的。

1. 风险

保险公司承保的风险分为两大类：

（1）海上风险（perils of the sea）

海上风险又称为海难，是指船舶或货物在海上运输过程中所遇到的自然灾害和意外事故。在现代海上保险业务中，保险人所承担的海上风险是有特定范围的，一方面它并不包括一切在海上发生的风险，另一方面它又不局限于航海中所发生的风险，具体见表 2—8—1。

表 2—8—1　　海上风险种类

海上风险种类	含义	举例说明
自然灾害（natural calamities）	指不以人的意志为转移的自然界的力量所引起的灾害。它是客观存在的，人力不可抗拒的灾害事故，是承保人承保的主要风险。但在海运保险业中并不是泛指一切由于自然力量造成的灾害	恶劣气候、雷电、地震、海啸、火山爆发、洪水等
意外事故（fortuitous accidents）	一般是指人或物体遭受外来的灾害的非意料之中的事故。但意外事故并不是泛指海上所有的意外事故	搁浅、触礁、沉没、碰撞、倾覆、火灾、爆炸等

（2）外来风险（extraneous risks）

外来风险是指由于自然灾害和意外事故以外的其他外来原因造成的风险，但不包括货物的自然损耗和本质缺陷。外来风险可分为一般外来风险和特殊外来风险两种。

表 2—8—2　　外来风险种类

外来风险种类	含义及举例
一般外来风险	海上货运保险业务中承保的一般外来风险主要有偷窃、提货不着；渗漏；短量；碰损破碎；钩损；淡水雨淋；生锈；混杂沾污；受潮受热；串味；包装破裂等
特殊外来风险	指战争、种族冲突或一国的军事、政治、国家政策法律以及行政措施等的变化所造成的全部或部分损失。包括战争；罢工；交货不到；进口关税；拒收等

2. 损失

货物在海上运输过程中，可能面临各种海上风险及外来风险，由于这些风险的客观存在，必然会给运输途中的货物造成各种损失，被保险货物在运输途中因遭遇海上风险所造成的各种损失称为海上损失。按损失的程度不同可分为全部损失与部分损失。

（1）全部损失（total loss）

全部损失简称全损，包括实际全损和推定全损。

1）实际全损（actual total loss），也称为绝对全损，指货物完全灭失或变质而失去原有用途，即货物完全损失已经发生或者不可避免。包括：被保险货物完全灭失，如船只遇海难后沉没，货物同时沉入海底。被保险货物遭受严重损害，已丧失了原有的用途和价值，如水泥遭海水浸泡后变成水泥硬块，无法使用；又如茶叶被海水浸泡后，丧失了茶叶的香味，无法再食用。被保险人对被保险货物的所有权已无可挽回地被完全剥夺，如船、货被海盗劫去或被敌对国扣押，载货船舶失踪达到一定时间仍无音信等。

2）推定全损（constructive total loss），又称商业全损，是指被保险货物在海上运输途中遭遇到承保风险之后，虽未达到完全灭失的状态，但是可以预见到它的全损将不可避免，或者为了避免全损，需要支付的抢救、修理费用加上继续将货物运抵目的地的费用之和将超过货物的保险价值或超过货物到达目的地时的价值，这种情况下，被保险人可以推定货物发生了全部损失。

具备下列条列之一，可认定为推定全损：被保险货物遭受严重损害，完全灭失已不可避免，或者为了避免实际全损需要施救等所花费用，将超过获救后被保险货物的价值；被保险货物受损害后，修理费用估计要超过货物修复后的价值；被保险货物遭受严重损害之后，修理和续运到目的地的运费超过了残存货物到达目的地的价值；被保险货物遭受责任范围内的事故，使被保险人失去被保险货物所有权，而收回这一所有权，其所需费用将超过收回被保险货物的价值。

实际全损和推定全损虽然都为全损，但两者是有区别的：被保险货物遭受实际全损时，被保险货物确定已经或不可避免地完全损失，被保险人自然可以向保险人要求全部赔偿，而不需要办理委付手续；在被保险货物遭受推定全损时，被保险货物并未完全损失，是可以修复或者收回的，只是支出的费用将超过被保险货物的价值或者收回希望很小。因此，被保险人可以向保险人办理委付，要求保险人按全部损失赔偿，也可以不办理委付，由保险人按部分损失进行赔偿。

（2）部分损失（partial loss）

部分损失是指被保险货物没有达到全部损失的程度，包括共同海损与单独海损，具体见表2—8—3。

构成共同海损必须具备的条件，一是船方在采取措施时，必须确有危及船、货共同安全的危险存在而不是臆测的，或者是不可避免地发生的。二是船方所采取的措施，必须是为了解除船、货的共同危险，有意识而且是合理的，其费用支出是额外的。三是必须是属于非常情况下的损失。

根据惯例，共同海损的牺牲和费用，应由受益方，即船方、货方和运费方按最后获救的价值多少，按比例分摊。这种分摊叫做共同海损分摊（general average contribution）。

共同海损与单独海损都属于部分损失，两者的主要区别为：

表 2—8—3　　部分损失

部分损失种类	含义	举例说明
共同海损（general average，GA）	指载货船舶在海运途中遇到危难，船长为了维护船舶和所有货物的共同安全或使航程得以继续完成，而采取的有益并且合理的行为，所产生的某些特殊牺牲或支出的特殊费用	①抛弃：指抛弃船上载运的货物或船舶物料。②救火：为扑救船上的火灾，向货舱内灌浇海水、淡水、化学灭火剂造成舱内货物或船舶的灭失。③自动搁浅：为了共同安全，采取紧急的人为搁浅措施造成舱内货物或船舶的灭失。④起浮脱浅：船舶因海上自然灾害或意外事故而造成舱内货物或船舶的损失。⑤船舶在避难港卸货、重装或倒移货物、燃料或物料，这些操作造成货物或船舶的损失。⑥将船上货物或船舶物料当做燃料以保证船舶继续航行。⑦割断锚链：为避免发生碰撞等紧急事故，停泊的船舶来不及进行正常起锚，有意识地砍断锚链、丢弃锚具，以便船舶启动，由此造成的断链、弃锚损失
单独海损（particular average，PA）	指除共同海损以外的，由海上风险直接导致的船舶或货物的部分损失	例如，在运输过程中，有面粉、机器设备、钢材三种货物，途中遇到暴风雨，部分海水进入船舱，海水浸泡了部分面粉，使其变质。面粉的损失只是使面粉一家货主的利益受到影响，与同船所装的其他货物的货主和船东利益无关，因而属于单独海损

1）损失的构成不同。单独海损一般是指货物本身的损失，不包括费用损失，而共同海损既包括货物损失，又包括因采取共同海损行为而引起的费用损失。

2）造成损失的原因不同。单独海损是海上风险直接导致的货物损失，而共同海损是为了减轻船、货、运输三方共同风险而人为造成的损失。

3）损失的承担者不同。单独海损由受损方自行承担损失，而共同海损则由船、货、运输三方按获救财产价值大小的比例分别承担。

【小思考】

某轮船在航行途中因设备故障起火，该船的第二舱内发生火灾，经灌水灭火后统计损失如下：被火烧毁货物价值 5 000 美元，因灌水救火被水浸坏的货物价值 6 000 美元。船长宣布为共同海损，请分析并回答下列问题：

1）船长宣布为共同海损是否合理，为什么？

2）其中被火烧毁货物价值 5 000 美元，是属于什么性质的损失，谁应负责赔偿？

3）因灌水救火被水浸坏的货物价值 6 000 美元，是属于什么性质的损失，谁应负责赔偿？

3. 费用

保险公司对为减少货物的实际损失而支付的费用也负责赔偿，它分为施救费用和救助费用。

（1）施救费用（sue & labour expenses），是指被保险货物在遭受保险责任范围内的灾害事故时，被保险人或其代理人为防止损失扩大而采取抢救所支出的费用。此项费用由保险人给予补偿。

（2）救助费用（salvage charges），是指被保险货物在遭遇保险责任范围内的灾害事故时，由保险人和被保险人以外的第三者对受损货物采取抢救措施而支付的费用。

二、海洋货物运输保险条款及险别

我国为适应对外经济贸易业务发展的需要，由中国人民保险公司根据我国的实际情况，分别制定了海洋、陆地、航空等多种运输方式的货物保险条款，总称为“中国保险条款”（China Insurance Clause，CIC）。

我国现行的货物保险条款是1981年1月1日的修订本，根据不同的运输方式分别订有适用不同运输方式的保险条款，以“海洋运输货物保险条款”使用最普遍，其主要内容有保险人承保责任范围、除外责任、责任起讫、被保险人的义务和索赔期限。

海运货物保险险别分为基本险别和附加险别两类。基本险又称主险，是可以独立投保的险别，包括平安险、水渍险和一切险；附加险是对基本险的补充和扩展，它不能单独投保，只能在投保了基本险的基础上加保，包括一般附加险和特殊附加险。

1. 基本险

（1）平安险（free from particular average，F. P. A）。平安险是我国保险业的习惯叫法，英文原意是“单独海损不赔”，其责任范围见表2—8—4。

表2—8—4　　平安险的责任范围

责任范围	具体说明
被保险货物在运输途中由于恶劣气候、雷电、海啸、地震等自然灾害造成整批货物的全部损失或推定全赔	保险人承担由列明的海上自然灾害造成的保险货物的全部损失（包括推定全赔），也就是说，如果列明的自然灾害造成的损失是部分损失，保险公司在平安险项下不承担赔偿责任
由于运输工具造成搁浅、触礁、沉没、互撞与流冰或其他物体碰撞以及失火，爆炸意外事故造成货物的全部或部分损失	保险人承担运输工具在海上载货运输过程中发生由列明的海上意外事故造成船上货物的全部损失和部分损失
在运输工具已经发生搁浅、触礁、沉没、焚毁意外事故的情况下，货物在此前后又在海上遭受恶劣气候，雷电、海啸等自然灾害造成的部分损失	保险人在有限制条件的情况下，也承担由列明的海上自然灾害造成货物的部分损失，这个限制条件就是船舶在海上航行途中发生了保单上列明的海上意外事故
在装卸或转运时由于一件或数件整件货物落海造成的全部或部分损失	保险人承担货物在装卸或转运时由于吊索造成的损失即吊索损害
被保险人对遭受承担责任范围内危险的货物采取抢救，防止或减少货物损失而支付的合理费用，但以不超过该批被救货物的保险金额为限	这一项责任是指在平安险项下，承担被保险人或其代理人、受雇用人为减少保险标的的损失而合理支出的施救费用
运输工具遭遇海难后，在避难港由于卸货所引起的损失，以及在中途港、避难港，由于卸货、存仓以及运送货物所产生的特别费用	保险承担货物在避难港卸货引起的直接损失。如由于卸货引起的吊索损害。由于卸货引起的一系列损失及特别费用损失。这一项责任下保险人承担的责任很大，但它的前提是载货船舶遇难了
共同海损的牺牲，分摊和救助费用	保险人不但承担遭受共同海损牺牲的货物损失的赔偿责任，还承担共同海损分摊以及救助费用损失
运输契约订有“船舶互撞”条款，根据该条款规定由货方偿还船方的损失	

（2）水渍险（with particular average，W. P. A）或（with average，W. A），水渍险是我国保险业的习惯叫法，英文原意是“负责单独海损”。水渍险承保的责任范围是：平安保险承担的全部责任；被保险货物由于恶劣气候、雷电、海啸、地震、洪水自然灾害所造成的部分损失。这一项责任是指在水渍险项下，保险人承担单纯由于保单上列明的海上自然灾害所造成的货物部分损失。

（3）一切险（all risks）

一切险的承保范围是：水渍险承保的全部责任一切险均给予承保；一切险负责被保险货物在运输途中，由于一般外来风险所致的全部或部分损失。

一切险的承保责任范围是各种基本险中最广泛的一种，因而，比较适宜价值较高，可能遭受损失因素较多的货物投保。

2. 附加险

（1）一般附加险（general additional risks）

包括偷窃提货不着险，淡水雨淋险，短量险，混杂、沾污险，渗漏险，碰损、破碎险，串味险，受热、受潮险，钩损险，包装破裂险，锈损险。

上述11种附加险，不能独立投保，只能在投平安险或水渍险的基础上加保。但若投保一切险，因上述险别均包括在内，则无须加保。

（2）特别附加险

特别附加险是指承保由于军事、政治、国家政策法令以及行政措施等特殊外来原因所引起的风险与损失的险别。中国人民保险公司承保的特别附加险，除包括战争险（war risk）和罢工险（strikes risk）以外，还有交货不到险、进口关税险、舱面险、拒收险、黄曲霉素险等。

【小案例】

我方向澳大利亚出口胚布100包，按照合同规定我方加一成投保水渍险。货物在海上运输途中因舱内水管漏水，致使该批胚布中的30包遭水渍。请问：对此保险公司是否对这30包胚布进行赔偿？为什么？

分析：水管漏水属于一般附加险中的淡水雨淋险，本题中投保的是水渍险，而水渍险只对海水浸渍负责，而对淡水所造成的损失不负赔偿责任。所以货主不能向保险公司索赔。

3. 责任起讫

保险的责任起讫，是指保险人对被保险货物承担保险责任的有效时间。被保险货物如果在保险有效期内发生保险责任范围内的风险损失，被保险人有权进行索赔，否则就无权进行索赔。

（1）基本险的责任起讫

基本的责任起讫期限通常采用国际保险业惯用的“仓至仓条款”（warehouse to warehouse clause，简称 W/W）。它是指保险人的承保责任从自被保险货物运离保险单所载明的起运地发货人仓库开始，直至该项货物被运抵保险单所载明的收货人仓库或被保险人用做分配、分派或非正常运输的其他储存处所为止。如未抵达上述仓库或储存处所，则以被保险货物在最后卸载港全部卸离海轮后满 60 天为止。如在上述 60 天内被保险货物需转运至非保险单所载明的目的地时，则在该项货物开始转运时终止。

（2）其他险别的责任起讫

战争险的责任起讫与基本险所采用的“仓至仓条款”不同，而是以“水上危险”为限，是指保险人的承保责任自货物装上保险单所载明的启运港的海轮或驳船开始，到卸离保险单所载明的目的港的海轮或驳船为止。如果货物不卸离海轮或驳船，则从海轮到达日的港当日午夜起算满 15 日为止，等再装上续运海轮时，保险责任才继续有效。

【小知识】

保险公司的除外责任

除外责任是指保险人不予赔偿的损失和费用。这是为了维护保险人的权益而对承保责任范围作进一步的明确和划分，这种除外责任，一般来说是非意外的，非偶然的，或比较特殊的风险，其责任范围包括：

1. 基本险的除外责任

（1）被保险人的故意行为或过失所造成的损失。

（2）由于发货人的包装不善等责任所引起的损失。

（3）被保险货物在保险责任开始之前就已存在品质不良或数量短缺所形成的损失。

（4）被保险货物的自然损耗、品质特性以及市价跌落、运输延迟所引起的损失和费用。

（5）战争险等特殊附加险条款所规定的责任范围和除外责任。

2. 其他除外责任

战争险的除外责任指由于敌对行为使用原子弹或热核制造的武器导致被保险货物的损失和费用不负责赔偿。

三、英国伦敦保险协会海运货物保险条款

现行英国伦敦保险协会“协会货物条款”（Institute Cargo Clauses，ICC）是 1982 年 1 月 1 日的修订本，与我国现行保险条款相比，其形式和内容都有所不同。该条款共有六种险别，分别是：

1. 协会货物条款（A）[ICC（A）]

ICC（A）可以独立投保，其责任范围较广，采取“一切风险减除外责任”的方式。相当于我国一切险的范围，但是其“海盗行为”比我国覆盖面大。

除外责任有：一般除外责任，如因包装原因造成损失；由船方原因造成损失；使用原子或热核武器所造成的损失；不适航、不适货除外责任，如被保险人在装船时已知船舶不适航、不适货；战争除外责任；罢工除外责任。

2. 协会货物条款（B）[ICC（B）]

ICC（B）可以独立投保，其责任范围采用“列明风险”的方法，包括火灾、爆炸，船舶或驳船触礁、搁浅、沉没或者倾覆，陆上运输工具倾覆或出轨，船舶、驳船或运输工具同水以外的任何外界物体碰撞，在避难港卸货，地震、火山爆发、雷电，共同海损牺牲，抛货，浪击落海，海水、湖水或河水进入船舶、驳船、运输工具、集装箱、大型海运箱或储存处所，货物在装卸时落海或跌落造成整件的全损。

ICC（B）的除外责任，除对“海盗行为”和恶意损害的责任不负责外，其余均与ICC（A）的除外责任相同。

3. 协会货物条款（C）［ICC（C）］

ICC（C）可以独立投保，其责任范围也采用“列明风险”的方式，包括火灾、爆炸，船舶或驳船触礁、搁浅、沉没或倾覆，陆上运输工具倾覆或出轨，船舶、驳船或运输工具同除水以外的任何外界物体碰撞，在避难港卸货，共同海损牺牲，抛货。

ICC（C）的除外责任与ICC（B）完全相同。

4. 协会货物战争险条款［IWCC］

保险货物由于下列原因所致的损失：（1）敌对行为、类似战争的行动、内战、革命、叛乱、暴乱或民众斗争所引起的后果。（2）水雷、鱼雷、炸弹或其他武器。

5. 协会货物罢工险条款［ISCC］

本保险对被保险财产承保由于以下人员所造成的灭失或损害：（1）罢工者、被迫停工的工人或参加工潮、暴动、民变人员；（2）怀恶意行动的人。

上面五种述险别在需要投保时也可作为独立的险别进行投保。

6. 恶意损害险条款

恶意损害险承保除被保险人以外的其他人（如船长、船员）的故意破坏行为所造成的被保险货物的灭失或损坏，但出于政治动机的人的行为除外。它在ICC（A）中列为承保责任，在ICC（B）和ICC（C）中均列为除外责任。因此，在投保ICC（B）和ICC（C）时，如需取得这种风险的保障，应另行加保恶意损害险。

【小知识】

英国伦敦保险协会（Institute of London Underwriters，ILU）

伦敦保险协会是经营海上保险业务的保险人公会组织。该协会1884年成立于伦敦，由英国各海上保险公司和部分其他国家在伦敦开设的海上保险公司共同组成。原由20家公司发起，现已有100多家公司取得会员资格。

协会的主要宗旨是研究制定通用的海上保险条款，探索海上保险的承保技术，以增进保险人的利益，从而促使海上保险业务朝着健康的方向发展。该协会由会员选出的委员会统一管理，下设技术和条款委员会、船舶共同委员会、货物共同委员会。技术和条款委员会是一个专门研究海上保险条款和承保技术的机构，该机构常与劳动合作社保险人协会及其他有关机构合作，就有关协会提出的建议加以裁决。

目前，伦敦保险协会在国际保险界享有很高的声誉，它所制定颁布的有关船舶保险和货物运输保险条款，通称协会条款或伦敦条款，被认为是最具权威性的条款。目前实行的是其1982年1月起施行的条款。该条款已成为国际海上保险市场通用的条款，有的国家虽然制定了本国的海上保险条款，但大都以伦敦保险协会条款为蓝本。

四、其他运输方式货物保险

在国际贸易中，货物运输除了主要采用海洋运输方式之外，还有陆上运输、航空运输、邮政包裹运输以及由海运、陆运、空运等两种或两种以上运输方式所组成的多式联运方式。随着国际贸易的发展，陆上、航空、邮政运输的保险，在整个保险业务中的重要性也日益显著。

1. 陆上运输货物保险

中国人民保险公司 1981 年 1 月 1 日修订的《陆上运输货物保险条款》规定：陆上货物的运输险分为陆运险和陆运一切险两种基本险。

(1) 陆运基本险

1) 陆运险

陆运险（overland transportation risks）的承保责任范围是指保险公司负责赔偿被保险货物在运输途中遭受暴风、雷电、洪水、地震等自然灾害或由于运输工具遭受碰撞、倾覆、出轨或在驳运过程中，因驳运工具遭受搁浅、触礁、沉没、碰撞或由于遭受隧道坍塌、崖崩或失火、爆炸等意外事故所造成的全部或部分损失。由此可见，陆运的保险责任范围与海洋运输保险条款中的“水渍险”相似。

2) 陆运一切险

陆运一切险（overland transportation all risks）的承保责任范围除上述陆运险的责任外，还包括运输途中，由于外来原因造成的短量、偷窃、渗漏、碰损、破碎、钩损、雨淋、生锈、受潮、受热、发霉、串味、沾污等全部或部分损失，这与海洋运输货物保险条款中的“一切险”相似。

以上陆运险和陆运一切险的责任范围均适用于火车和汽车运输。

3) 陆上货物运输保险的除外责任

陆运险、陆运一切险的除外责任与海洋运输货物险的除外责任相同。

4) 陆上货物运输保险责任起讫

陆上货物运输保险也采用“仓至仓”条款原则，即保险责任从被保险货物远离保险单所载明的起运地发货人的仓库或储存处所开始，包括正常陆运和有关水上驳运在内，直到该货物送至保险单所载明的目的地收货人仓库或储存处所，或者被保险人用做分配、分派或非正常运输的其他储存处所为止。如果没有送抵保险单所载明的目的地收货人仓库或储存处所，则以到达最后卸载车站之后 60 天为限。如在中途转车，不论货物在当地卸车与否，保险责任从火车到达中途站的当日午夜起满 10 天为止。如果被保险货物在 10 天内继续装车续运，则保险责任继续生效。

(2) 陆上运输冷藏货物险

陆上运输冷藏货物险是陆上货物险中的一种专门险。其主要责任范围是：保险公司除负责陆运险所列举的各项损失外，还负责被保险货物在运输途中由于冷藏机器或隔温设备的损坏或者车厢内储存冰块的溶化所造成的解冻溶化以致腐败的损失。但对由于战争、罢工或运输延迟而造成的被保险冷藏货物的腐败或损失，以及被保险货物因开始时未保持良好状态，包括整理加工和包扎不妥、冷冻上的不合规定及骨头变质所引起的货物腐败和损失则不负责任，至于一般的除外责任条款，也适用本险别。

陆上运输冷藏货物的责任自被保险货物远离保险单所载明起送地点的冷藏仓库装入运送工具开始运输时生效。包括正常陆运和与其有关的水上驳运在内，直至该项货物到达保险单所载明的目的地收货人仓库为止。最长保险责任以被保险货物到达目的地车站后 10 天为限。中国人民保险公司的该项条款还规定：装货的任何运输工具，都必须有相应的冷藏设备或隔离温度的设备；或供应和储存足够的冰块使车厢内始终保持适当的温度，保证被保险冷藏货物不致因溶化而腐败，直至目的地收货人仓库为止。

(3) 陆上运输附加险

陆上运输货物战争险（overland transportation cargo war risks-by train）是陆上运输货物险的特殊附加险，在投保陆运险和陆运一切险的基础上可加保。陆上运输货物战争险承保直接由于战争、类似战争行为以及武装冲突所造成的损失。保险人的具体责任同海运战争险基本类似，陆上运输货物战争险（火车）保险责任自被保险货物装上保险单所载明的起运地发货人的火车时开始，到卸离保险单所载目的地的火车为止。如果被保险货物不卸离火车，本保险责任最长期限以火车到达目的地的当日午夜起 48 小时为止。如在中途转车，不论货物在当地卸车与否，保险责任从火车到达中途站的当日午夜起满 10 天为止。如果被保险货物在 10 天内重新装车续运，本保险责任恢复生效。但如运输契约在保险单所载明目的地以外的地点终止，该地即视为本保险单所载目的地，仍照前述规定终止责任。

此外，陆运货物运输罢工险，也是一种陆运附加险，其保险手续的办理也与海运货物罢工险相同，即在加保战争险的同时加保罢工险，不另收费。若仅要求加保罢工险，则按战争险费率收费。

2. 航空货物运输保险

中国人民保险公司 1981 年 1 月 1 日修订的《航空运输保险条款》规定：航空运输货物保险分为航空运输险和航空运输一切险两种基本险别。

(1) 航空运输货物基本险

1) 航空运输险

航空运输险（air transportation risks）的承保责任范围与海洋运输保险条款中的“水渍险”相似。包括被保险货物在运输途中遭受雷电、火灾、爆炸或由于飞机遭受恶劣气候或其他危难事故而被抛弃，或由于飞机遭遇碰撞、倾覆、坠落或失踪等自然灾害和意外事故所造成的全部或部分损失。

2) 航空运输一切险

航空运输一切险（air transportation all risks）的承保责任范围与海洋运输货物保险条款中的“一切险”相似，除上述航空运输险的各项责任外，还包括被保险货物由于一般外来原因所造成的全部或部分损失。

航空运输险、航空运输一切险的除外责任与海洋运输货物保险条款基本险的除外责任基本相同。

航空货物运输保险责任起讫期限也采用“仓至仓”条款原则，所不同的是，如果货物运达保险单所载明的目的地而未送抵保险单所载明的目的地收货人仓库或储存处所，则以到达最后卸载地卸离飞机之后 30 天保险责任即告终止。如在上述 30 天内，被保险货物需转送非保险单所载明的目的地时，保险责任以该项货物开始转送时终止。

(2) 航空运输货物附加险

在投保航空运输险时可加保战争险等附加险别。航空运输货物战争险（air transportation cargo war risks）与海洋货物运输战争险的有关规定基本相同。值得注意的是，如果被保险货物不卸离飞机，本保险责任起讫期限则以载货飞机到达目的地的当日午夜起算满 15 天为止。

此外，航空货物运输险还可以加保罢工险，其保险手续的办理也与海运货物罢工险相同，即在加保战争险的同时，加保罢工险，不另收费。若仅要求加保罢工险，则按战争险费率收费。其责任范围与海洋运输罢工险相同。

3. 邮政包裹运输保险条款

邮包保险（parcel post risks）的承保责任范围是被保险货物在运输途中遭到自然灾害、意外事故或外来原因造成的损失。按照中国人民保险公司 1981 年 1 月 1 日修订的《邮包险条款》规定：邮包保险分为邮包险（parcel post risks）和邮包一切险（parcel post all risks）两种基本险。

邮包保险的责任起讫期限是自被保险邮包离开保险单所载明的起运地点寄件人的处所运往邮局时开始生效，直至被保险邮包运达保险单所载明的目的地邮局，自邮局签发到货通知书当日午夜起算，满 15 天终止，但在此期限内，邮包一经递交至收件人的处所时，保险责任即行终止。

五、买卖合同中的保险条款

在国际货物买卖合同中，为了明确交易双方在货运保险方面的责任，通常都订有保险条款，其主要内容有：保险金额、投保险别以及确定适用的保险条款等。

以 FOB、CFR 或 FCA、CPT 条件成交的合同，保险一般由买方办理，其保险条款可以简化。比如：

Insurance：To be covered by the buyer.（保险由买方负责）

Insurance：To be covered by the seller for... % of total invoice value against... as per and subject to the relevant ocean marine cargo clauses of the People's Insurance Company of China，dated Jan. 1，1981.

以 CIF 或 CIP 成交的出口合同由卖方办理保险手续，而实际风险的承担者为国外进口方，所以应在合同中明确规定保险金额、投保险别，适用的保险条款等。比如：保险由卖方按发票金额的××%投保××险、××险，以中国人民保险公司 1981 年 1 月 1 日的有关海洋运输货物保险条款为准。

Insurance：To be covered by the sellers for 110% of invoice value against Marine as per Institute Cargo Clauses（A）dated 1/1/1982.

由卖方按照发票金额 110%投保海运险，按照 1982 年 1 月 1 日伦敦保险业的协会货物（A）险条款负责。

任务实施

一、保险险别的选择

按照买卖双方所约定的 CIF 贸易术语的规定，由卖方（弗瑞德公司）负责投保，但是卖方是为了买方（兄弟公司）的利益办理保险，属于代办性质。所以买卖双方在签订 CIF 合同时，对保险险别以及保险加成比例的确定都需要在合同中明确。

双方所交易的商品是服装，这类商品常见的危险是遇到水湿导致商品变色、霉烂。所以通常在选择险别时会考虑到投保一切险或是水渍险与混杂和沾污险。经双方磋商后决定投保一切险，即除平安险和水渍险的各项保险责任外，还包括被保险货物在运输途中由于外来原因所造成的被保险货物的全部或部分损失。同时弗瑞德公司在合同中加列如下条款："如果买方要求加投上述保险或保险金额超出上述金额，必须提前征得卖方的同意；超出保险费由买方承担。"

二、保险金额

根据《UCP600》和《2000 年通则》的规定："除非信用证另有规定，保险单据必须标明最低投保金额应为货物的 CIF 或 CIP 价格的总值加成 10%"。按此规定，弗瑞德公司确定了保险加成比例为 10%。所以保险金额＝CIF 价×(1＋10%)。

三、保险条款的签订

通过双方磋商，最终达成一致：由卖方按发票金额加成 10%投保一切险。以中国人民保险公司 1981 年 1 月 1 日海洋货物运输保险条款为准。如果买方要求加投上述保险或保险金额超出上述金额，必须提前征得卖方的同意；超出保险费由买方承担。

Insurance: To be covered by the Sellers for the full invoice valve plus 10% against all risks and war risks. Subject to the relevant ocean marine cargo clause of the People's Insurance Company of China, dated January 1st, 1981. If the Buyers desire to cover for any other extra risks besides aforementioned of amount exceeding the aforementioned limited, the Sellers' approval must be obtained beforehand and all the additional premiums thus incurred shall be for the Buyers' account.

知识链接

办理国际货物运输保险应注意的问题

办理国际货物运输保险，需要综合考虑各方面的因素，投保时才能做到合理、有利、防风险于未然。办理国际货物运输保险，是每一单出口业务都要做的事，但要办得既稳妥又经济却不简单。由于实际操作中情况千差万别，因此，如何灵活运用保险，回避出口货物运输中的风险，是技巧性很强的专业工作。

1. 险别选择五要素

在投保时，投保人总是希望在保险范围和保险费之间寻找平衡点。要做到这一点，首先要对自己所面临的风险做出评估，甄别哪种风险最大、最可能发生，并结合不同险种的保险费率来加以权衡。

多投险种当然安全感会强很多，但保费的支出肯定也要增加。出口方投保时，通常要对以下几个因素进行综合考虑：

（1）货物的种类、性质和特点

表 2—8—5　　货物的种类及险别选择

货物种类	常见危险	险别选择
粮谷类	短量、霉烂、受热受潮	一切险 水渍险＋短量险＋受潮受热险
食品类	包装破碎、包装生锈、被盗	一切险 平安险＋偷窃、提货不着险＋包装破裂险
酒、饮料	破碎、被盗	一切险 平安险＋偷窃、提货不着险＋破损破碎险
毛绒类、纺织类	水湿、被盗、沾污	一切险 水渍险＋混杂和沾污险
木材、舱面货物	浪击落海或被抛	平安险＋舱面险
活牲畜、家禽	死亡	活牲畜、家禽海陆空运输险

（2）货物的运输情况（包括运输方式、运输工具、运输路线）

运输方式不同，投保险别也不同。海运货物投保海运险别；陆运货物、空运货物则分别投保路运或空运险。货物的运输路线也会对货物的情况有不同程度的影响。例如，货物途经赤道地区就容易受潮、受热等，在投保时就应该加保受热受潮险。

（3）目的地的政治局势

国际形势的变化可能会影响到运输货物的安全，尤其是在局部地区发生战争或形势紧张的情况下，运往该地区的货物应考虑加保战争险。

（4）其他因素

除了上述情况以外，货物的包装情况、发生在港口和装卸过程中的安全等也是在进行投保时应该考虑到的因素。

2. 合理选择出口保险种类

综合考虑所出货物的各种情况非常重要，这样既可节省保费，又能较全面地提高风险保障程度。在办理投保业务时考虑得比较多而且全面。现在出口业务普遍利润微薄，而风险发生的可能性却有增加的趋势，因此在投保时更应仔细权衡。

（1）何时选用一切险

“一切险”是最常用的一个险种。买家开立的信用证也多要求出口方投保一切险。投保一切险最方便，因为它的责任范围包括了平安险、水渍险和 11 种一般附加险，投保人不用费心思去考虑选择什么附加险。但是，往往最方便的服务需要付出的代价也最大。就保险费率而言，水渍险的费率约相当于一切险的 1/2，平安险约相当于一切险的 1/3。

（2）是否选择一切险作为主险要视实际情况而定。例如，毛、棉、麻、丝、绸、服装类和化学纤维类商品，遭受损失的可能性较大，如沾污、钩损、偷窃、短量、雨淋等，有必要投保一切险。有的货品则没有必要投保一切险，像低值、裸装的大宗货物如矿砂、钢材、铸铁制品，主险投保平安险就可以了，或根据实际情况再投保舱面险作为附加险。对于不大可能发生碰损、破碎或容易生锈但不影响使用的货物，如铁钉、铁丝、螺丝等小五金类商品，以及旧汽车、旧机床等二手货，可以投保水渍险作为主险。

技能训练

请根据下列资料拟定保险条款：

（1）由卖方按照发票金额120%投保ICC（A）险和恶意损害险。

（2）保险由买方委托卖方按照发票金额的110%代为投保水渍险和串味险，保险费由买方负担，以中国人民保险公司1981年1月1日的有关海洋运输货物保险条款为准。

思考与练习

1. 海上货物运输保险承保的范围是什么？
2. 什么是实际全损和推定全损？
3. 什么是共同海损，构成共同海损的条件是什么？
4. 中国人民保险公司有关货物保险包括哪些险别？
5. 伦敦保险协会保险条款主要包括什么？
6. 案例分析

（1）我方按CIF条件出口某餐具100箱，投保平安险。在装船时有10箱因吊钩脱落掉落海里。保险公司是否负责赔偿，为什么？

（2）我公司出口一批花生糖，投保一切险，但是由于货轮陈旧、速度慢，加上途中揽载，结果航行了3个月才到达目的港。卸货后，发现花生糖因受热时间过长全部潮解，无法销售。保险公司是否负责赔偿，为什么？

（3）我方以CIF条件出口一批茶叶，投保一切险，但是由于承运人的疏忽，将茶叶与鱼配载于相邻货位上。到目的港买方提货后，发现茶叶严重串味，于是要求退货并要求赔偿。此案例该如何处理？

任务9 选择支付方式

教学目标

1. 汇票、本票和支票的内容。
2. 汇付、托收的种类、流程。
3. 信用证的特点及流程。
4. 正确选择各种支付方式及支付工具。
5. 能够订立出合同中的支付条款。

任务引入

由于弗瑞德公司和兄弟公司是第一次合作，彼此对对方的资信情况都不了解，所以双方在支付方式上进行了反复磋商，并最终确定了合同中货款的结算方式。

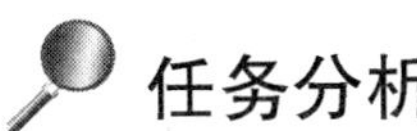

任务分析

在进出口贸易实务中，货款的顺利回收是一笔交易圆满结束的重要标志。国际贸易不同于国内贸易，买卖双方通常分处两国或两地，不能实现一手交钱，一手交货。特别是有关国家的货币制度、外汇管理、货款支付的法规和惯例不一，加之银行等金融机构的介入，使国际贸易货款支付显得更为复杂。因此国际货款的收付问题往往成为交易双方在磋商时斗争的焦点，买卖双方极力争取有利于自身的结算方式，以便买方顺利收货、卖方安全收汇，并在合同中加以明确规定。

目前国际贸易货款的收付，一般都是通过银行，利用汇票等外汇凭证进行非现金结算的。现在国际上惯用的支付工具主要有汇票、本票和支票，支付方式主要是汇付、托收和信用证等。买卖双方在选择时可以根据企业的实际情况及各种结算方式的利弊综合考虑，同时在合同的支付条款中还要具体明确支付的时间、支付票据和支付地点等问题。

相关知识

一、结算工具

随着国际贸易和国际信用制度的发展，逐渐产生了多种多样的支付方式和计价、结算、支付的货币、支付凭证以及各种货币间兑换的汇率和外汇业务，方便了贸易，促进了成交。

1. 汇票

(1) 汇票的含义、基本内容

汇票（bill of exchange，draft）是由出票人签发并委托付款人在见票时或者在指定时期无条件支付确定金额给收款人或持票人的一种票据。汇票式样如图 2—9—1 所示。

各国票据法对汇票内容的规定不同，一般认为应包括下列基本内容：

1）必须写明“汇票”字样；2）无条件支付命令；3）一定金额；4）出票日期和出票地点；5）出票人签名；6）付款时间和地点；7）付款人姓名；8）受款人。

上述基本内容，一般为汇票的要项，但并不是汇票的全部内容。按照各国票据法的规定，汇票的要项必须齐全，否则受票人有权拒付。

(2) 汇票的主要当事人

1）出票人（drawer），即开汇票人，一般是出口人。

2）受票人（drawee），汇票付款人。

3）受款人（payee），受领汇票人。

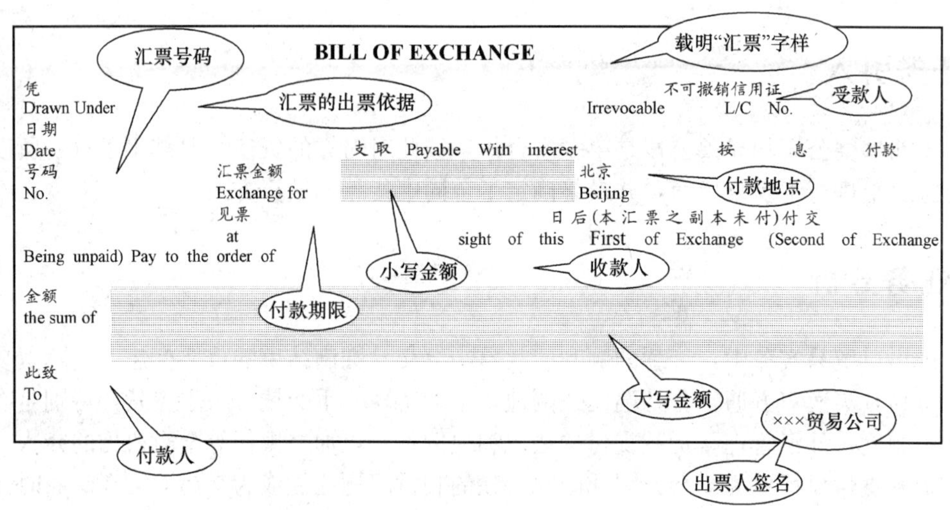

图 2—9—1　汇票式样

另外，汇票关系人有的还涉及背书人（endorser）、被背书人（endorsee）、正当持票人（bearer）等。

（3）汇票的种类（见表 2—9—1）

表 2—9—1　　汇票的种类

分类依据	票据名称	具体说明
按是否附带单据	跟单汇票（documentary bill）	付款以附交货运单据为条件。国际贸易中的货款结算，绝大多数都属于此类
	光票（clean bill）	又称白票、净票，不附带货运单据的汇票。一般用于贸易从属费用、货款尾数
按出票人不同	银行汇票（banker's bill）	由银行开立的汇票（应汇款人的请求）
	商业汇票（commercial draft）	是出口商签发的，向进口商或其银行收取货款的汇票
按对远期汇票的承兑人不同	商业承兑汇票（commercial acceptance bill）	凡商业企业开立的，以另一商人为付款人的远期汇票，经付款人承兑后即为商业承兑汇票
	银行承兑汇票（banker's acceptance bill）	商业汇票并且付款人为银行的远期汇票，经付款行承兑，即为银行承兑汇票
按付款期限不同	即期汇票（sight bill）	付款人见票后即需付款的汇票
	远期汇票（time bill）	付款人见票后于将来的一定时间付款的汇票 对一定时间的规定办法一般有如下 4 种： ①付款人见票后若干天付款（payment at××× days after sight）（业务中较常见） ②付款人于出票后若干天付款（payment at××× days after date of draft） ③提单签发后若干天付款（payment at××× days after date of B/L） ④指定日期付款（payment before the end of May，2009）

(4) 汇票的使用

使用汇票支付货款一般需经过出票、提示、承兑、付款，如需转让还要背书，如汇票遭到拒付，还要进行追索等。

1) 出票

出票（to draw or issue）是指出票人在汇票上填写受票人（付款人）、付款金额、付款日期和地点及受款人等项目，经签字交给付款人的行为。在出票时，对受款人的填写，常见的有三种写法（见表 2—9—2）。

表 2—9—2　　汇票的抬头

常见抬头	汇票的条款表现	说明
限制性抬头	Pay A Co. only（仅付 A 公司）或 Pay A Co. not negotiable（付 A 公司，不准流通）	这种抬头的汇票不能流通转让，只限于××公司收取货款
指示性抬头	Pay A Co. or order（付 A 公司或其指定人）	这种抬头的汇票，除××公司收取票款外，也可以经过背书转让给第三者
持票人或来人抬头	Pay Bearer（付给来人或持票人）	这种汇票无须由持票人背书，仅凭交付汇票即可流通转让

2) 提示

提示（presentation）是持票人将汇票交付款人，要求承兑或付款的行为，可分为付款提示和承兑提示。承兑提示是远期汇票要求付款人承诺到期付款的提示；付款提示是持即期汇票或到期的远期汇票要求付款人付款的提示。

3) 承兑

承兑（acceptance）是付款人对远期汇票表示承担到期付款责任的行为。要在汇票上写明“承兑”（accepted）字样，并注上日期和签名。付款人对汇票作出承兑即成为承兑人，要承担到期付款的绝对责任。一般来说，付款人收到提示承兑的汇票之日起 3 日内承兑或拒绝承兑。如未注承兑日期，则以付款人收到汇票之日起的第三天为承兑日期。

4) 付款

付款（payment）是汇票付款人或承兑人向执票人清偿一部分或全部汇票金额的行为。付款后执票人在汇票上记载收讫（receipt）字样并签名交出汇票，汇票收款权利即归终止。

5) 背书

背书（endorsement）是转让票据权利的一种法定手续，是指汇票转让时，由汇票抬头人（持票人）在汇票背面签上自己的名字和背书日期或再加上受让人（被背书人）的名字，并把汇票交给受让人的行为。背书后，原持票人成为背书人，担保受让人所持汇票得到承兑和付款，否则，受让人有权向背书人追索清偿债务。与此同时，受让人成为被背书人，取得了汇票的所有权，可以再背书转让，直到付款人付款收回汇票为止。背书的方式主要有三种：限制性背书，即不可转让背书；空白背书，也称不记名背书，票据背面只有背书人名称而无受让人签名，此类背书只凭交付即可转让；记名背书，指汇票背面既有背书人签名，又有被背书人签名，这种背书受让人可继续背书将汇票转让。

6）拒付与追索

汇票提示时，遭到付款人拒绝付款或拒绝承兑，统称为拒付（dishonour），也称退票。此外，付款人拒不见票、死亡或宣告破产，以致付款事实上已成为不可能也称拒付。如遭拒付时，持票人有追索权（right of recourse）。追索权是汇票遭到拒付时，持票人对背书人、出票人及其他票据债务人行使请求偿还汇票金额、利息及费用的权利。

7）贴现

远期汇票承兑后，持票人如想在汇票到期前取得票款，可以将汇票背书转让给银行，银行从汇票面额中扣除按照一定贴现率计算的贴现利息后，将余款付给持票人，这就是通常所说的贴现（discount）。

贴现计算如下：

面额 100 000 美元、见票 60 天付款的汇票，5 月 10 日得到付款人的承兑，该汇票到期日为 7 月 9 日，持票人于 5 月 30 日去银行要求贴现，如果贴现年利率为 5%，一年按 360 天计算，则：

贴现利息＝汇票金额×贴现利息×贴现天数÷360
＝100 000×5%×40÷360＝555.55(美元)

银行向持票人净付款＝汇票金额－贴现利息
＝100 000－555.55＝99 444.45(美元)

银行于 7 月 9 日向付款人提示，收取票款 100 000 美元。

2. 本票

本票（promissory note）是一个人向另一个人签发的，保证见票时或定期或在可以确定的将来时间，对某人或其指定人或持票人支付一定金额的无条件的书面承诺。本票式样如图 2—9—2 所示。

本票可分为商业本票和银行本票。由工商企业或个人签发的称为商业本票或一般本票。由银行签发的称为银行本票。商业本票也分即期和远期，银行本票均为即期，在国际贸易中使用的本票大都是银行本票。在业务中，应将客户寄来的本票送银行核对，看其是否是假票或有透支现象。

本票与汇票的主要区别是：

（1）当事人

汇票有 3 个当事人，即出票人、付款人与受款人；而本票只有两个当事人：出票人和受款人，出票人本身就是付款人。

（2）承兑与付款责任

汇票（远期）必须经过承兑之后，才能确定付款人对汇票的责任，使承兑人处于主债务人的地位，出票人则居于从债务人的地位。本票则不同，本票的出票人始终处于主债务人的地位，因此，在远期本票的使用过程中无须承兑。由于本票的出票人是绝对的主债务人，一旦拒付，持票人就可立即要求法院裁定，命令出票人付款。

3. 支票

支票（cheque or check）是由出票人签发一定金额，委托银行见票时，无条件地支付给收款人或持票人的付款命令。支票式样如图 2—9—3 和图 2—9—4 所示。

中国工商银行上海市分行

付款期
壹个月

本　　票　　1

本票号码　XI
第　　号

签发日期
（大写）　　年　　月　　日

此联签发行结算本票时付出传票

收款人		
凭票即付　人民币（大写）		
转账　现金		科目（付）______ 对方科目（付）______ 兑付日期　年　月　日 出纳　复核　经办

图 2—9—2　本票式样

招商银行　转账支票（粤）　XⅦ02218XXX

本支票付款期限十天

出票日期（大写）贰零零伍　年　零壹　月　零壹　月　　付款行名称：847 天河支行

收款人：广州XXXX科技有限公司　　出票人账号：3602041XXXXXXXXXXXX

人民币（大写）	叁仟捌佰捌拾捌元叁	亿	千	百	十	万	千	百	十	元	角	分
						¥	3	8	8	8	0	0

用途　支付中国XX网会费　　　　科目（借）……………

上列款项请从　　　　　　　　对方科目（贷）……………　变码

我账户内支付　公司财务章　人名章　　转账日期　年　月　日

出票人签章　　　　　　　　　复核　　记账

⑈218504⑈⑆0108084XXXXXXXX

图 2—9—3　支票式样 1

中國銀行(香港)有限公司
BANK OF CHINA (HONG KONG) LIMITED
灣仔胡忠大廈分行 香港灣仔皇后大道東213號
Wan Chai (Wu Chung House) Branch
213 Queen's Road East, Wan Chai, Hong Kong

16　　4　　2007
日 DAY　月 MONTH　年 YEAR

祈付
PAY　XX.COM INTERNATIONAL LIMITED　　或持票人 OR BEARER

港幣
H.K. DOLLARS　捌佰叁拾壹元正　　HK $　831.00

代理费

Signature

⑈903311⑈

图 2—9—4　支票式样 2

支票的出票人必须在付款银行设有存款的账户，出票人在签发支票时，应在付款银行存有不低于票面金额的存款，否则就是透支（又叫空头支票）。开出空头支票要负法律上的责任。在进出口贸易业务中，支票使用较少。

支票的基本内容包括：确定的金额、付款人的名称、出票日期和出票人签章。

与汇票相比，支票有两个不同之处：

（1）必须是即期付款，支票上不须作付款期限说明。

（2）受票人应该是出票人开立支票账户的银行。

由于支票遗失后很容易被冒领，而且难以追回，为了防止冒领，出票人或持票人可以在支票上画两条横向条线，这样的划线支票（crossed cheque），又称平行线支票，只能通过银行收款，不能由持票人直接提取现款。

二、结算方式

目前，进出口业务中所使用的结算方式，主要有汇付、托收和信用证。它们都是商业信用，汇付为顺汇方式（结算工具与资金的流动方向相同），托收为逆汇方式（结算工具与资金的流动方向相反）。

1. 汇付

（1）汇付的定义

汇付（remittance）即汇款，是由付款人将货款通过银行付给收款人的结算方式。这和国内汇款差不多。

（2）汇付的当事人

汇付方式的当事人主要有：

1）汇款人（remitter），即付款人，通常是买卖合同中的买方或是商务往来中的债务人。

2）收款人（payee，beneficiary），即收款方，也称受益人。通常是买卖合同中的卖方或是商务往来中的债权人。

3）汇出行（remitting bank），汇出款项的银行，通常是进口地的银行。

4）汇入行（paying bank），即受汇出行委托解付汇款的银行。因此，又称解付行，通常是出口地的银行。

（3）汇付的种类（见表 2—9—3）

表 2—9—3　汇付的种类

汇付种类	说明	优缺点
信汇（mail transfer，M/T）	是由进口人将货款交给进口地银行，该汇出行利用信件委托出口人所在地银行把足额货款付给出口人	优点是费用较低，但收款时间长。目前信汇方式已很少使用
电汇（telegraphic transfer，T/T）	电汇是汇出行应汇款人的申请，拍发加押电报或电传给另一国家的分行或代理行（即汇入行）指示解付一定金额给收款人的一种汇款方式	速度快，但费用较高，电汇是目前使用较多的一种汇款方式
票汇（remittance by banker's demand draft，D/D）	汇出行应汇款人的申请，代汇款人开立以其分行或代理行为解付款的银行即期汇票，支付一定金额给收款人的一种汇款方式	票汇汇款时间比电汇长，但汇费比电汇、信汇都低

票汇与信汇、电汇的不同在于：

1）票汇的汇入行无须通知收款人取款，而由收款人持票登门取款。

2）这种汇票除有限制转让和流通的规定外，经收款人背书，可以转让流通，而电汇、信汇的收款人则不能将收款权转让。

3）票汇汇款时间比电汇长，但汇费比电汇、信汇都低。

使用汇票时，汇款人填写申请书，并交款付费给汇出行。汇出行开立银行汇票交给汇款人，由汇款人自行交给收款人。同时汇出行将汇票通知书或称票根（advice or drawing）交给汇入行。收款人持汇票向汇入行取款时，汇入行验对汇票与票根无误后，解付票款给收款人，并把付讫借记通知书交给汇出行，以结清双方的债权债务关系。

（4）合同中的汇付条款

1）The buyers shall pay total value of the contracted goods by T/T to the sellers not later than June 10.（买方应当在 6 月 10 日前将全部货款用电汇方式汇至卖方）

2）The buyers shall pay half the sales proceeds by D/D not later than March 20, and the remaining part will be paid to the sellers within 10 days after receipt of the fax concerning original B/L.（买方应于 3 月 20 日前将一半货款票汇至卖方，其余货款收到正本提单后 10 日内付清）

2. 托收

（1）基本含义

托收（collection）是债权人（出口方）委托银行向债务人（进口方）收取货款的一种结算方式。

其基本做法是出口方先行发货，然后备妥包括运输单据（通常是海运提单）在内的货运单据并开出汇票，把全套跟单汇票交出口地银行（托收行），委托其通过进口地的分行或代理行（代收行）向进口方收取货款。

（2）托收的种类

托收根据是否随附货运单据，分为跟单托收和光票托收。国际贸易中使用的多为跟单托收。跟单托收有付款交单和承兑交单两种交单方式。

1）付款交单（D/P）。出口方在委托银行收款时，指示银行只有在付款人（进口方）付清货款时，才能向其交出货运单据，即交单以付款为条件，称为付款交单。付款交单种类见表 2—9—4。

表 2—9—4　　付款交单种类

按照付款时间划分	具体说明
即期付款交单（D/P sight）	出口方按合同规定日期发货后，开具即期汇票（或不开汇票）连同全套货运单据，委托银行向进口方提示，进口方见票（和单据）后立即付款。银行在其付清货款后交出货运单据
远期付款交单（D/P after sight）	出口方按合同规定日期发货后，开具远期汇票连同全套货运单据，委托银行向进口人提示，进口方审单无误后在汇票上承兑，于汇票到期日付清货款，然后从银行处取得货运单据

远期付款交单和即期付款交单的交单条件是相同的：买方不付款就不能取得代表货物所有权的单据，所以卖方承担的风险责任基本上没有变化。远期付款交单是卖方给予买方的资金融通，融通时间的长短取决于汇票的付款期限，通常有两种规定期限的方式：一种是付款日期和到货日期基本一致。买方在付款后，即可提货。另一种是付款日期比到货日期要推迟许多。买方必须请求代收行同意其凭信托收据（T/R）借取货运单据，以便先行提货。

【小知识】

信托收据（trust receipt T/R）

所谓信托收据，是进口方借单时提供的一种担保文件，表示愿意以银行受托人身份代为提货、报关、存仓、保险、出售，并承认货物所有权仍归银行。货物售出后所得货款应于汇票到期时交银行。代收行若同意进口方借单，万一汇票到期不能收回货款，则代收行应承担偿还货款的责任。但有时出口方主动授权代收行凭信托收据将单据借给进口方。这种做法将由出口方自行承担汇票到期拒付的风险，与代收行无关，称为“付款交单，凭信托收据借单（D/P，T/R）”。从本质上看，这已不是“付款交单”的做法了。

2）承兑交单（D/A）。承兑交单指出口方发运货物后开具远期汇票，连同货运单据委托银行办理托收，并明确指示银行，进口人在汇票上承兑后即可领取全套货运单据待汇票到期日再付清货款。

承兑交单和上面提及的“付款交单，凭信托收据借单”一样，都是在买方未付款之前，即可取得货运单据，凭单据提取货物。一旦买方到期不付款，出口方便可能银货两空。因而，出口商对采用此种方式持严格控制的态度。

（3）托收的使用

托收方式对买方比较有利，费用低，风险小，资金负担小，甚至可以获得卖方的资金融通。对卖方来说，即使是付款交单方式，因为货已发运，万一对方因市价低落或财务状况不佳等原因拒付，卖方将遭受来回运输费用的损失和货物转售的损失。远期付款交单和承兑交单，卖方承受的资金负担很重，而承兑交单风险更大。

托收是卖方给予买方一定优惠的一种付款方式。对卖方来说，是一种促进销售的手段，但必须对其中存在的风险持慎重态度。

【小知识】

我国外贸企业以托收方式出口，主要采用付款交单方式，并应着重考虑三个因素：商品市场行情，进口方的资信情况即经营作风和财务状况，以及相适应的成交金额。其中特别重要的是商品的市场行情。因为市价低落往往是造成经营作风不好的商人拒付的主要动因。市价坚挺的情况下，较少发生拒付，且即使拒付，我方处置货物也比较方便。

我国外贸企业一般不采用承兑交单方式出口。在进口业务中，尤其是对外加工装配和进料加工业务中，往往对进口料件采用承兑交单方式付款。

3. 信用证

（1）信用证的定义

信用证（letter of credit）是银行出具的一种有条件的付款保证。具体来说是开证行应进口方的请求向出口方开立的在一定条件下保证付款的凭证。

付款的条件是出口方（受益人）向银行提交符合信用证要求的单据。

在满足付款条件的情况下，由银行向出口方付款，或对出口方出具的汇票承兑并付款；付款人可以是开证行，也可以是开证行指定的银行。收款人可以是受益人，或者是其指定的银行。

【小知识】

对于信用证定义中表达的“约定”应特别注意以下两点：

其一，由银行承诺付款。而在汇付和托收方式中，银行均未作出此种承诺。

其二，条件是由受益人提交符合信用证要求的单据。

在国际贸易中单据是第三者或当事人出具的履约证书，所以信用证的约定是要求受益人以单据的形式向银行证明自己已履行了合同义务，银行即向其支付货款。对一个实际上已履行了合同义务的出口商来说，要提交这样的单据是能够做到的。因而信用证所提出的条件，并未对卖方构成合同义务的实质性的变更或添加。

（2）信用证的特点

信用证的特点是“一个原则，两个凭证”。“一个原则”就是严格相符的原则，“两个凭证”就是指银行只凭信用证，不管合同，只凭单据，不管货物。

1）开证行负第一性的付款责任。开证行支付方式是由银行自己的信用作保证，所以作为一种银行保证文件的信用证，开证行对之负第一性的付款责任。只要出口方提交了符合信用证条款规定的单据，无论进口方是否履行其付款责任，开证行都必须对受益人或其指定银行付款。

2）信用证是一项自足的文件。开证申请书是依据买卖合同的内容提出的，因此，信用证与合同有一定的逻辑关系。但信用证一经开出，就成为独立于买卖合同以外的另一种契约，开证银行和参与信用证业务的其他银行只按信用证的规定办事，不受买卖合同的约束。

3）信用证是一项纯单据文件。在信用证业务中，银行只审查受益人所提交的单据是否与信用证条款相符，以决定其是否履行付款责任。只要受益人提交符合信用证条款规定的单据，开证行就应承担付款责任。进口方也应接受单据并向开证行付款赎单，而具体货物的完好与否，则与银行无关。进口方可凭有关的单据和合同向责任方提出损害赔偿的要求。

【小案例】

我公司进口一批货物，合同规定按照信用证进行结算，受益人在信用证有效期内交单议付，议付行审核单据合格后向受益人议付货款。但是我方收到货物后，经检验发现货物品质与合同不符。请问我方是否可以要求开证行拒绝向议付行付款，为什么？

分析：不可以，因为信用证业务处理的是单据而不是单据项下的货物，所以开证行只负责审核单据，只要单证一致、单单一致，开证行就要履行付款的义务，对议付行进行偿付。所以我方不能要求开证行拒绝向议付行付款。对于货物品质与合同不符，我方只能根据合同向出口方要求索赔。

（3）信用证的当事人

1）开证申请人（applicant）：向开证银行申请开立信用证的人，一般是进口人。在信用证中又称开证人（opener）。

2）开证银行（opening bank，issuing bank）：接受开证申请人的委托，开立信用证的银行，它承担按信用证规定条件保证付款的责任。

3）通知银行（advising bank）：受开证行的委托，将信用证转交出口人的银行。它只证明信用证的真实性，不承担其他义务。

4）受益人（beneficiary）：信用证上所指定的有权使用该证的人，一般为出口人。

5）议付银行（negotiating bank）：愿意买入或贴现受益人提交的跟单汇票和单据的银行。

6）付款银行或称代付行（paying bank）：一般为开证行，也可以是开证行所指定的银行。无论汇票的付款人是谁，开证行必须对提交了符合信用证要求的单据的出口人履行付款的责任。

7）保兑银行（confirming bank）：应开证行或受益人的申请在信用证上加批保证兑付的银行，它和开证银行处于相同的地位，即对于汇票（有时无汇票）承担不可撤销的付款责任。

8）偿付银行（reimbursement bank），又称清算银行（clearing bank）：接受开证银行在信用证中委托代开证行偿还垫款的第三国银行。

9）受让人（transferee），又称第二受益人（second beneficiary）：接受第一受益人转让，有权使用该信用证的人。

（4）信用证的一般业务程序

在国际贸易结算中使用的跟单信用证有不同的类型，其业务程序也各有特点，但都要经过申请开证、开证、通知、交单、付款、赎单这几个环节。现以最常见的议付信用证为例，说明其业务程序，如图 2—9—5 所示。

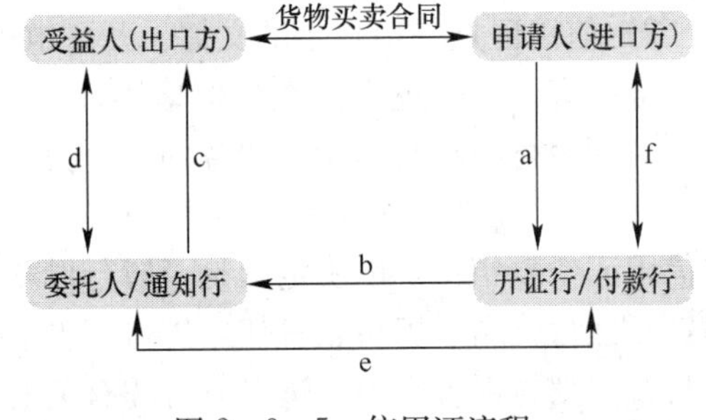

图 2—9—5　信用证流程

进出口双方签署买卖合同中规定以信用证方式支付货款。一般有下列步骤：

1）申请开证

开证申请人即为合同的进口方，应按合同规定的期限向所在地银行申请开证。申请开证时，申请人应填写并向银行递交开证申请书，开证申请书的内容包括两个方面：

一是指示银行开立信用证的具体内容，该内容应与合同条款相一致，是开证行凭以向受益人或议付行付款的依据。对于这一部分内容，申请人也可附上合同，由银行据以缮制信用证后交申请人确认。

二是关于信用证业务中申请人和开证行之间权利和义务关系的声明。

其基本内容包括：申请人承认在付清货款前开证行对单据及其代表的货物拥有所有权，必要时，开证行可以出售货物，以抵付进口方的欠款；承认开证行有权接受“表面上合格”的单据，对于伪造单据、货物与单据不符或货物中途灭失、受损、延迟到达，开证行概不负责；保证单据到达后如期付款赎单，否则开证行有权没收申请人所交付的押金，以充当申请人应付价金的一部分；承认电信传递中如有错误、遗漏或单据邮递损失等，银行不负责任。

开证申请书内容应完整明确，为防止混淆和误解，不要加注过多的细节。

申请人申请开证时，应向开证行交付一定比例的押金或其他担保品，押金为信用证金额的百分之几至几十不等，其高低与申请人的资信和市场行情有关，由开证行规定。对于资信良好的客户，有的银行会授以一定的开证额度，在规定额度内开证，可免缴保证金。

2）开证行开立信用证

开证行接受申请人的开证申请后，应严格按照开证申请书的指示拟定信用证条款，有的草拟完信用证后，还应送交开证申请人确认。开证行应将其所开立的信用证邮寄或电传或通过环球银行金融电信协会（SWIFT）网络送交出口地的联行或代理行，请他们代为通知或转交受益人。通知行的主要责任是鉴定信用证签名或电传密押的真实性，而且，受益人如有问题也可通过这家银行进行查询。

【小知识】

信用证的开证方式

信用证的开证方式有信开（open by airmail）和电开（open by telecommunication）两种。前者是指开证行以航邮方式将信用证寄给通知行；电开即是由开证行将信用证加注密押后以电信方式通知受益人所在地的代理行，即通知行，请其转知受益人。电开方式又分全电开证和简电开证。全电开证是将信用证的全部内容加注密押后发出，该电信文本为有效的信用证正本。简电开证是将信用证主要内容发电预先通知受益人，银行承担必须使其生效的责任，但简电本身并非信用证的有效文本，不能凭以议付或付款，银行随后寄出的“证实书”才是正式的信用证。如今大多用全电开证的方式开立信用证 。

3）通知行通知受益人

通知行收到信用证后，经核对签字印鉴或密押无误，应立即将信用证转知受益人，并留存一份副本备查。

通知行通知受益人的方式有两种：一种是将信用证直接转交受益人；另一种是当该信用证已通知行为收件人时，通知行应以自己的通知书格式照录信用证全文经签署后交付受益人。这两种形式对受益人来说，都是有效的信用证文本。

按《跟单信用证统一惯例》规定，如通知行无法鉴别信用证的表面真实性，必须毫不迟延地通知开证行说明它无法鉴别，如通知行仍决定通知受益人，则必须告知受益人它未能鉴别该证的真实性。

4）交单议付

受益人收到信用证后，应立即进行审核，如发现信用证中所列条款内容与买卖合同不相符合，或者不符合有关国际惯例（主要是《国际贸易术语解释通则》和《跟单信用证统一惯例》）中的规定，应立即通知申请人要求修改，申请人向开证行提交修改申请书，开证行作成修改通知书后按原来信用证的传递方式交付通知行，经通知行审核签字密押无误后转知受益人。

受益人对信用证的内容审核无误，或收到修改通知书审核后可以接受，即可根据信用证的规定发运货物，缮制并取得信用证规定的全部单据，开立汇票（或不开汇票，视信用证规定），连同信用证正本和修改通知书（如果有修改通知书），在信用证规定的有效期和交单期内，递交给通知行或与自己有往来的银行或信用证中指定的议付银行办理议付。

【小知识】

什么是议付

议付是受益人利用信用证获得资金融通的一种方式。即由受益人向上述当地银行递交信用证规定的全套单据，银行在单证一致的前证下，扣除了预付款的利息和手续费后，购进受益人出具的汇票和全套单据。俗称买单，又称出口押汇。议付是可以追索的。

按《跟单信用证统一惯例》规定，如开证行在信用证中清楚表明适用于议付，则开证行对议付行承担了付款责任。如果开证行在信用证中表明该证适用于付款或承兑方式，则开证行并不对买单银行承担信用证所规定的付款责任，该行此时可作为汇票的善意持票人或受益人的委托人向开证行索偿。

5）寄单索偿

议付行议付后，取得了信用证规定的全套单据，即可凭单据向开证行或其指定银行请求偿付货款。如果开证行未在信用证内指定其他银行，则议付行应将单据寄交开证行；若开证行在信用证中指定了一家付款行，则议付行应将单据寄交指定付款行。收到单据的开证行或付款行，在审单无误后，即应将款项偿付给议付行。若开证行在信用证中指定了一家偿付行，则议付行应向开证行寄单，但同时又向偿付行发出索偿通知，偿付行在接到索偿通知后，按其与开证行的事先约定，向议付行偿付；如偿付行拒绝偿付，开证行仍应承担付款责任。开证行和付款行的付款，是不可追索的。

开证行或付款行如发现单据和信用证不符，应在不迟于收到单据的次日起 7 个营业日内通知议付行表示拒绝接受单据，如果能在该期限内表示拒绝，则开证行必须履行付款责任。

6）申请人付款赎单

开证行在向议付行偿付后，即通知申请人付款赎单。开证人应到开证行审核单据，若单据无误，即应付清全部货款与有关费用（如开证时曾交付押金，则应扣除押金的本息）；若单据和信用证不符，申请人有权拒付。申请人付款后，即可从开证行取得全套单据。此时申请人与开证银行之间因开立信用证而构成的契约关系即告结束。

（5）信用证的种类

1）以信用证项下的汇票是否附有货运单据划分

①跟单信用证（documentary credit）是凭跟单汇票或仅凭单据付款的信用证。此处的单据指代表货物所有权的单据（如海运提单等），或证明货物已交运的单据（如铁路运单、航空运单、邮包收据）。在国际贸易的货款结算中，绝大部分使用跟单信用证。

②光票信用证（clean credit）是凭不随附货运单据的光票（clean draft）付款的信用证。银行凭光票信用证付款，也可要求受益人附交一些非货运单据，如发票、垫款清单等。

2）以开证行所负的责任为标准划分

①不可撤销信用证。指信用证一经开出，在有效期内，未经受益人及有关当事人的同意，开证行不能片面修改和撤销，只要受益人提供的单据符合信用证规定，开证行必须履行付款义务。

②可撤销信用证。开证行不必征得受益人或有关当事人同意有权随时撤销的信用证，应在信用证上注明“可撤销”字样。《UCP600》规定银行不可开立可撤销信用证。

3）以有无另一银行加以保证兑付划分

①保兑信用证。指开证行开出的信用证，由另一银行保证对符合信用证条款规定的单据履行付款义务。

②不保兑信用证。开证行开出的信用证没有经另一家银行保兑。

4）根据付款时间划分

①即期信用证。指开证行或付款行收到符合信用证条款的跟单汇票或装运单据后，立即履行付款义务的信用证。

②远期信用证。指开证行或付款行收到信用证的单据时，在规定期限内履行付款义务的信用证。

③假远期信用证。信用证规定受益人开立远期汇票，由付款行负责贴现，并规定一切利息和费用由开证人承担。这种信用证对受益人来讲，实际上仍属即期收款，在信用证中有“假远期”（usance L/C payable at sight）条款。

5）根据受益人对信用证的权利可否转让划分

①可转让信用证。指信用证的受益人（第一受益人）可以要求授权付款、承担延期付款责任，承兑或议付的银行（统称“转让行”），或当信用证是自由议付时，可以要求信用证中特别授权的转让银行，将信用证全部或部分转让给一个或数个受益人（第二受益人）使用的信用证。开证行在信用证中要明确注明“可转让”（transferable），且只能转让一次。

②不可转让信用证。指受益人不能将信用证的权利转让给他人的信用证。凡信用证中末注明“可转让”，即是不可转让信用证。

6）其他信用证

①循环信用证。指信用证被全部或部分使用后，其金额又恢复到原金额，可再次使用，直至达到规定的次数或规定的总金额为止。它通常在分批均匀交货情况下使用。在按金额循环的信用证条件下，恢复到原金额的具体做法有：

自动式循环：每期用完一定金额，不需等待开证行的通知，即可自动恢复到原金额；非自动循环：每期用完一定金额后，必须等待开证行通知到达，信用证才能恢复到原金额使用；半自动循环：即每次用完一定金额后若干天内，开证行末提出停止循环使用的通知，自第×天起即可自动恢复至原金额。

②对开信用证。指两张信用证申请人互以对方为受益人而开立的信用证。两张信用证的金额相等或大体相等，可同时互开，也可先后开立。它多用于易货贸易或来料加工和补偿贸易业务。

③对背信用证，又称转开信用证，指受益人要求原证的通知行或其他银行以原证为基础，另开一张内容相似的新信用证，对背信用证的开证行只能根据不可撤销信用证来开立。

对背信用证的开立通常是中间商转售他人货物，或两国不能直接办理进出口贸易时，通过第三者以此种办法来沟通贸易。原信用证的金额（单价）应高于对背信用证的金额（单价），对背信用证的装运期应早于原信用证的规定。

④预支信用证。指开证行授权代付行（通知行）向受益人预付信用证金额的全部或一部分，由开证行保证偿还并负担利息，即开证行付款在前，受益人交单在后，与远期信用证相反。预支信用证凭出口人的光票付款，也有要求受益人附一份负责补交信用证规定单据的说明书，当货运单据交到后，付款行在付给剩余货款时，将扣除预支货款的利息。

【小知识】

《跟单信用证统一惯例》(2007 年修订版，简称《UCP600》)

《跟单信用证统一惯例》英文全称是 Uniform Customs and Practice for Documentary Credits。《UCP600》由国际商会（International Chamber of Commerce，ICC）起草，并在国际商会 2006 年 10 月巴黎年会通过，新版本于 2007 年 7 月 1 日起实施。是信用证领域最权威、影响最广泛的国际商业惯例，包括了 39 个条款。

《跟单信用证统一惯例》是国际商会推荐给银行界采用的一套业务惯例，然而，它并非建立在法律基础上，不具有强制性。因此银行有权在信用证中规定与《跟单信用证统一惯例》不同的条款。例如，如果因为特殊需要，可以在文件里面标明 Overwrite 600 里面的某个条款，那么 600 里面的那个条款就失效了。也可以增加自己需要的条款。虽然不具有强制性，但《跟单信用证统一惯例》已被世界绝大多数国家与地区银行和贸易界接受，成为通用的惯例。

三、支付方式的综合使用

1. 根据业务实际情况确定支付方式

在进出口业务中正常情况一般都采用即期信用证，但为了推销产品，出口方给进口方提供优惠条件，可以采用远期信用证方式成交，也可以采用付款交单托收方式成交。

2. 为了处理货源国或出口方的积压商品或库存商品，或错过货物销售季节的滞销商品，把这类商品变成外汇，可采用托收承兑交单方式成交。除采用上述灵活方式成交外还可采用不同支付方式相结合的办法来支付货款。

3. 信用证与汇付相结合

信用证与汇付相结合是指部分货款采用信用证，余额货款采用汇付结算。例如，成交的契约货物是散装物，如矿砂、煤炭、粮食等，进出口方同意采用信用证支付总金额的 90%。余额 10%，待货到后经过验收，确定其货物计数单位后，将余额货款采用汇付办法支付。

4. 信用证与托收相结合

不可撤销信用证与跟单托收相结合的支付方式，是指部分货款采用信用证支付，部分余额货款采用跟单托收方式结算。

一般的做法是，在信用证中应规定出口方须签发两张汇票，一张汇票是依信用证项下部分，货款凭光票付款。另一张汇票须附全部规定的单据，按即期或远期托收。在信用证中列明如下条款，以示明确：

50% of the value of goods by irrevocable letter of credit and remaining 50% on collection basis at sight, the full set of shipping documents are to accompany the collection item. All the documents are not to be delivered to buyer until full payment of the invoice value.

（货款50%应开具不可撤销信用证，其余额50%见票付款交单，全套货运单据应附在托收部分项下。于到期时全数付清发票金额后方可交单）

采用不可撤销信用证与跟单托收相结合的支付方式，有以下优点：

对进口方来讲，可减少开证保证金，用少数的资金可做大于投资几倍的贸易额，有利于资金的周转，而且可节约银行费用。

对出口方来讲，采用部分使用信用证部分托收，虽然托收部分须承担一定的风险，但以信用证作保证，这是一种保全的办法。除此之外，还有保全措施，即全部货运单据须附在托收汇票项下，开证银行或付款银行收到单据与汇票时，由银行把住关口，须由进口方全部付清货款后才可把提单交给进口方，以保安全收汇，可防止进口方于信用证项下部分货款付款后，取走提单。

在买卖契约中，开证申请书中及信用证中必须载明，进口方必须付清发票全部金额，才能取得单据。若不付清发票全部金额则装运单据须由银行控制，并凭出口商旨意，予以办理。在信用证上，表示上述功能的文句如下：

We hereby issue this credit stipulating that 50% of the invoice value is available against clean draft at sight while the remaining 50% of documents is held against payment at sight under this credit. The full set of the shipping documents of 100% invoice value shall accompany the collection item and shall only be released after full payment of the invoice value. If the importer fails to pay full invoice value, the shipping documents shall be held by the issuing bank (or paying bank) at the seller's disposal.

兹开立本信用证规定50%发票金额凭即期光票支付，余50%即期付款交单。100%发票金额的全套装运单据随附于托收项下，于进口方付清发票全部金额后交单。若进口方不付清全部金额，则装运单由开证银行（或付款银行）控制，凭出口商旨意予以办理。

5. 备用信用证与跟单托收相结合

采用备用信用证与跟单托收相结合作为支付方式，是为了预防跟单托收项下的货款一旦遭到进口商拒付时，可利用备用信用证的功能追回货款。为了表示其功能，在备用信用证中须载明如下条款：

Payment available by D/P at sight with a Stand-by L/C in favor of seller for the amount of ________ as undertaking. The stand-by L/C should bear the cause: In case the drawer of the documentary collection under credit No. ________ fails to honor the payment upon due date, the Beneficiary has the right to draw under this L/C by their draft with a statement stating the payment on credit No. ________ was not honored.

凭即期付款交单与备用信用证相结合为付款方式，在备用信用证中应列明以卖方为受益人，其金额为________并明确依________号信用证项下跟单托收，若付款人于到期拒付时，受益人有权凭本信用证签发汇票和出具证明书，依________号信用证项下收回货款。

采用这种支付方式的特点是跟单托收被拒付时，出票人可凭备用信用证所列的条款，予以追偿。

在实务中还可以采用如下综合使用支付方式，旨在减少风险，安全收汇。

6. 跟单托收与提交预付金相结合

采用跟单托收并须由进口方提交预付款或一定数量的押金作为保证。于契约货物装运后，出口方通过银行可获得货款的部分金额。若托收遭到进口方拒付时，出口方可将货物运回，而从已获款额中扣除来往运费、利息及合理的损失费用。关于预付金和一定数量的押金的数目，应经协商方式视情况而定。但为表示上述功能，在契约和信用证中，必须明确如下内容：

Shipment to be made subject to an advanced payment or payment amounting ____ to be remitted in favor of seller by T/T or M/T with indication of S/C No. ____ and the remaining part on collection basis，documents will be released against payment at sight.

装运货物系以第____号即期信用证规定的电汇或信汇方式向卖方提交预付金____为前提，其余部分采用托收凭即期付款交单。

7. 不同支付方式与分期付款、延期付款相结合

在国际贸易中，进出口方双方经谈判，对大型设备、成套机械及大型交通工具的成交时，可采用上述支付方式。这种特定的贸易方式特点是契约货物金额大、制造生产周期长、检验手段复杂、交货条件严格及产品质量保证期较长等，可采用两种不同的支付方式，例如：

（1）进出口方双方对开保函与分期付款相结合

进口方依契约规定开具银行保函（letter of guarantee），而依生产进度分期交付货款。

进口方为了保障本身的利益，防止出口商延迟交货，或产品质量与契约不符，或因故违约等，亦要求出口商提供保函（letter of guarantee）。

（2）预付定金与延期付款相结合

依契约由进口商提交一定数额作为定金，并依契约规定延期付款。延期付款的金额是在交货后若干年付款，也称赊购支付方式。对进口方来讲，必须支付延期付款期间的利息。

在实务中，除采用上述几种结算方式相结合的办法作为支付方式外，还有一些其他的方式可以运用，如采用部分现汇、部分托收或部分金额采用信用证作为支付方式等。

任务实施

刘萍和杰克经过磋商，决定采用即期信用证方式进行结算，并签订如下支付条款：

Terms of Payment：The Buyers shall open with A bank to be accepted by both the Buyers and Sellers an irrevocable transferable letter of credit，allowing partial shipment and transshipment. The covering letter of credit must reach the sellers 30 days before shipment and remain valid in China until the 21th day from the date of shipment.

买方应通过买卖双方都接受的银行向卖方开出以卖方为受益人的不可撤销且可转让的即期付款信用证，并允许分装、转船。信用证必须在装船前 30 天开到卖方，信用证有效期限延至装运日期后 21 天在中国到期。

知识链接

一、其他结算方式

1. 国际保理

国际保理（international factoring），又称为承购应收账款。指在以商业信用出口货物时（如以 D/A 作为付款方式），出口商交货后把应收账款的发票和装运单据转让给保理商，即可取得应收取的大部分贷款，日后一旦发生进口方不付或逾期付款，则由保理商承担付款责任，在保理业务中，保理商承担第一付款责任。若保理商对上述预付款没有追索权，对余款也要担保付款，即称为无追索权保理，反之则为有追索权保理。常见的还有融资保理及到期保理（到期保理指出口商将其应收款出售给保理商后，保理商在发票到期日从债务人手中收回债款，扣除服务费后，把款项付给出口商）。国际保理服务的范围主要有：资金服务、信用保险服务、管理服务、资信调查服务等。

2. 银行保函

银行保函（letter of guarantee，L/G）又称“银行保证书”“银行信用保证书”或简称“保证书”。银行作为保证人向受益人开立的保证文件。银行保证被保证人未向受益人尽到某项义务时，则由银行承担保函中所规定的付款责任。保函内容根据具体交易的不同而多种多样；在形式上无一定的格式；对有关方面的权利和义务的规定、处理手续等未形成一定的惯例。遇有不同的解释时，只能就其文件本身内容所述来做具体解释。

银行保函是指银行应委托人的申请而开立的有担保性质的书面承诺文件，一旦委托人未按其与受益人签订的合同的约定偿还债务或履行约定义务时，由银行履行担保责任。

3. 备用信用证

备用信用证（stand by credit letter），又称担保信用证，是指不以清偿商品交易的价款为目的，而以贷款融资，或担保债务偿还为目的所开立的信用证。

备用信用证是一种特殊形式的信用证，是开证银行对受益人承担一项义务的凭证。开证行保证在开证申请人未能履行其应履行的义务时，受益人只要凭备用信用证的规定向开证行开具汇票，并随附开证申请人未履行义务的声明或证明文件，即可得到开证行的偿付。

二、选择结算方式时应考虑的因素

1. 客户信用

在选择结算方式时，安全是首先要考虑的问题。要做到安全收汇、安全用汇就必须事先做好对客户的信用调查，以便根据客户的具体情况，选用适当的结算方式，这是选用结算方式成功的关键和基础。

2. 经营意图

选用结算方式，应结合企业的经营意图。货物畅销时，出口商不仅可以提高售价，而且可选择包括在资金占用等各方面对其最有利的方式；而货物滞销或竞争激烈时，则不仅可能要降低售价，在结算方式上也需作必要让步，否则就可能难以达成交易。

3. 贸易术语

国际货物买卖合同中采用不同的国际贸易术语，表明不同的交货方式和运输方式，适用的结算方式也各不相同。在使用象征性交货（symbolic delivery）或称推定性交货（constructive delivery）术语的交易中，卖方交货与买方收货不在同时发生，转移货物所有权是以单据为媒介的，就可以选择跟单信用证方式结算货款，如买方信用可靠，也可采用跟单托收，如付款交单方式。但是，在使用实际性交货（actual delivery）术语的交易中，由于是卖方或通过承运人向买方或其代理人直接交付货物，卖方交货与买方收货在同时发生，卖方无法通过控制单据来控制物权，因此除非有控制货物的可靠方法，一般不能使用托收和信用证方式。

4. 运输单据

如货物通过海上运输，出口商装运货物后得到的运输单据为海运提单，因提单是货物所有权的凭证，是凭以在目的港向船公司提取货物的凭证，所以在交付给进口商前，出口商尚能控制货物，故可使用信用证和托收方式结算货款。如若货物通过航空、铁路或邮政运输时，出口商装运货物后得到的运输单据为航空运单、铁路运单或邮包收据，这些都不是货权凭证，收货人提取货物时也不需要这些单据。

三、结算票据风险

1. 在票据的风险防范方面，要注意以下几点：

（1）贸易成交以前，一定要了解客户的资信，做到心中有数，防患于未然。特别是对那些资信不明的新客户以及那些外汇紧张，所在地区落后、国家局势动荡的客户。

（2）对客户提交的票据一定要事先委托银行对外查实，以确保能安全收汇。

（3）贸易成交前，买卖双方一定要签署稳妥、平等互利的销售合同。

（4）在银行未收妥票款之前，不能过早发货以免货款两空。

（5）即使收到世界上资信最好的银行为付款行的支票也并不等于将来一定会收到货款。

2. 汇票的风险与防范

在汇票的使用过程中，除了要注意以上事项之外，还要注意遵循签发、承兑、使用汇票所必须遵守的原则：

（1）使用汇票的单位必须是在银行开立账户的法人。

（2）签发汇票必须以合法的商品交易为基础，禁止签发无商品交易的汇票。

（3）汇票经承兑后，承兑人即付款人负有无条件支付票款的责任。

3. 如何识别真假本票

（1）真本票系采用专用纸张印刷，纸质好，有一定防伪措施；而假本票只能采用市面上的普通纸张印刷，纸质差，一般比真本票所用纸张薄且软。

（2）印刷真本票的油墨配方是保密的，不法分子很难得到，只能以相似颜色的油墨印制，因此假本票票面颜色较真本票存在一定差异。

（3）真本票号码、字体规范整齐，而有的假本票号码、字体排列不齐，间隔不匀。

（4）由于是非法印刷，假本票上签字也必然是假冒签字，与银行掌握的预留签字不符。

技能训练

1. 中国 A 公司从美国 B 汽车公司进口一批汽车，价值 300 万美元，双方商定采用信用证方式付款，中国 A 进出口公司的开户行为中国银行北京分行，美国 B 汽车公司的开户行为花旗银行纽约分行，该行是中国银行北京分行的代理行。请根据资料缮制一张汇票。

2. 根据下列业务背景写出货款收付流程。

出口商：北京东方贸易公司　往来银行：中国银行北京分行

进口商：日本 JUOLA 贸易公司　往来银行：东京三菱银行

支付方式：全部交易金额以银行汇票付款。

思考与练习

1. 什么是汇票，涉及的当事人有哪些？
2. 汇票、本票、支票的异同点？
3. 汇付的种类有哪些，分别有哪些优缺点？
4. D/P at 30 days after sight 和 D/A at 30 days after sight 有什么区别？各有什么风险？
5. 信用证业务的特点有哪些？
6. 在 L/C、D/P、D/A 三种支付方式下，就卖方的风险而言，哪种最大？为什么？
7. 案例分析

（1）我国某公司在广交会上与外商签订一出口合同，并凭借外商以国外某银行为付款人的、金额为 6 万美元的支票，在 3 天后将合同货物运出口。随后，我公司将支票通过我国国内银行向国外付款行托收支票时，被告知支票为空头支票。试分析我方应吸取的教训。

（2）中方某公司收到国外开来的不可撤销信用证，由设在我国境内的某外资银行通知并加保兑。中方在货物装运后，正拟将有关单据交银行议付时，突然接到外资银行的通知，称由于开证行已经宣布破产，该行不承担对信用证的议付或付款责任，但可接受我出口公司委托向买方直接收到货款的业务。请问，我方应如何处理？

（3）我国 A 公司与国外 B 公司洽谈一笔交易，其他条件均已经取得一致，唯独支付条款上我方坚持以不可撤销的即期 L/C，而对方要求即期 D/P。为达成交易，双方各让一步，最后采用即期 L/C、即期 D/P 各一半。请问货运单据和汇票应如何处理？

任务 10　选择检验时间与地点

教学目标

1. 熟悉出口商品检验的时间与地点。
2. 掌握出口合同中检验条款的主要内容和规定方法。
3. 能够订立出口合同的商品检验条款。

任务引入

买卖双方经常会对交货商品的数量、品质等产生纠纷。因此，各方应尽力争取在合同中规定对自己有利的检验方法。

弗瑞德公司和兄弟公司对其他条款已经达成一致，刘萍现在准备和对方谈商品检验的相关事项，订立合同的商品检验检疫条款。

任务分析

出口商品能否顺利地交货履约，以及发生问题时能否对外索赔挽回损失，都与商品的检验密切相关。这涉及合同的货物检验条款。

出口合同中的货物检验条款一般包括检验的时间和地点、检验机构、检验证书、复验的相关事项等。检验条款涉及合同双方的切身利益，因此，合同双方对此都十分关注，需要在合同中加以明确规定。

在拟定检验条款时应注意该条款的内容与商品品质等其他条款相衔接，不产生矛盾。

相关知识

一、商品检验的作用

商品检验（commodity inspection）简称商检，又称货物检验，是指专门的进出口商品检验机构和其他指定的机构，依照法律、法规或进出口合同的规定，对进出口商品的品质、规格、数量、包装、卫生、安全性能等进行各种分析和测量，并出具检验证书的活动。

当我们作为一个消费者购买一件商品时，总要凭我们掌握的消费知识对这件商品仔细验看，这就是检验。当然有些商品只凭我们自己的眼看手摸，难以断定是否合格，这时就要送到专门的机构进行检验了。

在任何贸易中，买卖双方交接货物一般都经过交付、检验、接受或拒收三个环节。按照一般贸易常识以及规则，当卖方履行交货义务后，买方有权对货物进行检验，如果发现货物与合同规定不符，而的确又属于卖方责任时，买方有权向卖方提出索赔。如果未经检验就接受了货物，即使事后发现货物有问题，也不能再行使拒收的权利。而且，买方收到货物后发现的商品品质不合格或数量短缺等情况，不一定是发货人造成的，有可能是属于承运人、保险公司、装卸部门、仓储部门等多方面的责任。为了避免发生纠纷，或在纠纷发生后，便于确定责任的归属，就需要一个与有关各方没有利害关系的、公正的、权威的机构来检验和鉴定，提供证明，并以其检验结果作为交接货物、结算货款和提出索赔、理赔的依据，以维护对外贸易关系中有关各方的合法权益。

在国际贸易活动中，进出口国家还要对涉及人、动物、植物的传染病、病虫害、疫情等进行强制性的检疫工作，以保障国家的安全和社会公众的健康。

因此，商品检验在国际贸易中有着重要的地位和作用。首先，商检工作是使国际贸易活动能够顺利进行的重要环节，商品检验是进出口货物交接过程中不可缺少的一个重要环节；其次，商品检验是一个国家为保障国家安全、维护国民健康、保护动物、植物和环境而采取的技术法规和行政措施。我国颁布了《中华人民共和国进出口商品检验法》。该法规定，我国商检机构和国家商检部门应对进出口商品实施检验；凡未经检验的进口商品，不准销售、使用；凡未经检验合格的商品不准出口。

二、商品的检验权与复验权

在商品交易中，要判断谁有权对商品实施检验，一是看有关法律或惯例的规定，二是看买卖双方在货物买卖合同中的约定。

1. 买方拥有检验权

在国际货物买卖中，买方对于货物的检验权是其一项不可剥夺的权利。《联合国国际货物销售合同公约》第 58 条明确规定，买方在未有机会检验货物前，无义务支付价款，除非这种机会与双方当事人议定的交货或支付程序相抵触。买方的这项权利是与卖方应当提交与合同相符的货物的义务相对应的。我国《合同法》第 157 条也规定，买受人收到标的物时应当在约定的检验期间内检验。没有约定检验期间的，应当及时检验。

从法律角度看，买方拥有检验权，这项权利保障了买方获得符合合同规定的货物。

2. 买方检验权的丧失

买方对货物的检验权关系到当买方认为货物质量与合同不符时的索赔权。因为如果索赔权已经丧失，则检验权也失去其意义。检验权的丧失包括以下几种情况：

（1）合同约定的检验期限已过。

（2）合同约定的索赔期限已过。

（3）买方没有在发现货物与合同不符之后的合理期限内向卖方提出索赔，丧失了声称货物符合合同的权利。

（4）买方表示无条件地接受货物。

（5）买方所作的检验不符合合同的规定，例如，没有通过约定的商检机构进行检验。从上述情况看，买方检验权是一种法定的检验权，但它还服从于合同的约定。因此，买卖双方通常都在合同中对如何行使检验权的问题作出具体、明确的规定。

3. 买方的复验权

买方的复验权就是买方对到货有实施再检验的权利，这项权利是在国际贸易合同中关于检验权的一种规定方法。它是指货物应在装运前检验，但装运港（地）检验机构出具的检验证书不能作为确定货物品质及重量的最后依据，而只作为卖方向银行议付货款的凭证。货物运抵目的港（地）卸货后，买方仍有再检验的权利，即复验权。

在国际贸易实务中，关于商品检验权的归属，有时会根据贸易的需要进行一些灵活的变通。例如，在贸易中如果采用“象征性交货”贸易术语，特别是采用信用证结算方式时，通常的做法是：以货物在装运港的检验证书作为卖方议付货款的依据，在货物到达目的港后，允许买方有复验的权利。即货物须在装运前由装运港的检验机构进行检验，其检验证书作为卖方要求买方支付货款或要求银行议付货款时提交的单据之一。货物运抵目的港卸货后，买方有复验权，如经复验发现货物与合同不符，并证明这种不符情况属卖方责任范围，买方可凭复验证书向卖方提出异议和索赔。

在这种情况下，买方付款的义务不是以买方检验货物为条件了，而是将卖方的检验作为买方付款的依据。但为了保证买方获得符合合同规定货物的权利，在合同中用买方拥有复验权来保障买方的利益，也就是买方将复验的结果作为向卖方索赔的依据。

三、检验时间与地点

在合同中如何对行使检验权的问题作出规定呢？在实际业务中，通常是对检验时间和地点作出规定。关于买卖合同中的检验时间与地点，通常有下列各种不同的规定办法。

1. 在出口国检验

在出口国检验就是在货物风险转移之前（C组、F组、D组贸易术语）或风险转移之时（EXW术语），在卖方的工厂、仓库或装运港（地）对货物进行检验，检验后买方在目的地没有复验权。

（1）工厂（仓库）检验

实际做法是，发货前，由出口国工厂的检验人员会同买方验收人员进行检验，离开工厂前货物品质责任由卖方承担，而在运输途中发生的品质、数量变化等方面的风险由买方承担。这种检验适合于重要的商品或大型的成套设备。

（2）装运港（地）检验

货物在装运港（地）装运前或装运时，由双方约定的检验机构对货物的品质、数量/重量等进行检验鉴定，并以其检验结果作为交货质量和数量的最后依据。只要检验证书合格，就说明卖方已按质按量交货，而对交货后货物所发生的变化不承担责任。买方原则上不得以到货时品质数量不符而提出异议，除非买方能证明，这种不符是由于卖方的违约或货物的固有瑕疵所造成的。

这一规定方法，习惯上称为“离岸品质、离岸重量/数量”（shipping quality and shipping weight/quantity）。由于买方对到货品质和重量无权向卖方提出异议，对买方不利，故买方一般不愿采取这种做法。

2. 在进口国检验

在进口国检验就是在货物风险转移之后（C组、F组术语）或风险转移之时（D组术语），在目的港（地）或在买方营业处所或用户所在地对货物进行检验。

（1）目的港（地）检验

货物到达目的港（地）卸货后，在约定的时间内，由买方或双方约定的检验机构就地检验，并以其检验结果作为交货质量和数量的最后依据。这一规定方法，习惯上称为“到岸品质、重量/数量”（landing quality and landing weight/quantity）。在采用这种方法时，买方有权根据货物到达目的港（地）时的检验结果，在分清卖方、船方和保险人责任的基础上，对属于卖方应负的责任向卖方提出索赔。由于买方对到货品质和重量有权向卖方提出异议，对卖方不利，故卖方一般不愿意采取这种做法。

（2）买方营业处所或用户所在地检验

对于一些不便在目的港卸货时检验的货物，例如，密封包装的货物在使用之前打开有损于货物质量，或者会影响货物的使用；或是规格复杂、需要在特定条件下用精密仪器或设备才能完成检验的货物；或需要安装调试后才能检验的产品，可将检验地点设在用户所在地。使用这种条件时，货物的品质和重量/数量是以用户所在地由双方认可的检验机构的检验结果为准。

3. 出口国检验、进口国复验

卖方在办理交货时，以装运港（地）商检机构出具的合格的检验证书作为卖方收取或议付货款的单据之一，但不作为最后依据；货物抵达目的港（地）后，允许买方对货物进行复验。经过复验后，发现货物的品质、数量等与合同规定不符，并确属卖方责任时，买方可凭目的港（地）检验机构出具的检验证书，在规定时间内向卖方提出异议和索赔，直至拒收货物。

由于这种做法肯定了卖方的检验证书是有效的交接货物和结算凭证，同时又确认买方在收到货物后有复验权，在检验问题上做到公平合理，因而对交易双方都有利。同时这种做法比较之各国法律和国际公约的规定，与凭单交货、凭单付款的贸易术语和结算方式比较符合。故在进出口合同中一般都采取这种办法。

4. 装运港（地）检验重量和目的港（地）检验品质

大宗商品交易中，为了调和交易双方在检验问题上的矛盾，采取了一种较为折中的办法，即以装运港的检验机构检验货物的重量，并出具重量证明作为最后依据，以目的港的检验机构检验货物品质，并出具品质证明作为最后依据。这一规定方法，习惯上称为“离岸重量和到岸品质”（shipping weight and landing quality）。

四、买卖合同中的检验条款

由于商品检验关系到交易双方的利益，所以在买卖合同中必须订明商品检验条款，以便有关商检机构按约定条件对进出口商品进行检验、鉴定和出具检验证明，以维护合同当事人的合法权益。

1. 检验条款的内容

买卖双方在订立国际货物买卖合同时，检验条款一般包括的内容为：有关检验权的规定、检验或复验的时间和地点、检验机构、检验项目和检验证书等。以下是三个关于检验条款的示例。

（1）出口合同中的检验条款示例

1）装运港检验条款示例

It is mutually agreed that the Certificate of Quality/Quantity issued by the China Exit and Entry Inspection and Quarantine Bureau at the port of shipment shall be regarded as final and binding upon both paties.

双方同意以装运港中国出入境检验检疫局所签发的品质/数量检验证书为最后依据，对双方具有约束力。

2）装运港检验，目的港买方复验条款示例

It is mutually agreed that the Certificate of Quality and Quantity（Weight）issued by the China Exit and Entry Inspection and Quarantine Bureau at the port of shipment shall be part of the documents to be presented for negotiation under the relevant L/C. The Buyers shall have the right to reinspect the quality and/or quantity（weight）of the cargo. The reinspection fee shall be borne by the Buyers. Should the quality and/or quantity（weight）be found not in conformity with that of the contract，the Buyers are entitled to lodge with the Sellers a claim which should be supported by survey reports issued by a recoglized surveyor approved by the Sellers. The claim，if any，shall be lodged with in ×× days after arrival of the cargo at the port of destination.

买卖双方同意以装运港中国出入境检验检疫局签发的品质和数量（重量）检验证书作为信用证项下议付所提交单据的一部分。买方有权对货物的品质或数量（重量）进行复验。复验费由买方负担。如发现品质和数量（重量）与合同不符，买方有权向卖方索赔，但须提供经卖方同意的公证机构出具的检验报告。索赔期限为货到目的港后××天内。

（2）进口合同中的检验条款示例

It is mutually agreed that the Certificate of Quality and Quantity/Weight issued by the manufacturer（or××surveyor）shall be part of the documents for payment under the relevant L/C. In case the quality quantity or weight of the goods be found not in conformity with those stipulated in this contract after reinspection by the China Exit and Entry Inspection and Quarantine Bureau with in××days after arrival of the goods at the port of destination，the Buyers shall return the goods to or lodge claims against the Sellers for compensation of losses upon the strength of this claim for which the insurers or the carriers are liable all expemes（including inspection fees）and losses arising from the return of the goods or claim should be borne by the Sellers. In such cases，the Buyes may，if so requested，send a sample of the goods in question to the Sellers，provided that the sampling is feasible.

双方同意以制造厂（或××公证行）出具的品质及数量或重量检验证明书作为有关信用证项下付款的单据之一。但货物的品质及数量或重量的检验应按下列规定办理：货到目的港××天内经中国出入境检验检疫局复验，如发现品质、数量或重量与本合同规定不符，除属保险公司或船运公司负责外，买方凭中国出入境检验检疫局出具的检验证明书，向卖方提出退货或索赔。因退货或索赔引起的一切费用（包括检验费）及损失均由卖方负担。在此情况下，凡货物适于抽样的，卖方应向买方要求，将有关货物的样品寄交卖方。

2. 签订检验条款要注意的问题

（1）品质条款应订得明确具体、科学合理，切忌用笼统、模棱两可的语言，检验项目与标准要切合实际，并且能够检验。

（2）凡凭样品成交的出口商品，交货品质应与样品一致，还应将样品送交一份给商检机构，以便凭以验货出证。

（3）订立数（重）量条款时，应规定具体明确的计量单位和计量方法，不要用不规范、不准确的计量标准；散装货要规定溢短装比例。

（4）进出口商品的包装应与商品的性质、运输方式的要求相适应，并应在合同中订明包装容器所使用的材料、结构及包装方法等，应避免采用术语或笼统的不明确订法。

（5）出口商品的抽样、检验方法，一般均按中国的有关标准规定和商检部门统一规定的方法办理。凡按样品达成的交易，合同中应对抽样检验的方法和比例作出规定。有些商品如粮食，在国际上有一些惯用的标准化取样和定级方法，订立合同时应明确规定采用哪一种方法。如果买方要求使用其他的抽样、检验方法时，应在合同中具体订明，必要时，应先征得商检部门的同意再对外签约，以便为检验工作提供方便。

（6）对于一些规格复杂的商品和机械设备等的进口合同，应根据商品的不同特点，在合同条款中加列一些特殊性规定，如详细的检验标准、考核及检测方法、产品所使用的材料及其质量标准、样品及技术说明书等，以便检验时对照检验与验残。

任务实施

在我国出口贸易中，一般采用出口国检验、进口国复验的办法，因此刘萍经过和对方的磋商，确定在我国装运港由出入境检验检疫机构进行检验，在目的港由卖方同意的公证机构进行复验，复验费由买方承担。加拿大公司要求检验检疫机构出具质量检验证书。

双方签订以下检验条款：

It is mutually agreed the certificate of quality issued by the China Exit and Entry Inspection and Quarantine Bureau at port/place of shipment shall te part of the documents to be presented for negotiation under the relevant L/C. The Buyers shall have the right to reinspect the quality of the cargo. The reinspection fee shall be borne by the Buyers. Should the quality be found not in conformity with that of the contract, the Buyers are entitled to lodge with the Sellers a claim which should be supported by survey reports issued by a recognized surveyor approved by the Sellers. The claim, if any, shall be lodged within 180 days after arrival if the goods at the port of destination.

买卖双方同意以装运港出入境检验检疫机构签发的质量检验证书作为信用证项下议付所需单据之一，买方有权对货物的质量进行复验，复验费由买方承担。如发现质量与合同规定不符，买方有权向卖方索赔，并提交经卖方同意的公证机构出具的检验报告。索赔期限为货到目的港（地）180 天内。

知识链接

我国的进出口检验检疫制度

随着我国贸易的快速发展，我国的进出口检验检疫制度也相应完善起来，这为提高我国进出口商品质量、保障商品的安全起了重要的作用。当从事进出口贸易时，一定要对我国的进出口检验检疫制度有所了解。

一、进出口商品检验

我国对一些商品采用了法定的强制检验制度，凡是从事法定检验商品进口的收货人，必须向卸货口岸或到达站的检验检疫机构办理进口商品登记；出口商品的发货人，应在规定地点和期限向检验检疫机构报验。否则进口商品不准销售、使用；出口商品不准出口。

二、进口商品安全质量许可

国家对涉及安全、卫生和环保要求的重要进口商品，实施进口商品安全质量许可制度，我国公布了《实施进口商品安全质量许可制度目录》。列入目录的商品须获得国家出入境检验检疫局签发的进口商品安全质量许可证书，并被批准在商品上使用安全标志后，方能进入中国。

三、进口废物原料装运前检验

我国对允许作为原料进口的废物，实施装运前检验制度，防止境外有害废物向我国转运。收货人与发货人签订的废物原料进口贸易合同中，必须订明所进口的废物原料须符合中国现行保护控制标准的要求，并约定由出入境检验检疫机构或国家认可的检验机构实施装运前检验，检验合格后方可装运。列入此制度目录内的商品有废纸、废金属、废塑料、废木制品、废纺织品五类。

四、出口商品质量许可

我国对重要出口商品实行质量许可制度。出入境检验检疫部门单独或会同有关主管部门共同负责发放出口商品质量许可证的工作，未获得质量许可证书的商品不准出口。检验检疫部门已对机械、电子、轻工、机电、玩具、医疗器械、煤炭等76类商品实施出口商品质量许可制度。国内生产企业或其代理人均可向当地出入境检验检疫机构申请质量许可证书。

五、动植物检疫

我国检验检疫部门依法实施动植物检疫的有：进境、出境、过境的动植物、动植物产品和其他检疫物，装载动植物、动植物产品和其他检疫物的容器、包装物、铺垫材料；来自疫区的运输工具；进境拆解的废旧船舶；有关法律、行政法规、国际条约规定或者贸易合同约定应当实施检疫的其他货物、物品。

国家禁止下列各物进境：动植物病原体（包括菌种、毒种等）、害虫及其他有害生物；动植物疫情流行的国家和地区的有关动植物、动植物产品和其他检疫物；动物尸体；土壤。

对来自疫区的运输工具，口岸检验检疫机构对其实施现场检疫。装载动物出境的运输工具，装载前应在口岸检验检疫机构监督下消毒处理。装载动植物、动植物产品和其他检疫物的，应符合国家有关动植物防疫和检疫的规定。对装运供应我国香港、澳门地区的动物的回空车辆，实施整车防疫消毒。

六、食品卫生监督检验

进口食品（包括饮料、酒类、糖类）、食品添加剂、食品容器、包装材料、食品用工具及设备必须符合我国有关法律法规规定。申请人须向检验检疫机构申报并接受卫生监督检验。检验检疫机构对进口食品按食品危险性等级分类进行管理。依照国家卫生标准进行监督检验，检验合格的，方准进口。

一切出口食品（包括各种供人食用、饮用的成品和原料以及按照传统习惯加入药物的食品）也须经过检验，未经检验或检验不合格的不准出口。凡在中国境内从事出口食品加工、禽畜屠宰及储存的企业都必须首先取得所在地卫生行政部门颁发的卫生许可证，然后向检验检疫机构申请注册、登记。经检验检疫机构审查合格的，分别核发注册证书或登记证。未取得注册证书或登记证的，一律不得加工、生产或储存出口食品；对需要向国外申请注册、认可的，须取得有关进口国批准或认可，否则不得向该国出口食品。

七、出口商品运输包装检验

法定检验的商品和其他法律、法规规定必须经检验检疫机构检验的出口商品的运输包装，必须申请检验检疫机构或检验检疫机构指定的检验机构进行性能检验，未经检验或检验不合格的，不准用于盛装出口商品。危险货物包装容器须经检验检疫机构进行性能鉴定和使用鉴定后，方能生产和使用。

八、卫生检疫与处理

出入境检验检疫部门统一负责对出入境的人员、交通工具、集装箱、行李、货物、邮包等实施医学检查和卫生检查。入境的交通工具和人员，须在最先到达的国境口岸接受检疫；出境的，须在最后离开的国境口岸接受检疫。检验检疫机构对未染有检疫传染病或者已实施卫生处理的交通工具，签发入境或者出境检疫证。

九、货物装载和残损鉴定

用船舶或集装箱装运粮油食品、冷冻品等易腐食品出口的，应向口岸检验检疫机构申请检验船舶和集装箱，经检验符合装运技术条件并发给证书后，方准装运。

对外贸易关系人及仲裁、司法等机构，对海运进口商品可向检验检疫机构申请办理检视、载损鉴定、监视卸载、海损鉴定、验残等残损鉴定工作。

十、一般原产地证与普惠制产地证签证管理

出入境检验检疫机构是签发一般原产地证的官方机构，同时也是我国政府授权签发普惠制产地证的唯一机构。出口企业可向各地出入境检验检疫机构申请办理普惠制产地证和一般原产地证。

技能训练

北京天利公司与英国格兰公司签订地板出口合同，确定在我国装运港由出入境检验检疫机构进行检验，在目的港由卖方同意的公证机构进行复验，复验费由买方承担。如果发现质量与合同规定不符，买方有权向卖方索赔，并提交由卖方同意的公证机构出具的检验报告。请拟定具体的检验检疫英文条款。

思考与练习

1. 确定检验的时间和地点的方法有哪些？
2. 简述什么是检验权与复验权？
3. 签订检验条款需要注意什么问题？
4. 某公司从国外采购一批特殊器材，该器材指定由国外某检验机构负责检验合格后才能收货。后接到此检验机构的报告，报告称质量合格，但在其报告附注内说明，此项报告的部分检验记录由制造商提供。在这种情况下，买方能否确认质量合格而接受货物？

5. 某合同商品检验条款中规定以装船地商检报告为准，但在目的港交付货物时却发现品质与约定规格不符。买方经当地商检机构检验并凭出具的检验证书向卖方索赔，卖方却以上述商检条款拒赔。卖方拒赔是否合理？

任务11 签订合同

教学目标

1. 掌握合同成立的条件。
2. 掌握合同的主要条款及其格式。
3. 能够订立书面合同。

任务引入

弗瑞德公司与兄弟公司经过多次的磋商和谈判，最终双方就商品的各项条款达成了一致，并由弗瑞德公司的刘萍起草一份合同，经公司总经理签字后传真给对方，由兄弟公司会签后回传。

任务分析

在国际贸易中，买卖双方通过反复的磋商，就各项交易条件达成了一致协议后，签订合同，交易即告成立。贸易合同是整个贸易关系中最为重要的具有法律约束力的文件，是进出口业务得以履行的依据和基础，双方的权利、义务也都在合同中明确规定。所以在订立合同条款时要严密、明确、具体，避免在履行合同时产生纠纷。

相关知识

一、合同有效成立的条件

买卖双方就各项交易条件达成协议后，并不意味着此项合同一定有效。根据各国合同法规定，一项合同，除买卖双方就交易条件通过发盘和接受达成协议外，还需具备下列有效条件，才是一项有法律约束力的合同。

1. 当事人必须具有签订合同的行为能力

签订买卖合同的当事人主要为自然人或法人。按各国法律的一般规定，自然人签订合同的行为能力，是指精神正常的成年人才能订立合同，未成年人、精神病人等订立合同必须受到限制；法人必须通过其代理人，在法人的经营范围内签订合同，即越权的合同不能产生法律效力。

2. 合同必须有对价或约因

对价（consideration）是指当事人为了取得合同利益所付出的代价。约因（cause）是指当事人明了签订合同所追求的直接目标。按照一般的法律规定，合同只有在有对价或约因时，才是法律上有效的合同，无对价或无约因的合同，是得不到法律保护的。

3. 合同的内容必须合法

许多国家往往从广义上解释“合同内容必须合法”，其中包括不得违反法律，不得违反公共秩序或公共政策，以及不得违反善良风俗或道德三个方面。但是，合同中违反我国法律或社会公共利益的条款，如经当事人协商同意予以取消或改正后，则不影响合同的效力。

4. 合同必须符合法律规定的形式

大多数国家，只对少数合同才要求必须按法律规定的特定形式订立，而对大多数合同，一般不从法律上规定应当采取的形式。但我国则不同，我国签订的涉外经济合同，必须以书面方式订立，否则无效。我国在参加《联合国国际货物销售合同公约》时，对其中关于“销售合同无须以书面订立或书面证明，可以采用任何形式订立”的规定提出了保留条件，即我国对外订立、修改或终止合同，必须采取书面形式（包括电报、电传）。

5. 合同当事人的意思表示必须真实

各国法律都认为，合同当事人的意思必须是真实的意思，才能成为一项有有效约束力的合同，否则这种合同无效或可以撤销。

二、合同的形式

在我国进出口贸易实践中，书面合同的形式包括合同（contract）、确认书（confirmation）、协议书（agreement）、备忘录（memorandum）等。其中以采用合同和确认书两种形式的居多。从法律效力看，这两种形式的书面合同没有区别，所不同的只是格式和内容的繁简有所差异。合同又可分为销售合同（sales contract）和购买合同（purchase contract）。销售合同是指卖方草拟提出的合同；购买合同是指买方草拟提出的合同。确认书是合同的简化形式，它又分为销售确认书（sales confirmation）和购买确认书（purchase confirmation）。合同或确认书通常一式两份，由双方合法代表分别签字后各执一份，作为合同订立的证据和履行合同的依据。

三、合同的基本内容

书面合同不论采取何种格式，其基本内容通常包括约首、基本条款和约尾三个组成部分。

1. 约首部分

约首部分一般包括合同名称、合同编号、缔约双方名称和地址、电报挂号、电传号码等项内容。

2. 基本条款

基本条款是合同的主体，其中包括品名、品质规格、数量或重量、包装、价格、交货条件、运输、保险、支付、检验、索赔、不可抗力和仲裁等项内容。商定合同，主要是就这些基本条款如何规定进行磋商，达成一致意见。

3. 约尾部分

约尾部分一般包括订约日期、订约地点和双方当事人签字等项内容。

四、国际货物买卖合同的签订

1. 国际货物买卖合同的制定

国际贸易中，买卖双方达成交易后，交易一方即要根据磋商情况填写制作货物买卖合同或确认书。填写制作货物买卖合同或确认书时，当事人必须注意以下问题：

（1）合同的内容必须贯彻我国对外贸易的方针、政策，体现平等互利的原则。

（2）合同条款的内容必须和磋商达成的协议内容相一致。

（3）合同条款要具体、明确、完善。各条款之间应协调一致，防止互相矛盾。

（4）文字要简练、严密，避免使用含混不清或模棱两可的词句。

2. 签约函

进出口业务中，买卖合同一般由我方制作。合同制作好后，我方应及时将其寄给对方签署。寄合同时，我方一般要附上一封简短的书信，即签约函。签约函的内容一般包括：

（1）对成交表示高兴，希望合同顺利进行。例如：

We are pleased to have concluded business with you in the captioned goods.

（2）告知对方合同已寄出，希望其予以会签。例如：

We are sending you our Sales Confirmation No. 765401 in duplicate. Please sign and return one copy for our file.

空白贸易合同样本如下：

销 售 合 同 Sales Contract 合同编号： Contract No.： 签订地点： Signed at： 签订日期： Date： 买方： The Buyers： 卖方： The Sellers： 双方同意按以下条款由买方售出下列商品： The Buyers agree to buy and the Sellers agree to sell the following goods on terms and conditions as set forth below： （1）商品名称、规格及包装： （1）Name of Commodity，Specifications and Packing： （2）数量： （2）Quantity： （3）单价： （3）Unit Price：

(4) 总值：
(4) Total Value：

(装运数量允许有×%的增减)
(Shipment Quantity ×% more or less allowed)

(5) 装运期限：
(5) Time of Shipment：

(6) 装运口岸：
(6) Port of Loading：

(7) 目的口岸：
(7) Port of Destination：

(8) 保险：由________方负责，按本合同总值110%投保________险。
(8) Insurance：To be covered by the ________ for 110% of the invoice value against ________ .

(9) 付款：凭保兑的、不可撤销的、可转让的、可分割的即期有电报套汇条款/见票/出票________天期付款信用证，信用证以________为受益人并允许分批装运和转船。该信用证必须在________前开至卖方，信用证的有效期应为上述装船期后第15天，在中国________到期，否则卖方有权取消本售货合约，不另行通知，并保留因此而发生的一切损失的索赔权。
(9) Terms of Payment：By confirmed，irrevocable，transferable and divisible letter of credit in favour of ________ payable at sight with TT reimbursement clause/________ days'/sight/date allowing partial shipment and transshipment. The covering Letter of Credit must reach the Sellers before ________ and is to remain valid in China until the 15th day after the aforesaid time of shipment，failing which the Sellers reserve the right to cancel this Sales Contract without further notice and to claim from the Buyers for losses resulting therefrom.

(10) 商品检验：以中国________所签发的品质/数量/重量/包装/卫生检验合格证书作为卖方的交货依据。
(10) Inspection：The Inspection Certificate of Quality / Quantity / Weight / Packing / Sanitation issued by ________ of China shall be regarded as evidence of the Sellers' delivery.

(11) 装运唛头：
(11) Shipping Marks：

其他条款：

Other Terms：

1. 异议：品质异议须于货到目的口岸之日起30天内提出，数量异议须于货到目的口岸之日起15天内提出，但均须提供经卖方同意的公证行的检验证明。如责任属于卖方者，卖方于收到异议20天内答复买方并提出处理意见。

1. Discrepancy：In case of quality discrepancy，claim should be lodged by the Buyers within 30 days after the arrival of

the goods at the port of destination, while for quantity discrepancy, claim should be lodged by the Buyers within 15 days after the arrival of the goods at the port of destination. In all cases, claims must be accompanied by Survey Reports of Recognized Public Surveyors agreed to by the Sellers. Should the responsibility of the subject under claim be found to rest on the part of the Sellers, the Sellers shall, within 20 days after receipt of the claim, send their reply to the Buyers together with suggestion for settlement.

2. 信用证内应明确规定卖方有权可多装或少装所注明的百分数，并按实际装运数量议付。（信用证之金额按本售货合约金额增加相应的百分数）

2. The covering Letter of Credit shall stipulate the Sellers's option of shipping the indicated percentage more or less than the quantity hereby contracted and be negotiated for the amount covering the value of quantity actually shipped. (The Buyers are requested to establish the L/C in amount with the indicated percentage over the total value of the order as per this Sales Contract)

3. 信用证内容须严格符合本售货合约的规定，否则修改信用证的费用由买方负担，卖方并不负因修改信用证而延误装运的责任，并保留因此而发生的一切损失的索赔权。

3. The contents of the covering Letter of Credit shall be in strict conformity with the stipulations of the Sales Contract. In case of any variation there of necessitating amendment of the L/C, the Buyers shall bear the expenses for effecting the amendment. The Sellers shall not be held responsible for possible delay of shipment resulting from awaiting the amendment of the L/C and reserve the right to claim from the Buyers for the losses resulting therefore.

4. 除经约定保险归买方投保者外，由卖方向中国的保险公司投保。如买方需增加保险额及/或需加保其他险，可于装船前提出，经卖方同意后代为投保，其费用由买方负担。

4. Except in cases where the insurance is covered by the Buyers as arranged, insurance is to be covered by the Sellers with a Chinese insurance company. If insurance for additional amount and /or for other insurance terms is required by the Buyers, prior notice to this effect must reach the Sellers before shipment and is subject to the Sellers' agreement, and the extra insurance premium shall be for the Buyers' account.

5. 因人力不可抗拒事故使卖方不能在本售货合约规定期限内交货或不能交货，卖方不负责任，但是卖方必须立即以电报通知买方。如果买方提出要求，卖方应通过挂号函向买方提供由中国国际贸易促进委员会或有关机构出具的证明，证明事故的存在。买方不能领到进口许可证，不能被认为系属人力不可抗拒范围。

5. The Sellers shall not be held responsible if they fail, owing to Force Majeure cause or causes, to make delivery within the time stipulated in this Sales Contract or cannot deliver the goods. However, the Sellers shall inform immediately the Buyers by cable. The Sellers shall deliver to the Buyers by registered letter, if it is requested by the Buyers, a certificate issued by the China Council for the Promotion of International Trade or by any competent authorities, attesting the existence of the said cause or causes. The Buyers' failure to obtain the relative Import Licence is not to be treated as Force Majeure.

6. 仲裁：凡因执行本合约或有关本合约所发生的一切争执，双方应以友好方式协商解决；如果协商不能解决，应提交中国国际经济贸易仲裁委员会，根据该会的仲裁规则进行仲裁。仲裁裁决是终局的，对双方都有约束力。

6. Arbitration: All disputes arising in connection with this Sales Contract or the execution thereof shall be settled by way of amicable negotiation. In case no settlement can be reached, the case at issue shall then be submitted for arbitration to the China International Economic and Trade Arbitration Commission in accordance with the provisions of the said Commission. The award by the said Commission shall be deemed as final and binding upon both parties.

7. 附加条款（本合同其他条款如与本附加条款有抵触时，以本附加条款为准）：
7. Supplementary Condition (s) (Should the articles stipulated in this Contract be in conflict with the following supplementary condition (s), the supplementary condition (s) should be taken as valid and binding):

卖方（Sellers）： 买方（Buyers）：

任务实施

弗瑞德公司与兄弟公司经过多次磋商，终于达成交易，双方签订的销售合同如下：

售货合同
Sales contract

合同编号：FT09CS004
S/C No. FT09CS004
合同日期：2009年4月23日
DATE: Apr. 23, 2009

1. 卖方：弗瑞德贸易有限公司
The Sellers: Furide Trading Co., Ltd
2. 地址：中国哈尔滨市××路76号××大厦14层 邮编：××××××
电话：××××-××××××××× 传真：××××-×××××××××
Address: 14th Floor××Mansion. 76 ××Road, Harbin, China
Tel: ××××-××××××××× Fax: ××××-×××××××××
E-Mail: ××@www.furide.com.cn
3. 买方：兄弟贸易有限公司
The Buyers: Brother Trading Co., Ltd
4. 地址：加拿大，多伦多，××大街304-310号
Address: # 304-310××Street, Toronto, Canada
电话：(+01) ××××××× 传真：(+01) ×××××××
Tel: (+01) ××××××× Fax: (+01) ×××××××
买卖双方同意按以下条件购进、售出下列商品：
The Sellers agree to sell and the Buyers agree to buy the undermantioned goods according to the terms and conditions as stipulated below:

商品名称及规格 Name of Commodity & Specification	数量 Quantity	单价 Unit Price	总值 Total Value
Men's Cotton Woven Shirts Style No. 1094L Style No. 286G Style No. 654	700dozs 800dozs 160dozs	CIFC3% Toronto USD 53. 35/doz USD 45. 18/doz USD 51. 31/doz	USD 37 345. 00 USD 36 144. 00 USD 8 209. 6. 00
Total:	1 660dozs		USD 81 698. 60

5. 包装：1 件装一个塑料袋，6 件装一牛皮纸袋

Packing: 1pc in a plolybag, 6pcs in a kraft bag

6. 唛头：按照信用证指示制作

Shipping Marks: Will be indicated in the letter of credit

7. 装船港口：中国，大连

Port of Shipment: Dalian, China

8. 目的港口：加拿大，多伦多

Port of Destimation: Toronto, Canada

9. 装船期限：不迟于 2009 年 6 月 30 日

Time of Shipment: Not later than June 30st, 2009

10. 付款条件：买方应通过买卖双方都接受的银行向卖方开出以卖方为受益人的不可撤销、可转让的即期付款信用证并允许分装、转船。信用证必须在装船前 30 天开到卖方，信用证有效期限延至装运日期后 21 天在中国到期。

Terms of Payment: The Buyers shall open with a bank to be accepted by both the Buyers and Sellers an irrevocable transferable letter of credit, allowing partial shipment and transshipment, in favor of the Seller and addressed to Sellers payable at sight against first presentation of the shipping document to Opening Bank. The covering letter of credit must reach the Sellers 30 days before shipment and remain valid in China until the 21th day from the date of shipment.

11. 保险：由卖方按发票金额加成 10%投保一切险及战争险。以中国人民保险公司 1981 年 1 月 1 日海洋货物运输保险条款为准。如果买方要求加投上述保险或保险金额超出上述金额，必须提前征得卖方的同意；超出保险费由买方承担。

Insurance: To be covered by the Sellers for the full invoice valve plus 10% against all risks and war risks. Subject to the relevant ocean marine cargo clause of the People's Insurance Company of China, dated January 1st, 1981. If the Buyers desire to cover for any other extra risks besides aforementioned of amount exceeding the aforementioned limited, the Sellers' approval must be obtained beforehand and all the additional premiums thus incurred shall be for the Buyers' account.

12. 检验：买卖双方同意以装运港出入境检验检疫机构签发的质量检验证书作为信用证项下议付所需单据之一，买方有权对货物的质量进行复验，复验费由买方承担。如发现质量与合同规定不符，买方有权向卖方索赔，并提交经卖方同意的公证机构出具的检验报告。索赔期限为货到目的港（地）180 天内。

It is mutually agreed the certificate of quality issued by the China Exit and Entry Inspection and Quarantine Bureau at port/place of shipment shall be part of the documents to be presented for negotiation under the relevant L/C. The buyers shall have the right to reinspect the quality of the cargo. The reinspection fee shall be borne by the buyers. Should the quality be found not in conformity with that of the contract, the buyers are entitled to lodge with the sellers a claim which should be supported by survey reports issued by a recognized surveyor approved by the sellers. The claim, if any, shall be lodged within 180 days after arrival if the goods at the port of destination.

13. 不可抗力：因人力不可抗拒事故，使卖方不能在合同规定期限内交货或不能交货，卖方不负责任，但是卖方必须立即以电报通知买方。如果买方提出要求，卖方应以挂号函方式向买方提供由中国国际贸易促进会或有关机构出具的证明，证明事故的存在。

Force Majeure：The Sellers shall not be held responsible if they fail，owing to Force Majeure causes，fail to make delivery within the time stipulated in the contract or can't deliver the goods. However，in such a case the sellers shall inform the Buyers immediately by cable. The Sellers shall send to the Buyers by registered letter at the quest of the Buyers a certificate attesting the existence of such a cause or causes issued by China Council for the Promotion of International Trade or by a competent Authority.

14. 异议索赔：品质异议须于货到目的口岸之日起 30 天内提出，数量异议须于货到目的口岸之日起 15 天内提出，买方需同时提供双方同意的公证行的检验证明。卖方“将根据具体情况解决异议。由自然原因或船方、保险商责任造成的损失，将不予考虑任何索赔，信用证未在合同指定日期内到达卖方，或 FOB 条款下、买方未按时派船到指定港口，或信用证与合同条款不符，买方未在接到卖方通知所规定的期限内电改有关条款时，卖方有权撤销合同或延迟交货，并有权提出索赔。

Discrepancy and Claim：In case discrepancy on quality of the goods is found by the Buyers after arrival of the goods at port of destination，claim may be lodged within 30 days after arrival of the goods at port of destination，while for quantity discrepancy，claim may be lodged within 15 days after arrival of the goods at port of destination，being supported by Inspection Certificate issued by a reputable public surveyor agreed upon by both party. The Seller shall，then consider the claim in the light of actual circumstance. For the losses due to natural cause or causes falling within the responsibilities of the Ship-owners or the Underwriters，the Sellers shall not consider any claim for compensation. In case the Letter of Credit not reach the Sellers within the time stipulated in the Contract，or under FOB price terms Buyers do not send vessel to appointed ports or the Letter of Credit opened by the Buyers does not correspond to the Contract terms and the Buyers fail to amend therefore its terms by telegraph within the time limit after receipt of notification by the Sellers，the Sellers shall have right to cancel the contract or to delay the delivery of the goods and shall have also the right to lodge claims for compensation of losses.

15. 仲裁：凡因执行本合同所发生的或与合同有关的一切争议，双方应友好协商解决。如果协商不能解决应提交中国国际经济贸易仲裁委员会，根据该委员会的有关仲裁程序暂行规则在中国进行仲裁的、仲裁裁决是终局的，对双方都有约束力。仲裁费用除另有裁决外由败诉一方承担。

Arbitration：All disputes in connection with the contract or the execution thereof，shall be settled amicable by negotiation. In case no settlement can be reached，the case under dispute may then be submitted to the China International Economic and Trade Arbitration Commission for arbitration. The arbitration shall take place in China and shall be executed in accordance with the provisional rules of procedure of the said Commission and the decision made by the Commission shall be accepted as final binding upon both parties for setting the dispute. The fees，for arbitration shall be borne by the losing party unless otherwise awarded.

Seller：Furide Trading Co.，Ltd　　　　Buyer：Brother Trading Co.，Ltd

知识链接

一、电子合同的含义及形式

随着电子技术的发展，电子合同得以出现，虽然也通过电子脉冲来传递信息，但是却不再以一张纸为原始的凭据，而只是一组电子信息。电子合同，又称电子商务合同，根据联合国国际贸易法委员会《电子商务示范法》以及世界各国颁布的电子交易法，同时结合我国《合同法》的有关规定，电子合同可以界定为：电子合同是双方或多方当事人之间通过电子信息网络以电子的形式达成的设立、变更、终止财产性民事权利义务关系的协议。通过上述定义可以看出电子合同是以电子的方式订立的合同，其主要是指在网络条件下当事人为了实现一定的目的，通过数据电文、电子邮件等形式签订的明确双方权利义务关系的一种电子协议。

EDI（电子数据交换）和E-mail是电子合同的基本形式，两者以各自具有的特点和优势在电子商务活动中占据了一席之地。电子合同与传统的合同有着显著的区别，电子的合同当事人、要约、承诺及合同的效力问题都是现代立法的中的一个难点。

二、电子合同的特点

电子合同与传统合同相比，虽然也必须具备要约和承诺两个要件，但是在形式上发生了很多的变化。其主要特征是：

1. 电子合同的要约和承诺是以数据电文的方式通过计算机互联网进行的。在传统合同的订立过程中，当事人一般通过面对面的谈判或通过信件、电报、电话、电传和传真等方式提出要约和接受要约，并最终缔结合同。而电子合同的当事人均是通过电子数据的传递来完成的，一方电子数据的发出（输入）即可视为要约；另一方电子数据的回送（回执）即为承诺。由于电子数据交换在功能上具有自动审断的功能，因此，电子合同的签订过程是通过互联网在计算机的操作下完成的，这是电子合同区别于传统合同的关键特征。

2. 电子合同交易主体的虚拟性和广泛性。订立电子合同的各方当事人是通过网络运作，可以互不谋面。而电子合同的交易主体没有地域上的局限性，可以是世界上的任何自然人、法人或其他组织。

3. 电子合同的成立、变更和解除无须采用传统的书面形式，具有电子化的特点。与传统合同不同，电子合同是采用电子数据交换的方法来签订合同的，因此，电子合同的内容可以完全储存在计算机内存、磁盘或者其他接收者选择的非纸质中介物（如：磁带、磁盘、激光盘等）上，无须采用书面形式。

4. 电子合同生效的方式、时间和地点与传统合同不同。传统合同一般以当事人签字或者盖章的方式表示合同生效，而在电子合同中，传统的签字盖章方式被电子签名所代替。传统合同的生效地点一般为合同成立的地点，而采用数据电文等形式所订立的电子合同，以收件人的主营业地为电子合同成立的地点；没有主营业地的，以其经常居住地为电子合同成立的地点。

传统合同一般以要约到达受要约人作为要约生效的时间，以承诺通知到达要约人作为合同生效的时间。而采用数据电文形式订立的电子合同，收件人指定特定系统接收数据电文的，该数据电文进入该特定系统的时间，视为到达时间（即生效时间）；未指定特定系统的，该数据电文进入收件人的任何系统的首次时间，视为到达时间。

技能训练

请根据如下资料，签订英文合同。

卖方：大连东方贸易公司

买方：日本三野贸易公司

签约时间：2010年1月15日

商品名称：玻璃酒杯

货号：A315　2 000 只　2.15 美元/只　CIF Osaka

货号：P824　8 000 只　4.35 美元/只　CIF Osaka

包装方式：6 只装一盒，10 盒装一纸箱

装运期：2010 年 3 月底　不允许分批装运、不允许转船

装运港：大连　目的港：大阪

支付条款：开立不可撤销即期信用证，在中国议付有效。

保险：卖方按照 CIF 价格的 110%投保一切险和战争险，以 1981 年 1 月 1 日修订的中国人民保险公司条款为准。

唛头：按照标准化格式拟定。

思考与练习

1. 合同有效成立的条件是什么？
2. 为什么要订立书面合同？
3. 合同的形式有哪些？
4. 合同的构成包括哪几部分？

模块三

合同的履行

任务1　催证、审证与改证

教学目标

1. 掌握信用证的主要内容。
2. 掌握信用证审核的注意事项以及信用证的修改程序。
3. 能够读懂信用证，会分析信用证的条款。
4. 能够根据《跟单信用证统一惯例》和合同审核信用证并进行信用证的修改。

任务引入

2009年4月23日合同签订，直到5月4日还没有接到对方开来的信用证，刘萍就发了一份E-mail询问，请加拿大的公司早日去银行开出信用证，5月10日中国银行哈尔滨分行通知弗瑞德公司收到信用证，随即公司的单证员对信用证进行了审核，确认信用证的各项条款是否正确，履行合同时有无问题。

任务分析

在信用证支付的交易中，信用证是开证行向受益人（出口人）开立的承诺并凭规定的单据保证付款的凭证。通过银行信用的介入，使出口方及时安全收汇得到有力的保障。当交易达成时，买方就有义务在合同规定的时间内通过其往来银行开立信用证。在实践中，习惯做法是在装运期前一个月开立信用证并到达卖方，以便给卖方充足的时间办理装运，如准备货物、预定舱位等。如果买方没有能够及时开立信用证，或买方开立的信用证没有能够及时到达卖方，卖方就必须和买方联系，催开信用证或弄清信用证的下落。在信用证结算方式下，信用证是依据外贸合同开立的，但是一经开立，就独立于外贸合同之外。银行是否付款依据的是信用证而非合同。因此在收到开证行开来的信用证，一定要对照合同条款认真仔细审核信用证内容。若发现与合同规定不符或不能接受或无法办到的条款，应一次性通过开证申请人向开证行提出改证申请，以免影响合同履行和收汇安全。

相关知识

一、信用证的内容

信用证是国际贸易中的一种主要支付方式，它并无统一的格式，但其主要内容基本是相同的。信用证的内容就是构成信用证基本条款、文句和事项的书面文字，主要有以下几个方面的内容。

1. 信用证的当事人

信用证的当事人包括开证行、通知行、开证申请人以及受益人，有时还有指定的议付行或付款行。

2. 信用证本身的说明

信用证本身的说明包括信用证的性质、种类、编号，开证日期、地点，有效期及到期地点，信用证金额及货币，当事人的名称和地址，使用本信用证的权利可否转让等内容。一般情况下，信用证应注明“不可撤销”字样。

3. 汇票条款

汇票条款包括出票人、付款人、汇票期限、金额、出票日期等。

4. 货物条款

货物条款包括货物品名、品质、规格、数量、包装，价格及价格条件术语等的要求。

5. 运输条款

运输条款包括运输方式、装运港（地）、目的港（地）、装运期限、运费应否预付、可否分批装运和中途转运的规定等。

6. 单据条款

单据条款包括受益人应提交的单据种类、名称、内容及份数要求等。

7. 费用条款

费用条款涉及信用证所发生的银行费用由谁承担。

8. 相关责任文句

开证行负责文句、开证行对议付行的指示文句、特殊条款、附加文句以及遵守《跟单信用证统一惯例》规定的文句等。

二、催证、审证与改证

在凭信用证支付的交易中，落实信用证是履行出口合同不可缺少的重要环节。落实信用通常包括催证、审证和改证三项内容。从实际业务看，审证是必不可少的环节，而催证是根据出口工作需要进行的。

1. 催开信用证

买方依照约定的时间开证是卖方履行信用证方式付款合同的前提条件。为保证按时履行合同，提高履约率，卖方有必要在适当的时候提醒或催促买方依约开立信用证。催证就是出口方通过信件、电报、电传或其他方式，催促国外进口方按照合同内容，迅速通过银行将信用证开来，以便出口方能及时备货或装运货物出口。

并非每笔业务都需要催证，一般发生下列情况时需要催证：

(1) 合同规定的装运期距合同签订的日期较长，或合同规定买方应在装运期前一定时间开出。

(2) 卖方提早将货备妥，可以提前装运，可与买方商议提前交货。

(3) 国外买方没有在合同规定期限内开出信用证。

(4) 信誉不佳，故意拖延开证，或因资金等问题无力向开证行交纳押金。

在正常情况下，买方信用证最少应在货物装运期前 15 天开到卖方手中。对于资信情况不是很了解的新客户，原则上坚持在装运期前 30 天或 45 天甚至更早的时间开到，并且需要配合生产加工期限和客户要求灵活掌握信用证的开证日期。

2. 开立信用证的操作流程

对外开立信用证一般须经过以下操作流程，如图 3—1—1 所示。

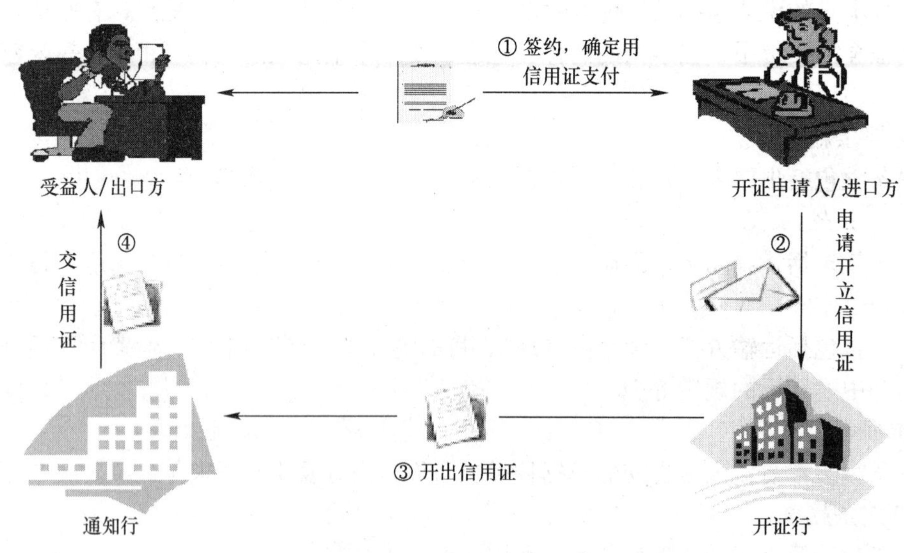

图 3—1—1 信用证开证流程

(1) 买卖双方就交易的商品签订正式的买卖合同，并在合同中注明使用信用证方式结算。

(2) 进口方根据合同规定填写开证申请书，连合同副本及“进口付汇备案表”（如需要）提交当地外汇指定银行，同时将信用证项下所需对外支付的资金足额存入银行的保证金账户中，向银行提出对外开立信用证的申请。

（3）开证行根据申请书的内容，开立正式信用证，并通过国外代理行（即通知行），将信用证正本通知给出口方，同时将一份信用证副本交给进口方，银行根据信用证的金额和期限向开证申请人收取一定比例的手续费。

（4）通知行将信用证交给出口方。一般而言，信用证的开立方式有信开本和电开本两种方式。信开本信用证即开证行将印好的信函格式的信用证，通过信件传递方式邮寄给通知行。信开本信用证因传递速度较慢且要使用印鉴，极易被国际诈骗团伙伪造，目前多数发达国家的银行都已经不使用此种方式来开立信用证。电开本信用证即开证行使用电报（cable）、电传（telex）或SWIFT等电信方式，将信用证内容传递给通知行。电开本信用证又有简电本、全电本和SWIFT之分。

3. 审核信用证

信用证的审核是一项原则性和技术性都很强的工作。在凭信用证支付的合同中，认真审核和处理信用证中的问题，是直接关系到出口企业的货物买卖合同能否顺利履行和收汇是否安全的重要保证，因此必须要慎重对待，及早发现信用证中存在的问题，通知开证申请人办理修改信用证的手续。同时为了收汇安全，出口方提交的单据必须做到“单证相符”“单单相符”，严格按信用证条款办事。

信用证的费用较高，业务手续繁杂，审证、审单的技术性要求较强，稍有失误，就会造成损失，因此审核信用证是银行和出口企业共同承担的任务，以便明确信用证能否接受和是否需要修改。但银行和出口企业对信用证的审核却各有侧重：银行的审核与买卖合同无关，着重审核开证行的政治背景、资信能力、付款责任和索汇路线等方面的内容；而出口企业则是以货物买卖合同为依据，将信用证条款与合同条款逐项逐句进行对照，审核信用证内容与买卖合同条款是否一致。

审核的基本要求是：信用证内容与合同规定一致，遵循《跟单信用证统一惯例》最新版本规定，同时考虑业务实际情况。一般应在收到信用证的当天对照有关的合同对信用证的各项条款与合同条款逐项、逐句、逐字地认真仔细审核，这样可以及早发现错误并采取相应的补救措施。

（1）银行审证的要点

1）政策上审核。来证应符合我国方针政策，不得有歧视性内容。

2）对开证行资信及信用证真实性的审查。对开证行所在国政治经济状况、开证行的资信、经营作风等进行审查。对来证进行印押审查，如信函开证，核对印是否相符，如果相符，银行在来证上盖有核符戳记，如SWIFT开证，电文尾端有“SAC”或“MAC”表示密押相符。

3）信用证生效及开证行付款责任的审查。对信用证加列限制性条款或保留条件的条款，如“领到许可证后方能生效”“另函详”等字样，应在接到上述生效通知书或信用证详细条款后再履行交货义务。接受不可撤销的信用证时，证内需要载有开证行保证付款的文句。一般以下几种情况不接受：信用证明确表明是可以撤销的；应该保兑的信用证未按要求由有关银行进行保兑；信用证未生效；有条件生效的信用证，如“待获得进口许可证后才能生效”；信用证密押不符；信用证简电或预先通知；由开证人直接寄送的信用证；由开证人提供的开立信用证申请书。

(2) 出口企业审证的要点

1) 信用证的付款时间是否与有关合同规定相一致。

①信用证中规定有关款项须在向银行交单后若干天内或见票后若干天内付款等情况，需注意此类付款时间是否符合合同规定或公司的要求。

②信用证在国外到期：规定信用证国外到期，有关单据必须寄送国外，由于出口方无法掌握单据到达国外银行所需的时间且容易延误或丢失，有一定的风险。通常出口方要求在国内交单或付款。在来不及修改的情况下，必须应提前一个邮程（邮程的长短应根据地区远近而定）以最快方式寄送。

③如信用证中的装期和效期是同一天即通常所称的“双到期”，在实际业务操作中，应将装期提前一定的时间（一般在效期前 10 天），以便有合理的时间来制单结汇。

2) 信用证受益人和开证人的名称和地址是否完整和准确。

3) 装运期的有关规定是否符合要求。

①能否在信用证规定的装期内备妥有关货物并按期出运；如来证收到时装期太近，无法按期装运，应及时与客户联系修改。

②实际装期与交单期时间相距时间太短。

③信用证中如规定了分批出运的时间和数量，应注意能否办到，否则任何一批未按期出运，以后各期即告失效。

4) 能否在信用证规定的交单期交单。

如来证中规定向银行交单的日期不得迟于提单日期后若干天，如果过了限期或单据不齐有错漏，银行有权不付款。

交单期通常按下列原则处理：

①信用证有规定的，应按信用证规定的交单期向银行交单。

②信用证没有规定的，向银行交单的日期不得迟于提单日期后 21 天。

应充分考虑办理下列事宜对交单期的影响，如生产及包装所需的时间，内陆运输或集港运输所需时间，进行必要的检验如法定商检或客检所需的时间，申领出口许可证/FA 产地证所需的时间（如果需要）；报关查验所需的时间，船期安排情况；到商会和（或）领事馆办理认证或出具有关证明所需的时间（如果需要），申领检验证明书如 SGS 验货报告/OMIC LETTER 或其他验货报告如客检证等所需的时间，制造、整理、审核信用证规定的文件所需的时间，单据送交银行所需的时间包括单据送交银行后经审核发现有误退回更正的时间等。

5) 信用证内容是否完整。

如果信用证是以电传或电报发给了通知行即“电信送达”，那么应核实电文内容是否完整，如果电文无另外注明，并写明是根据《跟单信用证统一惯例》，那么，该电文就可以被当做有效信用证执行。

6) 信用证的金额、币制是否符合合同规定。

①信用证金额是否正确。

②信用证的金额应该与事先协商的相一致。

③信用证中的单价与总值要准确，大小写并用的内容要一致。

④如数量上可以有一定幅度的伸缩，那么，信用证也应相应规定在支付金额时允许有一定幅度。

⑤如果在金额前使用了“大约”一词，其意思是允许金额有10%的伸缩。

⑥检查币制是否正确。如合同中规定的币制是“英镑”，信用证中就不能使用“美元”。

7）信用证的数量是否与合同的规定相一致。

①除非信用证规定数量不得有增减，那么，在付款金额不超过信用证金额的情况下，货物数量可以允许有5%的增减。

②特别注意的是以上提到的货物数量可以有5%增减的规定一般适用于大宗货物，对于以包装单位或以个体为计算单位的货物不适用。如：100% Cotton Shirts（5 000 件全棉衬衫）由于数量单位是“件”，实际交货时只能是5 000件，而不能有5%的增减。

8）价格条款是否符合合同规定。

不同的价格条款涉及具体的费用如运费、保险费由谁分担。

如合同中规定是：FOB Shanghai at USD，根据此价格条款有关的运费和保险费由买方即开证人承担；如果信用证中的价格条款没有按合同的规定作上述表示，而是作了如下规定：CIF New York at USD，对此条款如不及时修改，那么受益人将承担有关的运费和保险费。

9）货物是否允许分批出运。

除信用证另有规定外，货物是允许分批出运的。

特别注意如信用证中规定了每一批货物出运的确切时间，则必须按此照办，如不能办到必须修改。

10）货物是否允许转运。除信用证另有规定外，货物是允许转运的。

11）检查有关的费用条款。

①信用证中规定的有关费用如运费或检验费等应事先协商一致，否则，对于额外的费用原则上不应承担。

②银行费用如事先未商定，应以双方共同承担为宜。

12）信用证规定的文件能否提供或及时提供。

①一些需要认证的单据特别是使馆认证等能否及时办理和提供。

②由其他机构或部门出具的有关文件如出口许可证、运费收据、检验证明等能否提供或及时提供。

③信用证中指定船龄、船籍、船公司或不准在某港口转船等条款能否办到等。

13）信用证中有无陷阱条款。

①1/3正本提单直接寄送收货人的条款。如果接受此条款，将随时面临货、款两空的危险。

②将客检证作为议付文件的条款。接受此条款，受益人正常处理信用证业务的主动权很大程度上掌握在对方手里，影响安全收汇。

14）信用证中有无矛盾之处。

如运输方式是空运，却要求提供海运提单。又如价格条款是 FOB，保险应由买方办理，而信用证中却要求卖方提供保险单。

15）检查有关信用证是否受《跟单信用证统一惯例》的约束，明确这一点，在具体处理信用证业务中，对于信用证的有关规定就会有一个公认的解释和理解，避免因对某一规定的不同理解产生的争议。

4. 信用证的修改

对信用证全面审核后，如发现问题，应及时处理。信用证的修改可以由开证申请人提出，也可以由受益人提出。由于修改信用证的条款涉及各当事人的权利和义务，因而不可撤销信用证在其有效期内的任何修改，都必须征得各有关当事人的同意。

（1）改证的情形

1）出口方（受益人）要求修改信用证。

①信用证内容与合同不符。

②信用证中某些条款出口方无法办到。例如，来证规定货物不允许转运，但实际并无直航船只抵达目的地。

③货源或船期等出现问题，要求展期。

2）进口方（开证申请人）要求修改信用证。

①由于市场或销售情况发生变化。例如，需要提前或推后发货，增加或减少货物数量或品种，改变信用证单价、金额等。

②进口国某些情况发生变化，必须修改信用证才能进口有关货物，如进口国政策改变。

③国际政治、经济形势变化，使进出口风险增加。例如，当战争爆发时，进口方要求增保战争险或改变航运路线等。

3）开证行工作疏漏，在打字或传递上造成错误，必须更正信用证。

（2）改证的原则

外贸业务员在改证时应遵循“利己不损人”原则，在维护自己合法的合同权益的同时，也不能影响对方正常的经济利益。对于信用证中审核出的问题，具体有 5 个处理原则。

1）对己方有利，又不影响对方利益，一般不改。

2）对己方有利，但会严重影响对方利益，一定要改。

3）对己方不利，但在基本不增加成本的情况下可以完成，可以不改。

4）对己方不利，且在增加较大成本的情况下可以完成，若对方愿意承担成本，则不改，否则必须改。

5）对己方不利，若不改会严重影响收汇安全，必须改。

（3）改证的操作流程

出口方应在收到银行修改通知书后才能对外发货，以免造成出口业务的被动和经济损失。改证的操作流程如图 3—1—2 所示。

1）出口方根据合同审核信用证内容，对于不符合合同规定和有关实际情况的信用证，

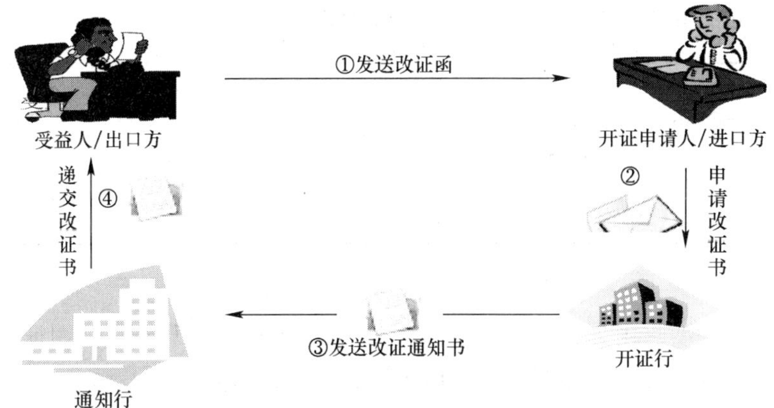

图 3—1—2 信用证的修改程序

向进口方发送改证函，要求对方修改信用证。

2）进口方向进口地开证行递交改证申请书，要求开证行修改信用证。

3）进口地开证行将信用证修改书发送给出口地通知行。

4）通知行向出口方通知该信用证修改通知书。

5. 改证时的注意事项

信用证修改的规则如下：只有进口方（开证人）有权决定是否接受修改信用证，只有出口方（受益人）有权决定是否接受信用证修改。

修改信用证应注意以下几点：

（1）凡是需要修改的内容，应做到一次性明确向进口方提出，避免或减少往返改证、延误时间的情况。

（2）对于不可撤销信用证中任何条款的修改，都必须取得当事人的同意后才能生效。

（3）对信用证修改内容的接受或拒绝的表示形式有：可以是出口方作出接受或拒绝该信用证修改的通知，也可以是出口方以行动按照信用证的内容办事。

（4）收到信用证修改后，应及时检查修改内容是否符合要求，并分别根据情况表示接受或重新提出修改。

（5）对于修改内容要么全部接受，要么全部拒绝，部分接受修改中的内容是无效的。

（6）有关信用证修改必须通过原信用证通知行才具真实性、有效性，通过客户直接寄送的修改申请书或修改书复印件不是有效的修改。

（7）明确修改费用由谁承担。一般按照责任归属来确定修改费用由谁承担。

任务实施

一、催证

为保证出口合同能顺利履行，刘萍于 5 月 4 日发 E-mail 给对方，请买方早日去银行开出信用证。催证函应包括的内容：陈述合同规定的开证时间，备货与装运所需时间等；陈述责任，如对方不及时开证，将视为撕毁合同，我方将要求赔偿。

Dear sirs,

The covering letter of credit is expected to reach here before MAY 16, since the stipulated month of shipment is Jul 30. Considering to prepare for the shipment timely, we are looking forward to your immediate covering letter of credit. Looking forward your earliest reply.

Regards

二、审证

兄弟公司按合同要求由加拿大皇家银行在 2009 年 5 月 7 日开出了信用证。5 月 10 日中国银行哈尔滨分行通知弗瑞德公司已收到信用证。

The Royal Bank of Canada

British Columbia International Centre

1055 West Georgia Street, Vancouver, B. C. V6E 3P3

Canada

Confirmation of Telex/Cable Pre-advised

Date: May 7, 2009

Telex No. 472×××× CA

Place: Vancouver

Irrevocable Documentary Credit	Credit Number: 09/0507－FTC	Advising Bank's REF. No.
Advising Bank: Bank of China, Heilongjiang Branch 59 ×× Road Harbin, China	**Applicant:** Brother Trading CO., Ltd #304-310 ×× Street, Toronto, Canada	
Beneficiary: Furide Trading CO., Ltd. 14th Floor ×× Mansion, 76 ×× RD., Harbin China	**Amount:** USD 53 500.00 (US Dollars Fifty Three Thousand Five Hundred Only)	
Expiry Date: Jul 15, 2009 For Negotiation in Applicants Country		

Gentlemen:

We hereby open our irrevocable letter of credit in your favor which is available by your drafts at sight for full invoice value on US accompanied by the following documents:

+ Signed commercial invoice and 3 copies.
+ Packing list and 3 copies, showing the individual weight and measurement of each item.
+ Original certificate of origin and 3 copies issued by the chamber of commerce.
+ Full set clean on board ocean bills of lading showing freight prepaid consigned to order of the Royal Bank of Canada indicating the actual date of the goods on board and notify the applicant with full address and phone No. 77009910
+ Insurance policy or certificate for 130 percent of invoice value covering: institute cargo clauses (A) as per I. C. C. Dated 1/1/1982.
+ Beneficiary's certificate certifying that each copy of shipping documents has been faxed to the applicant within 48 hours after shipment.

Covering Shipment:

3items tems of men's cotton woven shirt including: No. 1094L 800dozs No. 286G 800dozs No. 654 166dozs
Details in accordance with sales confirmation FT09CS004 Dated Apr. 23, 2009.
〖〗FOB/〖〗CFR/〖X〗CIF/〖〗FAS Toronto Canada

Shipment From	**To**	**Latest**	**Partial Shipments**	**Transshipment**
Dalian	Vancouver	Jun 30, 2009	Allowed	Prohibited

Drafts to be presented for negotiation within 15 days after shipment, but within the validity of credit.
All documents to be forwarded in one cover, by airmail, unless otherwise stated under special instructions.
Special Instructions: All banking charges outside Canada are for account of beneficiary
+ All goods must be shipped in one 20' CY TO CY container and B/L showing the same
+ The value of freight prep aid has to be shown on bills of lading
+ Documents which fail to comply with the terms and conditions in the letter of credit subject to a special discrepancy handling fee of USD 35.00 to be deducted from any proceeds.

Draft must be marked as being drawn under this credit and bear its number; The amounts are to be endorsed on the reverse hereof by neg. bank. We hereby agree with the drawers, endorsers and bona fide holder that all drafts drawn under and in compliance with the terms of this credit shall be duly honored upon presentation.
This credit is subject to the uniform customs and practice for documentary credits (2007 revision) by the international chamber of commerce prblication No. 600.

Yours very truly,
×××
Authorized Signature

刘萍根据合同仔细审核信用证，填写表 3—1—1 信用证分析单。

表 3—1—1　　**信用证分析单**

<table>
<tr><td>银行编号</td><td></td><td rowspan="2">合约号</td><td rowspan="2">FT09CS004</td><td rowspan="2">受益人</td><td rowspan="2" colspan="3">Furide Trading CO., Ltd.</td></tr>
<tr><td>证号</td><td>09/0507－FTC</td></tr>
<tr><td>开证银行</td><td colspan="3">Royal Bank of Canada</td><td>进口方</td><td colspan="3">Brother Trading CO., Ltd</td></tr>
<tr><td>开证日期</td><td>May 7，2009</td><td>索汇方式</td><td></td><td>起运口岸</td><td>Dalian，China</td><td>目的地</td><td>Vancouver</td></tr>
<tr><td>金额</td><td colspan="3">USD 81698.60</td><td>可否转运</td><td>Not Allowed</td><td rowspan="3" colspan="2">唛头</td></tr>
<tr><td>汇票付款人</td><td colspan="3">Royal Bank of Canada
Vancouver Canada</td><td>可否分批</td><td>Allowed</td></tr>
<tr><td>汇票期限</td><td colspan="3">见票___天期</td><td>装运期限</td><td>Not later than
Jun 30，2009.</td></tr>
<tr><td rowspan="2">注意事项</td><td rowspan="2" colspan="3"></td><td>效期地点</td><td>Canada</td><td rowspan="2" colspan="2"></td></tr>
<tr><td>提单日
_10_天内议付</td><td>___
天内寄单</td></tr>
</table>

续表

单证名称	提单	副本提单	商业发票	其他发票	海关发票	装箱单	重量单	尺码单	保险单	产地证	普惠制产地证	贸促会产地证	出口许可证	装船证书	投保通知	寄投保通知邮据	寄单证明	寄单邮据	寄样证明	寄样邮据		
银行	3		3			3						3										
客户																						

<table>
<tr><td rowspan="2">提单</td><td>抬头</td><td>To Order</td><td rowspan="3">保险</td><td colspan="3">Institute Cargo Clauses (A) As Per I. C. C. Dated 1/1/1982</td></tr>
<tr><td>通知</td><td>Applicant</td></tr>
<tr><td colspan="3">运费：Fright Prepaid</td><td>保额另加 30%</td><td>赔款地点</td><td>Canada</td></tr>
<tr><td colspan="7">背书：</td></tr>
</table>

外贸业务员刘萍对照 FT09CS004 号销售合同的条款，逐条审核信用证的各项条款。审核后，发现存在如下不符点，见表 3—1—2。

表 3—1—2　　审核存在的不符点

信用证存在的问题	应当如何进行修改	要求修改信用证的理由
信用证大小写金额不一致	USD 81 698. 60	大写金额低于合同金额
信用证在国外到期	For negotiation in beneficiary country	国外到期易产生逾期
保险金额过高	For 110 percent of invoice value	投保金额超出合同规定
保险险别错误	WPA	应当根据合同规定投保
证明装运货物数量有误	No. 1094L 700DOZS No. 654 160DOZS	装运数量多于合同规定
目的港有误	Shipment from Dalian to Toronto	目的港应与合同相符
禁止转运	Transshipment Permitted	合同明确规定允许转运

三、改证

2009 年 5 月 11 日，根据改证原则和《UCP600》相关条款的规定，弗瑞德公司外贸业务员刘萍向加拿大兄弟公司发出改证函。

Furide Trading Co., Ltd

14th Floor ×× Mansion. 76 ×× Road
Harbin, China
Tel: (××××) ×××××××× Fax: (××××) ××××××××
Zip Code: ××××××

May 11, 2009

Purchasing Division
Brother
304-310 ×× Street, Toronto, Canada
Tel No: (+ 01) ×××××××
Fax No: (+ 01) ×××××××
E-mail: ××××@www. ×××. com. ×××

Dear ×××：

We have received your Letter of Credit established for the application of Brother. Thank you for your prompt issuing. However，when we checked the L/C with the relevant contract，we found the following mistakes：

1. The amount in words is different from that in figure. The former is wrong according to the contract.
2. The L/C expires in the applicant country.
3. The goods are insured for 130% of the invoice value against institute Cargo Clauses（A）.
4. In the clause of "Covering Shipment or"，the quantity of No. 1094L and No. 654 are wrong.
5. The L/C prohibits transshipment.

In view of the above，you are kindly requested to make the following amendments：

1. The amount in words is USD eighty-one thousand six hundred and ninety-eight point six.
2. The expiry place is in China.
3. Insurance Policy or Certificate for 110 percent of invoice value covering WPA，Breakage & Clash Risks and War Risk as per China Insurance Clauses dated 1 / 1/ 1981.
4. Covering Shipment of：No. 1094L 700DOZS，No. 286G 800DOZS and No. 654 160DOZS.
5. Transshipment allowed.

Please see to it that the relevant L/C Amendment reach us within 5 days so as to enable us to ship the covering goods as contracted.

Yours sincerely，
Furide Trading CO.，Ltd
Liu ping（Mis.）
Day Articles Divition

2009年5月11日，兄弟公司收到外贸业务员刘萍当天发的改证函后，马上按照刘萍改证函的内容填写信用证修改申请书，向加拿大皇家银行提出改证申请。2009年5月14日，中国银行黑龙江分行通知刘萍，加拿大皇家银行的信用证的修改书（amendment to a documentary credit）已到。信用证修改书的内容如下：

34116 B AIFCSH CN
73453 CTHBNCND VNC
14th　May 2009
To：Heilongjiang Branch of China Bank
19×× Road，Shanghai 15××××，China
From：The Royal Bank of Canada
　　　1055 West Georgia Street，Vancouver，B. C. V6F 3P3 Canada
Msg No. 9813700
Test.（No. AMT）With your haerbin
Re Our L/C NO. 09/0507-FTC F/O Furide Trading CO.，Ltd，14th Floor

××Mansion，76 ××RD，Harbin China Dated May 14，2009

Please note that the above L/C has been amended as follows：

-Amout in words now read us eighty-one thousand and six hundred ninety-eight dollars and point six

-For negotiation in beneficiaries country instead of in applicants country

-Under list of documents to be presented

Insert：＋Insurance policy or certificate for 110 percent of invoice value covering WPA，Breakage & Clash Risks and War Risk as per China Insurance Clauses dated 1/1/1982.

-Covering Shipment of：

＋Quantity of No. 1094L now read 700dozs

＋Quantity of No. 654 now read 160dozs

-Shipment from Dalian to Toronto

-Transshipment now amend to be allowed

-Under special instructions

Other terms and conditions remain unchanged subject U. C. P. （2007 revision） I. C. C. publication No. 600.

Please advise transfer immediately.

34116 B AJFCSH CN

73453 CTHBNCND VNC

05. 14. 09. 1847

知识链接

一、公司信用证的日常管理

公司业务管理部在收到信用证后，应将信用证与合同对照审核。审核无误后，开出一式三份的审证记录单，两份留底，一份交业务部门。在出货前，由业务管理部按原信用证项下已收客户单据情况，加签“同意出货”意见后，由业务经办人员交财务部门。审核信用证工作一般在一个工作日内完成。

1. 各部门应按业务管理部的审核意见执行。需要修改时，业务部门应在出货日 3 天前，要求客户通过开证银行修改完毕，否则一切后果由承办人负责。

2. 业务管理部门应经常查阅拟出货的信用证。对已过装期、效期的信用证及时与业务部门联系，要求客户延期；对经协议决定不再执行的合同，客户要求撤证的，业务部门应向业务管理部门提出书面的撤证证明，以便及时通知银行办理撤证手续。

3. 在提交银行议付单据中，如有客户出具的单据，业务部门应要求客户在出货前 1 天，将单据传真给业务管理部门，或将单据正本送公司业务管理部，以便核对或修改，不延误出货和结汇工作。凡出货当日客户出具的单据正本款能送达业务管理部的，或有不符点的，不予出货。不按此规定执行的，业务部门应负相应的责任。

4. 单证审核相符的，在出货时，由财务部门根据业务管理部门在出口货物审批单上签署的审核意见，开具内部货物调拨单，凭此出口报关。

5. 出货后当天，业务部门应将出货装箱等详细资料提交给业务管理部门，以便及时制单。业务管理部门应根据信用证的时间要求，及时审核，制作好结汇单据，并将一份商业发票交给财务部备案。

二、信用证支付方式下买卖双方的风险及防范

信用证是一项独立的文件，一经开立，它就成为独立于买卖合同以外的契约。信用证的各方当事人的权利和责任完全以信用证中所列条款为依据，不受买卖合同的约束，所以有关银行只审查单据表面内容是否与信用证要求相符，不会考虑单据所涉及的基础交易的真实性和履约情况，甚至对有关单据本身的真实性和有效性也不负责。这样就给不法之徒利用信用证进行欺诈提供了可乘之机，在信用证的条款和单据上制造陷阱，给对方造成极大的损失。

1. 来自卖方的风险

对于卖方来说，它的主要义务是提交符合信用证规定的提单，所以来自卖方的风险就会体现在提单上。主要有以下两种情况：

（1）卖方伪造或变造虚假单据骗取货款支付。《跟单信用证统一惯例》第 4 条规定，在信用证业务中，各有关方面处理的是单据，而不是与单据有关的货物、服务或其他行为。只要卖方提供表面记载与信用证要求相符的单据，即可获得支付。因而在国际贸易中，卖方常伪造或变造虚假单据，使其表面上与信用证要求相符，但实际上不能代表真实货物，在获得银行支付之后卖方就消失得无影无踪，而买方得不到货物或得不到符合买卖合同约定的货物。

（2）卖方委托船运公司倒签提单。信用证一般规定卖方提交清洁提单和“已装船”提单或者提单上有已装船批注并加列装运日期，而这个日期必须是信用证允许的最迟装运期之日或之前。卖方为了取得与信用证要求完全相符的提单，以便结汇，往往会出具保函来换取船东签发的内容不准确的提单协助他欺骗买方，即不清洁提单或倒签提单。在倒签提单的情况下，如货物到达目的港但错过了出售的最佳时机，价格有较大下跌时，将会给买方造成重大损失。

2. 来自买方的风险

对于买方来说，信用证是依据买方的申请开立的，所以买方为了能够骗取卖方货物而不付款，骗取卖方预付的保证金，使自己在货物价格大跌时，处于有利地位，可以讨价还价、拒收货物，买方完全可以在信用证上制造风险。具体表现在以下几个方面：

（1）买方不依合同开证。信用证的条款应与买卖合同严格一致。但实际上由于多种原因，进口方不依照合同开证，从而使合同的执行发生困难，或者使出口方遭受额外的损失。下列是几种最常见的情况：进口方不按期开证或不开证；进口方在信用证中增添一些对其有利的附加条款，以达到企图变更合同的目的；进口方在信用证中作出许多限制性的规定等。

（2）买方伪造、变造信用证，或窃取其他银行已印好的空白格式信用证，或与已倒闭或濒临破产的银行的职员恶意串通开出信用证，一经寄交出口方，若未被察觉，出口方将蒙受货款两空的损失。

（3）伪造保兑信用证诈骗。所谓伪造保兑信用证诈骗，是指进口方在提供假信用证的基

础上，为获得出口方的信任，蓄意伪造国际大银行的保兑函，以达到骗取卖方大宗出口货物的目的。例如，某中行曾收到一份由印尼雅加达亚欧美银行发出的要求纽约瑞士联合银行保兑的电开信用证，金额为600万美元，受益人为广东某外贸公司，出口货物是200万条干蛇皮。但查阅银行年鉴，没有该开证行的资料。稍后，又收到苏黎世瑞士联合银行的保兑函，但其两个签字中，仅有一个相似，另一个无法核对。此时，受益人称货已备妥，急待装运，以免误了装船期。为了慎重起见，该中行一方面劝阻受益人暂不出运，另一方面，抓紧与纽约瑞士联合银行和苏黎世瑞士联合银行联系查询，先后得到答复："从没听说过开证行情况，也从未保兑过这一信用证。"至此，可以确定，该证为伪造保兑信用证，诈骗分子企图骗取我方出口货物。

(4) 信用证规定的要求与有关国家的法律规定不一致或与有关部门规章不一致。实践中，卖方不可疏忽大意的是虽然信用证表面上规定了有利于己方的条件，但有关国家或地方的法律以及有关出单部门的规定，不允许信用证上的规定得以实现。因此，应预防在先，了解在先，适当时应据理力争，删除有关条款，免受别国法律的约束。例如，国外开来的信用证要求投保伦敦协会的一切险和中国人民保险公司的战争险条款。虽然这两种险别可以同时投保，但根据中国人民保险公司的规定，不能同时投保中外两个保险机构，只能取其一。因此，中方出口商应及时联系客户，删除其中一个机构，然后再投保。

(5) 利用"软条款"信用证诈骗。"软条款"是指买方在信用证中规定的一些限制性强、责任不明的条款，使买方和开证行可随时、单方面解除其付款责任，而将卖方（受益人）置于非常不利的位置。因"软条款"信用证欺诈方式比较隐蔽，需要卖方有很强的业务素质和防范意识。

1) 暂不生效条款。买方在信用证中规定，需待开证行签发通知书或买方取得进口许可证才能生效。这样的条款会使买方和开证行通过不签发通知书，买方不申请进口许可证而让信用证失效或遭到拒付。

2) 限制性装运条款。信用证规定船运公司、船名、目的港和启运港，或验货人、装船日期需由买方通知或经其同意，并以修改书形式通知。待货物备好，或买方取得了质押金、佣金甚至货物后，买方却不发修改书，不通知该由其通知的事项，不来验货，以至于卖方无法发货、结汇。

3) 设置客检条款。在L/C单据条款中，不法商人往往规定受益人在议付时必须提交由开证人出具的检验合格的检验证书。这样一来，主动权就被买方完全掌握在手里。一旦进口方不开具检验证书或迟开此类证书，卖方不能及时拿到证书去议付行交单，开证行就因迟交单而拒付；或者进口方对货物百般挑剔，不出具检验合格的检验证书，导致单证不符而被开证行拒付，买方再借机要挟卖方减价，造成卖方巨大的损失。

4) 买方往往利用信用证"严格一致"的原则，蓄意在信用证中增添一些难以履行的条件，或设置一些陷阱，如有字误以及条款内容相互矛盾，令卖方无法获得货款。

5) 买方改变付款方式，制造付款障碍，以骗取占有的货物。

风险无处不在，无时不有。在国际贸易中，为了最大限度地实现自己的利益，就必须事先了解对自己不利的因素，这样才能防患于未然。

三、SWIFT 信用证

SWIFT 又称环球同业银行金融电信协会，是国际银行同业间的国际合作组织，成立于 1973 年，目前全球大多数国家大多数银行已使用 SWIFT 系统。SWIFT 的使用，给银行的结算提供了安全、可靠、快捷、标准化、自动化的通信业务，从而大大提高了银行的结算速度。由于 SWIFT 的具有标准化格式，目前信用证的格式主要都是用 SWIFT 电文。

SWIFT 信用证是指凡通过 SWIFT 系统开立或予以通知的信用证。在国际贸易结算中，SWIFT 信用证是正式的、合法的，被信用证各当事人所接受的、国际通用的信用证。采用 SWIFT 信用证必须遵守 SWIFT 的规定，也必须使用 SWIFT 手册规定的代号（Tag），而且信用证必须遵循国际商会 2007 年修订的《跟单信用证统一惯例》各项条款的规定。在 SWIFT 信用证中可省去开证行的承诺条款（undertaking clause），但不因此免除银行所应承担的义务。SWIFT 信用证的特点是快速、准确、简明、可靠。

开立 SWIFT 信用证的格式代号为 MT700 和 MT701，修改信用证的格式代号为 MT707，MT700 跟单信用证的开立格式见表 3—1—3。

表 3—1—3　　MT700 跟单信用证的开立格式

M/O 必选/可选	Tag 代号	Field Name 栏目名称	Content/Remarks 表示方式/注意事项
M	27	Sequence of Total 合计次序	1n/1n 1 个数字/1 个数字
M	40A	Form of Documentary Credit 跟单信用证类别	24x 24 个字
M	20	Documentary Credit Number 信用证号码	16x 16 个字
O	23	Reference to Pre-Advice 预告的编号	16x 16 个字
O	31C	Date of Issue 开证日期	6n 6 个数字
M	31D	Date and Place of Expiry 到期日及地点	6n29x 6 个数字/29 个字
O	51A	Applicant Bank 申请人银行	A or D A 或 D
M	50	Applicant 申请人	4×35x 4 行×35 个字
M	59	Beneficiary 受益人	4×35x 4 行×35 个字

续表

M/O 必选/可选	Tag 代号	Field Name 栏目名称	Content/Remarks 表示方式/注意事项
M	32B	Currency Code，Amount 币别代号、金额	3a15n 3个字母/15个数字
O	39A	Percentage Credit Amount Tolerance 信用证金额加减百分率	2n/2n 2个数字/2个数字
O	39B	Maximum Credit Amount 最高信用证金额	13x 13个字
O	39C	Additional Amounts Covered 可附加金额	4×35x 4行×35个字
M	41A	Available With... By... 向……银行押汇，押汇方式为……	A or D A或D
O	42C	Drafts at... 汇票期限	3×35x 3行×35个字
O	42A	Drawee 付款人	A or D A或D
O	42M	Mixed Payment Details 混合付款指示	4×35x 4行×35个字
O	42P	Deferred Payment Details 延迟付款指示	4×35x 4行×35个字
O	43P	Partial Shipments 分批装船	1×35x 1行×35个字
O	43T	Transshipment 转船	1×35x 1行×35个字
O	44A	Loading on Board/Dispatch/Taking in Charge at/from... 由……装船/发送/接管	1×65x 1行×65个字
O	44B	For Transportation to... 装运至……	1×65x 1行×65个字
O	44C	Latest Date of Shipment 最后装船日	6n 6个数字
O	44D	Shipment Period 装运期间	6×65x 6行×65个字
O	45A	Description of Goods and/or Services 货物叙述和/或各种服务	50×65x 50行×65个字

续表

M/O 必选/可选	Tag 代号	Field Name 栏目名称	Content/Remarks 表示方式/注意事项
O	46A	Documents Required 应提示单据	50×65x 50 行×65 个字
O	47A	Additional Conditions 附加条件	50×65x 50 行×65 个字
O	71B	Charges 费用	6×35x 6 行×35 个字
O	48	Period for Presentation 提示期间	4×35x 4 行×35 个字
M	49	Confirmation Instructions 保兑期间	7x 7 个字
O	53A	Reimbursement Band 偿付行	A or D A 或 D
O	78	Instructions to the Paying/Accepting/Negotiation Band 对付款/承兑/议付行之指示	12×65x 12 行×65 个字
O	57A	Advise Through Bank 通过……银行通知	A，B or D A，B 或 D
O	72	Sender to Receiver Information 银行间的备注	6×35x 6 行×35 个字

技能训练

1. 对照合同审核信用证中的不符点

中国国际纺织品进出口公司江苏分公司
China International Textiles I/E Corp. Jiangsu Branch
20 Ranjiang Road，Nanjing，Jiangsu，China

销售确认书　　　　编号 No.：cnt0219
Sales Confirmation　　　　日期 Date：May 10，2004

Our Reference：IT123JS

买方 Buyers：Tai Hing Loong SDN，Bhd，Kuala Lumpur.
地址　Address：7/F，Sailing Building，No. 50 Aidy Street，Kuala Lumpur，Malaysia
电话 Tel：×××-×-××××××××　　　　传真 Fax：×××-×-×××××××

兹经买卖双方同意成交下列商品，订立条款如下：

The undersigned sellers and buyers have agreed to close the following transaction according to the terms and conditions stipulated below:

Description of Goods	Quantity	Unit Price CIF Singapore	Amount
100% Coton Gree Lawn	300 000 Yards	HKD 3.00per yard	HKD 900 000.00

装运 Shipment: During June/July, 2004 in transit to Malaysia
付款条件 Payment: Irrevocable Sight L/C
保险 Insurance: To be effected by sellers covering wpa and war risks for 10% over the invoice value

买方（签章）The Buyer
Tai Hing Loong SDN, Bhd, Kuala Lumpur

卖方（签章）The Seller
中国国际纺织品进出口公司江苏分公司
China International Textiles I/E Corp.
Jiangsu Branch

买方开来的信用证如下所示：
From Bangkok Bank Ltd., Kuala Lumpur
Documentary Credit No.: 01/12345, Date: June 12, 2004
Advising Bank: Bank of China, Jiangsu Branch
Applicant: Tai Hing Loong SDN, Bhd., P.O.B. 666 Kuala Lumpur
Beneficiary: China International Textiles I/E Corp., Beijing Branch
Amount: HKD 900 000.00 (HongKong Dollars two hundred three thousand only)
Expiry Date: JUN 15, 2004 in China for negotiation
Dear Sirs: We hereby issue this documentary credit in your favor, which is available by negotiation of your draft (s) in duplicate at sight drawn on beneficiary bearing the clause: "drawn under L/C No. 98/12345 of Bangkok Bank Ltd., Kuala Lumpur dated June 12, 2004" accompained by the following documents:
-Signed invoice in quadruplicate counter—signed by applicant.
-Full set of clean on board ocean bills of lading made out to order, endorsed in blank, marked freight collect and notify beneficiary.
-Marine insurance policy or certificate for full invoice value plus 50% with claims payable in Nanjing in the same currency as the draft covering all risks and war risks from warehouse to warehouse up to Kuala Lumpur including srcc clause as per ICC 1/1/1981.
-Packing list in quadruplicate.
-Certificate of origin issued by Bank of China, NanJing.
-Ship's classification issued by Lioyds' in London.
Covering:
About 300 000 yards of 65% polyester, 35% cotton grey lawn. As per buyer's order No. TH-108 Dated May 4, 2004 to be delivered on two equal shipments during May/June.
All banking charges outside Malaysia are for the account of beneficiary. Shipment from China to port Kelang latest July 31, 2004. Partial shipments are allowed. Transshipment prohibited.
We hereby engage with drawers, endorsers and bona fide holders that drafts drawn and negotiated in conformity with the terms of this credit will be duly honored on presentation. Subject to UCP 500.

Bangkok Bank Ltd., Kuala Lumpur (Signed)

2. 审核信用证，将证中有错的地方、我方做不到或应注意的地方指出来

Deutsche Bank A. G. , Hamburg

Applicant：Hamburger GEMEINWIRTSGESSELSCHAFTS A. G. , Hamburg，Germany

Date and place of expiry：1st Sep. 2004 in Hamburg

Advising Bank：Bank of China，Tianjin，China

Amount：USD 9 000. 00（Say USD eight thousand）

Shipment from China to Hamburg not later than 20th Sep. 2004

Draft at sight drawn on beneficiary accompanied by the following documents：

1. Signed invoice counter signed by applicant.

2. Certificate of origin issued by Bank of china，TianJin.

3. Ship's classification issued by Lloyd's in London.

4. Full set of clean on board ocean B/L，made out to order，blank endorsed，marked "freight prepaid" and notify beneficiary，shipper is applicant.

5. Insurance policy covering all risks and war risk adding on deck clause as per CIC for 150pct invoice value，claim if any payable in Germany.

6. Weight note couter signed by applicant.

7. Inspection cert. Issued by advising bank.

Covering：10 M/T bitter aprcot kernels 1 grade USD 900 per M/T

CIF Hamburg.

Remarks：

1）All banking charges are for beneficiary's account.

2）Draft and documents to be sent by the negotiating bank to US within 24 hours by registered airmail in two lots.

3）Shipping marks as read：

ABC
Rotterdam
No. 1-UP

This credit is subject to UCP No. 500.

We hereby engage that payment will by duly mode against documents presented in conformity with terms of credit.

Deutsche Bank A. G. , Hamburg（signed）.

3. 分析信用证，填写一份信用证分析单

SWIFT 信用证的式样如下：

Basic Header　　F　01 BKCHCNBJA940 0542 763485

Applicantion Header　Q 700 1043 011214 SCBKHKHHBXXX 3414 633333 1048 N

＊Shanghai Commercial Bank Limited

＊Hong Kong

User Header　　Service Code　103：

Bank. Priority　113：

MESG user REF.　108：

BBIBMEY036P40000

INFO. from CI　115：

Sequence of total	27	: 1/1
Form of DOC. Credit	40 A:	Irrevocable
DOC. Credit Number	20	: LCBB61561
Date of Issue	31 C:	041214
Expiry	31 D:	Date 050129 place at our counter in HongKong
ApplicAnt	50	: ablendid development LTD Unit 10-6，15/F menal asia granite 34 wai yip Street，kowloon Hong Kong
Beneficiary	59	: Soho Textile and Light industry CO. Ltd. 120 taiping Road　Nanjing，China
Amount	32 B	: Currency USD amount 108 750. 00
POS. /NEG. TOL. (%)	39 A	: 10/10
Available with/by	41 D	: Any bank By negotiation
Drafts At...	42 C	: At sight
Ddrawee	42 D	: Shanghai Commercial Bank Ltd. Hong Kong for full invoice value
Partial Shipments	43 P	: Allowed
Transshipment	43 T	: Allowed
Loading in Charge	44 A	: Port in China
For transport to...	44 B	: Aarhus，Denmark
Description of Goods	45 A	:

Fabric Crushed Velour，150CM，at USD7. 5/M

As Per S/C No. 2K11121，JSL order No. 4500207220

Art. 5360004/10，1 000M Vanilla

Art. 5360025/30，2 000M Burgundy

Art. 5360029/40，10 700M Hunter Green

All CIF Aarhus，Denmark

Documents Required 46 A :

1. Full set of clean on board ocean vessel bill of lading issued to order and blank endorsed notifying Jysk CO. LTD. , and marked freight prepaid showing name and address of shipping company's agent at destination.

2. Signed commercial invoices in triplicate showing CIF value of the mentioned goods and stating，we hereby certify that the goods here in invoiced confirm with P/O No. , Jsl Order No. and art. No.

3. Packing lists in triplicate showing number of cartons，gross weight，net weight and specified per container.

4. Gsp certificate form a in duplicate issued by competent authority of P. R. China.

5. Insurance policy or certificate in assignable form and endorsed in blank for 110 PCT of invoice value with claims payable at destination in currency of draft covering ICC (A)，institute war clauses (Cargo)，institute strikes clauses (Cargo)，warehouse to warhouse clauses and showing No. of originals issued.

Additional Cond. 47 A :

1. Charges incurred in respect of any telegraphic transfer/charts payment/payment advice by SWIFT/Telex are for account of beneficiary.

2. A handling commission of USD 50. 00 or equivalent，plus telex charges，if any，will be deducted from the proceeds for each set of documents with discrepancies presented under this letter of credit.

3. All documents must be presented through beneficiary's banker and extra copy of invoice and transport document for L/C issuing bank's file required.

We hereby engage with the drawers, endorsers and bona fide holders that drafts drawn and negotiated in compliance with the terms and conditions of this credit will be duly honoured on presentation.

This documentary credit is subject to the uniform customs and practice for documentary credits (1993) revision, international chamber of commerce, publication No. 500.

Details of charges　　71 B: All banking charges outside Hong Kong
Are for account of beneficiary.

Presentation Period　　48 : All documents must be presented
To and reach our counter in Hong Kong
Within 7 Days after B/L date.

Confirmation　　49 : Without

Instructions　　78 :

1. Pls forward the whole set of documents in one lot to our bills processing centre (kowloon) at 2/f., 666 Nathan Road, Kowloon, Hong Kong via courier service at beneficiary's expenses.

2. In reimbursement, we shall remit proceeds in accordance with your instructions upon receipt of the documents.

Advise Through　　57 D: Your Jiangsu Branch

信用证分析单

银行编号		合约号		受益人			
证号							
开证银行				进口方			
开证日期		索汇方式		起运口岸		目的地	
金额				可否转运		唛头	
汇票付款人				可否分批			
汇票期限	见票____天期			装运期限			
注意事项				效期地点			
				提单日____天内议付	____天内寄单		

单证名称	提单	副本提单	商业发票	其他发票	海关发票	装箱单	重量单	尺码单	保险单	产地证	普惠制产地证	贸促会产地证	出口许可证	装船证书	投保通知	寄投保通知邮据	寄单证明	寄单邮据	寄样证明	寄样邮据		
银行																						
客户																						

提单	抬头		保险		
	通知				
运费预付				保额另加%	赔款地点
背书：					

思考与练习

1. 信用证的审核内容有哪些?

2. 对于信用证中出现的与合同不一致的内容，如果规定的比合同宽松，应该如何处理?

3. L/C规定装运期为after 15th April，1990 until 30th April，1990，实际提单日期为15th April，1990或30th April，1990是否可以?

4. L/C在FOB条件下，要求提单在运费条款中注明：Freight payable as per charter party是否可以？为什么?

任务2 准备出口货物

教学目标

1. 掌握国内采购合同的格式与具体内容条款。
2. 掌握出口货物准备的各项要求。
3. 能够按照出口合同和供应方进行谈判，签订购货合同。
4. 能够按照出口合同的要求准备货物并完成货物的包装和唛头的刷制。

任务引入

在收到外商询盘后，刘萍在国内对多家生产男式棉衬衫的厂家进行了联系和询价，在对男式棉衬衫的进货成本充分了解的基础上，给加拿大兄弟公司进行了报价。

弗瑞德公司与兄弟公司的出口合同签订后。刘萍就该服装与两家供应商进行磋商，准备选择一家下单，生产该批出口服装。确认信用证后刘萍立即与大连长青服装厂签订购货合同，并让其开始投入生产，准备出口货物。

任务分析

合同的双方当事人必须严格履行合同中所规定的各项义务。对于卖方来说，主要是交付与合同规定相符的货物和相关的合格单据。按照出口合同的要求交货是第一任务。

除了生产企业自营出口的货物外，外贸公司出口的货物大多需要国内采购。这就需要外贸公司的业务员在出口订单落实后，在国内寻找生产厂家，进行询价比较，贸易洽谈，签订采购合同。在生产过程中，还要对生产进度、产品质量和产品包装等工作进行跟踪，以保证质量和交货期。生产厂家生产货物的数量、质量以及包装等，直接涉及外贸公司对外履行合同的状况。

弗瑞德公司作为一家外贸公司，自身没有生产基地，现在要出口货物，需要找服装厂生产服装出口。刘萍已经做了许多前期工作，现在进入货物准备阶段。

相关知识

一、签订购货合同

1. 签订购货合同的意义

（1）签订购货合同是外贸企业落实货源的外在表现形式

出口贸易的目的就是将国内商品转移给国外买主，收取外汇。没有货源就无法交货也就谈不上出口。而签订购货合同则是落实货源的外在表现形式，是国内贸易的依据。

（2）签订购货合同是企业出口贸易顺利完成的基本保障

出口企业根据国外客户的购买需求，选择国内生产企业完成加工，购货合同是国外客户需求的体现，更是出口企业下达给生产企业生产要求的体现。因此，能否妥善地签订购货合同，能否将国外客户的需求准确地反映在购货合同中，成为企业能否顺利完成出口贸易的基本保障。

（3）妥善签订购货合同是企业出口经营方案的重要组成部分

出口贸易是以国内贸易为基础，以购货合同为保障的。妥善签订购货合同，是出口贸易顺利完成的第一步，也是企业出口经营方案的一个重要组成部分。

2. 签订购货合同的注意事项

（1）出口企业应根据国外客户需求，结合国际市场和国内市场行情签订购货合同

出口企业签订购货合同，有关商品的要求（品质、数量和包装等）以出口合同为依据，有关商品价格或费用方面的要求，应受出口合同的制约。还要考虑到国际市场及国内市场行情的影响，综合考虑，妥善签约。

（2）购货合同要求内容完整

出口企业应在购货合同中完整表述采购的商品的名称、质量、规格、花色、型号、品种、包装、需求量、交货时间、运输方式和结算方式等内容。

（3）购货合同要求文字规范、用词准确，充分利用合同条款保障购销双方的利益

出口企业可以要求生产厂家按时、按质、按量交付货物，按照合同规定把货物送往码头仓库或配合装箱公司送货，并按要求开好发票。这些要求均应在购货合同中得以准确体现。例如，购货合同规定："付完全部货款后，由供货方开具票据。"这一条款的规定就会构成企业利益的隐患。因为在实际工作中，由于销货方产品质量或型号等方面的原因，经常会出现销售折让，采购方在最后无法付完全款，而要根据实际情况扣除部分款项。而根据合同这是无权要求销货方开具发票的，也就无法抵扣，从而会影响税负，导致多缴税款。若将条款改

为“根据实际支付金额由对方开具票据”，则可以排除隐患。

二、备货操作

1. 原材料采购跟踪

原材料采购跟踪的目的在于满足对外合同执行中对原材料的需求，即在规定的期限，获得必需的原材料，避免企业停工待料。为了保证原材料按时供应，外贸业务员需要做大量细致的工作。在原材料采购跟踪工作中，外贸业务员要事先预计到可能发生的问题，尤其要关注原材料供应商、采购方企业控制等关键环节。原材料供应商可能由于管理、生产、技术等多方面原因而出现未能按期提供原材料的情况。采购方企业也可能由于供应商选择不当或自己工作不到位等原因使供应商未能及时提供原材料。

(1) 原材料采购跟踪要求

原材料采购跟踪的基本要求是：适当的交货时间，适当的交货质量，适当的交货地点，适当交货数量及适当的交货价格。

1) 适当的交货时间

适当的交货时间是外贸业务员进行原材料采购跟踪的中心任务。原材料交货时间过早或过晚都不利于采购企业的运作，外贸业务员的任务就是使所采购的原材料在规定的时间获得有效的供应。

2) 适当的交货质量

适当的交货质量，是指供应商所交的原材料可以满足企业的使用要求。过低的质量要求是不允许的，而过高的质量会导致成本升高，削弱产品的竞争力，同样是不可取的。材料质量达不到企业的使用要求，会产生如下后果：企业内部相关人员花费时间和精力去处理质量问题，增加管理费用；企业在重检、挑选上花费额外的时间精力，造成检验费用增加；生产线返工增多，降低生产效率；生产计划推迟，有可能不能按期向客户交货，降低客户对企业的信任度；引起客户退货，严重的会丢失客户，导致企业蒙受严重损失。

3) 适当的交货地点

因交货地点不当，会增加原材料的运输、装卸和保管成本。为了减少企业的运输和装卸费用，外贸业务员在进行原材料跟踪时应要求供应商在适当地点交货，应重点选择那些离企业近、交通方便的供应商。

4) 适当的交货数量

适当的交货数量是指每次交来的原材料企业刚好够用，不产生过多的库存。

5) 适当的交货价格

一个合适的价格，要经过以下几个环节的努力才能获得：多渠道获得商品报价，比价，议价，定价。外贸业务员对每个产品的采购，一般需保留 3 个以上的供货商的报价。这些供货商的价格可能相同，也可能不同。但让这些供货商知道他只是众多供货商中的一个竞争者，会使供货商努力改善合作关系，使企业有可能获得最好的报价和服务。

(2) 原材料采购跟踪的流程

原材料采购跟踪流程如图 3—2—1 所示。

2. 生产进度跟踪

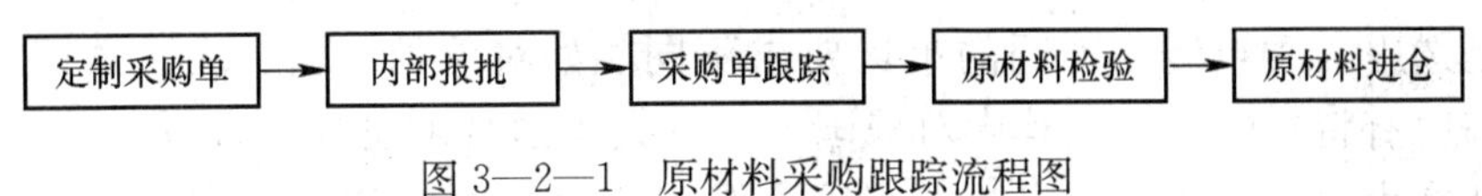

图 3—2—1　原材料采购跟踪流程图

（1）生产进度控制工作程序

1）跟单员通过生产管理部门每日的生产日报表统计，调查每天的成品数量及累计完成数量，以了解生产进度并加以跟踪控制，以确保能按订单要求准时交货。

2）跟单员可利用每日实际生产的数字同预定生产数字加以比较，看是否有差异，以追踪记录每日的生产量。

3）跟单员发现实际进度与计划进度产生差异，应及时查找原因。如属进度发生延误导致影响交货期，除追究责任外，应要求企业尽快采取各种补救措施，如外包或加班等。

4）企业采取补救措施后，跟单员应调查其结果是否有效，如效果不佳，跟单员应要求企业再采取其他补救措施，一直到问题得到解决。

5）补救措施无效，仍无法如期交货时，跟单员应及时联络并争取取得境外客户谅解，并征求延迟交货日期。

（2）生产进度控制重点

生产进度控制重点包括：计划落实执行情况，机器设备运行情况，原材料供应保障，不合格及报废率情况，临时任务或特急订单插入情况，各道工序进程，员工工作情绪等。

（3）生产异常的处理

发生各种生产异常，最终会导致生产进度无法按计划进行。跟单员在生产过程中要掌握生产异常情况，进行跟踪工作并及时处理。

3. 产品包装跟踪

（1）出口纸箱包装要求

1）外箱毛重一般不超过 25 kg。单瓦楞纸板箱，用于装毛重小于 7.5 kg 的货物；双瓦楞纸板箱，用于装毛重大于 7.5 kg 的货物。

2）纸箱的抗压强度应能在集装箱或托盘中，以同样纸箱叠放到 25 m 高度不塌陷为宜。

3）如产品需要做熏蒸，外箱的四面左下角要有 2 mm 开孔。

4）箱体上不能使用铁钉（扣）。

（2）塑胶袋包装要求

1）PVC 胶带一般是禁用的。

2）胶袋上要有表明所用塑料种类的三角形环保标志。

3）胶袋上印刷警告语，如“Plastic bags can be dangerous. To avoid of suffocation, keep tees bag away from babes and children”。

4）胶袋上要打孔，每侧打一个，直径为 5 mm 。

（3）木箱包装要求

对于涉及机械商品的出口，大多需要用木质材料包装。一般选用九合板包装（注：不是实木，是人工复合而成的木质材料，不用熏蒸）。如果是大型机械，不适宜装集装箱，采用无包装的形式，放在甲板或船舱内。

同样是选用木质包装，不同的市场要求不同。如对美国、加拿大、欧盟、日本及澳大利亚出口时有特殊的要求，其中对美国、加拿大等国必须出具“官方熏蒸证书”，木质包装一定要在出口前熏蒸。而出口中东国家及某些亚洲国家的木质包装，目前不需要熏蒸。对于出口非洲国家的木质包装，则要看具体国家的规定，如对尼日利亚和坦桑尼亚出口需要熏蒸。

木质托盘和木箱必须实施热处理或熏蒸处理，由检验检疫机构出具《出境货物木质包装除害处理合格凭证》并加贴黑色标志（规格：3 cm×5.5 cm、6 cm×11 cm 及 12 cm×22 cm）（如图 3—2—2 所示）后方能报关出口。

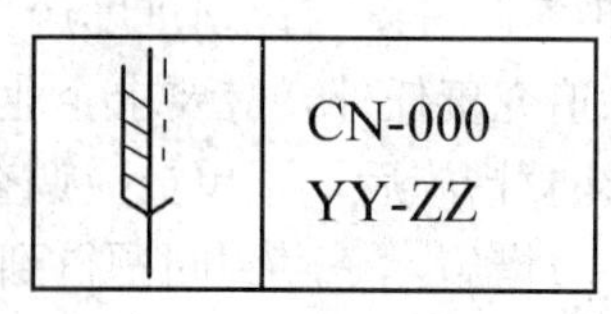

图 3—2—2　我国出境货物木质包装标志

IPPC—《国际植物保护公约》的英文缩写。

CN—国际标准化组织规定的中国国家编号。

000—出境货物木质包装生产企业的三位数字登记号，按直属检验检疫局分别编号。

YY—除害处理法，溴甲烷熏蒸—MB，热处理—HT。

ZZ—各直属检验检疫局两位数代码（如黑龙江局是 23）。

表 3—2—1　　各直属检验检疫局代码表

北京局	11	福建局	35	珠海局	48
天津局	12	江西局	36	重庆局	50
河北局	13	山东局	37	四川局	51
山西局	14	厦门局	39	贵州局	52
内蒙古局	15	宁波局	38	云南局	53
辽宁局	21	河南局	41	西藏局	54
吉林局	22	湖北局	42	陕西局	61
黑龙江局	23	湖南局	43	甘肃局	62
上海局	31	广东局	44	青海局	63
江苏局	32	广西局	45	宁夏局	64
浙江局	33	海南局	46	新疆局	65
安徽局	34	深圳局	47		

（4）其他包装材料

出口到挪威的用草类包装材料包装的货物，在挪威办理货物进口手续时必须提供证明，否则包装将予以焚毁，费用由进口方支付。用旧编织材料制成的麻袋、打包麻布用做包装的货物出口去挪威，在挪威办理货物进口手续时必须提供证明，否则不准用做包装材料进入。

随着全球环保意识的逐渐增强，使用符合环境保护要求的包装材料是出口包装的发展方向。如德国规定包装材料要符合 3R 原则，即可再生利用（Reuse）、可自然降解还原（Reduce）和可进行循环再生处理（Recycle）。要求纸箱表面不能上蜡、上油，也不能涂塑料、沥青等防潮材料；外箱不能有蜡纸或油质隔纸；箱体瓦楞纸板间的连接需采取黏合方式，不能用任何金属或塑料钉或夹，尽可能用胶水封箱，不能用 PVC 或其他塑料胶带；纸箱上所做的标记必须用水溶性颜料等。又如欧洲各国在 1992 年就完全禁止使用聚氯乙烯（PVC）包装材料。使用符合进口国环保要求的包装材料，需要在包装材料外部的显著位置，印刷一些标志，如“可循环标记”（Recycle Mark）等。如图 3—2—3 所示是部分国家或地区的可循环标记。

图 3—2—3　可循环标记示例

（5）刷唛操作

1）唛头的含义

唛头，也称运输标志（shipping mark），如图 3—2—4 所示。它是一种识别标志，由一个简单的几何图形和一些字母、数字及简单的文字组成。按国际标准化组织（ISO）的建议，应包括四项内容：收、发货人名称的英文缩写（代号）或简称；参考号（如订单号、发票号、运单号码或信用证号码）；目的地（港）；件号。

KKK	收、发货人名称
L/C：DC789	信用证号
TOKYO	目的港
No. 2	件号（顺序号和总件数）

图 3—2—4　唛头示例

2）正唛与侧唛

运输标志的涂刷位置应该在包装箱（外箱）的两个对称面上，也称正唛或主唛（main mark）；而另外两个对称面则涂刷包装的体积、毛重、净重和产地等内容，也称侧唛（side mark），如图 3—2—5 和图 3—2—6 所示。

除了国际标准化组织的建议外，区别主唛和侧唛并没有明确统一的标准。需要指出的是，在发票、装箱单、提单（运单）、许可证、产地证和保险单等单据中显示的是主唛而不是侧唛。

G. W.：12 kg
N. W.：11 kg
MEAS：58×40×40 cm

图 3—2—5　侧唛 1

G. W.：12 kg
N. W.：11 kg
MEAS：58×40×40 cm
MADE IN CHINA

图 3—2—6　侧唛 2

3）刷唛的注意事项

在实务中，侧唛一般是由出口方自行设计，除非合同或信用证中有专门规定；若合同或信用证中没有写明具体的主唛，则出口方可以选择“No Mark”或“N/M”来表示无主唛，或自行设计一个具体的主唛；若合同或信用证规定了具体主唛，并有“仅限于……”字样，则主唛中的每一个字母、数字、排列顺序、位置、图形和特殊标注等都应按合同或信用证规定的原样进行刷制；若合同信用证规定具体主唛内容，如图 3—2—7 所示，但没有“仅限于”等类似字样，则可以增加内容，如图 3—2—8 所示，但不能删减内容，如图 3—2—9 所示。

KKK
L/C：DC789
TOKYO
No. 1—

图 3—2—7　合同规定的主唛

KKK
L/C：DC789
TOKYO
No. 1—200

图 3—2—8　增加内容后的主唛

KKK
L/C：DC789
TOKYO

图 3—2—9　删减内容后的主唛

若合同或信用证规定的主唛用英文表示图形，如“KKK in diamond”或“KKK in triangle”或“KKK in circle”等，则应将菱形或三角形或圆形等具体图形表示出来，如图 3—2—10所示。

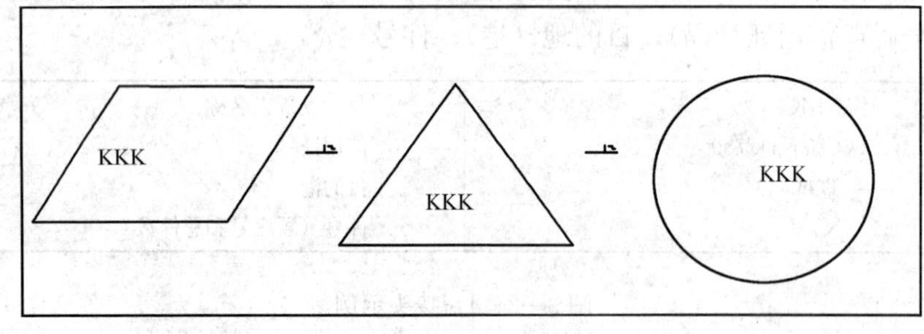

图 3—2—10　使用图形的主唛

4. 产品质量跟踪

严格把住质量关，是企业按标准、工艺和图样组织生产的要求，是确保客户利益的需要，同时也是维护企业信誉和提高经济利益的需要。外贸业务员（或外贸跟单员）在进行出口产品质量跟踪时，一定要以外贸合同的质量要求为依据。要做好出口产品质量的跟踪工作，外贸业务员必须了解和掌握国内外对产品质量的基本要求与标准，以及充分把握和理解外贸合同对产品的详细质量要求。

任务实施

一、签订购货合同

弗瑞德公司与大连长青服装厂的主要磋商谈判结果如下。

品名及货号：　男式棉衬衫具体款式和要求按客户的确认样。

面料：100%棉

单价：No. 1094L 24 元/件 No. 286G 20 元/件 No. 654 23 元/件

数量：No. 1094L 710 dozs　No. 286G 810 dozs　No. 654 170 dozs

金额：4 458 元

包装：1 件装一个塑料袋，6 件装一个牛皮纸袋，8 打或 10 打装一箱

尺码搭配：

	M	L	XL		纸箱尺寸
1094L：	3	3	4	=10 打/箱	68×46×45 cm
286G：	1.5	3	3.5	=8 打/箱	72×47×49 cm
654：	1.5	3.5	3	=8 打/箱	68×46×45 cm

正唛：包括 SUN、合同号码、款式号、目的港和箱号。

侧唛：包括产品颜色、纸箱尺寸和每箱件数。

支付方式和交货点：交货时支付，工厂交货。

交货期：收到需方通知后 45 天内交货。

2009 年 5 月 20 日，根据弗瑞德公司与大连长青服装厂磋商谈判的结果，弗瑞德公司外贸业务员刘萍拟定购销合同，经双方盖章签字确认，合同开始生效。需要注意内贸合同的内容一定要与外贸合同相符，不要出现相互矛盾的条款。

购销合同

需方：哈尔滨弗瑞德贸易有限公司　　合同编号：09YX430

签约时间：2009 年 5 月 20 日

供方：大连长青服装厂　　签约地点：大连

根据《中华人民共和国合同法》和有关规定，经双方协商签订本合同，并信守下列条款：

一、商品

品名及规格	数量	单位	单价（含税）	金额	交货期
男式棉衬衫 款号：No. 1094L No. 286G No. 654 面料：100%棉	710dozs 810dozs 170dozs	打 打 打	24 元/件 20 元/件 23 元/件	445 800	2009 年 6 月 20 日前
总金额（大写）	人民币　肆拾肆万伍仟捌佰元整				

二、质量要求：具体款式和要求根据确认样。
三、包装要求：1 件装一个塑料袋，6 件装一个牛皮纸袋，8 打或 10 打装一箱，具体要求按国外客户订单。
四、交货地点：在供方仓库交货。
五、付款方式：交货时支付。
六、责任条款：
1. 因供方的责任造成国外客户索赔的，其索赔款及因索赔而产生的费用由供方承担。
2. 需方已安排供方生产的商品，因外销变化需要做出某些调整或变动的，其修改部分则为合同的组成部分。
七、本合同有效期从 2009 年 5 月 20 日至 2009 年 6 月 20 日。
八、纠纷处理方法及地点：执行本合同过程中如有争议，双方通过友好协商解决；协商未能取得一致，则由需方所在地人民法院管辖。
九、本协议双方签字盖章。合同一式两份，供需双方各执一份。
十、备注：在客户确认产前样之后开始生产。

需方授权代表：刘萍	供方授权代表：韩一新
盖章：哈尔滨弗瑞德贸易有限公司	盖章：大连长青服装厂
需方电话：××××-×××××××××	供方电话：××××-××××××××
传真：××××-×××××××××	传真：××××-××××××××

二、备货

1. 原材料采购跟踪和打样

外贸业务员刘萍要对原材料的采购做好跟踪工作，并要对大连长青服装厂欲采购原材料和辅料进行确认，然后把色样（lab dip）和辅料样（accessory material sample）寄给加拿大兄弟公司进行确认。2009 年 5 月 22 日刘萍收到兄弟公司对色样和辅料样通过检验的回复后，马上通知大连长青服装厂采购原材料并打产前样（pre-production sample）。2009 年 5 月 24 日打好产前样并寄出。

2. 生产进度跟踪

2009 年 5 月 28 日，刘萍收到兄弟公司对产前样确认的通知，该产前样式为确认样（approved sample），进行封样，并通知大连长青服装厂开始排产。能否按照信用证规定的交货期及时出货的关键是要与大连长青服装厂共同制定合理的生产计划，并跟踪其生产进度，保证及时出货。刘萍指导跟单员张磊做好以下几项生产进度跟踪工作。

（1）加强与生产管理人员的联系，明确生产、交货的权责。

（2）减少或消除临时、随意的设计和技术变化，规范设计和技术变更要求。

（3）掌握生产进度，督促生产企业按进度生产。

（4）加强对产品质量、不合格产品和外协产品的管理。

（5）妥善处理生产异常事务等。

刘萍要及时掌握生产进度异常情况，以做到对生产进度心中有数，并能及时与生产企业沟通，找出解决问题的对策。

刘萍一方面督促大连长青服装厂合理调整生产计划，提高生产产能，争取比估计的交货期提前一些时间；另一方面，督促外贸单证员事先向船公司订好合理舱位，以保证在信用证规定的交货期之前顺利出货。若估计通过调整产能仍大约要在信用证规定交货期以后才能完成交货，必须要及时向国外客户反映情况，争取修改信用证，延长交货期和有效期。

3. 产品包装跟踪

刘萍一方面要保证大连长青服装厂符合合同规定的质量、尺寸和装箱数量等要求的纸箱准时到位；另一方面，要指导进行准确的刷制正唛和侧唛的工作（实际装运190箱）。

正唛：

Brother
S/C No.：FT09CS004
Port of destination：Toronto
Carton No.：1－190

侧唛：

White
68×46×45 cm
72×47×49 cm
68×46×45 cm
8dozs or 10dozs

4. 产品质量跟踪

外贸跟单员张磊在进行出口产品质量跟踪时，严把质量关，以外贸合同质量要求为依据要求大连长青服装厂按兄弟公司要求的生产工艺和图样进行生产。通过生产前检验、生产初期检验、生产中期检验和生产尾期检验，最终使大连长青服装厂保质保量地完成了男式棉衬衫的生产。

知识链接

1. 出口备货的资金筹措

从资金来源看，主要有以下 4 种：

(1) 自有资金

有多年经营出口业务经验的外贸公司已建立了一套生产、加工、仓储和运输体系，他们往往把自己拥有的资金，预付给生产、加工等部门，生产或加工部门按外贸公司的要求进行生产，并按时将货物运往指定仓库。预付资金使供货部门能够随时在当地收购现货，取得较为有利的价格，这一点对农副产品的收购尤为重要。但预付资金通常是在订立合同之前就已付出，如果资金被挪用，而公司已签订合同，货源却没有着落，会使外贸公司处于相当不利的境地。为了避免这一弊端，有时外贸出口公司也要求生产部门或供货部门先生产、加工，并将货物按时运往指定仓库，然后外贸公司再凭仓单付款。

（2）出口贷款

出口方在订立合同或收到信用证后，可以向银行申请出口打包贷款。银行贷款的条件是要有国外开来的信用证或履约率很高的出口成交合同。出口方申请此类贷款只能逐笔申请，以信用证正本作抵押，银行经审核后发放贷款。贷款金额按信用证或合同所列商品的销售收入计算，贷款期限从贷款之日起到货款收妥结汇之日止，最长不超过收汇之后的一个星期。

（3）工贸工农联营

外贸公司同城市中小型企业或乡镇企业在“自愿、平等、互利”的基础上组织各种类型的联营企业，主要形式有合资经营、合作经营、产销协议等。通过联营合作，可以把各方的利益以外贸出口为轴心联系起来。这样，中小型企业或乡镇企业就可根据合同或协议，按外贸公司的要求组织货源，安排生产、加工。

（4）代理出口

代理出口是指生产和供货部门，在独立核算、自负盈亏前提下，组织适销的产品委托对口的外贸公司负责对外成交、出运、收汇等一系列服务。外贸公司酌情向委托单位收取一定数额的手续费。如果外贸公司对外签订的合同属于代理出口性质，那么组织货物所需要的资金由委托方负责。实行这种方式出口，生产和供货部门既为外贸公司提供了稳定、可靠的货源又不失为扩大出口的良策。

2. 供应商的选择

供应商选择的基本准则是“QCDS”原则，即质量、成本、交付与服务并重的原则。

（1）质量：质量因素是最重要的，首先要确认供应商是否建立了一套稳定有效的质量保证体系，然后确认供应商是否具有生产所需特定产品的设备和工艺能力。

（2）成本与价格：要对所涉及的产品进行成本分析，并通过双赢的价格谈判实现成本节约。但过低的价格只能取得低劣的产品。

（3）交付：要确定供应商是否拥有足够的生产能力，人力资源是否充足，有没有扩大产能的潜力。

（4）服务：查阅供应商的售前、售后服务的记录，确认其服务是否良好。

技能训练

模拟一家公司，和外商洽谈签订合同，在国内寻找供应商，磋商订立供货合同，并对生产进行跟踪。

思考与练习

1. 订立购货合同应该注意什么问题？
2. 寻找供应商的途径有哪些？如何处理好和供应商的关系？
3. 讨论出口货物的生产过程中，会出现哪些问题，应该如何解决？

任务3　报　　检

教学目标

1. 掌握出口报检的程序。
2. 掌握出境货物报检单、检验证书的填制规范。
3. 能够办理具体的出口商品报检手续。
4. 能够填制出境货物报检单，审核检验证书的内容是否正确。

任务引入

由于弗瑞德公司出口的男式棉衬衫属于法定检验的商品范围（属于《种类表》商品范畴），在商品报关时，报关单上必须有商检机构的检验放行章方可报关。因此，刘萍于2009年6月20日委托大连长青服装厂向商检局辽宁局报检，并制作出境货物报检单和报检委托书，并附上商业发票和装箱单等单据。

信用证中需要长青公司提供质量检验证书和产地证，刘萍去商检局时一并办理。为了保障买卖双方的利益，避免争议的发生，以及争议发生后便于分清责任和进行处理，由专业的检验机构负责对卖方交付的货物进行检验，以此作为交货是否合格的依据。

任务分析

出口商品的检验检疫，是国际贸易业务流程中的重要环节。根据我国进出口商品检验检疫的有关规定，凡被列入国家法定检验检疫范围的商品，最迟应于报关或出境装运前10天，向货物所在地检验检疫机构申请报检；由内地运往口岸分批、并批的货物在产地办理预检，合格后方可运往口岸办理出境货物的查验换证手续，只有取得检验检疫局出具的货物通关放行单，海关才能放行。

在实际业务中，买卖双方往往根据成交货物的种类、性质、有关国家的法律和行政法规、政府的涉外经济贸易政策和贸易习惯等确定卖方应向买方提供的所需要的检验证书。凡合同、信用证订明必须由出口方提供商品检验检疫证书的，必须由商品检验检疫机构按合同、信用证中的具体要求出具检验证书。如果需要出口方提供各类产地证，应该明确该产地证是由检验检疫机构还是国际贸易促进委员会出具；如果是由检验检疫机构签发产地证，应该到检验检疫机构一并办理。出境货物检验检疫流程图，如图 3—3—1 所示。

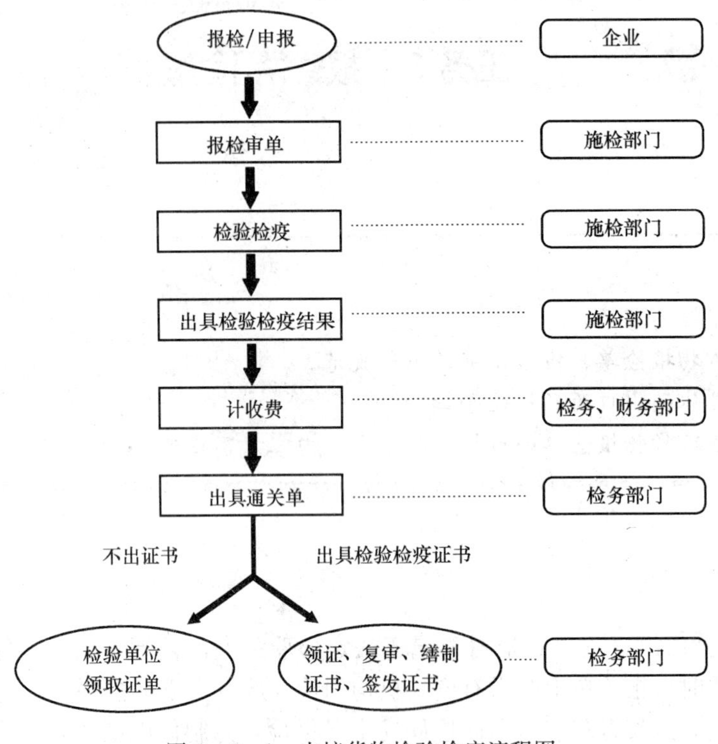

图 3—3—1　出境货物检验检疫流程图

相关知识

凡属国家规定，或协议规定必须经中国国家进出口商品检验局检验出证的商品，在货物备齐后，必须向商检局申请检验，取得商检局颁发的合格的检验证书后，海关才准予放行。凡经检验不合格的货物，一律不得出口。有些合同中已明确规定呈交检验证明，即使没有规定，在海运出口托运环节中，未经海关检验合格也是不能装船出运的。因而在托运的同时，应办理报检，出口报检程序图，如图 3—3—2 所示。

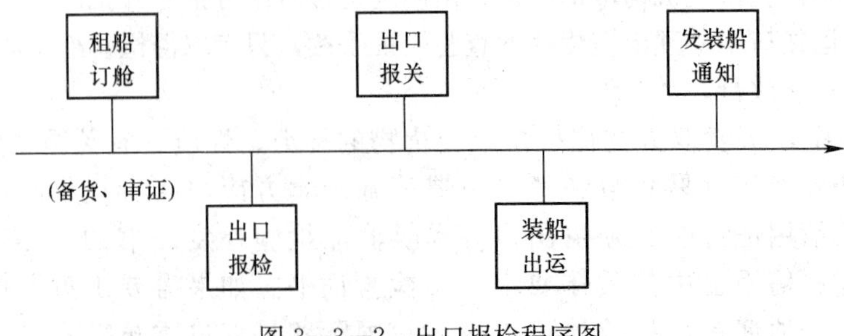

图 3—3—2　出口报检程序图

一、出口货物报检规定

商品检验的目的是保证进出口商品的质量，维护对外贸易各方的合法权益。商品检验的对象不仅针对货物，还包括与货物运输有关的一切运输工具。因此，进出口商品检验成为我国商品买卖中不可缺少的一个重要环节，也是买卖合同中不可缺少的内容之一。

我国对进出口商品的检验有法定检验和鉴定业务两类。根据我国《中华人民共和国进出口商品检验法》的有关规定，国家对某些商品进行出口前的强制性检验即法定检验。我国出口商品中，凡是列入《商检机构实施检验的进出口商品种类表》中的商品，如纺织品、服装、食品、医药、粮油以及船舱和集装箱等均属于法定检验的商品。有时合同和信用证中也规定由商检机构检验并出具商检证书，此类检验常常属于鉴定业务。需要检验的商品均需在出口报关前到商检机构申请商检。否则，凡属法定检验的商品，若报关单上没有"商检放行章"，海关将不接受申报，而非法定检验但必须要商检机构出具证明的商品若未经商检机构检验和发证的，有关银行将不予以结汇。

1. 报检范围

根据《中华人民共和国进出口商品检验法》的规定，下列商品在出口前，需经商检机构或者国家商检部门指定的检验机构检验。

（1）列入国家商检部门公布的《商检机构实施检验的进出口商品种类表（以下简称《种类表》）内的出口商品。

（参见 http：//www. hecom. gov. cn/wtofadian/wen/fagui/dlbf/d13p/d13p315. htm）

（2）其他法律、行政法规规定需经商检机构检验的出口商品。

（3）对外贸易合同（包括信用证和购买证）规定由商检机构检验的商品。

（4）对外贸易关系人需要商检机构检验的商品。

（5）输入国政府规定需经我国商检机构检验出证的商品。

上述出口商品未经商检机构或者国家商检部门指定的检验机构检验合格，一律不准出口。

2. 报检机构

我国办理进出口商检的官方机构是中国出入境检验检疫局（CIQ），它是由原进出口商检局，原卫生部卫生检疫局和原农业部动植物检疫局于 1998 年 7 月共同组建的，以国家行政机构的身份办理我国进出口公司的商检工作并签发证书。另外为满足国外客户要求民间机构出具证书的要求，又成立了出入境检验检疫公司（CCIC），作为民间机构办理商品的出入境检验检疫。此外，也可以由中国国际贸易促进委员会或中国国际商会办理，还可以由制造厂商或出口商本身办理。如果信用证中规定由外国检验机构出具商检证书，由于外国的公证行、公证人及鉴定人的检验标准和出证时间各异，受益人不能直接接受。

3. 报检程序

（1）报验

一般最迟在报关或装运前 10 天进行，个别商品检验周期较长时还应提前，鲜货在装运前3～7天报验。由具有该商品出口经营权的单位或受其委托的单位填写《出口商品检验申请单》，向当地商检机构办理报验。报验时，须随附下列单据或证件。

1）出口货物明细单。

2）出口货物报关单或其他供通关用的凭证（如《××商检局放行通知单》）。

3）对外贸易合同或售货确认书及有关函电、信用证（或购买证），随附商业发票和装箱单等单据。如信用证有修改的，要提供修改函电。

4）凭样成交的，提供成交小样。

5）经生产经营单位自行检验的，须加附厂检结果单或化验报告单，如同时申请鉴重的，须加附重量明细单（磅码单）。

（2）检验

报验的出口商品，原则上由商检机构进行检验，或由国家商检部门指定的检验机构进行，商检机构也可视情况，根据生产单位检验或外贸部门验收的结果换证，也可派出人员与生产单位共同进行检验。检验的内容包括商品的质量、规格、数量、重量和包装，以及是否符合安全、卫生要求。检验的依据是法律、行政法规规定的强制性标准或者其他必须执行的检验标准（如输入国政府法令、法规规定）或对外贸易合同约定的检验标准。

（3）出证

出口商品经检验合格的，由商检机构签发《检验证书》，或在《出口货物报关单》上加盖检验印章。经检验不合格的，由商检机构签发《不合格通知单》。根据不合格的原因，商检机构可酌情同意申请人申请复验，复验原则上仅限一次，或由申请单位重新加工整理后申请复验，复验时应随附加工整理情况报告和《不合格通知单》，经复验合格，商检机构签发《检验证书》。

二、出口商品的检验程序

出口商品检验总的来说分为法定检验和非法定检验两部分，其中法定检验的范围包括《种类表》及其他法律、法规规定必须经过商检机构和国家商检部门、商检机构指定的检验机构检验的进出口商品。

1．法定检验出口的检验工作程序

（1）报验人填写“出口检验申请单”。

（2）提供合同、信用证及有关单证资料。

（3）商检机构对已报验的出口商品实施检验，并出具检验结果。

1）直接出口的出口商品，经检验合格后出具放行单或商检证书。

2）运往口岸或异地出口的出口商品，经检验合格后出具“出口商品检验报验凭单”。

3）经检验不合格的，出具“出口商品检验不合格通知单”。

（4）报验人领取商检单证。

法定检验的程序如图3—3—3所示。

2．非法定检验出口的检验工作程序

（1）据合同、信用证的规定或申请人的要求，需商检机构检验出具商检证书的，可向商

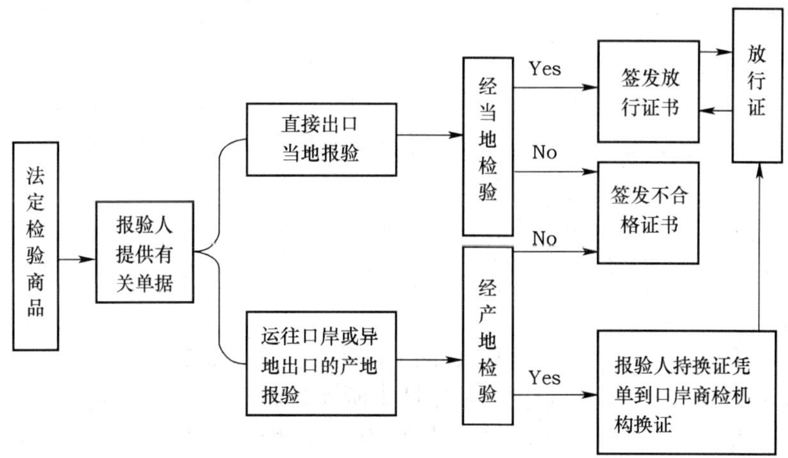

图 3—3—3　法定检验程序图

检机构报验。

（2）填写“出口检验申请单”，并提供有关单据及资料。

（3）商检机构根据申请人的申请，对出口商品实施检验。对合格的出具商检证书，对不合格的则出具“出口商品不合格通知单”。

（4）领取商检单证。

非法定检验的程序如图 3—3—4 所示。

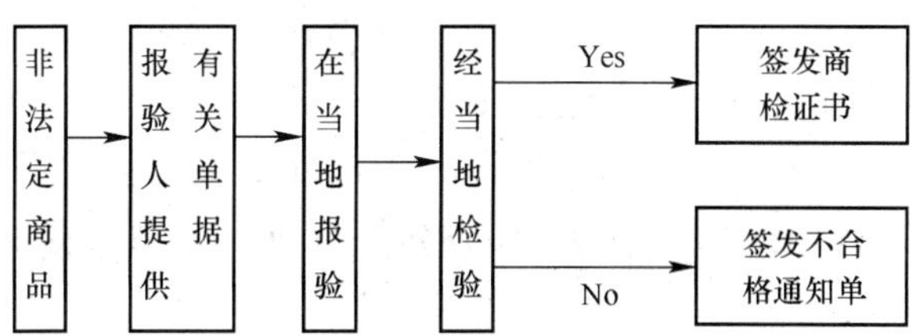

图 3—3—4　非法定检验程序图

三、出口商品的报验程序

1. 报验要求

（1）报验人在报验时应填写规定格式报检申请单，提供与出入境检验检疫有关的单证资料、按规定缴纳检验检疫费用。

（2）报验人申请撤销报验时，应书面说明原因，经批准后方可办理撤销手续。报验后 30 天内未联系检验检疫事宜的，做自动撤销报验处理。

（3）应重新报验的情况有：①超过检验检疫有效期限的。②变更输入国家或地区，并又有不同检验检疫要求的。③改换包装或重新拼装的。④已撤销报验的。

（4）报验人申请更改证单时，应填写更改申请单，交附有关函电等证明单据，并退还原证单，经审核同意后方可办理更改手续。品名、数（重）量、检验检疫结果、包装、发货人、收货人等重要项目更改后与合同、信用证不符的，或者更改后与输出、输入国家或地区法律法规不符的，均不能更改。

2. 填写出口检验申请单

（1）报验号：商检机构受理报验的编号，由商检机构受理报验人员填写。

（2）报验单位：填写报验单位全称并加盖公章或报验专用章（或附单位介绍信）。

（3）报验日期：填写报验当天日期。

（4）存货地点：出口货物存放处的详细地址。联系人、电话、地址，按实际情况填写。

（5）卖方或发货人（seller or consignor）：合同上的卖方或信用证的受益人要求用中文、英文填写，填写要一致。

（6）收货人（buyer or consignee）：合同上的买方或信用证的开证人。

（7）品名（commodity）：按合同、信用证中所列名称填写，但中英文要一致。

（8）报验数量（quantity declared）：按实际申请检验数量填写，并注明计量单位，如：×吨。

（9）生产部门：生产出口商品的企业名称。

（10）输往国别：出口货物的最终销售国。

（11）H. S. 编码：按《商品分类及编码协调制度》填写 8 位数字，如皮革服装的 H. S. 编码为 4 203. 100 0。

（12）总净/毛重：按实际申请检验总净/毛重填写，并注明计量单位名称。

（13）成交单价及总值：按出口合同或发票所列货物的成交单价和总值填写并注明货币名称。

（14）收购单价及总值：外贸经营单位向生产经营部门收购商品的人民币值。

（15）运输方式：填海运、陆运、空运、邮运、多式联运等多种运输方式之一。

（16）标记及号码（mark and No.）：也称唛头，按出口货物的报关单或明细单所列填写（应与实际货物运输包装上所示一致）。中性包装或裸装、散装商品应填“N/M”，并注明“裸装”或“散装”。

（17）结汇方式：为支付货款的方式。常用的有信用证方式（L/C）、汇付（包括信汇 W/T、电汇 T/T、票汇 D/D）、付款交单（D/P）、承兑交单（D/A）等。

（18）出运口岸：办理报关出运的地点或口岸。

（19）商品包装情况：按实际包装填写。注明使用的包装材料及包装情况是否良好，如箱装，填“纸箱包装，包装完好”。

（20）备注：如对检验证书的内容有特殊要求或有其他需要特别说明的可在此注明，如：①来证要求商检证书抬头为分析证书，则以品质/分析证书申请出证，即 Inspection Certificate of Quality/Analysis。②来证要求列明收货人，或收货人栏需敬启者（To Whom It May Concern）、凭指示（To Order）出证的，都应写在此栏内，以供商检机构出证时参考，使报验人顺利结汇。③其他未加说明的栏目按实际情况填写或打“√”。其中检验处评定意见、检验方式、计收费等由商检机构自填。出口检验申请单样式如下：

出口检验申请单

中华人民共和国北京进出口商品检验局： 报验号：

兹有下列商品申请报验，请照章办理。 存货地点：

报验单位：

日期： 年 月 日 联系人： 电话： 地址：

发货人		生产部门	
收货人		输往国别	
品名		H. S. 编码（8位）	
报验数量		总净重	
		总毛重	

成交单价（美元）	成交总值（美元）	收购单价（人民币）	收购总值（人民币）	
标记及号码	申请证书份数		运输方式	

	品质 文 份 分析 文 份 重量 文 份 数量 文 份 兽医 文 份 卫生 文 份 健康 文 份 换证凭证 份 其他	放行 更改证书	随附证件号： 合同号： 信用证号： 厂验单： 预验单： 换证凭单： 包装性能检验结果单：其他：
			结汇方式：
	预约工作日期		出运口岸：
	领取证单	正副	商品包装情况：
	领取人 / 日期		

检验处评定意见	检验方式	贸易方式	一般贸易	三来一补	边境贸易	其他
	商品检验	自检	备注			
		共验				
		抽检				
	组织检验	认可				
		其他				
		免验				

流程	月	日	经办人	流程	月	日	经办人	计收费栏
受理				检务复审				预收：
送检				翻译				
抽样				制证				补收：
检验				校对				
化验				总校				
拟证				发证				共计实收：
审核					检验处			
签发								
返回					检验科			

3. 出口商品报验时应提供的单证和资料

(1) 外贸合同或销售确认书或订单。

(2) 信用证及有关函电。

(3) 生产经营部门出具的厂检结存件。

(4) 法定检验出口商品报验时，还应提供商检机构签发的“出口商品运输包装容器性能检验结果单”正本。

(5) 发货人委托其他单位代理报验时，应加附委托书（原件）。

(6) 凭样成交的应提供成交样品。

(7) 经预验的商品，在向商检机构办理放行手续时，应加附该商检机构签发的“出口商品预验结果单”正本。

(8) 经其他商检机构检验的商品，应加附发运地向商检机构签发的“出口商品查验报验凭单”正本。

(9) 按照国家法律、行政法规规定实行卫生注册及出口质量许可证的商品，必须提供商检机构批准的注册编号或许可证编号。

(10) 出口危险品货物时，必须提供危险品包装容器的性能检验和使用鉴定合格证(单)。

(11) 出口锅炉、压力容器，需提供锅炉监察机构（如市劳动局）审核盖章的安全性能检验报告（正本）。

4. 出口商品报验时应注意的事项

(1) 关于出口报验的时间，要求最迟应于报关或装运出口前10天向商检机构申请报验。对检验周期较长的商品，如羊绒，还需增加相应抽样、检验、化验等工作的时间。

①法定检验出口商品必须在原产地商检机构办理报验手续。

②内地运往口岸的法定检验出口商品，一般需在原产地商检机构预先检验合格，取得出口商品换证、凭单后，方能运往口岸办理出口检验换证或放行手续。

③合同或信用证规定需要某商检机构证书的，须向该商检机构报验。

(2) 每份“出口检验申请单”仅限填报一批商品。

(3) 需签发外文证书的，有关栏目应用打字机填写相应的外文。

(4) 要求商检机构出具证书的，应及时向商检机构提出申请。但发现有违反我国政策法令、不合要求的，应及时向外国进口商提出修改意见。

四、检验检疫签证管理

出具检验检疫证单需要拟稿、复审、缮制、签发几个步骤。

1. 一般规定

(1) 检验检疫机构出具的检验检疫证单（包括原产地证明书和普惠制原产地证明书）由检务部门统一对外签发。

(2) 检验检疫证单编号必须与报检单编号相一致。同一批货物分批出证的，在原编号后加—1、—2、—3、…以示区别。

中英文签证印章适用于签发证书（含 C. O 证书）、中外文凭单以及国外关于签证的查询；检验检疫专用印章适用于签发中文凭章以及国内关于签证的查询。带有“FORM A”字样的中英文签证印章适用于签发普惠制原产地证明书以及国内外关于普惠制原产地证明书的查询。两页或两页以上的证书，用签证印章加盖骑缝。

（3）检验检疫证书一般由一正三副组成，其中一正二副对外签发，一份副本作为留存备案。

（4）国外对检验检疫证书有备案、注册要求的，由国家检验检疫局统一办理。

（5）检验检疫证单分别由官方兽医、检疫医师、医师、授权签字人签发。向国外官方机构备案的签字人，相关证书须由备案的签字人签发。证单实行手签制度。

2. 证书文字和文本

（1）检验检疫证书必须严格按照国家检验检疫局制定或批准的格式，分别使用英文、中文、中英文合璧签发。如报检人有特殊要求需要使用其他语种签证的，也应予以办理。签发两个语种或多语种证书时，必须中外文合璧缮制。索赔的证书使用中英文合璧签发，根据需要也可使用中文签发。

（2）证书一般只签发一份正本。报检人要求两份或两份以上正本的，经审批可以签发，但必须在证书备注栏内声明“本证书是×××号证书正本的重本”。

（3）证书的数量、重量栏目中数字的左右应加限制符号“—”；证书的证明内容编制结束后，应在下一行中间位置打上结束符号“* * * * * * * * * *”。要求或需要加注证明内容以外的有关项目，应加注在证书结束符号以下的备注栏内。

（4）用于索赔、结算等的证书应在备注栏内加注检验检疫费用。

3. 证单日期和有效期

（1）检验检疫证单一般应以验讫日期作为签发日期。

（2）出境货物的出运期限及检验检疫证单的有效期：一般货物为 60 天；植物和植物产品为 21 天，北方冬季可适当延长至 35 天；鲜活类货物为 14 天；交通工具卫生证书用于船舶的有效期为 12 个月，用于飞机、列车的有效期为 6 个月；除鼠/免予除鼠证书为 6 个月；国际旅行健康证明书有效期为 12 个月，预防接种证书的有效时限参照有关标准执行；换证凭单以标明的检验检疫有效期为准。

（3）检务部门签发证单，应在出境 2 个工作日、入境 5 个工作日内完成，特殊情况除外。

4. 更改、补充或重发证单

（1）检验检疫证单发出后，报检人提出更改或补充内容的，应填写更改申请单，经检务部门审核批准后，予以办理。

更改、补充涉及检验检疫内容的，须经施检部门核准。品名、数（重）量、检验检疫结果、包装、发货人、收货人等重要项目更改后与合同、信用证不符的，或者更改后与输出、输入国法律法规规定不符的，均不能更改。

（2）申请重发证单的，应收回原证单，不能退回的，要求申请人书面说明理由，经法定代表人签字、加盖公章，并在指定的报纸上声明作废，经检务部门负责人审批后，可重新签发。

(3) 更改、补充或重发的证单延用原证编号，更改证书（Revision）在原证编号前加“R”，补充证书（Suplicate）在原证编号前加“S”，重发证书（Duplicate）在原证编号前加“D”，并根据情况在证书上加注“本证书/单系×××号证书的更正/补充”或“本证书/单系×××号证书的重本，原发×××号证书/单作废”。

5. 并批和分批证单的签发

(1) 并批出境的货物，由施检部门核准并批后，检务部门办理通关、出证手续。

(2) 分批出境的货物，经施检部门核准分批，在“出境货物换证凭单”正本上核销本批出境货物的数量并留下影印件备案，检务部门办理分批通关、出证手续。换证凭单正本由检务部门退回报检人，整批货物全部出境后收回换证凭单正本存档。

6. 代签和汇总出证

(1) 应申请人要求口岸检验检疫机构经原签证机构书面委托，可对原证书的内容进行更改或补充。

(2) 入境货物一批到货分拨数地的，由口岸检验检疫机构出证。因特殊情况不能在口岸进行整批检验检疫的，可办理异地检验检疫手续，由口岸检验检疫机构汇总有关检验检疫机构出具的检验检疫结果出证；口岸无到货的，由到货最多地的检验检疫机构汇总出证，如需口岸检验检疫机构出证的，应由该口岸检验检疫机构负责组织落实检验检疫和出证工作。

(3) 入境货物发生品质、重量或残损等问题，应根据致损原因、责任的对象不同，分别出证。因多种原因造成综合损失的变质、短重或残损可以汇总出证，但应具体列明不同的致损原因。

7. 证稿的核签

(1) 检验检疫证稿应符合有关法律法规和国际贸易通行做法，用词准确，文字通顺，符合逻辑，并应按规定的证稿规范拟制。涉及品质检验的证稿应包括抽（采）样情况、检验检疫依据、检验检疫结果、评定意见四项基本内容。

(2) 入境货物经检验检疫合格的，其证稿由施检人员签字，部门主管人员核签。

(3) 出境货物检验检疫合格的，其证稿由施检人员拟制并签字，部门主管人员核签，经检验检疫不合格的，还需施检部门负责人核签。

(4) 现场签证的，经检务部门批准，施检人员直接签发证单，但必须及时补办核签手续。

五、进出口商品检验单证

1. 放行单

经商检机构检验合格的出口商品，签发商检证书、出口放行单或在出口货物报关单上加盖商检机构放行章；经商检机构预验合格的出口商品，出具“出口商品预验结果单”或“出口商品检验换证凭单”；经商检机构检验不合格的出口商品，签发“出口商品检验不合格通知单”。出口商品放行单样式如下：

中华人民共和国北京进出口商品检验局

出口商品放行单

（供通关用）　　　　　　　　　　　　　　　　　　　　　　　　　　　　编号：

<table>
<tr><td colspan="2">1. 发货人</td><td rowspan="3">4. 运输标记/批号</td></tr>
<tr><td colspan="2">2. 输往国家或地区</td></tr>
<tr><td colspan="2">3. 合同号/信用证号</td></tr>
<tr><td>5. 商品名称及规格</td><td>6. H.S. 编码</td><td>7. 包装种类、数量/重量（大写有效）</td></tr>
<tr><td colspan="3">8. 证明：
上述商品经检验合格，请海关予以放行。
本放行单有效期至　　年　　月　　日

签发人：　　　　　　　　　　　　　　签发日期：</td></tr>
<tr><td colspan="3">9. 备注：</td></tr>
</table>

填制放行单

（1）编号：商检机构受理检验编号

（2）发货人：对外贸易合同的卖方或信用证中的受益人。

（3）输往国家或地区：是指出口商品运往的目的地国家或地区。

（4）合同号/信用证号：合同或信用证的编号。

（5）运输标记/批号：唛头，如无标记注明“N/M”。

（6）商品名称及规格：按合同或信用证中商品的名称的全称填写，如有规格、牌号或货号的还需列上该出口商品的规格、牌号或货号。

（7）H.S. 编码：应按 H.S. 编码重新细化归类的《种类表》中的编码，填写 8 位数字。

（8）包装种类、数量/重量（大写有效）：该批出口物的外包装及其数量或重量，如：××木箱、××铁桶等。如果有其他数量需列名的，也可以填上××打，××米等。重量一般填写净重，如果是毛重或以毛作净的要加注。其数字一律大写。

（9）证明：放行单的有效期，一般商品自签发之日起 60 天，鲜活类商品为两周，大写有效。

（10）备注：供商检机构需要向海关作情况说明时使用。

2. 商检证书

（1）商检证书的性质、作用和结构

商检机构根据申请人或合同、信用证的要求，及有关国际条约的约定，对出口商品实施检验，检验合格后出具商检证书，它可作为报关验放、征收关税等的有效凭证。

商检证书在国际贸易中起着下列公证作用：作为报关验放的凭证，作为履约、交接货物的有效凭证，作为结算货款的有效证件，作为银行议付货款和出口结汇的单据，作为征收关税和优惠减免关税的有效凭证，作为结算运费的有效证件，作为证明情况、明确责任的证件，作为办理索赔的有效证件，作为仲裁、诉讼举证的有效证件。

商检证书由国家进出口商品检验局统一设计、印制。证书尺寸为297 mm×210 mm，证书由五个部分组成：

1）签证局的局名，包括地址、电报挂号和电话。

2）证书名称和种类，包括正本或副本、证书印制顺序号、证书号（即报验号）和签证日期，此日期必须早于货运单据签发日期。

3）商品识别部分，包括发货人、受货人、商品名称、报验数量/重量，标记及号码、运输工具、发货港、目的港等。

4）证明内容，即检验或鉴定的结果和评定，这是证书的主要部分。

5）签署部分，包括检验日期和地点，签证机构签证专用印章、签署人（主任检验员或主任兽医或主任鉴定人）的签字。出口商品检验证书，一般用英文签发，除非合同或信用证允许使用中文或其他文字签发。

此外，根据国家商检局的规定，在证书的右上角（证书号码和日期部分）加盖CCB字样的钢印。只有经过签字和盖上商检机构签证章并加盖CCB钢印的证书方算有效。

（2）商检证书的种类和文本

根据证明内容或检验方式的不同，商检证书又分为若干种类，现对几种主要的证书分述如下：

1）品质检验证书

品质检验证书（inspection certificate of quality）亦称质量检验证书。证明进出口商品品质、规格、等级、成分、性能等，检验证书包括抽样过程、检验依据、检验结果和评定意见四项基本内容。

对评定合格的出口商品所签发的品质检验证书，是交接货物、银行结汇和进口国通关输入的主要单证之一，对评定不合格的进口商品所签发的品质检验证书，作为订货公司对外办理索赔的重要证件；对进口商品如合同订明凭中国商品检验局的检验证书所列的检验结果作为结算货款的依据，也可签发品质检验证书。有时成交合同或信用证要求商检机构签发的规格证书、分析证书或成分证书等，实际上也属品质检验证书。

2）兽医检验证书

兽医检验证书（veterinary inspection certificate）是证明出口动物产品经过检疫合格的检验证书。其证明的内容一般为产品所采用的畜、禽系来自安全非疫区，经过宰前、宰后检验，未发现检疫对象等。证书由主任兽医签发，是对外交货、银行结汇和进口国通关输入的重要证件。

3）卫生检验证书

卫生检验证书（sanitary inspection certificate）亦称健康机构证书（inspection certificate of health)，是证明出口动物产品、食品等经过卫生检验或检疫合格的证件。证书上一般证明产品符合卫生要求，适合于人类食用或使用。肉类食品的卫生证书由主任兽医签发，其他食品由主任检验员签发。它是对外交货、银行结汇和通关验放的有效证件。

4）消毒检验证书

消毒检验证书（inspection certificate of disinfection）是证明出口动物产品已经过消毒处理的检验证书，除人发外，由主任兽医签发。它是对外交货、银行结汇、国外通关的凭证。

5）温度检验证书

温度检验证书（inspection certificate of temperature）是证明出口冷冻商品温度的检验证书，是交货、结汇、通关的依据。

6）重（质）量检验证书

重（质）量检验证书（inspection certificate of weight）是根据不同的计量方式证明商品的重（质）量的书面证明文件。证明的内容为货物经何种计重方法得出的实际重量或数量，是对外贸易关系人交接货物、报关纳税、结算货款和运费、装卸费以及索赔的有效证件。

7）价值证明书

价值证明书（certificate of value）是证明发票所列商品的价格真实、正确的书面证明文件，作为进口国外汇管理和关税征收的依据。L/C 要求出具产地证明书包括价值证明时，须了解买方是否需海关发票，如不需要，可在产地证明书上加具“Value”字样，并填上数量、单价和金额。

8）熏蒸检验证书

熏蒸检验证书（inspection certificate of fumigation）是证明出口谷物、油子、豆类、皮张等商品以及包装用木材与植物性填充物等已经过熏蒸杀虫，达到出口要求的书面证明文件，其中记载使用何种药物熏蒸和熏蒸时间，主要证明使用的药物、熏蒸的时间等情况，是交货、结汇、通关的凭证。如国外不需单独出证，可将熏蒸内容列入品质证书中。

9）衡量检验证书

衡量检验证书（inspection certificate on cargo weight & measurement）是证明出口商品的重量吨位和和体积吨位的书面证明文件，是托运人和承运人据以计算运费，承运人制定装船计划和港口计算栈租、装卸、理算费用的依据。

10）残损检验证书

残损检验证书（inspection centificate on damaged cargo）是证明进口商品残损情况、估定残损贬值程度和判断残损原因，以供索赔时使用的书面证明文件。

11）原产地检验证书

原产地检验证书（inspection certificate of origin）是证明出口产品原产地（国家或地区）的书面证明文件，包括普惠制原产地证书和其他原产地证书两种。

12）船舱检验证书

船舱检验证书（inspection certificate on tank/hold）是主要证明未装载前的船舱清洁或消毒情况，是否有异味，能否装载某种货物等，如散装食用油，装船前对船舱检验后出具的证明文件内容，是承运人履行运输契约及对外贸易关系人进行货物交接和处理货损事故的依据。

卫生检验证书样式如下表：

Shanghai Import & Export Commodity Inspection Bureau

of The People's Repubic of China

地址：
Address：

副本
Copy
No.
日期
Date

卫生检验证书
Inspection certificate
health

电话：
Tel

发货人：
Consignor ________

受货人：
Consignee ________

品名：
Commodity ________

标记及号码：
Mark & No.

报验数量/重量：
Quantity/Weight
Declared

检验结果：
Results of Inspection

主任检验员
Chief Inspector

任务实施

一、出境货物报检准备

根据备案登记制及报检员证制，报检单位首次报检时须先办理备案登记手续，取得报检单位代码。其报检人员取得报检员证，凭证报检。报检员在报检时应该出示报检员证。无报检员证而需要办理报检业务的，应委托代理报检单位及其代理报检员办理。代理报检的，须向检验检疫机构提供报检委托书。委托书由委托人按检验检疫机构规定的格式填写。

二、报检

2009 年 6 月 20 日弗瑞德公司的刘萍填写报检单，并随附合同、信用证、服装有限公司的产检合格单、包装性能合格单、发票、装箱单等资料委托大连长青服装厂向大连出入境检验检疫机关报检。

报 检 委 托 书

大连　出入境检验检疫局：

本委托人声明，保证遵守《中华人民共和国进出口商品检验法》、《中华人民共和国进出境动植物检疫法》、《中华人民共和国国境卫生检疫法》、《中华人民共和国食品卫生法》等有关法律、法规的规定和检验检疫机构制定的各项规章制度。如有违法行为，自愿接受检验检疫机构的处罚并负法律责任。

本委托人所委托受委托人向检验检疫机构提交的"报检单"和随附各种单据所列内容是真实无讹的，具体委托情况如下：

本单位将于　2009　年　6　月间出口如下货物：

品　　名：男式棉衬衫　　　　提单号：SN0907

数（重）量：1 660 打　　　　发票号：SHGM70561

合 同 号：FT09CS004

信用证号：09/0507 - FTC

特委托　大连长青服装厂（地址：辽宁省大连市开发区×××11 号）代表本公司办理本批货物所有的检验检疫事宜，请贵局按有关法律规定予以办理。

委托单位名称（签章）：哈尔滨弗瑞德贸易有限公司
单位地址：哈尔滨市××路 76 号
邮政编码：××××××
法人代表：张建
本批货物业务联系人：刘萍
联系电话（手机）：×××××××××××
企业性质：有限责任公司
日　　期：2009 年 6 月 10 日

受委托单位名称（签章）：大连长青服装厂
单位地址：辽宁省大连市开发区×××11 号
邮政编码：××××××
法人代表：刘莉
本批货物业务联系人：
联系电话（手机）：×××××××××××
企业性质：有限责任公司
日　　期：2009 年 6 月 10 日

本委托书有效期至　2009　年　8　月　10　日

中华人民共和国出入境检验检疫

出境货物报检单

报检单位（加盖公章）：

哈尔滨弗瑞德贸易有限公司　　　　*编　　号

报检单位登记 454578452　　联系人：刘萍　　电话：×××××××××××　　报检日期：2009 年 6 月 20 日

发货人	（中文）哈尔滨弗瑞德贸易有限公司				
	（外文）Harbin Furide Trading Co. Ltd.				
收货人	（中文）兄弟公司				
	（外文）Brothers Trading Co.，Ltd.				
货物名称（中/外文）	H. S. 编码	产地	数/重量	货物总值	包装种类及数量
男式棉衬衫 Men' s cotton woven shirts	6205200099	大连	1 660 打	81 698. 60 美元	190 纸箱

运输工具名称号码	船舶	贸易方式	一般贸易	货物存放地点	大连市

续表

<table>
<tr><td>合同号</td><td colspan="2">FT09CS004</td><td>信用证号</td><td>09/0507－FTC</td><td>用途</td><td></td></tr>
<tr><td>发货日期</td><td>2009.06.30</td><td>输往国家（地区）</td><td>加拿大</td><td>许可证/审批号</td><td colspan="2"></td></tr>
<tr><td>启运地</td><td>大连</td><td>到达口岸</td><td>多伦多</td><td>生产单位注册号</td><td colspan="2"></td></tr>
<tr><td colspan="2">集装箱规格、数量及号码</td><td colspan="5">1×20’ FCL　COSU257289</td></tr>
<tr><td colspan="2">合同、信用证订立的检验检疫条款或特殊要求</td><td colspan="2">标记及号码</td><td colspan="3">随附单据（画“√”或补填）</td></tr>
<tr><td colspan="2"></td><td colspan="2">BROTHER
S/C No.：FT09CS004
Port of destination：Toronto
Carton No.：1－190</td><td>√合同
√信用证
√发票
□换证凭单
√装箱单
□厂检单</td><td colspan="2">□包装性能结果单
□许可/审批文件</td></tr>
<tr><td colspan="4">需要证单名称（画“√”或补填）</td><td colspan="3">*检验检疫费</td></tr>
<tr><td colspan="2" rowspan="3">√品质证书　2 正__副
□重量证书　__正__副
□数量证书　__正__副
□兽医卫生证书　__正__副
□健康证书　__正__副
□卫生证书　__正__副
□动物卫生证书　__正__副</td><td colspan="2" rowspan="3">□植物检疫证书　__正__副
□熏蒸/消毒证书　__正__副
□出境货物换证凭单　__正__副
√出境货物通关单　__正__副</td><td>总金额
（人民币元）</td><td colspan="2"></td></tr>
<tr><td>计费人</td><td colspan="2"></td></tr>
<tr><td>收费人</td><td colspan="2"></td></tr>
<tr><td colspan="4" rowspan="3">报检人郑重声明：
1. 本人被授权报检。
2. 上列填写内容正确属实，货物无伪造或冒用他人的厂名、标志、认证标志，并承担货物质量责任。
签名：刘萍</td><td>领取证单</td><td colspan="2" rowspan="3"></td></tr>
<tr><td>日期</td></tr>
<tr><td>签名</td></tr>
</table>

注：有“*”号栏由出入境检验检疫机关填写。　　◆国家出入境检验检疫局制

三、领取通关单和检验证书、产地证

大连出入境检验检疫局对报检的男式棉衬衫通过检验，确认是合格商品，也证实该批产品是中国生产的。刘萍向大连出入境检验检疫局领取出境货物通关单以及品质检验证书、产地证。出境货物自检验检疫合格后，出入境检验检疫局签发“出境货物通关单”（两联），加盖检验检疫专业章。正本由报检人持有，供海关通关用。

品质检验证书、产地证是出口商品结汇的重要单证。刘萍在大连出入境检验检疫局领取品质检验证书、产地证后，认真审核是否符合信用证的要求。

中华人民共和国出入境检验检疫
出境货物通关单　　　　编号：442301104065547

<table>
<tr><td colspan="3">1. 收货人：加拿大兄弟公司
Brothers Trading Co.，Ltd.</td><td rowspan="3">5. 标记及唛头：
BROTHER
S/C No：FT09CS004
Port of destination：Toronto
Carton No：1－190</td></tr>
<tr><td colspan="3">2. 发货人：哈尔滨弗瑞德贸易有限公司
Harbin Furuide Trading Co. Ltd.</td></tr>
<tr><td colspan="2">3. 合同/提（运）单号
FT09CS004</td><td>4. 输往国家或地区
加拿大</td></tr>
<tr><td colspan="2">6. 运输工具名称及号码
船舶</td><td>7. 目的地
多伦多</td><td>8. 集装箱规格及数量
1×20’FCL</td></tr>
<tr><td>9. 货物名称及规格
男式棉衬衫
Men’s cotton
woven shirts</td><td>10. H. S. 编码
6205200099</td><td>11. 申报总值
81 698.60 美元</td><td>12. 数/重量、包装数量及种类
1 660 打
7 090 千克
190 纸箱</td></tr>
<tr><td colspan="4">13. 证明
上述货物业经检验检疫，请海关予以放行。
本通关单有效期至　　2009 年 8 月 10 日

签字：×××　　　　　　　　日期：2009 年 6 月 20 日</td></tr>
<tr><td colspan="4">14. 备注</td></tr>
</table>

品质检验证书

中华人民共和国出入境检验检疫

Entry-exit Inspection and Quarantine

of The People's Republic of China

品质检验证书

Quality Certificate

发货人：

Consigner 哈尔滨弗瑞德贸易有限公司 Harbin Furide Trading Co. Ltd.

收货人：

Consignee 加拿大兄弟公司 Brothers Trading Co.，Ltd.

品名：

Description of Goods 男式棉衬衫 Men's cotton woven shirts

报验数量/重量：

Quantity/Weight Declared 1 660 打（dozs）

包装种类和数量：

Number and Type of packages 190 个纸箱（cartons）

运输工具：

Means of Conveyance Hanjin Express V. 186

检验结果：

Results of Inspection 经检验，上述货物符合 FT09CS004 号合同之规定。

印章

Official Stamp 签证地点 签证时间

Place of Issue 辽宁 Liaoning Date of Issue JUNE 24，2009

授权签字人 签名

Authorized officer Signature 孙军

我们已尽所知和最大能力实施上述检验，不能因我们签发本证书而免除卖方或其他方面根据合同和法律所承担的产品质量责任和其他责任。All inspections are carried out conscientiously to the best of our knowledge and ability. This certificate does not in any respect absolve the seller and other related parties from his contractual and legal obligations especially when product quality is concerned.

产地证

<table>
<tr><td colspan="2">1. Exporter
Furide Trading Co. , Ltd.
14th Floor ×× Mansion,
74 ×× Rd. , Harbin China</td><td colspan="3" rowspan="2">Certificate No.
Certificate of origin
of
The People's Republic of
China</td></tr>
<tr><td colspan="2">2. Consignee
Brother Trading Co. , Ltd. #304－310 ×× Street, Toronto, Canada</td></tr>
<tr><td colspan="2">3. Means of transport and route
From Dalian to Toronto port by sea</td><td colspan="3" rowspan="2">5. For certifying authority use only</td></tr>
<tr><td colspan="2">4. Country/region of destination
Canada</td></tr>
<tr><td>6. Marks and Numbers
BROTHER
S/C No: FT09CS004
Port of destination: Toronto
Carton No: 1－190</td><td>7. Number and kind of packages; description of goods
Men's cotton woven shirts
1pc in a poly bag
6pcs in a kraft bag
8 dozen or 10 dozen installed a cartons
Cartons only</td><td>8. H. S. Code
6205200099</td><td>9. Quantity
1660 dozs</td><td>10. Number and Date of Invoices
Clk008
June 25, 2009</td></tr>
<tr><td colspan="2">11. Declaration by the exporter
The undersigned hereby declares that the above details and statements are correct, that all the goods were produced in China and that they comply with the Rules of Origin of the People's Republic of China.

Changzhou June 26, 2009 刘萍
Place and date, signature and stamp of authorized signatory</td><td colspan="3">12. Certification
It is hereby certified that the declaration by the exporter is correct.

Changzhou June 27, 2009　王伟
Place and date, signature and stamp of certifying authority</td></tr>
</table>

知识链接

一、出境货物通关单

出境货物通关单是我国出入境检验检疫管理制度中，对列入《法检目录》中属出境管理的商品在办理出口报关手续前，口岸检验检疫机构依照有关规定接受报检后签发的单据，同时也是出口报关的专用单据，是海关验放该类货物的重要依据之一。出境货物通关单实行“一批一证”制度，证面内容不得更改。

出境货物通关单适用于下列情况：

1. 列入《法检目录》的货物。

2. 出口纺织品标志。

3. 对外经济技术援助物资及人道主义紧急救灾援助物资。

4. 其他未列入《法检目录》，但国家有关法律、行政法规明确规定由出入境检验检疫机构负责检验检疫的出境货物。

二、出境货物换证凭单与出境货物换证凭条

法定检验商品的生产地与出口报关口岸在同一个地方，该商品在当地的出入境检验检疫部门报检，并且由该检验机构在检验合格后直接出具“出境货物通关单”。但如果这批货物在外省口岸出口报关，那就必须先在当地出入境检验检疫部门报检，检验合格后由检验检疫局签发“出境货物换证凭单”。报关人再将这份“换证凭单”连同出口货物一起运到出口地的出入境检验检疫部门再报检，由口岸地的出入境检验检疫局签发“出境货物通关单”，才能交给海关凭以办理通关放行手续。出口货物换证凭单样式，如图3—3—5所示。

办理出境货物换证凭单的前后程序如下：

①出口商向生产商品所在地的检验检疫局申请报检。

②检验检疫局在检验商品合格以后向出口商签发“出境货物换证凭单”。

③出口商委托异地报关的人代理出口报关。

④报关人持“出境货物换证凭单”向通关所在地的检验检疫局申请报检。

⑤通关地检验检疫局向申请人签发“出境货物通关单”。

⑥报关人凭“出境货物通关单”等通关单据向出口地海关申请出口报关。

⑦出口地海关办理完毕出口通关手续以后给予放行。

“出境货物换证凭条”是针对“法定检验商品在一地生产、到异地出口通关”的情况适用的另一种“检验—通关”的办法。“出境货物换证凭条”又称“电子凭条”，是指生产所在地的检验检疫局对拟到外省海关通关出口的法定检验商品检验并认定合格以后，立即将这个检验检疫的信息发布到网上。同时，该检验机构向出口商打印一张简短的“出境货物换证凭条”，上面简短地列明有关此批出口商品的主要信息。报关人直接将这张“换证凭条”交给出口地申报海关办理出口申报，而不再需要到通关地的检验检疫机构去申请报检。出口地海关只要按照“换证凭条”上的信息登录商检机构的网站核实后，就视同“通关单”给予办理

中华人民共和国出入境检验检疫

出境货物换证凭单

类别：口岸查验换证　　　　　　　　　　编号 372200209005299

发货人	中国××国际合作有限责任公司	标记及号码	见附页
收货人	MINISTRY OF AGRICULTURE, FORESTRY AND FOOD SECURITY		
品名	四铧犁/圆盘犁/圆盘耙/旋耕机/7CX-5 拖车		
H.S. 编码	8432100000/8432100000/8432210000/8432809000/8716200000		
报检数/重量	**9 台/**9 台/**9 台/**9 台/**9 辆		
包装种类及数量	其他/裸装/其他、裸装/其他/裸装**4/**4/**9、**1/**3/**5		
申报总值	**36000 人民币/**37600 人民币/**141300 人民币/**48800 人民币/**171850 人民币		
产地	德州市/南昌市/德州市/德州市/德州市	生产单位(注册号)	3722600068 山东××机械制造有限公司
生产日期	2009 年 6~7 月	生产批号	DZTS0907001
包装性能检验结果单号	***	合同/信用证号	商流批[2009]78 号/***
		运输工具名称及号码	船舶 ***
输往国家或地区	塞拉利昂	集装箱规格及数量	*** ***
发货日期	2009.08.20	检验依据	质检检函（2009）669 号《援外物资检验一览表》

检验检疫结果

检验结果：

本批货物经检验，其包装、外观、型号、数量、安全性能均符合检验依据规定之要求。具体内容如下：

序号	品名	规格或型号	数/重量及包装	检验标准	HS 编码
2	四铧犁	型号：1L-430 配套第 1 项用 犁体数(个)：4 单犁体幅宽：≥30cm 耕深：≥25cm 耕幅：≥100cm 材质：铧尖：65 锰钢 犁茎：35 钢 配英文使用说明书	9 台/铁网箱	JB/T6283-2007	8432100000

签字：×××　　　　日期：2009 年 7 月 25 日

本单有效期	截止于 2009 年 9 月 23 日
备注	本批货物系中国政府援外物资。

分批出境核销栏	日期	出境数/重量	结存数/重量	核销人	日期	出境数/重量	结存数/重量	核销人

说明：1. 货物出境时，经口岸检验检疫机关查验货证相符，且符合检验检疫要求的予以签发通关单或换发检验检疫证书；2. 本单不作为国内贸易的品质或其他证明；3. 涂改无效。

B 1189009　　　　① 办理换证　　　　[5-3(2001.1.1)·1]

图 3—3—5　出境货物换证凭单

资料来源 http://zh.cnplough.com/InfoContent/

出口通关手续。

1.“出境货物换证凭单”与“出境货物换证凭条”优缺点

它们的相同点是，这两个文件都是在报检地与出境地不同的情况下，凭这些文件去出境地检验检疫机构换取正本“出境货物通关单”的凭证。

出境货物换证凭单可以一次报检，分批核销。也就是说可以一次将货物进行检验然后分批出口。使用时必须带换证凭单“正本”到出境地核销并换通关单。通常情况下是由产地检验检疫机构的货主将正本快件送到出境口岸检验检疫的关系人手里。出境货物换证凭条是该批货物实行了出境电子转单的凭证，出境口岸检验检疫的关系人只需凭换证凭条上的“转单号、密码、报检单号”或者换证凭条的“传真件”就可以到出境地检验检疫机构换取出境货物通关单。换证凭单速度慢、需要正本，但有效期较长，根据不同的货物有效期也随之不同，大多数货物该单的有效期可长达半年至一年，甚至可以更长，可以一次报检分批核销；换证凭条速度快、无须正本，或不能够分批核销，需要一批一证，而且有效期较短，因货物的种类凭条的有效期不同，通常情况下约1～3个月。

2.“出境货物换证凭单”与“出境货物换证凭条”应用情况

目前多数的产地机构与口岸机构已经实行联网，能够实行电子转单，由于方便、快捷，大多数企业愿意选择换证凭条，实际工作当中也是使用换证凭条的情况多一些，但是由于换证凭条受到某些方面的限制，还不可能完全取代换证凭单，例如，产地与出境口岸未通过网络连通的，或者一批货物出境口岸暂时不明确的、出境货物在产地预检的等情况，暂时都不能实行电子转单，一般会选择使用换证凭单。另外还有像上述的，如货物需要较长的有效期时或者需要分批核销时一般也选择换证凭单。如果企业考虑成本因素，也会选择换证凭单而非换证凭条，因为换证凭条需要一批一证，会增加成本。

三、电子报检

电子报检是指报检人使用报检软件通过检验检疫电子业务服务平台将报检数据以电子方式传输给检验检疫机构，经检验检疫业务管理系统和检务人员处理后，将受理报检信息反馈报检人，实现远程办理出入境检验检疫报检的行为。目前能够进行电子报检的业务包括出境货物报检、入境货物报检、产地证书报检和出境包装报检等。

1. 申请开通电子报检业务手续

（1）申请电子报检的报检人应具备下列条件：遵守报检的有关管理规定，已在检验检疫机构办理报检人登记备案或注册登记手续，具有经检验检疫机构培训考核合格的报检员，具备开展电子报检的软硬件条件，在国家质检总局指定的机构办理电子业务开户手续。

（2）报检人在申请开展电子报检时，应提供以下资料：在检验检疫机构取得的报检人登记备案或注册证明复印件、电子报检登记申请表、电子业务开户登记表。

检验检疫机构应及时对申请开展电子报检业务的报检人进行审查。经审查合格的报检人可以开展电子报检业务。

2. 电子报检的一般工作流程（图 3—3—6）

（1）报检环节

1）对报检数据的审核采取“先机审，后人审”的程序进行。企业发送电子报检数据，电子审单中心按计算机系统数据规范和有关要求对数据进行自动审核，对不符合要求的，反馈错误信息；符合要求的，将报检信息传输给受理报检人员，受理报检人员进行人工再次审核，符合规定的将成功受理报检同时反馈报检单位和施检部门，并提示报检企业与相应的施检部门联系检验检疫事宜。

2）出境货物受理电子报检后，报检人应按受理报检信息要求，在检验检疫机构施检时，提交报检单和随附单据。

3）入境货物受理电子报检后，报检人应按受理报检的要求，在领取“入境货物通关单”时，提交报检单和随附单据。

4）电子报检人对已发送的报检申请需更改或撤销报检时，应发更改或撤销报检申请。检验检疫机构按有关规定办理。

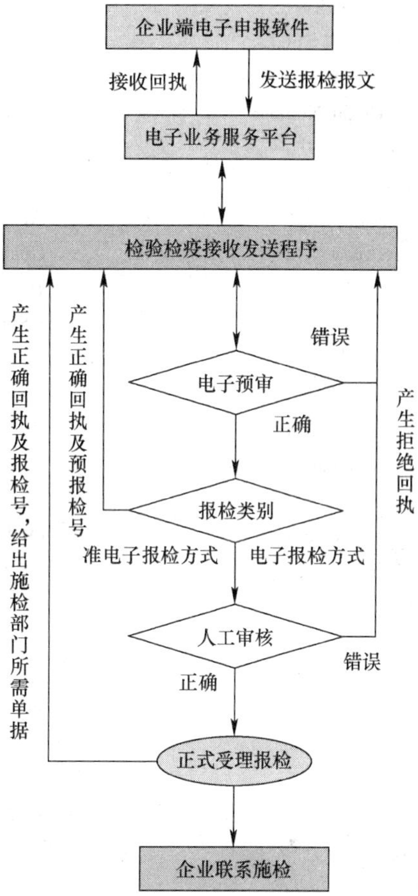

（2）施检环节

报检企业接到报检成功信息后，按信息中的提示与施检部门联系检验检疫。在现场检验检疫时，持报检软件打印的报检单和全套随附单据交施检人员审核，不符合要求的，施检人员通知报检企业立即补发，并将不符合情况反馈受理报检部门。

图 3—3—6　电子报检的一般工作流程图

（3）计收费

计收费由电子审单系统自动完成，接到施检部门转来的全套单据后，对照单据进行计费复核。报检单位逐票或按月缴纳检验检疫等有关费用。

（4）签证放行

对于核准符合检验检疫要求的进出境货物，检验检疫机构按规定放行。

与传统的报检程序相比，一般电子报检只需要 2～3 个工作日，而传统报检需要 7～8 个工作日，电子报检提高了检验检疫的工作效率，加快了通关速度。

技能训练

根据下面的一份信用证和有关资料，缮制一份报检单。

Issue of Documentary Credit

Issuing Bank	Asahi Bank Ltd. , Tokyo
Sequence of Total	1/1
Form of Doc. Credit	Irrevocable
Doc. Credit Number	ABL-107
Date of Issue	20030405
Expiry	Date 20030615 Place China
Applicant	Abc Corporationn, Osaka, Japan.
Beneficiary	Guangdong Textiles Company Ltd. 168 XiaoBei Road, Guangzhou 510045, China
Amount	USD 55 050. 00 (Say USD Dollars fifty-five thousand fifty only)
Available With/by	Asahi Bank Ltd. , Tokyo
Partial Shipment	Allowed
Transshipment	Allowed
Loading in Charge	Guangzhou
For Transport to	Osaka, Japan
Latest Date of Ship	20030531
Descript. of Goods	Ladies garments as per S/C No. SH107 Packing: 10pcs/ctn

Art No.	Quantity	Unit Price
Style No. AH-04b	1 000pcs	USD5. 50
Style No. Rococo	1 000pcs	USD5. 10
Style No. Boroda	1 000pcs	USD4. 50
Style No. Flores	1 500pcs	USD4. 80
Style No. Pilar	1 000pcs	USD4. 00
Style No. Romantico	500pcs	USD8. 00

Price Term	CIF Osaka
Documents Required	* 3/3 Set of original clean on board ocean bills of lading made out to order of shipper and blank endorsed and marked "freight prepaid" notify applicant (with full name and address) * Original signed commercial invoice in 5 fold * Insurance policy or certificate in 2 fold endorsed in blank, for 110pct of the invoice value covering the institute cargo clauses (A), the institutes war clauses, insurance claims to be payable in Japan in the currency of the drafts * Certifcate of origin GSP form A In 1 original and 1 copy * Packing list in 5 fold
Additional Cond.	1. T. T. Reimbursement is prohibited 2. The goods to be packing in export strong colored cartons 3. Shipping Marks: Itochu Osaka No. 1-600

Details of Charges	All banking charges outside Japan including reimbursement commission, are for account of beneficiary
Presentation Period	Documents to be presented within 10 days after the date of shipment, but within the validity of the credit
Confirmation	Without
Instructions	The negotiation bank must forward the drafts and all documents by registered airmail direct to U. S in two consecumention order, we will remit the proceeds as instructed by the negotiating bank

相关资料：

发票号码	SH-25757	发票日期	APR. 20，2003	FORMA 号	GZ8/27685/1007
单位毛重	15. 40kgs/ctn	单位净重	13. 00kgs/CTN	单位尺码	(60×20×50) cm/ctn
船名	DIEK335V. 007	原材料情况	完全自产	集装箱号码	SOCU1285745/20' MAKU5879524/40'
提单号码	KFT2562588	提单日期	MAY 15，2003	保险单号码	PIC200178141

Drawn under Asahi Bank Ltd. , Tokyo
L/C No. ABL-AN107 date APR. 05 2003
Payable with interest ______% per annum
No. SH-25757 Exchange for USD 55 050. 00 Guangzhou China 20
At ___ sight of this FIRST of Exchange (second of exchange being unpaid)
Pay to the order of Bank of China
the sum of USD Dollars fifty-five thousand fifty only
To Asahi Bank ltd. , Tokyo

Guangdong Textiles IMP. and EXP
Woodlen Knitwears Company Ltd.
168 Xiaobei Road GuangZhou 510045, China

思考与练习

1. 商品检验报检时，需要提供哪些材料？
2. 简述商品报检单，需要注意哪些问题？
3. 简述商品检验的作用、性质和种类。
4. 案例分析：

我国某公司向某国出口一批冻鸡，到货后买方在合同规定的索赔有效期内向我方提出品质索赔，索赔金额约占合同金额的半数以上。买方附来的证件有：(1) 法定商品检验证，注明该商品有变质现象（表面呈乌黑色，实际上为一小部分乌皮鸡），但未注明货物的详细批号，也未注明变质货物的数量与比例。(2) 官方化验机构根据当地某食品零售商店送检的食品而做出的品质变质证明，我方未经详细分析就复函对方同意赔偿。试分析我方的处理有何不当之处？

任务 4 出口货物的运输与保险

教学目标

1. 掌握出口货物运输与保险的程序。
2. 掌握海运提单与保险单的填制规范。
3. 能够办理具体的出口商品托运与投保手续。
4. 能够正确填制海运提单与保险单。

任务引入

2009 年 6 月 10 日弗瑞德公司外贸业务员刘萍与大连长青服装厂分析备货生产事项后，认为货物能够及时生产完毕并出运。刘萍在收到服装厂如下计划储运货物的信息后，着手办理货物托运和投保手续。

品名及货号：男式棉衬衫具体款式和要求按客户的确认样

面料：100%棉

单价：No. 1094L 24 元/件 No. 286G 20 元/件 No. 654 23 元/件

数量：No. 1094L 710 dozs No. 286G 810 dozs No. 654 170 dozs

金额：445 800 元

包装：1 件装一个塑料袋，6 件装一个牛皮纸袋，8 打或 10 打装一箱

尺码搭配：

	M	L	XL		纸箱尺寸
1094L：	3	3	4	＝10 打/箱	68×46×45 cm
286G：	1.5	3	3.5	＝8 打/箱	72×47×49 cm
654：	1.5	3.5	3	＝8 打/箱	68×46×45 cm

任务分析

出口货物的运输，是整个出口业务中的重要环节，由谁负责办理运输手续并支付运费，是由买卖双方商定的贸易术语决定的。在 CIF 贸易术语下，出口方要按时安排运输工具，把货物装上装运港船只，及时向进口方发出装运通知，支付运费，并准备移交海运提单。并且在货物出运前办理投保工作。保险公司接受保险，在投保人支付保险费后，向出口人出具保险单。

相关知识

一、货物运输的操作原理与步骤

1. 出口托运的操作流程（见图3—4—1）

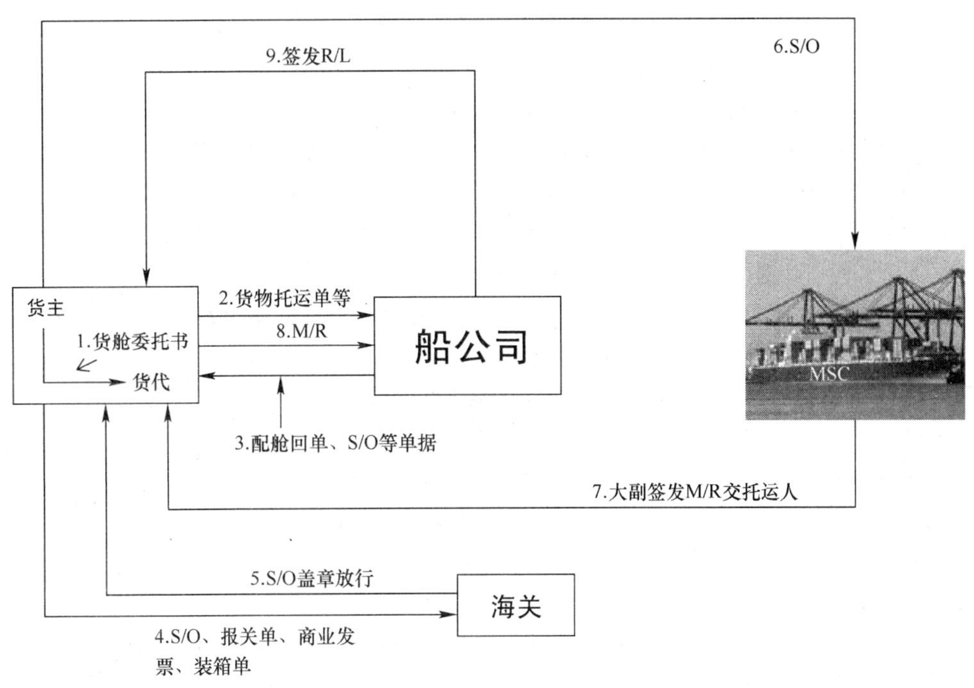

图3—4—1　出口托运订舱程序图

（1）出口企业在货、证齐备后，填制订舱委托书，随附发票（commercial invoice）和装箱单（packing list）等其他必要单据，委托货代代为订舱。有时还委托其代理报关及货物储运等事宜。

（2）货代接受订舱委托后，缮制集装箱货物托运单，随同发票和装箱单等其他必要单证一同向船公司办理订舱。

（3）船公司根据具体情况，如接受订舱则在托运单的几联单据上编上与B/L号码一致的编号，填上船名、航次，并签署，即表示已确认托运人的订舱，同时把配舱回单、装货单（shipping order，S/O）等与托运人有关的单据退还给托运人。

（4）托运人持船公司签署的S/O，填制出口货物报关单、发票、装箱单等连同其他有关的出口单证向海关办理出口货物报关手续。

（5）海关根据有关规定对出口货物进行查验，如同意出口，则在S/O上盖放行章，并将S/O退还给托运人。

（6）托运人持海关盖章的由船公司签署的S/O要求船长装货。

（7）装货后，由船长的大副签署M/R（mate's receipt，大副收据），交给托运人。

（8）托运人持 M/R，向船公司换取正本已装船提单。

（9）船公司凭 M/R，签发正本提单并交给托运人凭以结汇。

2. 集装箱的货物托运操作

在国际贸易中，除了部分初级产品（如原油、矿石和粮食）及部分特殊规格或特殊要求的商品（大型机械和化学品）外，越来越多的货物采用集装箱运输方式。我国进出口货运任务的 90%以上都是通过海运完成的，其中大部分采用的就是集装班轮运输。

集装箱出口货运程序如下所述：

（1）订舱。发货人根据贸易合同或信用证条款的规定，在货物托运前一定时间内填好集装箱货物托运单（container booking note），委托其代理或直接向船公司申请订舱。

（2）接受托运申请。船公司或其代理公司根据自己的运力和航线等具体情况考虑发货人的要求，决定接受与否。若接受申请就着手编制订舱清单，然后分送集装箱堆场（CY）集装箱货运站（CFS），据以安排空箱及办理货运交接。

（3）发放空箱。通常整箱货货运的空箱由发货人到集装箱码头堆场领取，有的货主自备箱；拼箱货货运的空箱由集装箱货运站负责领取。

（4）拼箱货装箱。发货人将不足一整箱的货物交至货运站，由货运站根据订舱清单场站收据负责装箱，然后由装箱人编制集装箱装箱单（container load plan，CLP）。

（5）整箱货交接。由发货人自行负责装箱，并将已加海关标志的整箱货运到 CY。根据订舱清单，核对场站收据（dock receipt，D/R）及装箱单验收货物。

（6）集装箱的交接签证。CY 或 CFS 在验收货物和/或箱子后，即在场站收据上签字并将签署后的 D/R 交还给发货人。

（7）换取提单。发货人凭 D/R 向集装箱运输经营人或其代理换取提单（combintransport bill of lading），然后去银行办理结汇。

（8）装船。集装箱装卸区根据装货情况，制定装船计划，并将出运的箱子调整到集装箱码头前方堆场，待船靠岸后，即可装船出运。

（9）在货物装船后可以获得场站收据正本，货代可凭 D/R 到船方签单部门换取提单（bill of lading，B/L）正本交给货主，货主持提单正本提货。

整箱货出口货运业务流程如图 3—4—2 所示。

拼装货货运流程如图 3—4—3 所示。

3. 海运运费的计算

（1）班轮运输费用

班轮运输费用是班轮公司为运输货物而向货主收取的费用。班轮运费的计算又分为件杂货物与集装箱货物的运费计算。

1）件杂货运费的计算

件杂货采用班轮运输，其运费包括货物从装运港至目的港的海上运费及货物的装卸费和附加费用。班轮运费一般是按照班轮运价表（liner's freight tariff）的规定计算的。不同的班轮公司或班轮公会有不同的班轮运价表。对于基本费率的规定，有的运价表是按每项货物列出其基本费率，这种运价表称为“单项费率运价表”；有的是将承运的货物分为若干等级

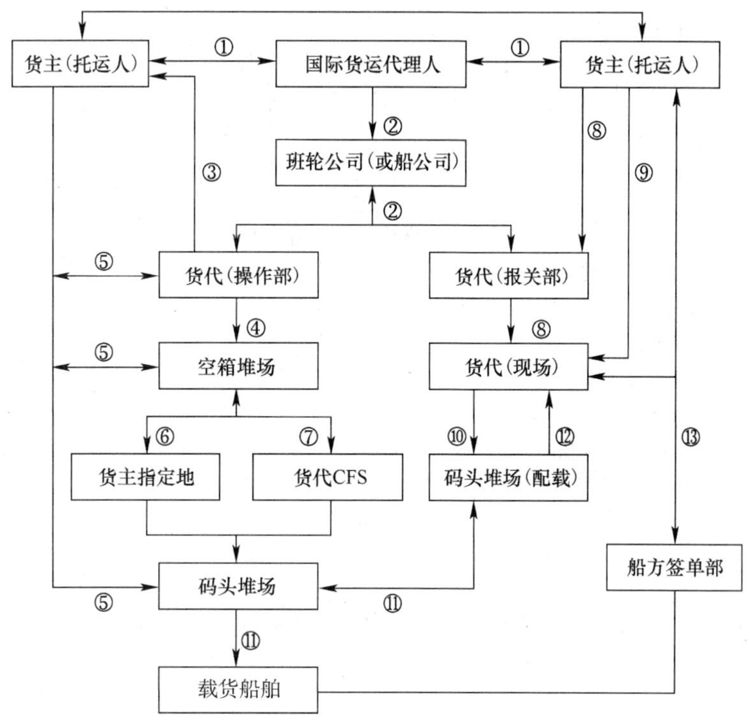

图 3—4—2　整箱货出口货运业务流程图

图注：

① 货主与货代建立货运代理关系。

② 货代填写托运单证，及时订舱。

③ 订舱后，货代将有关订舱信息通知货主或将“配舱回单”转交货主。

④ 货代申请用箱，取得 EIR（设备交接单）后就可以凭此到空箱堆场提取所需的集装箱。

⑤ 货主“自拉自送”时，先从货代处取得 EIR，然后提空箱，装箱后制作 CLP（装箱单），并按要求及时将重箱送码头堆场，即集中到港区等待装船。

⑥ 货代提空箱至货主指定地点装箱，制作 CLP，然后将重箱“集港”。

⑦ 货主将货物送到货代 CFS（集装箱转运站），货代提空箱，并在 CFS 装箱，制作 CLP，然后“集港”。

注：⑤、⑥、⑦在实践中只选其中一种操作方式。

⑧ 货主委托货代代理报关、报检，办妥有关手续后将单证交货代现场。

⑨ 货主也可自行报关，并将单证交货代现场。

⑩ 货代现场将办妥手续后的单证交码头堆场配载；配载部门制定装船计划，经船公司确认后实施装船作业。

⑪ 实践中，在货物装船后可以取得 D/R 正本。

⑫ 货代可凭 D/R 正本到船方签单部门换取 B/L 或其他单据。

⑬ 货代将 B/L 等单据交货主。

（一般分为 20 个等级），每一个等级的货物有一个基本费率，称为“等级费率表”。在实际业务中，大都采用等级费率表。目前，我国所使用的运价表主要有：“中远表”，主要用于国轮和期租船的班轮运输；“中租表”，主要适用于外国班轮和侨资班轮运输；“班轮公司运价表”，主要适用于中外合资和外国班轮公司的轮船；“香港华夏公司对美运价表”，主要适用于美东、西海岸港口进出口货物。

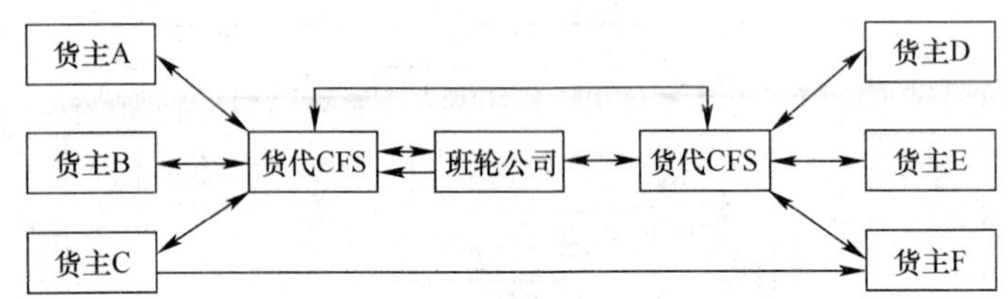

图 3—4—3　拼箱货货运业务流程图

① A、B、C 等不同货主（发货人）将不足一个集装箱的货物（LCL）交集拼经营人（货代企业）。

② 集拼经营人将拼箱货拼装成整箱后，向班轮公司办理整箱货物运输。

③ 班轮公司签发海运提单给集拼经营人。

④ 集拼经营人签发 House B/L 给货主。

⑤ 集拼经营人将货物装船及船舶预计抵达卸货港等信息告知其卸货港的机构（代理人），同时还将班轮公司签发的 B/L 及其自己签发的 House B/L 的副本快邮寄给卸货港代理人。

⑥ A、B、C 不同货主（发货人）将 House B/L 寄交给 A、B、C 等的不同货主（收货人）。

⑦ 集拼经营人在卸货港的代理人凭班轮公司的提单等提取整箱货。

⑧ A、B、C 等的不同货主（收货人）凭 House B/L 等在 CFS 提取拼箱货。

班轮运费由两大部分构成，即班轮基本运费（basic rate）和附加运费（surcharge or additional）。

班轮运费的计算公式为：

运费总额＝基本运费＋附加运费

① 基本运费

基本运费是班轮运费的主要部分，是根据班轮公司的运价表来计算的。运价表的结构包括货物名称、计算标准、等级三个部分，其中等级共分 20 级，1 级为低档货物，运费最低；20 级为高档货物，运费最高，运价表示例见表 3—4—1。

表 3—4—1　　班轮运价表示例

货名	计算标准	等级
农业机械（包括拖拉机）	W/M	9
棉布及棉织品	M	10
小五金及工具	W/M	10
玩具	M	20

根据不同商品，班轮运费计收标准通常分为下列几种：

按货物实际重量计收运费，称为重量吨（Weight Ton），运价表内用“W”表示。

按货物的体积/容积计收，称为尺码吨（Measurement Ton），运价表内用“M”表示。

按重量或体积从高计收，即由船公司选择其中收费较高的一种作为计费标准，运价表内用“W/M”表示。

按商品价格计收，称为从价运费，运价表内用“A. V. 或 Ad. Val.”（拉丁文 ad valorein，意为“从价”）表示。

按货物的重量或体积或从价计收，即在重量吨、尺码吨和从价运费中选择最高的一种标准计收，在运价表内用“W/M 或 A. V.”表示。

按货物的重量或体积，再加上从价运费计算，即先按货物重量吨或尺码吨中较高者计算，然后加收一定比例的从价运费，在班轮运价表内用“W/M plus Ad. Val.”表示。

按照货物的个数或件数计收，如卡车按辆、活牲畜按头计收。

由货主和船公司议定，又称议定运价。这种方法通常在承运粮食、矿石、煤炭等农副产品和矿产品时选用。议定运价一般较低，在班轮运价表内用“Open”表示。

在实际业务中，基本运费的计算标准以按货物的毛重(“W”）或按货物的体积(“M”）或按重量、体积选择(“W/M”）三种方式居多。贵重物品（如古玩、稀有金属、精密仪器等）一般是按货物的 FOB 价值的一定百分比(“A. V.”）计收。

② 附加运费

附加费（surcharges）为了保持在一定时期内基本费率的稳定，又能正确反映出各港的各种货物的航运成本，班轮公司在基本费率之外，为了弥补损失又规定了各种额外加收的费用。主要有：

燃油附加费（bunker surcharge or bunker adjustment factor，B. A. F.）。在燃油价格突然上涨时加收。

货币贬值附加费（devaluation surcharge or currency adjustment factor，C. A. F.）。在货币贬值时，船方为实际收入不致减少，按基本运价的一定百分比加收的附加费。

转船附加费（transhipment surcharge）。凡运往非基本港的货物，需转船运往目的港，船方收取的附加费，其中包括转船费和二程运费。

直航附加费（direct additional）。当运往非基本港的货物达到一定的货量，船公司可安排直航该港而不转船时所加收的附加费。

超重附加费（heavy lift additional）超长附加费（long length additional）和超大附加费（surcharge of bulky cargo）。当一件货物的毛重或长度或体积超过或达到运价表规定的数值时加收的附加费。

港口附加费（port additional or port suecharge）。有些港口由于设备条件差或装卸效率低以及其他原因，船公司加收的附加费。

港口拥挤附加费（port congestion surcharge）。有些港口由于拥挤，船舶停泊时间增加而加收的附加费。

选港附加费（optional surcharge）。货方托运时尚不能确定具体卸港地，要求在预先提出的两个或两个以上港口中选择一港卸货，船方加收的附加费。

变更卸货港附加费（alternational of destination charge）。货主要求改变货物原来规定的卸货港，在有关当局（如海关）准许，船方又同意的情况下所加收的附加费。

绕航附加费（deviation surcharge）。由于正常航道受阻不能通行，船舶必须绕道才能将货物运至目的港时，船方所加收的附加费。

③ 件杂货物（散装）海洋运费计算的一般步骤

根据货物名称，在运价表中的货物分级表上查到货物的等级和运费计算标准；根据货物的装运港、目的港，找到相应的航线，按货物的等级查到基本运价；查出该航线和港口所要收取的附加费项目和数额（或百分比）及货币种类；根据基本运价和附加费算出实际运价（单位运价）；根据货物的托运数量算出应付的运费总额。

班轮运费的计算公式为：

$$F=F_b\times(1+\sum s)\times Q$$

式中 F——班轮运费

F_b——基本运费率

$\sum s$——附加费率之和

Q——总运货量

例 1：如棉布 150 包，总毛重为 16 500 公斤，总体积为 35 立方米，从中国上海运往英国伦敦计算其海运运费。

解：首先查该商品属于 10 级货物，按尺码吨计费；在中国到英国的航线费率表中查出 10 级货物的单位运费为 120 元人民币，燃油附加费为 10%。

则，运费＝120×(1＋10%)×35＝4 620(元)

例 2：设某公司拟向日本出口冻驴肉 30 公吨，共需要装 1 500 箱，每箱毛重 25 千克，每箱体积为 20 cm×30 cm×40 cm，日商来电要求该公司报 CFR 神户价格，问应如何计算这批货物的运费和 CFR 价格？（设原为每公吨 30 美元 FOB 上海，该航线运费吨的运价为 144 美元）

解：先按冻驴肉的英文（frozen donkey-meat）字母顺序查得该商品为 8 级货物，征收标准为 W/M。又查知该航线没有其他附加费。所以计算如下：

积载系数＝(0.2×0.3×0.4)÷0.025＝0.96（小于 1，故按重货计算，即以 W 为标准计征运费）

每箱运费＝144×0.025＝3.6（美元）

总运费＝3.6×1 500＝5 400（美元）

CFR＝FOB＋F＝30 ＋ 3.6＝33.6（美元）

2）集装箱运费的计收方法

集装箱运费包括内陆运费、拼箱费、堆场服务费、海运运费、集装箱及其设备使用费等。

集装箱运费计收方法基本上有两种。

① 以每运费吨（Freight Ton）为计算单位。这种方法与班轮运费的计收方式基本相同。

② 按包箱费率以每个集装箱为计费单位。集装箱包箱费率有以下三种：

FAK 包箱费率（freight for all kinds），即不分货物等级，按每个集装箱收取的费率，见表 3—4—2。

FCS 包箱费率（freight for class），即按货物等级制定的包箱费率，见表 3—4—3。

FCB 包箱费率（freight for class & basis），即按货物等级及不同类型的计价标准制定的费率，见表 3—4—4。

以上几种集装箱包箱费率的计算表中，分别订有 20 英尺和 40 英尺包箱费率，如果货物拼箱装运，FAK 和 FCS 方式按 W/M 方式列出基本运费，FCB 则按不同类别的计价标准，列出基本运费。

表 3—4—2　　中国—新加坡航线集装箱资费表（FAK）　　单位：美元

装运港 Port of Loading	货物 Commodity	LCL W/M	CFS/CY 20'/40'	CY/CY 20'/40'
黄埔 Huangpu	general cargo（普通货）	47.50	830/1 510	750/1 350
	semi-hazardous cargo（半危货）	62.50	1 130/2 050	1 050/1 890
	hazardous cargo（全危货）	77.50	1 430/2 590	1 350/2 430
	re-frigerated cargo（冷冻货）		2 080/3 460	2 000/3 300

表 3—4—3　　中国主要港口—地中海航线包箱费率（FCS）
（基本港口为伦敦、安特卫普、鹿特丹、汉堡、热那亚）　　单位：美元

等级 Class	计费标准	CY/CY 20'/40'	LCL (F/T)
1～7	W/M	1 770/3 230	95
8～13	W/M	1 800/3 240	100
14～20	W/M	1 900/3 510	105

表 3—4—4　　中国主要港口—澳大利亚航线集装箱费率（FCB）
（基本港口为悉尼、布里斯班、墨尔本）　　单位：美元

等级	LCL		FCL	
	W	M	20' CY	40' CY
1～7	131	100	2 250	4 200
8～13	133	102	2 330	4 412
14～20	136	110	2 450	4 640

例：某公司从黄埔分别向新加坡、伦敦和墨尔本出口货物，该批货物用纸箱包装，每箱毛重为 110 公斤，净重 100 公斤，体积为 0.09 立方米。经查运价表，该批货物等级为 7 级，集装箱码头使用费为每 20 英尺集装箱 370 元人民币，拼箱也同样收取该使用费，拼箱服务费为每公吨立方米 10 美元。假定 USD 1（美元）＝CNY 8.27（人民币）。

计算：向新加坡出口 50 箱货物的运费；向伦敦出口 1 个 20 英尺集装箱的运费；向墨尔本出口 1 个 20 英尺集装箱的运费。

解：

① 向新加坡出口的 50 箱货物为拼箱货。查表 3—4—2 拼箱货计费标准为 W/M 该批货

每箱毛重 0.11 公吨，大于每箱体积 0.09 立方米，应按重量征收运费。则运费为：

$$50\times0.11\times47.5+370\div8.27+50\times0.11\times10=360.99\text{（美元）}$$

② 向伦敦出口 1 个 20 英尺集装箱，为整箱货。查表 3—4—3，20 英尺包箱费率为1 770 美元。则总运费为：

$$1\ 770+370\div8.27=1\ 814.74\text{（美元）}$$

③ 向墨尔本出口 1 个 20 英尺集装箱，为整箱货。查表 3—4—4，包箱费率为 2 250 美元。则总运费为：

$$2\ 250+370\div8.27=2\ 294.74\text{（美元）}$$

（2）租船的运费计算

程租合同中有的规定运费率，按货物每单位重量或体积若干金额计算；有的规定整船包价（lump sum freight）。费率的高低主要决定于租船市场的供求关系，但也与运输距离、货物种类、装卸率、港口使用、装卸费用划分和佣金高低有关。合同中对运费按装船重量（intaken quantity）或卸船重量（delivered quantity）计算，运费是预付或到付，均须订明。特别要注意的是，应付运费时间是指船东收到的日期，而不是租船人付出的日期。

装卸费用的划分法：

① 船方负担装卸费（gross or liner or berth terms）又称“班轮条件”。

② 船方不负担装卸费（free in and out，FIO）采用这一条件时，还要明确理舱费和平舱费由谁负担。一般都规定租船人负担，即船方不负担装卸，理舱和平舱费条件（free in and out，stowed，trimmed，F. I. O. S. T.）。

③ 船方管装不管卸（free out，F. O.）条件。

④ 船方管卸不管装（free in，F. I.）条件。

4. 海运提单

海运提单，简称提单（bill of lading，B/L）是货物的承运人或其代理人收到货物后，签发给托运人的一种证件。这个证件说明了货物运输有关当事人，如承运人、托运人和收货人之间的权利与义务。

（1）海运提单的性质

1）提单是承运人接收货物或货物装船的收据

一般说来，货物装船后才由承运人或其代理人签发提单，表明货物已由承运人接收或者装船。但是在实际业务中，货物装船后，根据负有监督装货责任的船上大副签发的大副收据；而海上集装箱运输是由港站签发的场站收据正本，作为承运人接管货物或货物装船的收据。提单是根据大副收据或场站收据而来，记载了大副收据或场站收据的内容，所以提单也具有了承运人接收货物或货物装船的收据的作用。虽然大副收据或场站收据是承运人收到货物的原始收据，但它们仅作为船务单证或称为运输单证；而托运人最终所要取得的不是船务单证，而是能够用于结汇、收货人凭以提取货物和商业流通的提单。因此，提单既属船务（或运输）单证，又属商务（业）单证。

提单作为货物收据，不仅证明收到货物的名称、种类、数量、标志、外表状况，而且证明收到货物的时间。由于国际贸易中习惯地将货物装船象征卖方将货物交付给买方，于是签发已装船提单的时间就意味着卖方的交货时间。实际操作中，托运人取得已装船提单，即可到银行结汇而获得货款。因此，用提单来证明货物的装船时间是非常必要的。

2）提单是海上货物运输合同成立的证明

班轮货物运输合同的成立，首先是由托运人持托运单或订舱委托书（单）到船公司或其代理人（船代）处订舱，可称为“要约”。如果承运人可以满足托运人的要求，接受订舱，确定船名、航次、提单号，并在装货单上签章，可谓“承诺”，即认为海上货物运输合同成立。承、托双方就是根据此约定来安排货物运输的，如果发生争议，当然也应以这种约定作为解决争议的依据。而提单是在货物装船后取得的，或者说提单是在合同履行过程中取得的。但是托运单或订舱委托书（单）没有规定承、托双方之间的权利、义务，而提单背面的条款却规定了，而且法律上承认这是解决班轮货物运输争议的依据。但按严格的法律概念，提单并不完全具备经济合同应具备的基本条件，它不是双方意思表示一致的产物，而约束承、托双方的提单条款是承运人单方面拟定的，甚至提单签发，托运人根本没有看，就去银行结汇。实践中，更有甚者，从事国际贸易业务多年，而不了解提单究竟有哪些条款，作了哪些规定。所以，承运人签发提单，只是海上货物运输合同已经订立的证明，如果承、托双方除提单外并无其他协议或合同，那么提单就是订有提单上条款的合同证明。如果托运人与承运人订有运输合同，承、托双方的权利、义务应以合同为依据；但收货人或提单持有人与承运人之间的权利、义务却按提单条款办理，此时提单就是收货人与承运人之间的运输合同。我国《海商法》第 78 条规定，承运人同收货人、提单持有人之间的权利、义务关系，依据提单规定确定。

3）提单是承运人保证凭以交付货物和可以转让的物权凭证

根据提单的定义，承运人要按提单的规定凭提单交货，谁持有提单，谁就可以提货；提单持有人，不论是谁，只要他能递交提单，承运人保证凭以交付货物，而不会过问提单来自何方，甚至不会追究如何合法持有提单。所以，提单的持有人就是物权的所有人，充分体现出提单是一张物权凭证，除法律有规定外，提单可以转让和抵押。

为了加速商品流转和便利资金筹措，国际贸易中出现了“单证买卖”。单证持有人只要将代表一定财产或资产的单证转让给他人，就意味着该财产或资产所有权的转移，让与人便可及时获得价款，以加速资金周转。提单既然是物权凭证，为适应上述的需要，除不可转让的提单外，经背书就可以买卖转让，这在国际贸易中起了很重要的作用。

但是提单的转让受到一定条件的限制：一是提单的转让必须在承运人在目的港交付货物前才有效，如果承运人凭一份提单正本交付了货物，其余的几份也就失去了效力，提单则不能再行转让；二是提单持有人必须在货物运抵目的港的一定时间内，与承运人洽办提货手续；三是由于货物过期不提，即视为无主，承运人可对不能交付的货物行使处分权，从而限制了提单作为物权凭证的效力。

提单除上述的性质与作用外，在业务联系、费用结算、对外索赔等方面都有着重要作用。

（2）海运提单的种类

1）根据货物是否已经装船，可分为已装船提单（on board B/L）和备运提单（received for shipment B/L）。前者指货物已装上船，并有船名和装船日期，即提单日期。装船日期表明装货完毕日期，该日期应符合装运时间。业务中一般要求提供已装船提单。后者指船方收到货物，等待装运期间签发的提单，在集装箱运输情况下，银行也可接受货物在承运人监管下出具的备运提单。

2）根据货物外表有无不良批注来划分，可分为清洁提单（clean B/L）和不清洁提单（unclean B/L 或 foul B/L）。前者指货物在装船时表面状况良好，船方未加任何有关货物受损或包装不良等批注的提单，银行只接受此类提单。后者指船方在提单上对货物外表状况有不良的批注（包装不良或存在缺陷），银行不接受此类提单。如果出口方出具保函换取清洁提单，会引出如下后果：①对收货人来说，船方剥夺了他本应享受的拒绝接受不清洁提单，拒绝付款或承兑的权利；②对船方来说，签发了假提单，收货人可以欺诈为由向法院起诉，那时船方享有的那些法定权利、责任免除将丧失殆尽；③对卖方而言，以保函换取清洁提单，向银行议付货款，换取一时的利益。但如船方向法院起诉，则船方和卖方共同欺骗收货人的行为将暴露于天下。因此，利用保函换取清洁提单的做法，对提单的效力和信誉构成了严重损害，应坚决杜绝。

3）根据运输方式来划分，有直达提单（direct B/L）、转船提单（transshipment B/L）、联运提单（through B/L）。直达提单是从装运港将货物直接运达目的港所签发的提单；转船提单是指载货船舶不直接驶往目的港，须在途中某港换装另一船舶时所签发的包括运输全程的提单，转船提单上一般注有“在某港转船”字样；联运提单是指货物须经两段或两段以上运输才能运达目的港，而其中第一程为海运时（如海陆、海空、海海联运）所签发的提单。转船提单和联运提单的签发人一般只承担它负责运输的一段航程内的货运责任。

4）根据抬头（收货人）不同来划分，有记名提单（straight B/L）、不记名提单（bearer B/L）和指示提单（order B/L）三种。

① 记名提单。在收货人栏内列明收货人名称，货物只能交给收货人，不能背书（endorsement）转让。此种提单可以不凭正本提单提货，此时该提单就失去了物权凭证作用，一般用于买方预付货款情况。

② 不记名提单。收货人栏内不需列任何收货人，只写明“货交提单持有人”，或不填写任何内容的提单。谁持有提单，谁就可凭以提货，船方交货是凭单不凭人。

以上两种提单很少使用。

③ 指示提单。收货人栏内填写“凭指定”（to order）或“凭某人指定”（to order of...）字样，此种提单经过背书才能转让。指示提单通过转让便可达成海上路货的交易。这种提单利于资金周转，业务中使用较多。

指示提单主要有凭指定和凭托运人指定，凭开证申请人指定和凭开证银行指定等情况。提单的收货人决定着物权的归属。对于资信较差的客户，应严格控制这样的条件。

指示提单的背书有“空白背书”和“记名背书”。空白背书是由背书人（提单转让人）在提单背面签章，但不注明被背书人的名称；记名背书除了背书人签章外，还要注明被背书人的名称，如再行转让可再加背书。目前使用最多的是凭指定并经空白背书的提单，习惯上称其为“空白抬头、空白背书”提单。

5）根据内容繁简不同来划分，可分为全式提单（long term B/L）和简式提单（short term B/L）。前者既有正面条款又有背面条款，对承托双方的权利、义务有明确的规定；后者仅有正面内容，而略去背面条款。一般提单副本及租船合同项下的提单多使用简式提单。租船合同项下提单多注有“按照本公司全式提单上的条款办理”的字样。

6）根据运费支付方式不同来划分，可分为运费预付提单（freight prepaid B/L）和运费到付提单（freight to be collected B/L）。前者指货物装船后立即支付运费的提单；后者指货物到达目的港后，收货人提取货物前支付运费的提单。收货人付清运费前，船方有货物留置权。

7）根据船舶营运方式的不同来划分，可分为班轮提单（liner B/L）和租船提单（charter party B/L）。

8）根据提单使用效力的不同来划分，可分为正本提单（original B/L）和副本提单（non-negotiable or copy B/L）。正本提单是指提单上有正本（original）字样的提单，是提货的依据、议付的凭证。全套正本海运提单（full set ocean original B/L）可以是一式若干份，根据合同或信用证要求来定，其中一份提货后，其余各份均告失效。副本提单仅供内部流转、业务工作参考及企业确认之用。

9）根据签发人的不同来划分，有船公司提单和货代提单。前者指为自己船只承运的货物签发的提单。后者指货运代理公司承揽货物后再委托其他船公司运输货物而签发的提单。

10）其他种类提单：

① 起码提单（mini B/L）。船方按最低运费计收所签发的提单。

② 舱面提单（on deck B/L）。指承运人签发的提单上注有“货装甲板”字样的提单。这种提单的托运人一般都向保险公司加保舱面险，以保货物安全。一般不接受舱面提单。

③ 迟期提单（stale B/L）。信用证项下，是指错过规定的交单日期或者晚于货物到达目的港的提单。前者是指卖方超过提单签发日期后 21 天才交单议付的提单，银行拒绝接受此类提单；后者是在近洋运输时，货物先到单据后到，所以在近洋国家间的贸易合同中，一般都订有“过期提单可以接受”的条款。

④ 倒签提单（antidated B/L）。货物装船后，应托运人请求船方签发的早于货物实际装船日期的提单。如，实际装船日期是 6 月 25 日，为了符合客户 6 月 21 日之前装货的要求，则将提单日期倒签至 6 月 21 日，以符合客户规定的装运期。

⑤ 预借提单（advanced B/L）。货物尚未装船，预先签发的、借给托运人的一种提单。按规定提单须于货物装船完毕时签发。倒签与预借，提单日期都不是真正的装船日期。这种行为侵犯了收货人的合法权益，故应尽量减少或杜绝使用。上述两种提单均须托运人提供担保函（letter of indemnity）才能获得。

（3）海运提单的填制（提单样表见下表）

Bill of Lading

<table>
<tr><td colspan="3">1）Shipper</td><td colspan="3" rowspan="6">10）B/L No.

COSCO

中国远洋运输（集团）总公司

China Ocean Shipping（Group）Co.

Original

Combined Tranport Bill of Lading</td></tr>
<tr><td colspan="3">2）Consignee</td></tr>
<tr><td colspan="3">3）Notify Party</td></tr>
<tr><td colspan="2">4）Place of Receipt</td><td>5）Ocean Vessel</td></tr>
<tr><td colspan="2">6）Voyage No.</td><td>7）Port of Loading</td></tr>
<tr><td colspan="2">8）Port of Discharge</td><td>9）Place of Delivery</td></tr>
<tr><td colspan="6">11）Marks　12）Nos. & Kinds of packages　13）Description of Goods　14）G. W.（kg）　15）Meas（m^3）</td></tr>
<tr><td colspan="6"></td></tr>
<tr><td colspan="6">16）Total Number of Containers or Packages（in words）</td></tr>
<tr><td>Freight & Charges</td><td>Revenue Tons</td><td>Rate</td><td>Per</td><td>Prepaid</td><td>Collect</td></tr>
<tr><td>Prepaid at</td><td colspan="2">Payable at</td><td colspan="3">17）Place And Date of Issue</td></tr>
<tr><td>Total Prepaid</td><td colspan="2">18）Number of Original B（S）L</td><td colspan="3"></td></tr>
<tr><td colspan="3">Loading On Board The Vessel
19）Date</td><td colspan="3">20）By</td></tr>
</table>

海运提单主要项目填制说明如下：

① 托运人（shipper）。与承运人签订运输契约，委托运输的货主，即发货人。在信用证支付方式下，一般以受益人为托运人；托收方式以托收的委托人为托运人。另外，根据《UCP600》规定，除非信用证另有规定，银行将接受表明以信用证受益人以外的第三者为发货人的运输单据。

② 收货人（consignee）。收货人要按合同和信用证的规定来填写。一般的填法有下列几种：

A. 记名式：在收货人一栏直接填写上指定的公司或企业名称。该种提单不能背书转让，必须由收货人栏内指定的人提货或收货人转让。

B. 不记名式：在收货人栏留空不填，或填“To Bearer”（交来人/持票人）。这种方式承运人交货给凭提单的持有人，只要持有提单就能提货。

C. 指示式：指示式的收货人又分为不记名指示和记名指示两种。

不记名指示，是在收货人一栏填“To Bearer”，又称空白抬头。该种提单，发货人必须在提单背面背书，才能转让。背书又分为记名背书和不记名背书（空白背书）两种。前者是指在提单背面填上“Deliver to ×××”“Endorsed to ×××”，然后由发货人签章；后者是发货人在背面不做任何说明只签章即可。记名背书后，其货权归该记名人所有，而且该记名人不可以再背书转让给另外的人。不记名背书，货权即归提单的持有人。

记名指示，是在收货人一栏填“To Order of Shipper”，此时，发货人必须在寄单前在提单后背书；另外还有凭开证申请人指示即 L/C 中规定“To Order of Applicant”，在收货人栏就填“To Order of ××× Co.”。

在实际业务中，L/C 项下提单多使用指示式。托收方式，也普遍使用不记名指示式。若作成代收行指示式，事先要征得代收行同意。因为根据 URC522 中第 10 条 a 款规定，除非先征得银行同意，货物不应直接运交银行，亦不应以银行或银行的指定人为收货人。如未经银行事先同意，货物直接运交银行，或以银行的指定人为收货人，然后由银行付款或承兑后将货物交给付款人时，该银行并无义务提取货物，货物的风险和责任由发货人承担。

③ 被通知人（notify party）。原则上该栏一定要按信用证的规定填写。被通知人即收货人的代理人或提货人，货到目的港后承运人凭该栏提供的内容通知其办理提货，因此，提单的被通知人一定要有详细的名称和地址，供承运人或目的港及时通知其提货。若 L/C 中未规定明确地址，为保持单证一致，可在正本提单中不列明，但要在副本提单上写明被通知人的详细地址。托收方式下的被通知人一般填托收的付款人。

④ 船名（ocean vessel）。由承运人配载的装货的船名，班轮运输多加注航次（Voy. No.）。

⑤ 装运港（port of loading）。填实际装运货物的港名。L/C 项下一定要符合 L/C 的规定和要求。如果 L/C 规定为“中国港口”（Chinese port）此时不能照抄，而要按装运的我国某一港口实际名称填。

⑥ 卸货港（port of discharge）。原则上，L/C 项下提单卸货港一定要按 L/C 规定办理。但若 L/C 规定两个以上港口，或笼统写为“××主要港口”如“European main ports”（欧洲主要港口）时，只能选择其中之一或填明具体卸货港名称。

如果 L/C 规定卸货港名后有“In Tiansit to ××”只能在提单上托运人声明栏或唛头下方空白处加列。尤其我国只负责到卸货港而不负责转运者，不能在卸货港后加填，以说明卖方只负责到卸货港，以后再转运到何地由买方负责。

另外，对美国和加拿大 O. C. P（over1and common points）地区出口时，卸货港名后常加注“O. C. P ××”。例如 L/C 规定：“Los Angeles O. C. P Chicago”，可在提单目的港填制：Los Angeies O. C. P；如果要求注明装运最后城市名称时，可在提单的空白处和唛头下加注“O. C. P. Chicago”，以便转运公司办理转运至“Chicago”。

⑦ 唛头（shipping marks /marks & nos.）。如果信用证有明确规定，则按信用证缮制；

信用证没有规定，则按买卖双方的约定，或由卖方决定缮制，并注意做到单单一致。

⑧ 包装与件数（nos. & kind of packages）。一般散装货物该栏只填"In bulk"，大写件数栏可留空不填。单位件数与包装都要与实际货物相符，并在大写合计数内填写英文大写文字数目。如总件数为 320 Cartons 填写在该栏项下，然后在总件数大写栏（total numbers of packages in words）填写：Three hundred and twenty cartons only。如果货物包括两种以上不同包装单位（如纸箱、铁桶），应分别填列不同包装单位的数量，然后再表示件数：

300	cartons
400	iron drums
700	packages

⑨ 商品名称（描述）(description of goods)。原则上提单上的商品描述应按信用证规定填写并与发票等其他单据相一致。但若信用证上货物的品名较多，提单上允许使用类别总称来表示商品名称。如出口货物有餐刀、水果刀、餐叉、餐匙等，信用证上分别列明了各种商品名称、规格和数量，但包装都用纸箱，提单上就可以笼统写：餐具×××cartons。

⑩ 毛重和体积（gross weight & measurement）。除非信用证有特别规定，提单上一般只填货物的总毛重和总体积，而不表明净重和单位体积。一般重量均以公斤表示，体积用立方米表示。

⑪ 运费支付（freight & charges）。信用证项下提单的运费支付情况，按其规定填写。一般根据成交的价格条件分为两种：若在 CIF 和 CFR 条件下，则注明"Freight Prepaid"或"Freight Paid"；FOB 条件下则填"Freight Collect"或"Freight Payable at Destination"。若租船契约提单有时要求填"Freight Payable as Per Charter Party"。有时信用证还要求注明运费的金额，按实际运费支付额填写即可。

⑫ 签发地点与日期（place and date of issue）。提单的签发地点一般在货物运港所在地，日期则按信用证的装运期要求，一般要早于或与装运期为同一天。

⑬ 承运人签章（signed for the carrier）。提单必须由承运人或其代理人签字才能生效。若信用证要求手签的也要照办。对于海运提单由哪些人签署才有效的问题，《跟单信用证统一惯例》规定签署人可以是承运人或作为承运人的具名代理人（代表），或船长或作为船长的具名代理人（代表）。

⑭ 提单签发的份数（No. of originals B/L）。信用证支付方法下提单正本的签发份数一般都有明确规定，因此，一定要按信用证的规定出具要求的份数。例如信用证规定："Full set 3/3 Original clean on board ocean Bill of Lading..."这就表明提单签发的正本三份，在提交给银行议付时必须是三份正本。若在提单条款上未规定份数，而是在其他地方指明："...available by beneficiary's draft at sight drawn on us and accompanied by the following documents in duplicate"，表明信用证所要求提交的单据，当然包括提单，全都是一式两份。又如信用证规定："Full set of clean on board bill of lading issued..."此种规定没有具体表明份数，而是指"全套"，根据《跟单信用证统一惯例》规定，包括一套单独一份的正

本提单，或如果签发正本超过一份，则包括出立的全套正本。因此，对此类规定，就要看实际船方签发正本的份数而定。

⑮ 提单号码（B/L No.）。一般位于提单的右上角，是为便于工作联系和核查，承运人对发货人所发货物承运的编号。其他单据中，如保险单、装运通知的内容往往也要求注明提单号。

海运提单除上述正面的内容外，一般背面是托运人与承运人的运输条款，理论上应是托运人与承运人双方约定的事项，但实际上是承运人单方面制定的，托运人很少有修改的机会。这也就是为什么说提单是双方运输契约的证明，而不能说是运输契约或合同的原因。由于各国航运公司提单的格式不同，其条款的规定内容也互不一样，内容较多，如托运人与承运人的定义、承运人责任条款、运费和其他费用条款、责任限额、共同海损等，其内容虽多也大同小异，可以归类，一般首要条款中要规定所适用的国际公约（如海牙规则，维斯比规则和汉堡规则），以便在发生争议时作为依据。

二、货物运输保险操作原理与步骤

1. 投保操作

国际货物运输保险是指保险人与被保险人双方约定，由被保险人将国际运输中的货物作为保险标的物向保险人投保，当保险标的物遭到意外损失时，保险人按照保险单的规定给予被保险人经济赔偿的一种补偿性措施。国际贸易货物的运送有海运、陆运和空运等多种途径，国际贸易运输货物保险的种类按承运货物的工具种类相应分为海洋运输货物保险、陆上运输货物保险和航空运输货物保险等。其中，业务量最大、涉及面最广的是海洋运输货物保险。在国际货物买卖过程中，由哪一方负责办理投保，应根据买卖双方商定的贸易条件来确定。我国出口货物一般采取逐笔投保的方法，按发票金额的110%投保约定的险别。按FOB和CFR术语成交的出口货物，卖方无办理投保的义务，但卖方在履行交货义务前，货物自仓库到装船期间，仍承担货物可能遭受意外损失的风险，需要自行安排此期间的保险事宜。按CIF或CIP术语成交的出口货物，卖方负有办理保险的责任，一般应在货物从装运仓库运往码头或车站前办妥投保手续。我国进口货物大多采取预约保险的办法，各外贸公司同中国人民保险公司签订有各种运输方式进口预约保险合同，保险金额一般按CIF价计算。各外贸公司对每批进口货物，无须填制投保单，而仅以国外的装运通知代替投保单办理投保手续，保险公司则对该批货物自动负承保责任。保险合同的订立过程如图3—4—4所示。

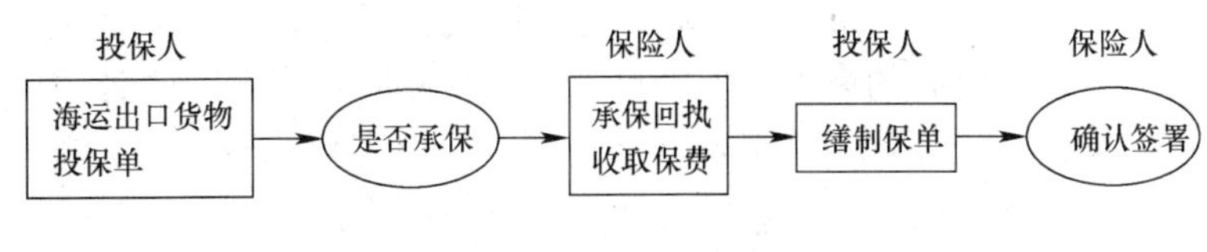

图3—4—4　保险合同的订立

办理进出口货运保险的一般程序如下：

（1）填制投保单。向中国人民保险公司办理进出口货物运输保险有两种办法：一种是逐笔投保；另一种是按签订的预约保险总合同办理。投保人根据合同或信用证的规定，在备妥货物并确定装运日期后，向保险人提出投保的书面申请。

（2）支付保险费，取得保险单。保险公司确定承保后向投保人发出承保回执，列明保单号码、保单日期和投保日期等相关内容。

投保人缴纳保险费。保险费按投保险别的保险费率计算。保险费率是根据不同的险别、不同的商品、不同的运输方式和不同的目的地，并参照国际上的费率水平而制定的。它分为一般货物费率和指明货物加费费率两种。前者是一般商品的费率，后者是指特别列明的货物（如某些易碎、易损商品）在一般费率的基础上另行加收的费率。交付保险费后，投保人即可取得保险单（insurance policy）。

（3）确立保险单。由投保人缮制保险单交保险公司确认签署。

（4）提出索赔手续。

保险单实际上已构成保险人与保险人之间的保险契约，是保险人与保险人的承保证明。在发生保险范围内的损失或灭失时，投保人可凭此向保险人要求赔偿。

当被保险的货物发生属于保险责任范围内的损失时，投保人可以向保险人提出赔偿要求。按《国际贸易术语解释通则2000》E组、F组和C组包含的8种价格条件成交的合同，一般应由买方办理索赔。按D组包含的5种价格条件成交的合同，则视情况由买方或卖方办理索赔。

被保险货物运抵目的地后，收货人如发现整件短少或有明显残损，应立即向承运人或有关方面索取货损或货差证明，并联系保险公司指定的检验理赔代理人申请检验，提出检验报告，确定损失程度，同时向承运人或有关责任方提出索赔。属于保险责任的，可填写索赔清单，连同提单副本、装箱单、保险单正本、磅码单、修理配置费凭证、第三者责任方的签证或商务记录以及向第三者责任方索赔的来往函件等向保险公司索赔。索赔应当在保险有效期内提出并办理，否则保险公司可以不予办理。

2. 保险单据

保险单据是保险人与被保险人之间订立保险合同的证明文件，它反映了保险人与被保险人之间的权利和义务关系，也是保险人的承保证明。当发生保险责任范围内的损失时，它又是保险索赔和理赔的主要依据。在国际贸易中，保险单据是可以转让的。

（1）保险单据的种类

常用保险单据可分为保险单、保险凭证、联合凭证、预约保单、批单等几种。

1）保险单

保险单（insurance policy）又称大保单，它是使用最广泛的一种保险单据。保险单具有法律效力，对双方当事人均有约束力。保险单上一般须载明：当事人的名称和地址，保险标的的名称、数量或重量、唛头，运输工具保险险别，保险责任起讫时间和地点及保险期限，保险币值和金额，保险费，出立保险单的日期和地点，保险人签章，赔款偿付地点以及经保险人与被保险人双方约定的其他事项等内容。保险单背面载明保险人与被保险人之间权利与义务等方面的保险条款，也是保险单的重要内容。

2）保险凭证

保险凭证（insurnce certificate）又称小保单，是一种简化的保险单据，除其背面不载明保险人与被保险人双方的权利和义务等保险条款外，其余内容与保险单相同。保险凭证与保险单具有同等的法律效力。但需要注意的是，如果信用证明确规定要求受益人出具保险单而非保险凭证，受益人应严格按信用证的规定来出具大保单。保险单和保险凭证可以经背书或其他方式进行转让。保险单据的转让无须取得保险人的同意，也无须通知保险人，即使在保险标的发生损失之后，保险单据仍可有效转让。

3）联合凭证

联合凭证（combined certificate）是一种将商业发票和保险单相结合的，比保险凭证更为简化的保险单据。保险公司将承保的险别、保险金额以及保险编号加注在投保人的商业发票上，并加盖印戳，其他项目均以发票上列明的为准。这种凭证很少使用，只限于在我国对某些特定国家或地区的出口业务中使用。

4）预约保单

预约保单（open policy）又称预约保险合同（open cover），它是保险公司对投保人将要装运的、属于约定范围内的一切货物自动承保的总合同，适用于经常有相同类型货物需要陆续分批装运时所采用的一种保险单。订立这种合同是为了简化保险手续，使货物一经装运即可获得保障。凡预约保险单约定的运输货物，在有效期内自动承保。

在实际业务中，预约保险单适用于我国的进口货物。凡属预约保险单规定范围内的进口货物，一经起运，保险公司即自动按预约保单所订立的条件承保。被保险人在获悉每批货物装运时，应及时将装运通知书（包括货物名称、数量、保险金额、船名或其他运输工具名称、航程起讫地点、开航或起运日期等）送交保险公司，并按约定办法缴纳保险费，即完成了投保手续。事先订立预约保险合同，可以防止因漏保或迟保而造成的无法弥补的损失。

5）批单

保险单出立后，投保人如需要补充或变更其内容，可根据保险公司的规定，向保险公司提出申请，经同意后另出立一种凭证，注明更改或补充的内容，这种凭证即为批单（endorsement）。保险单一经批改，保险公司即按批改后的内容承担责任。批单原则上须粘贴在保险单上，并加盖骑缝章，作为保险单不可分割的一部分。

在CIF或CIP条件下，保险单据的形式和内容，必须符合信用证的有关规定，保险单的出单日期不得迟于运输单据所列货物或装船或发运或承运人接受监管的日期。因此，办理投保手续的日期也不得迟于货物装运日期。

（2）保险单的填制（保险单的样式见下表）

PICC	中国人民保险公司 The People's Insurance Company of China 总公司设于北京　　　　一九四九年创立 Head Office Beijing　　　　Established in 1949

续表

<table>
<tr><td colspan="8">货物运输保险单
Cargo Transportation Insurance Policy</td></tr>
<tr><td colspan="2">发票号码
(Invoice No.)</td><td colspan="3"></td><td colspan="2" rowspan="2">保单单号
Policy No.</td><td rowspan="2"></td></tr>
<tr><td colspan="2">合同号
(Contract No.)</td><td colspan="3"></td></tr>
<tr><td colspan="2">信用证号
(L/C No.)</td><td colspan="6"></td></tr>
<tr><td colspan="2">被保险人
(Insured)</td><td colspan="6"></td></tr>
<tr><td colspan="8">中国人民保险公司（以下简称本公司）根据被保险人的要求，由被保险人向本公司缴付约定的保险费，按照本保险单承保险别和背面所载条款与下列条款承保下述货物运输保险，特立本保险单。
This policy of insurance witnesses that the People's Insurance Company of China (herein after called "the company") at the request of the insured and in consideration of the agreed premium paid to the company by the insured, undertakes to insure the undermentioned goods in transportation subject to the conditions of this policy as per the clauses printed overleaf and other special clauses attached hereon.</td></tr>
<tr><td colspan="4">标 记
Marks&Nos</td><td colspan="2">包装及数量
Quantity</td><td>保险货物项目
Description of Goods</td><td>保险金额
Amount Insured</td></tr>
<tr><td colspan="4"></td><td colspan="2"></td><td></td><td></td></tr>
<tr><td colspan="2">总保险金额
Total Amount Insured</td><td colspan="6"></td></tr>
<tr><td>保费
Permium</td><td>As
Arranged</td><td>起运日期
Date of
Commencement</td><td></td><td>装载运输工具
Per Conveyance</td><td colspan="3"></td></tr>
<tr><td>自
From</td><td></td><td>经
Via</td><td></td><td>至
To</td><td colspan="3"></td></tr>
<tr><td colspan="8">承保险别
Conditions</td></tr>
<tr><td colspan="8">所保货物，如发生保险单项下可能引起索赔的损失或损坏，应立即通知本公司下述代理人查勘。如有索赔，应向本公司提交保单正本（本保险单共有__份正本）及有关文件。如一份正本已用于索赔，其余正本自动失效。
In the event of loss or damage witch may result in a claim under this policy, immediate notice must be given to the company's agent as mentioned hereunder. Claims, if any, one of the original policy which has been issued in (　　) original (s). Together with the relevant documents shall be surrendered to the company. If one of the original policy has been accomplished. The others to be void.</td></tr>
<tr><td colspan="2">赔款偿付地点
Claim Payable At</td><td colspan="2"></td><td colspan="2"></td><td colspan="2" rowspan="2">中国人民保险公司
The People's Insurance Company
of China
Authorized Signature</td></tr>
<tr><td colspan="2">出单日期
Ing Date</td><td colspan="2"></td><td colspan="2"></td></tr>
</table>

1）发票号码（invoice No.）：此栏填写投保货物商业发票的号码。

2）保险单号（No.）：此栏填写保险单号码。

3）被保险人（insured）：如 L/C 和合同无特别规定，此栏一般填信用证的受益人，即出口合同名称。如 L/C 无特殊要求，或要求“endorsed in blank ”一般也应填 L/C 受益人名称，可不填详细地址，但出口公司应在保险单背面背书。

若来证指定以×××公司为被保险人，则应在此栏填××× Co.。出口公司不要背书。

若来证规定以某银行为抬头，如“To order of ××× bank”，则在此栏先填上受益人名称，再填上“Held to the order of ××× bank”或以开证行、开证申请人名称为被保险人。此时受益人均须在背面作空白背书。如 To order，则应填 The applicant ＋出口企业名称，For the account of whom it may concern。

4）标记 & 唛头（marks & nos.）：按信用证规定，保险单上标记应与发票、提单上一致。可单独填写，若来证无特殊规定，一般可简单填成“As per inv. No. ×××”。

5）包装及数量（quantity）：此栏填制大包装件数，并应与提单上同一栏目内容相同。

有包装的填写最大包装件数，有包装但以重量计价的，应把包装重量与计价重量都注上；裸装货物要注明本身件数；煤炭、石油等散装货注明“in bulk”再填净重；如以单位包装件数计价者，可只填总件数。

6）保险货物项目（description of goods）：又称货物名称或保险物资项目。

根据投保单填写，要与提单此栏目的填写一致。一般允许使用统称，但不同类别的多种货物应注明不同类别的各自总称。

7）保险金额（amount insured ）：保险金额应严格按照信用证和合同上的要求填制，保险金额应为发票金额加上投保加成后的金额，如信用证和合同无明确规定，一般都以发票金额加一成（即 110％的发票金额）填写。也可按含佣价加成投保，但须按扣除折扣后的价格加成投保。信用证支付方式下，应严格按信用证规定。大小写要一致，币种要用英文全称且币种一致。如应填 Say united states dollars（U. S. dollars）one thousand two hundred and fifty only。保险金额不要小数，出现小数时无论多少一律向上进位。

8）保险费及保险费率（premium and rate）：此栏一般由保险公司填制或已印好 As arranged，除非信用证另有规定，如“Insurance policy endorsed in blank full invoice value plus 10％ marked premium paid”时，此栏就填入“Paid”或把已印好的“As arranged”删去加盖校对章后打上“Paid”字样。

9）装载运输工具（per conveyance S. S）：要与运输单据一致，并应按照实际情况填写。

海运方式下填写船名和航次，如整个运输由两段或两段以上运程完成时，应分别填写一程船名及二程船名，中间用“/”隔开；例如，提单中一程船名为“Dongxing”，二程船为“Huaihai”，则填“Dongxing/Huaihai”。

铁路运输加填运输方式为 By railway 或 By trai，最好再加车号，如，By train：Wagon No. ××；航空运输为“By air”，邮包运输为“By parcel post”。

10）开航日期（slg on or abt.）：此栏填制应按B/L中的签发日期或签发日期前5天内的任何一天填，或可简单填上As per B/L。

11）起讫地点（from... to...）：此栏填制货物实际装运的起运港口和目的港口名称，货物如转船，也应把转船地点填上。如From Wuhan，China to New York，USA via HongKong（or W/T HongKong）。

当信用证中未明确列明具体的起运港口和目的港口时，如，Any Chinese Port或Any Japanese Port，填制时应根据货物实际装运选定一个具体的港口，如Shanghai或Osaka等。

12）承保险别（conditions）：本栏是保险单的核心内容，填写时应注意保险险别及文句与信用证严格一致，应根据信用证或合同中的保险条款要求填制，即使信用证中有重复语句，为了避免混乱和误解，最好按信用证规定的顺序填写。如信用证没有规定具体险别，或只规定“Marine Risk”“Usual Risk”或“Transport Risk”等，则可投保一切险（All Risks）、水渍险（WA或WPA）、平安险（FPA）三种基本险中的任何一种。如信用证中规定使用伦敦学会条款，包括修订前或修订后的，可以按信用证规定承保，保单应按要求填制。投保的险别除注明险别名称外，还应注明险别适用的文本及日期。

在实际操作中，一般是由出口公司在制单时，先在副本上填写这一栏的内容，当全部保险单填好交给保险公司审核确认时，才由保险公司把承保险别的详细内容加注在正本保单上。

如来证要求“Insurance policy covering the following risks，all risks and war risk as per China insurance clause（C. I. C）”，则制单时应打上“All risks and war risk as per China insurance clause（C. I. C）”。

13）赔款偿付地点（claim payable at）：此栏应严格按照信用证或合同规定填制地点和币种两项内容，地点按信用证或投保单，币种应与保险金额一致。

如来证未具体规定，一般将目的地作为赔付地点，将目的地名称填入这一栏，赔款货币为投保险金额相同的货币。如信用证规定不止一个目的港或赔付地，则应全部照打。如来证要求“Insurance claims payale at a third country China”。此时，应把“China”填入此栏。

14）日期（date）：此栏填制保险单的日期。由于保险公司提供仓至仓服务，所以保险手续要求货物离开出口仓库前办理，保险单的签发日期应为货物离开仓库的日期或至少填写早于提单签发的日期、发运日或接受监管日。

15）投保地点（place）：此栏一般填制装运港口名称。

16）签字（signature）：此栏盖与第一栏相同的保险公司印章及其负责人的签字。实际操作中其签章一般已经印刷在保险单上。保险单需经保险公司签章后方才生效。

17）特殊条款（special conditions）：如信用证和合同中对保险单据有特殊要求就填在此栏中。如来证要求“L/C No. ××× must be indicated in all documents”，即在此栏中填上L/C No. ×××.

18）“Original”字样：《跟单信用证统一惯例》条款中规定，正本保险单上必须有

“Original”字样。

3. 保险索赔

进出口货物在保险责任有效期内发生属于保险责任范围内的损失，被保险人按照保险单的有关规定向保险公司提出赔偿要求，称为保险索赔（insurance claim）。

（1）索赔程序

1）损失通知

被保险人一旦获悉保险货物受损，应立即向保险人或其代理人发出损失通知。一般来讲，在保险条款中通常都要求被保险人尽快通报保险事故并在规定的期限内提交损失证据。中国人民保险公司保险条款规定的索赔期限为 2 年，自被保险货物在目的地（港、站）全部卸离运输工具之日算起。

2）申请检验

应及时向保险单指定的检验机构或理赔代理人申请检验，并要求其出具检验报告，或向承运人或有关当局索取货损、货差证明，以确定损失原因和损失程度。如果当地没有保险公司指定的代理人，可邀请当地有资格的保险机构进行检验定损，并出具检验报告。需要指出的是，国外代理人或公证机构出具的检验报告，只能作为一种公证证明，不能决定保险责任。

3）提交索赔单证

被保险人收到上述检验报告后，可连同有关单据向保险公司提赔。按照我国货运保险条款的规定，被保险人在索赔时应提供如下单证：保险单或保险凭证正本、运输单据、发票、装箱单或磅码单、到货通知单。涉及承运人等第三方责任，需提供向责任方请求赔偿的函电及其他必要的单证或文件、货损货差证明、海事报告摘录、索赔金额及计算依据、有关费用的项目和用途的索赔清单。

（2）被保险人在索赔时应履行的其他义务

根据保险条款的规定，施救整理工作是被保险人的义务。被保险货物受损后，被保险人应尽可能采取各种施救整理的措施来减少损失和避免损失的扩大。若被保险人收到保险公司发出的有关采取防止或者减少损失的合理措施的特别通知，应当按照保险公司通知的要求处理。因抢救、阻止或减少货损的措施而支付的合理费用，可由保险公司负责赔偿，但以不超过该批被救货物的保险金额为限。

任务实施

一、填写出口托运单、订舱

刘萍在准备好出口货物，信用证齐备后根据贸易合同和信用证的有关条款，在 6 月 15 日填制出口托运单（表单见下），随附商业发票、装箱单等单据，向船公司或其代理人申请订舱，订一个 20 英尺的集装箱，Door to Door。

出口订舱委托书

日期：2009 年 6 月 15 日

<table>
<tr><td rowspan="5">1）发货人
Furide Trading Co.，Ltd.
14th Floor ×× Mansion，
74 ×× Rd.，Harbin China</td><td colspan="2">4）信用证号码 09/0507-FTC</td></tr>
<tr><td colspan="2">5）开证银行　Royal Bank of Canada</td></tr>
<tr><td>6）合同号码　FT09CS004</td><td>7）成交金额
USD 81 698. 60</td></tr>
<tr><td>8）装运口岸
Dalian，China</td><td>9）目的港
Toronto，Canada</td></tr>
<tr><td></td><td></td></tr>
<tr><td rowspan="4">2）收货人
To Order</td><td>10）转船运输　Allowed</td><td>11）分批装运 Allowed</td></tr>
<tr><td>12）信用证有效期
Jul 15，2009</td><td>13）装船期限
Latest June 30，2009</td></tr>
<tr><td>14）运费
USD 2 400</td><td>15）成交条件
CIF Toronto</td></tr>
<tr><td>16）公司联系人
刘萍</td><td>17）电话/传真
××××-××××××××/××××××××</td></tr>
<tr><td rowspan="2">3）通知人
Brother Trading Co.，Ltd
#304-310 ×× Street，Toronto，Canada
Tel No.：（＋01）×××××××</td><td>18）公司开户行</td><td>19）银行账户</td></tr>
<tr><td colspan="2">20）特别要求</td></tr>
</table>

21）标记唛码	22）货号规格	23）包装件数	24）毛重	25）净重	26）数量	27）单价	28）总价
BROTHER	Men's cotton	190CTNS					
S/C No.：	woven shirts						
FT09CS004	NO. 1094L	70 CTNS	2310 kg	2170 kg	700dozs	USD 53. 35/doz	USD 37345. 00
	NO. 286G	100 CTNS	4500 kg	4300 kg	800dozs	USD 45. 18/doz	USD 36144. 00
	NO. 654	20 CINS	660 kg	620 kg	160dozs	USD 51. 31/doz	USD 8209. 600
Port of destin-ation：Toronto Carton No：1-190							

29）总件数	30）总毛重	31）总净重	32）总尺码	33）总金额
1660 dozs	7470 kg	7090 kg	25. 67 m^3	USD 81698. 60

34）备注

二、报关、装货上船，发出装运通知

船公司根据具体情况，接受弗瑞德公司的订舱，同时把配舱回单、装货单等与托运人有关的单据退还给刘萍，并告知实际承运的船名和航次为 Hanjin Express V. 186，开船日期为 2009 年 6 月 31 日，截止上船时间为 2009 年 6 月 30 日 17 时，截止报关时间为 2009 年 6 月 30 日上午 10 点。船公司的集装箱计划于 6 月 28 日到工厂装货。刘萍立即和工厂联系，安排工厂于 6 月 28 日自行装箱并加海关封志后按时运到集装箱码头堆场。刘萍根据配舱回单提供的船名、航次信息及其他有关的信息填制报关单，并随同发票及其他报关单据一起于 6 月 30 日上午向海关顺利完成报关手续后，货物装上船。

三、向客户发出装运通知

按照国际惯例，货物装上船后，刘萍于 6 月 30 日向加拿大兄弟公司发出装船通知（见下表），以便买方备款、赎单、办理货运保险、进口报关和接货手续。

Shipping Advice

Messre：Brother Trading Co.，Ltd

Dear Sirs，

Re：Invoice No.：00SHGM3178B　L/C No.：09/0507-FTC

We hereby inform you that the goods under the above mentioned credit have been shipped. The details of the shipment are stated below.

Commodity：　Men's cotton woven shirts
Quantity：　190 Cartons
Amount：　USD 81 698. 60
Ocean Vessel：　Hanjin Express V. 186
Bill of Lading No.：09COS22321
E. T. D.：　June 30，2009
Port of Lading：　Dalian，China
Destination：　Toronto，Canada

We hereby certify that the above content is true and correct.
Company name：Furide Trading Co.，Ltd.
Address：14th Floor ×× Mansion，74 ×× Rd.，Harbin China
Signature：×××

四、支付运费，审核公司的提单

货物上船，并于 2009 年 6 月 30 日离开大连港，弗瑞德公司向船公司支付海运费 2 400 美元，船公司把海运提单（见下表）传真给刘萍，让刘萍认真审核，如果有差错，须及时提出，以便船公司更正。

<table>
<tr><td colspan="3">1) Shipper
Furide Trading Co.，Ltd.
14th Floor ×× Mansion，
74 ×× Rd.，Harbin China</td><td colspan="3" rowspan="7">10) B/L no. SN0907
Carrier：
COSCO
中国远洋运输（集团）总公司
China Ocean Shipping (Group) Co.
ORIGINAL
Combined Transport Bill of Lading</td></tr>
<tr><td colspan="3">2) Consignee
To order of the Royal Bank of Canada</td></tr>
<tr><td colspan="3">3) Notify Party
Brother Trading Co.，Ltd
#304-310 ×× Street，Toronto，Canada</td></tr>
<tr><td>4) Pre-Carriage by</td><td colspan="2">5) Place of Receipt</td></tr>
<tr><td>6) Ocean Vessel Voy. no.
Hanjin Express V. 186</td><td colspan="2">7) Port of Loading
Dalian</td></tr>
<tr><td>8) Port of Discharge
Toronto</td><td colspan="2">9) Place of Delivery</td></tr>
<tr><td colspan="6">11) Marks　12) Nos. & Kinds of packages　13) Description of Goods　14) G. W. (kg)　15) Meas (m^3)</td></tr>
<tr><td colspan="6">BROTHER
FT09CS004
Toronto
C/No：1-190　　190CTNS OF　　　7 470 kg　　25. 67 m^3
Men's cotton woven shirts</td></tr>
<tr><td colspan="6">16) Total Number of Containers
And/Or packages (in words)　Say one thousnad ninety cartons　only</td></tr>
<tr><td>Freight & Charges
USD 2 400. 00</td><td>Revenue Tons</td><td>Rate</td><td>Per</td><td>Prepaid</td><td>Collect</td></tr>
<tr><td>Prepaid at</td><td colspan="2">Payable at</td><td colspan="3" rowspan="2">17) Place and date of issue
Dalian
30-Jun-09</td></tr>
<tr><td>Total Prepaid</td><td colspan="2">18) Number of Original B (S) L
Three (3)</td></tr>
<tr><td colspan="3">Loading On Board The Vessel</td><td colspan="3" rowspan="2">21)
中国外轮代理公司大连分公司
China Ocean Shipping Agency，
Dalian Branch
张衡
For The Carrier Named Above</td></tr>
<tr><td>19) Date
30-Jun-09</td><td colspan="2">20) By
中国外轮代理公司大连分公司
China Ocean Shipping Agency，
Dalian Branch
张衡
For The Carrier Named Above</td></tr>
</table>

五、办理投保

2009 年 6 月 15 日，外贸业务员刘萍完成托运手续后，填写海运货物投保单（见下表），向保险公司投保。投保单是投保人要求投保的书面要约，是保险公司签发保险单的依据，进行核保及核定给付、赔付的重要原始资料。各保险公司的投保单，格式有所不同，但内容大体相同。

海运出口货物投保单

1）保险人：The People's Insuance Company of China Harebin Branch

2）被保险人：Furide Trading Co.，Ltd.

3）标记	4）包装及数量	5）保险货物项目	6）保险货物金额
BROTHER FT09CS004 1Toronto C/No：1-190	1660 dozs	Men's cotton woven shirts	USD 89 868.46

7）总投保金额

Say U. S. Dollars eighty-nine thousand，eight hundred and sixty-eight point four six　only

8）运输工具：　（船名）　（航次）

Per Conveyance　Hanjin Express　V. 186

9）装运港：　Dalian　　10）目的港：　Toronto

11）投保险别：　　12）货物起运日期：　30-Jun-09

To be covered by the sellers for the full invoice valve plus 10% against all risks and war risks. Subject to the relevant ocean marine cargo clause of the People's　Insurance Company of China，Dated January 1st，1981.

13）投保日期：　15-Jun-09　　14）投保人签字：　Furide Trading Co.，Ltd.

刘萍

六、交付保险费

投保人交付保险费，是保险合同生效的前提条件。在被保险人支付保险费以前，保险人可以拒绝签发保险单据。

弗瑞德公司向保险公司交付保险费金额计算如下：

保险费＝保险金额×保险费率

＝CIF 价×（1＋投保加成率）×保险费率

＝USD 739.92

七、领取和审核保险单据

保险公司收到保险费后，传真给弗瑞德公司，刘萍仔细审核保险单（见下表）的各项内容，如果发现错误或者与信用证的内容不符，及时要求保险公司更正，确保内容正确。

<table>
<tr><td colspan="2">PICC</td><td colspan="4">中国人民保险公司
The People's Insurance Company of China
总公司设于北京　　一九四九年创立
Head Office Beijing　　Established in 1949</td></tr>
<tr><td colspan="6">货物运输保险单
Cargo Transportation Insurance Policy</td></tr>
<tr><td>发票号码
(Invoice no.)</td><td colspan="2">00SHGM3178B</td><td rowspan="2">保单单号
Policy no.</td><td colspan="2" rowspan="2">WY09060030</td></tr>
<tr><td>合同号
(Contract no.)</td><td colspan="2">FT09CSOO4</td></tr>
<tr><td>信用证号
(L/C no.)</td><td colspan="5">09/0507-FTC</td></tr>
<tr><td>被保险人：
Insured:</td><td colspan="5">Furide Trading Co., Ltd.</td></tr>
<tr><td colspan="6">中国人民保险公司（以下简称本公司）根据被保险人的要求，由被保险人向本公司缴付约定的保险费，按照本保险单承保险别和背面所载条款与下列条款承保下述货物运输保险，特立本保险单。
This policy of insurance witnesses that the People's Insurance Company of China (herein after called "the company") at the request of the insured and in consideration of the agreed premium paid to the company by the insured, undertakes to insure the undermentioned goods in transportation subject to the conditions of this policy as per the clauses printed overleaf and other special clauses attached hereon.</td></tr>
<tr><td colspan="2">标 记
Marks&Nos</td><td>包装及数量
Quantity</td><td>保险货物项目
Description of Goods</td><td colspan="2">保险金额
Amount Insured</td></tr>
<tr><td colspan="2">BROTHER
FT09CS004
1094L 286G 654
Toronto
C/No: 1-190</td><td>1660 dozs</td><td>Men's cotton woven shirts</td><td colspan="2">USD 89 868. 46</td></tr>
<tr><td>总保险金额
Total Amount Insured:</td><td colspan="5">Say U. S. dollars eighty-nine thousand, eight hundred and sixty eight point four six only</td></tr>
<tr><td>保费：
Permium:</td><td>As Arranged</td><td>启运日期
Date of Commencement:</td><td>Jun 30, 2009</td><td>装载运输工具：
Per Conveyance:</td><td>Hanjin Express V. 186</td></tr>
<tr><td>自
From:</td><td>Dalian</td><td>经
Via</td><td></td><td>至
To</td><td>Toronto</td></tr>
<tr><td>承保险别：
Conditions:</td><td colspan="5">Covering all risks and war as per picc of CIC　Dated 1/1/1981</td></tr>
<tr><td colspan="6">所保货物，如发生保险单项下可能引起索赔的损失或损坏，应立即通知本公司下述代理人查勘。如有索赔，应向本公司提交保单正本（本保险单共有3份正本）及有关文件。如一份正本已用于索赔，其余正本自动失效。</td></tr>
</table>

续表

In the event of loss or damage witch may result in a claim under this policy, immediate notice must be given to the company's agent as mentioned hereunder. Claims, if any, one of the original policy which has been issued in original (s). Together with the relevant documents shall be surrendered to the company. If one of the original policy has been accomplished. The others to be void.		
赔款偿付地点 Claim Payable At	Toronto in USD	中国人民保险公司 The People's Insurance Company of China
出单日期 Date	Jun 26, 2009	Authorized Signature 刘萍

知识链接

1. 国际铁路联运出口货物运输实务流程

国际多式联运是指根据一个多式联运合同，采取两种或两种以上运输方式，由多式联运经营人把货物从一国境内的接管地点运到另一国境内指定交付地点的行为。

国际多式联运的特点：由国际多式联运经营人承担或组织完成全程运输方式；签订一个运输合同，对货物运输的全程负责；采用两种或两种以上不同运输方式来完成运输工作；采用一次托运、一次付费、一票到底、统一理赔、全程负责的运输业务；可实现“门到门”运输。

国际铁路联运出口货物运输实务流程如下所示：

(1) 出口货物的托运：货物托运是发货人向铁路部门提出委托运输的行为。国际铁路联运出口货物同国内运输货物的托运一样，发货人应向车站提出货物运单和运单副本，以此作为货物托运的书面申请。整车货物一般在装车完毕，车站在货物运单上加盖承运日期戳，即为承运。

(2) 发货人在装车发运中的工作：货物办理完毕托运和承运手续后，接下来是装车发运。按我国的规定，在车站公共装卸场所内的装卸工作，由铁路负责组织；其他场所如专用装卸场，则由发货人或收货人负责组织。但某些性质特殊的货物，如易腐烂货物、未装容器的活动物等，即使在车站的货场内，也均由发货人组织装车或卸车。

(3) 出口货物在国境站的交接一般程序是：出口国境站货运调度根据国内前方站列车到达预报，通知交接所和海关做好接车准备工作；出口货物列车进站后，铁路会同海关接车，并将列车随带的运送票据送交接所处理，货物列车接受海关的监管和检查；交接所实行联合办公。

(4) 到达取货：在货物到达后，应通知运单中所记载的收货人领取货物。在收货人付清运单中所载的一切应付运送费用后，铁路须将货物连同运单正本和货物到达通知单交付收货人。收货人须支付运送费用并领取货物。

2. 国际航空运输出口货物实务

(1) 办理托运。出口商在备齐货物，收到开来的信用证经审核（或经修改）无误后，就可办理托运，填写空运托运单，并提供有关单证，送交航空公司或空运代理公司。

（2）安排货舱。航空公司收到托运单及有关单据后，根据配载原则、货物性质、货运数量、目的地等情况，结合航班，安排舱位，然后签发航空运单。

（3）安排舱位。航空公司或空运代理公司落实飞机舱位，下达装货指示。

（4）送货。出口商或货运代理人把货物送进机场。

（5）装机。出口商或货运代理人凭装货单据将货物送到指定舱位，经过报关后，装上飞机。

（6）签发空运单。货物装机完毕，由航空公司签发航空总运单，货运代理公司签发航空分运单。航空分运单有正本三份，第一份交给发货人，第二份由外运公司留存，第三份随货同时交给收货人。副本可作报关、财务结算、国外代理、中转分拨等用途。

3. 电放提单

Tel-release 电放提单：电放就是指根据发货人的申请，船公司在始发港收回三份正本提单，收货人不出示正本提单，凭提单传真件在目的港换单。对于进口电放的提单，国内的操作通常是国内收货人需要持盖章的提单传真件和电放保函去目的港代理处换单。

一般情况下发货人是通过银行提交提单或由发货人直接将提单寄给收货人。由于提单是货物所有权的凭证，因此收货人只有拿到正本提单后才可以提货。但在近洋运输如从上海到日本或韩国时，由于船期很短，这时如果通过银行或邮寄提单时可能货已到港而提单却还未到，为不影响收货，收货人会要求发货人将提单电传、传真或 E-mail 给收货人，货物到港后不需要正本提单，收货人凭提单传真件就可以提货。因此所谓电放就是凭电子的、电传的或传真件放行的意思。

电放提单在办理时，先与船公司联系，通知其提单需要电放。这样船公司就可通过电报指示目的港的代理机构可凭传真件提货。电放手续最好是在未出提单前办理，这样船公司不用出具正本提单；如果已经出具正本提单，则需要将全套的正本提单交回船公司，然后船公司才会办理电放提单的手续。另外，办理电放时船公司会要求发货人出具一份保函（船公司或货代均有其固定的格式），保证电放造成的一切问题与其无关。电放时需要另交 100～200 元的电放费。

由于电放后发货人将不再掌握货权，所以办理电放前一定要确认发货人能够安全收款，否则极易造成钱货两空的局面。

电放提单保函

致 MSC 地中海航运（香港）有限公司上海代表处

我司配贵司船名/航次：________________________________

提单号：________________________________

我司因________________需要，安排上述货物在上海港作电报放货，现将全套正本提单归还贵司，请予以办理电放事宜。请电放给以下目的港收货人：________________________________

____

____

____

____

我司承担由此产生的一切风险、责任以及所有费用。

发货人公章：
订舱代理公章：
负责人联系电话：
日期：

电放提单操作流程

托运人向货代提出电放提单，并出具电放保函，表明电放产生的一切后果和责任都由托运人承担；货代再向船公司申请电放，并交电放保函；船公司接受电放申请和保函后，向目的港船代发电放通知，允许该票货物可以用盖章后的电放提单换提货单；装船后，船公司向货代签发 master 电放提单；货代再向托运人签发 house 提单；装货港货代将 house 提单传真给目的港货代。

4. 保险的免赔率

免赔率是指不赔金额与损失金额的比率。免赔率分为相对免赔率与绝对免赔率两种。

保险公司认为某些易碎、易短量的商品在运输途中遭受一定比例的损失是不可避免的，故规定投保这类商品在某百分率范围内的破碎或短量可以免赔，该百分率就是免赔率。

投保的商品实际损失比率超过规定的免赔率时，保险公司只负赔偿超过免赔率的部分，这种赔偿的比率称做绝对免赔率。

投保的商品实际损失比率超过了规定的免赔率时，保险公司负责赔偿实际全部损失，这种赔偿的比率称做相对免赔率。

绝对免赔率与相对免赔率的相同点是：如果损失不超过免赔率，均不赔偿；它们的区别是：如果损失数额超过免赔率，绝对免赔率只赔扣除免赔率的超过部分，而相对免赔率不扣除免赔率，全部予以赔偿。

技能训练

1. 根据下列资料制作提单

信用证资料：

（1）Beneficiary：Ningbo National I/E Corp

（2）Applicant：Neibour Hais Co. London UK

（3）A full set clean shipped on board ocean bill of lading made out to the order of bank of India，UK marked freight prepaid notifying win shipping services，94 Beatmond Road

（4）Shipment from Ningbo to London

（5）Description of goods：100 cartons of chestnuts USD 12.00 per carton CIF London

有关资料：

（1）唛头：NH

London

No. 1-100

（2）提单号：453　　（3）船名航次：Kangke V. 372

（4）总毛重：1800kgs　　（5）总体积：24. 533 m^3

（6）提单签发日期：Oct. 10，2005　　（7）装运日期：OCT. 11，2005

（8）提单签发单位：Sinotrans Ningbo Co.　　提单签发人：杨晓

2. 根据下列资料找出提单的错误

（1）信用证资料：

① Applicant：W. Brother Silk Garments Co.，Ltd No. 1289 Chinatown Street，New York，USA

② Beneficiary：Shanghai Silk Garments Imp & Exp Co.，21 Shanxi South Road Shanghai China

③ Loading in Charge：Shanghai Port

④ For Transport to：New York Port

⑤ Latest Date of Ship：July. 7，2005

⑥ Description of Goods：Silk Garments 2000pcs CIF New York USD 12. 00 Per pc

⑦ Full set of clean on board ocean bills of lading made out to the order of bank of merchant，USA marked *freight prepaid* and notify applicant.

（2）其他背景材料

① 提单号：DOP6345E

② 货物总毛重：7200. 00 kgs

③ 货物总件数：100 ctns

④ 货物总尺码：25. 50 m^3

⑤ 船名和航次：East Wind V. 325

⑥ 唛头：Wbsgc

Made in China

No. 1-100

⑦ 集装箱号码：EASH2341F/SEAL No. L0989

⑧ 提单签发日期：2005 年 7 月 3 日

⑨ 装运日期：2005 年 7 月 3 日

⑩ 提单签发单位：COSCO Container Lines

提单签发人：东方扬帆

1. Shippor Insert Name. Address and Phone Shanghai Silk Garments Imp & Exp Co. , 21 Shanxi South Road Shanghai China	17. B/L No. DOP6345E 中远集装箱运输有限公司 COSCO CONTAINER LINES TLX：××××× COSCO CN FAX：+86 (×××) ×××× ×××× ORIGINAL Port-to-Port or Combined Transport BILL OF LADING
2. Consignee Insert Name，Address and Phone TO ORDER	
3. Notify Party Insert Name. Address and Phone Applicant	RECEIVED in external apparent good order and condition extept as other. Wise noted. The total number of packages or unites stuffed in the container. The description of the goods and the weights shown in this Bill of Lading are Furnished by the Merchants and which the camer has no reasonabte means of checking and is not a part of this Bill of Lading contract The camer has Issued the number of Bills of Lading stated below，all of this tenor and date，One of the original Bill of Lading must be surrendered and endorsed. Ned against the delivery of the shipment and whereupon any other original Bills of Lading shall be void. The Merchanis agree to be bound by the terms And conditions of this Bill of Lading as if each had personally signed this Bill of Lading. SEE clause 4 on the back of this Bill of Lading (Terms continued on the back Hereof. please read carefully). * Applicable Only When Document Used as a Combined Transport Bill of Lading.

Combined Transport* Pre-carriage by	Combined Transport* Place of Receipt
4. Ocean Vessel Voy. No. EAST WIND V. 325	5. Port of Loading Shanghai Port
6. Port of Discharge New York Port	9. Combined Transport* Place of Delivery

7. Marks & Nos. Container/Seal No.	8. No. of Containers or Packages	10. Deseription of Goods (if Dangerous Goods，See Clause 20)	11. Gross Weight kgs	12. Measurement
WBSGC Made In China No. 1-100	100 CTNS	Silk Garments Freight Collect	7200. 00 kgs	25. 50 m^3
		Description of contents for shippers use only (not part of this b/l contract)		

13. Total Number of containers and/or packages (in words)
Subject to Clause 7 Limitation　SAY ONE HUNDRED CTNS ONLY

续表

<table>
<tr><td>Freight & Charges

Declared Value Charge</td><td>Revenue Tens</td><td>Rate</td><td>Per</td><td>prepaid</td><td>Collect</td></tr>
<tr><td rowspan="2">Ex Rate:</td><td>Prepaid at</td><td colspan="2">Payable at</td><td colspan="2">14. Place and date of issue
Shanghai Jul. 03, 2005</td></tr>
<tr><td>Total Prepaid</td><td colspan="2">15. No. of Original B (s) /L

Three</td><td colspan="2">16. Signed for the Camer, COSCO CONTainer LINES
COSCO CONTAINER LINES
东方扬帆
AS AGENT FOR THE CARRIER</td></tr>
</table>

LADING ON BOARD THE VESSEL
17. DATE, Jul. 03, 2005 BY

3. 新加坡富达贸易有限公司以 FOB 价向我国机械进出口公司出口一批货物，我方按习惯以预约保险方式投保，现富达公司传来装运通知（保险申请书）如下：

Fuda Trading Co. , Ltd（PTE）

Commercial Building ××× Singapore
Tel (65) ×××××××× Telefax (65) ××××××××

To: China National Machinery Import & Export Corporation

Insurance Declaration
(Shipment Advice)

Singapore, Aug. 10th, 2004

Messr,
Dear Sirs,

L/C No. MS1812
Cover Note (or open policy)
No. AD335

续表

Under the captioned Credit and Cover Note (or Open Policy), Please insure the goods as detailed in our Invoice No. Enclosed, other particulars being given below: Carry Vessel's Name: STAR RIVER V. 052 Shipment Date: on or about Aug. 15th, 2004 Covering Risks (as arranged) Kindly forward directly to the insured your Insurance Acknowledgement. Fuda Trading Co., Ltd (PTE)

试问：若由我方自行投保，应如何填定投保单？中国人保公司业务部应如何根据该暂保单内容打制保险单？（若 L/C 中保险条款为：Marine insurance policy or blank endorsed for full CIF value plus 10 pt covering institute all risks and war risks in duplicate showing claims in any payable at Singapore，并已知中国人保公司在新加坡的代理为：Ocean-air Singapore claims inc at 120 John Street，Sauite 1500，Singapore 100××。

4. 在一笔 CIF 的交易中，已知：Beneficiary：China National Light Products I. & E. Corp. Applicant：Mace Industries，Hong Kong

现客户通过我联行 Bank of China，Hong Kong Branch 开证。客户在香港恒生银行（Hang Seng Bank Ltd，Hong Kong）有账号，但在中国银行香港分行无账号。须由恒生银行代进口商出账，试问：

（1）如被保险人按 P. I. C. C. 条款加一成投保海运一切险，日后按一正一副的全套保单向银行交单据，并以记名方式将保单权益转给恒生银行指定的持单人，则 L/C 的保险条款应如何开立？

（2）假如中国轻工业产品进出口公司结算部的负责人为李明，则李明在转让保单时应如何背书？

（3）当前，香港恒生银行已和中国银行建立代理关系，客户可直接通过香港恒生银行开证，鉴于此，保单转让还有没有必要采用记名背书的方式？

（4）L/C 规定：买方投保时应以买方为被保人，对此卖方能否接受？如接受，保单将如何转让？

（5）若 L/C 中提单条款规定为 3/3 Full set of clean on board ocean B/L show beneficiary as shipper，made out to shipper，and endorsed in blank marked freight prepaid and notify accountee。保单条款仍按（1）中条件开立，能否接受？若不能接受，应如何修改？

思考与练习

1. 我国海运出口货物的流程是什么？
2. 海运提单的性质与作用？
3. 保险单日期晚于提单日期，会出现什么结果？

任务5 报 关

教学目标

1. 掌握出口货物报关单的基本知识。
2. 掌握出口报关的具体流程。
3. 能够准确办理一般出口货物报关手续。
4. 能够争取填制出口货物报关单。

任务引入

弗瑞德公司出口货物已经办理了出口托运，开船日期为2009年6月30日，截止报关时间为2009年6月29日上午10点。

货物已经通过商品检验检疫局检验，获得了货物出境通关单。现在要准备报关单，办理相应的出口报关手续，否则就会延迟装运。

任务分析

出口报关是履行海关进出境手续的必要环节之一。报关是指进出口货物收发货人、进出境运输工具负责人、进出境物品所有人或者他们的代理人向海关办理货物、物品或运输工具进出境手续及相关海关事务的过程，包括向海关申报、交验单据证件，并接受海关的监管和检查等。

弗瑞德公司应该准备一系列文件资料和出口报关单一起，在开船前24小时向海关报关。只有海关审核无误，确定放行后，货物才能装运出口。报关员携带出口货物报关单、发票、提单、装箱单、出口收汇核销单以及贸易合同和产地证等相关单证去海关报关。

相关知识

一、进出口税费

进出口税费是指在进出口环节中由海关依法征收的关税、消费税、增值税、船舶吨税及海关监管手续费等税费，如图3—5—1所示。依法征收税费是海关的重要任务之一。进出口环节税费征纳的法律依据主要是《海关法》《进出口关税条例》以及国务院制定的有关法律、法规等。

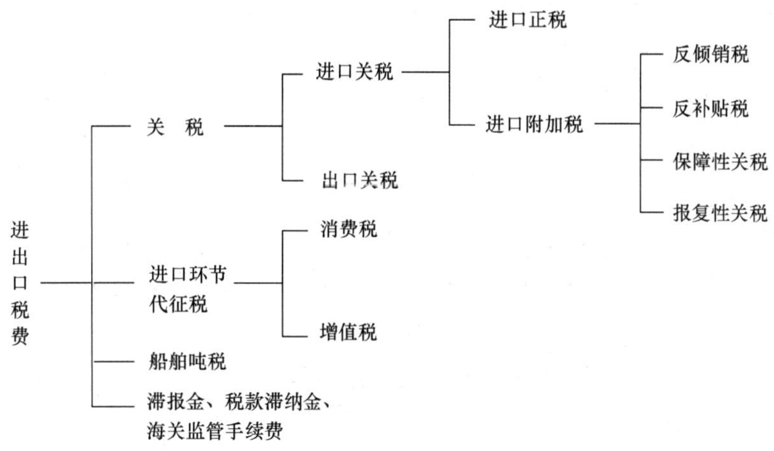

图 3—5—1　进出口税费

1. 进口关税

进口关税是指一国海关以进境货物和物品为征税对象所征收的关税，在国际贸易中，一直被各国公认为是一种重要的经济保护手段。

海关征收的税费以人民币征收，计算税款前要将审核的完税价格（是海关对进出口货物征收从价税时审查估定的应税价格，是凭以计征进出口货物关税及进口环节代征税税额的基础）折算成人民币；完税价格计算至元，元以下的金额四舍五入；税额计算到分，分以下四舍五入。

进口关税的计征方法主要有：从价税、从量税、复合税、滑准税等。

2. 出口关税

出口关税是指海关以出境货物和物品为征税对象所征收的关税。征收出口关税的主要目的是限制、调控某些商品的过度、无序出口，特别是防止本国一些重要的自然资源和原材料的无序出口。为鼓励出口，一般不征收出口税或仅对少数商品征收出口税。

3. 海关代征税

进口货物和物品在办理海关手续放行后，进入国内流通领域时，由海关代征的进口环节国内税主要有增值税、消费税和船舶吨税三种。报关环节还可能产生其他费用有滞纳金和滞报金。

注意事项：

1. 进口货物的申报期限为自装载货物的运输工具申报进境之日起 14 日内。申报期限的最后一天是法定节假日或休息日的，顺延至节假日后第一个工作日。

2. 进出口关税、进口环节增值税、消费税、船舶吨税的纳税人或其代理人应当在海关签发税款缴纳证之日起 15 日内（节假日包括在内、期末遇节假日顺延至第一个工作日），向指定银行缴纳税款。

3. 进口货物收、发货人未按规定期限向海关申报产生滞报的，海关按日征收滞报金。

计征起始日为运输工具申报进境之日起第 15 日，截止日期为海关接受申报之日（即申报日期）。起始日和截止日均计入滞报期间。逾期不缴纳税款的，从第 16 日起由海关按日征收欠缴税款总额的 0.5‰的滞纳金。

二、进出口报关的流程

报关工作的全部程序分为申报、查验、放行三个阶段。

1. 进出口货物的申报

进出口货物的收、发货人或者他们的代理人，在货物进出口时，应在海关规定的期限内，按海关规定的格式填写进出口货物报关单，随附有关的货运、商业单据，同时提供批准货物进出口的证件（见表 3—5—1），向海关申报。

表 3—5—1　　进出口货物报关所需要提供的单证

单证性质	单证含义	要求	单证内容
主要单证	进出口货物报关单	一式两份（北京海关要求报关单份数为三份）	报关单
基本单证	与出口货物直接相关的商业和货运单证	需报关单位盖章	商业发票、装箱单、出口装货单据
特殊单证	国家有关法律规定并实行特殊管制的证件		进出口许可证、加工贸易电子账册、特定减免税证明、外汇收付核销单证、原产地证明书、担保文件等
预备单证	海关认为必要时查阅或收取的单证		贸易合同、进出口企业的有关证明文件等

2. 进出口货物的查验

进出口货物，除海关总署特准查验的以外，都应接受海关查验。查验的目的是核对报关单证所报内容与实际到货是否相符，有无错报、漏报、瞒报、伪报等情况，审查货物的进出口是否合法。海关查验货物，应在海关规定的时间和场所进行。如有特殊理由，需事先报经海关同意，海关可以派人员在规定的时间和场所以外查询。申请人应提供往返交通工具和住宿费用。海关查验货物时，要求货物的收、发货人或其代理人必须到场，并按海关的要求负责办理货物的搬移、拆装箱和查验货物的包装等工作。海关认为必要时，可以径行开验、复验或者提取货样，货物保管人应当到场作为见证人。

3. 进出口货物的放行

海关对进出口货物的报关，经过审核报关单据、查验实际货物，并依法办理了征收货物税费手续或减免税手续后，在货运单据上签盖放行章，货物的所有人或其代理人才能提取或装运货物。此时，海关对进出口货物的监管才算结束。

另外，进出口货物因各种原因需海关特殊处理的，可向海关申请担保放行。海关对担保的范围和方式均有明确的规定。

4. 出口货物通关作业流程

出口货物通关作业流程如图 3—5—2 所示。

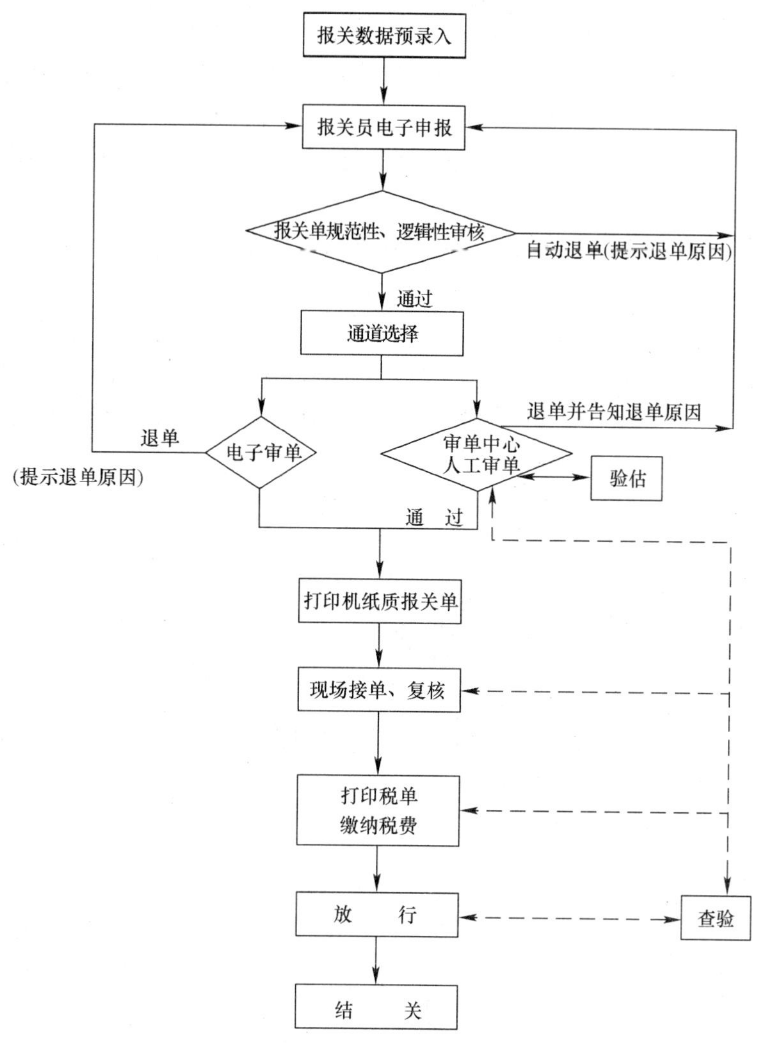

图 3—5—2　出口货物通关作业流程图

第一阶段：电子申报

1. 报关人根据《中华人民共和国海关进出口货物报关单填制规范》和海关监管、征税、统计等要求录入电子报关数据并通过网络传输方式向海关传输电子数据，进行电子申报。出口货物必须运抵海关指定监管场所后方可向海关申报。

2. 海关的计算机系统根据预先设定的各项参数对电子报关数据的规范性、有效性和合法性进行电子审核，审核结果将通过现场大屏幕显示器或计算机网络等通信手段通知报关人。审核结果有以下三种情况：

（1）符合计算机自动审核条件的，计算机自动完成审征环节的全部作业，向现场海关下达作业指令，同时向报关人发出“到现场海关办理货物验放手续”的回执或通知。

（2）需人工审核的报关单数据，计算机将按设定的派单条件，将报关单数据派入审单中心相应的人工审单岗位，同时向报关人发出“等待处理”的回执或通知。

(3) 对因申报不规范而不能通过计算机综合审核的报关单数据，计算机提示原因，并自动退单向报关人发出退单回执或通知。

3. 审单中心对需人工审单的报关单数据进行人工审核，并将审核结果通知报关人。审核结果有以下三种情况：

(1) 审核通过：如报关单数据经审核符合海关审征作业要求，即预审核通过，审单中心向业务现场海关发送有关指令和数据，同时向报关人发出“到现场海关办理货物验放手续”的回执或通知。

(2) 人工退单：对明显不符合海关统计、征税、监管等有关业务要求且又不构成伪报瞒报的报关单电子数据，予以注明原因做退单处理，并向报关人发出退单回执或通知。报关人应根据有关退单原因，作出修改后，重新申报。

(3) 挂起：在审核过程中，审单人员认为有必要与报关人或有关部门联系，以了解或确定报关单数据相关内容的，可采用报关单挂起的措施，并向报关人发出“与海关联系”或“待海关通知”的回执或通知。报关人在收到“与海关联系”的回执或通知时应根据回执或通知中的联系电话，及时与审单中心取得联系，说明有关情况或按审单中心要求提供有关资料。

第二阶段：现场通关——接单

4. 报关人到现场海关接单窗口或派单窗口（一些业务量较大的现场）递交书面单证，办理货物验放手续。报关人通常应递交以下单证：

(1) 报关员证。

(2) 代理报关委托书。

(3) 预录入报关单（指预录入公司录入、打印，并联网将录入数据传送到海关，由申报单位向海关申报的报关单)。

(4) 发票、装箱单、合同、提单/运单等随附单据。

(5) 加工贸易需提供加工贸易手册。

(6) 海关依据对外贸易管理制度规定，对出口实施实际监管的各种许可证件。主要有：出口许可证、被动出口配额证、检验检疫出境货物通知单、濒危物种出口允许证、精神药物出口准许证、文物出口许可证等。

(7) 其他有特殊监管条件的有关单证以及海关要求出示的单证。

5. 海关验核报关人的报关资格，验核通过的，现场接单人员进行接单。有派单窗口的现场派单人员则核对书面单证是否齐全并分派接单窗口。

6. 现场接单人员验核书面单证。

审核书面单证的各项内容是否单单（报关单与随附单证）、单机（报关单与电子数据）相符；对申报价格、商品归类等项目进行复核；按作业要求对有关单证进行批注。

如发现单证不齐全、不合法，应及时查明原因，并按有关规定处理。

第三阶段：现场通关——查验

7. 接单关员对由审单中心下达查验指令的报关单，打印“查验通知单”；同时可根据情况确定是否对未下达查验指令的货物进行查验。对确定查验的单证，下达查验布控指令，打印“查验通知单”并交给报关人。

8. 海关对需要查验的货物实施现场查验。进口货物的收货人、出口货物的发货人或其代理人应派员到场协助查验，协助查验人员应出示有效证件并负责搬移货物，开拆和重封货物的包装，当海关对相关单证或货物有疑问时应负责解答。当海关认为必要时，可以径行开验、复验或者提取货样。

9. 查验结束后，报关人应在“查验记录单”上签名、确认。签名应真实有效，对海关查验过程与结果是否认同应如实填写。

第四阶段：现场通关——税费征收

10. 办理税费征收手续。对应税货物征收税款（关税、增值税），并打印税款缴款书；对逾期纳税货物征收滞纳金，打印滞纳金缴款书。对缴纳的税费进行核销。

第五阶段：现场通关——放行

11. 放行关员对电子报关数据、书面单证及批注情况进行复核，情况正常的，办理单证放行手续并签发出口货物报关单。

12. 报关人到业务现场办理报关单证明联的签发手续。对已放行的出口货物，现场海关负责报关单电子数据与电子舱单数据的核对，对确认已实际出口的货物办理结关核销手续，并根据报关人提供的申请签发证明联的清单签发出口退税专用联、收汇核销联及加工贸易海关核销联。

任务实施

在我国，货物的出口报关应当经过审单、查验、征税、放行四个作业环节与之相适应，出口货物收、发货人或其代理人应当按程序办理相对应的出口申报、配合查验、缴纳税费、提取或装运货物等手续，货物才能出境。出口货物的发货人或其代理人（以下简称“报关人”）除海关特准的外应当在货物运抵海关监管区后、装货的 24 小时以前向海关申报。

报关人应如实向海关申报并履行有关义务。

注意事项：

加工贸易、保税仓储等项下的保税货物、监管期限内的减免税设备和物品属于海关监管货物，未经海关许可，不得挪作他用。

有出口经营权的企业在向海关办理注册登记手续，取得注册登记编码（又称经营单位代码）后，可自行或委托海关准予注册的报关企业办理货物出境报关手续。

无出口经营权的企业（单位）出口货物、物品，可向海关申请临时注册登记编码（又称经营单位代码）。取得登记编码后，可以持批准文件委托海关准予注册的报关企业办理货物、物品的出境报关手续。

大连海通在报关前，先上网向大连海关进行核销单的口岸备案，并如实向海关申报成交方式（CIF），按成交方式申报成交总价和运费等，以后外汇局即根据实际成交方式及成交总价办理核销手续。

一、出口申报

弗瑞德公司在确认配船订舱成功后，填写“中华人民共和国海关出口货物报关单”（报关联和出口退税联）（见下表），并随附报关委托书、商业发票、装箱单、出口收汇核销单、出境货物通关单等单证，同时与出境货物换证凭条一道寄给大连海通，委托其向海关报关。

中华人民共和国出口货物报关单

预录入编号： 459785468-8 海关编号：

<table>
<tr><td colspan="2">出口口岸
大连海关 0900</td><td>备案号</td><td>出口日期
2009.6.30</td><td>申报日期
2009.6.25</td></tr>
<tr><td colspan="2">经营单位
哈尔滨弗瑞德贸易有限公司</td><td>运输方式
江海运输</td><td>运输工具名称
Hanjin
Express V.186</td><td>提运单号
SN0907</td></tr>
<tr><td colspan="2">发货单位 大连 YY 国际货运有限公司</td><td>贸易方式
一般贸易 0110</td><td>征免性质
一般征税</td><td>结汇方式
L/C</td></tr>
<tr><td colspan="2">许可证号</td><td>运抵国（地区）
加拿大</td><td>抵运港
多伦多</td><td>境内资源地
黑龙江哈尔滨</td></tr>
<tr><td>批准文号
23010365532</td><td>成交方式
CIF</td><td>运费
502/2400/3</td><td>保费
502/739.92/3</td><td>杂费</td></tr>
<tr><td>合同协议号
FT09CS004</td><td>件数
190</td><td>包装种类
纸箱</td><td>毛重（公斤）
7470</td><td>净重（公斤）
7090</td></tr>
<tr><td>集装箱号
COSU257289</td><td colspan="3">随附单据
B：出境货物通关单编号：442301104065547</td><td>生产厂家
大连长青服装厂</td></tr>
<tr><td colspan="5">标记唛及备注 COSU257289
BROTHER
S/C No.：FT09CS004
Port of destination：Toronto
Carton No.：1-190</td></tr>
</table>

项号	商品编号	商品名称	规格型号	数量及单位	原产国（地区）	单价	总价	币值	征免
01	6205200099	男式棉衬衫							照章征税
		190 CNTS of Men's cotton woven shirts							
			NO. 1094L	700dozs		53.35	37345.00	美元	
			NO. 286G	800dozs		45.18	36144.00	美元	
			NO. 654	160dozs		51.31	82096.00	美元	
							81698.60	美元	

<table>
<tr><td>录入员</td><td>录入单位</td><td>兹证明以上申报无讹并承担法律责任</td><td colspan="2">海关审单批注及放行日期（签章）</td></tr>
<tr><td colspan="3">报关员</td><td>审单</td><td>审价</td></tr>
<tr><td colspan="2">单位地址</td><td>申报单位（签章）</td><td>征税</td><td>统计</td></tr>
<tr><td>邮编</td><td>电话</td><td>填制日期</td><td>查验</td><td>放行</td></tr>
</table>

二、配合查验

大连海通申请报关后，海关依据报关单查验货物时，应该配合海关查验，做好以下工作：负责按照海关要求搬移货物，开拆包装，以及重新封装货物；预先了解和熟悉申报货物的情况，如实回答检验人员的询问以及提供必要的资料，协助海关提取需要做进一步检验、化验或鉴定的货样，收取海关出具的取样清单；查验结束后，认真阅读查验人员填写的“海关进出境货物查验记录单”，核实主要记录是否符合实际。

三、缴纳税费，海关放行，装运货物

海关查验后，核对税费，开具税款缴款书与收费票据，海关在装货单上盖“海关放行章”后，退回已盖“海关验讫章”的出口收汇核销单和出口货物报关单的出口收汇证明联和出口退税证明联，同意放行。报关通过后，大连海通安排集装箱拖货至船公司指定的码头。

知识链接

一、电子报关

电子报关是指进出口货物收、发货人或其代理人通过计算机系统，按照《中华人民共和国海关进出口货物报关单填制规范》有关要求，向海关传送报关单电子数据，并备齐随附单证的申报方式。可查阅中国海关门户网站 www. customs. gov. cn。

二、申报方式

目前，电子报关主要有三种类型四种申报方式。

1. 终端申报方式

终端申报方式指进出口货物收、发货人或其代理人在海关规定的报关地点委托经海关登记注册的预录入企业使用连接海关计算机系统的电脑终端录入报关单电子数据。

2. EDI 申报方式

EDI 申报方式可分为以下两种：

一种是委托 EDI 申报方式，进出口货物收、发货人或其代理人在海关规定的报关地点委托经海关登记注册的预录入企业使用 EDI 方式录入报关单电子数据；另一种是自行 EDI 申报方式，进出口货物收、发货人或其代理人在本企业办公地点使用 EDI 方式自行录入报关单电子数据。

3. 网上申报方式

网上申报方式指进出口货物收、发货人或其代理人在本企业办公地点连接互联网，通过“中国电子口岸”自行录入报关单电子数据。

进出口货物收、发货人或其代理人在上述四种方式中选择一种适用的方式，将报关单内容录入海关电子计算机系统，生成电子数据报关单。一旦接收到海关发送的“接受申报”回执，表示电子申报成功。

三、电子通关系统

电子通关系统是海关利用现代计算机技术和信息网络技术对货物进出口进行全面信息化整合项目的总称。我国海关已经在进出境货物通关作业中全面使用计算机进行信息化处理，成功地开发并运用了多个电子通关系统。

H883/EDI 通关系统的开发利用、H883/EDI 通关系统更新换代项目和 H2000 通关系统的运用，极大地提高了海关管理的整体效能，同时进出口企业也享受到了报关程序简化、高效所带来的便利。

四、中国电子口岸系统

中国电子口岸系统又称口岸电子执法系统，简称电子口岸，是指与进出境贸易管理关联的国务院 12 个有关部委利用现代信息技术和电子计算机技术，以本部委管理的进出口业务信息为基础建立的一个公共数据库，以期成为能为相关政府部门提供跨部门、跨行业管理核查，为进出口企业提供网上办理各种进出口业务的国家信息系统。

技能训练

北京某公司是一家从事机械制造产品的民营企业，该公司拟向美国一家公司出口一批冷轧不锈钢带，委托北京一家外贸进出口公司向北京海关办理出口报关手续。请以公司业务员的身份完成此报关程序。

思考与练习

1. 简述进口报关的一般流程？
2. 进出口报关时需要提供哪些单据？

任务 6　货款的结算

教学目标

1. 掌握出口结算的主要单据，交单结汇的主要方式。
2. 掌握单证审核的要点与单证不一致的处理方式。
3. 能够根据合同与信用证的要求制作结算单据。
4. 能够正确处理单证不符。

任务引入

弗瑞德公司的货物已于 2009 年 6 月 30 日从大连港按期发运，信用证的交单期为 10 天，在办理货物出运工作的同时，弗瑞德公司也开始了对议付单据的制作。根据信用证的规定，弗瑞德公司备齐了全套议付单据（商业发票、装箱单、3/3 海运提单正本、货物运输保险单、原产地证、受益人证明和汇票），于 2009 年 7 月 8 日向议付行中国银行黑龙江省分行交单议付。

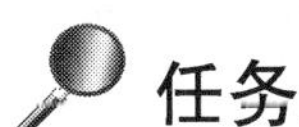

任务分析

现代国际贸易绝大部分采用凭单交货、凭单付款方式。在信用证业务中，由于银行只凭信用证，不管买卖合同和货物，因此对单据的要求非常严格。单证的正确与否直接关系到企业的经济利益。因此，顺利结汇的关键在于单证的正确、完整、及时、简洁、清晰。

出口商完成了货物的交付后，就要着手结算货款。在出口业务中制作好汇票、发票、装箱单等，并及时从相关机构获取提单、保险单、产地证书、商检证书等单据，并审核确认正确。单据制作完成后，要在规定的交单到期日或之前，将各种单据和必要的凭证送交指定的银行办理付款、承兑或议付手续，向银行进行结汇。

相关知识

一、制作出口单据

1. 出口单证的种类

国际贸易单证（document）贯穿于进出口贸易的全过程。它的缮制、流转、交换和使用，不仅反映合同履行的过程，也体现货物交接过程中所涉及的有关当事人，如出口商与进口商，托运人与承运人及收货人，投保人、被保险人与保险人，客户与银行，商检委托人与商检机构，进出关境人与海关等之间的责权利益关系。一旦发生争议，单证又是处理国际贸易索赔和理赔的依据。出口单证是在出口合同履行过程（包括备货、托运、装船和结汇等）中的各个环节缮制的。这些单证既相对独立，又紧密联系，每种单证都有独特的性质和用途。

在出口贸易中常用的单证主要包括以下几类。

（1）资金单据

资金单据（financial document）主要用于货款收付，具有货币性质，主要包括以下三种。

1）汇票

汇票（bill of exchange，draft）是一个人向另一个人签发的，要求见票时或在将来的固定时间，或可确定的时间，对某人或其指定人或持票人支付一定金额的无条件书面支付命令。

2）本票

本票（promissory note）是一个人向另一个人签发的，保证于见票时或定期或在可以确定的将来时间，对某人或其指定人或持票人支付一定金额的无条件书面承诺。

3）支票

支票（cheque 或 check）是出票人签名开立的，以银行为付款人，即期支付一定金额的支付证券。

（2）商业单据

商业单据（commercial document）是结汇的基本单据及重要证明，主要包括以下几种。

1）商业发票

商业发票（commercial invoice）是出口方开给进口方的载有商品名称、数量和价格等内容的清单。它是进出口双方交接货物和结算货款的中心单证，也是进出口报关必不可少的主要单证之一。

2）装箱单

装箱单（packing list）是商业发票的一种补充单据，由出口方出具，主要是显示货物的唛头、名称、规格、数量、重量和包装等方面的情况。

3）重量单/尺码单/规格单

上述单据均可作为对商业发票的一种补充，其说明各有侧重，但其内容不能互相矛盾。重量单（weight list）着重说明货物的毛重和净重等情况；尺码单（measurement list）用以说明货物尺码细节，一般要求列明每件货物的尺码及总尺码，并提供货物包件的体积，其作用在于便于安排运输、装卸和仓储，也是计算运费的重要依据；规格单（specifications list）用以说明包装规格细节，一般要求列明包装方式及内含量。

4）保险单/保险凭证

保险单（insurance policy），俗称大保单，它是保险人和被保险人之间成立保险合同关系的正式凭证，因险别的内容和形式有所不同。海上保险最常用的形式有船舶保险单、货物保险单和运费保险单和船舶所有人责任保险单等。保险单由被保险人背书后随同物权的转移而转让，通常是被保险人向银行押汇的单证之一。保险凭证（insurance certificate），俗称小保单，它是保险人签发给被保险人，证明货物已经投保和保险合同已经生效的文件，是一种简化了的保险合同。除在凭证上不印详细条款外，其他内容与保险单相同，且与保险单有同等的效力。但若信用证要求提供保险单时，一般不能以保险凭证代替。

5）运输单据（transport document）

包括海运提单、铁路运输单据、航空运单、多式联运单据等。

（3）官方单据

官方单据（official document）是由政府机关或社会团体等专门机构签发的单据，主要包括以下几种。

1）商检证书

商检证书（inspection certificate）是商检机构对外签发的具有法律效力的证书，是证明交货的品质、数量、包装及卫生条件等是否符合合同规定的依据，当卖方交货的品质、数量、包装及卫生条件与合同规定不符时，可作为拒收、索赔和理赔的依据。故它直接关系到贸易各方的合法权益和争议各方的利益。中国商品检验机构出具的证书包括品质检验证书、重量或数量检验证书、兽医检验证、卫生证和熏蒸消毒证等。

2）产地证

产地证（certificate of origin）又称原产地证，是证明出口商品的原产地，即商品的生产地或制造地的具有法律效力的书面文件。它是进口国对进口货物确定关税待遇、进行贸易统计、实行数量限制及控制从特定国家进口的主要依据。在我国，产地证可由出口方自行签发，或由进出口商品检验局签发，或由中国国际贸易促进委员会签发。在缮制产地证时，应按《中华人民共和国原产地规则》及其他规定办理。

3）普惠制产地证

普惠制产地证（generalized system of preference certificate of origin form A）是依据给惠国要求而出具的能证明出口货物原产自受惠国的证明文件，并能使货物在给惠国享受普遍的、非歧视的、非互惠的关税优惠待遇。目前给予我国普惠制待遇的有澳大利亚、新西兰、日本、加拿大、挪威、瑞士、俄罗斯及欧盟国家，以及部分东欧国家。凡向给惠国出口受惠商品，不管来证是否要求提供普惠制产地证，我出口方均应主动提交。普惠制产地证的书面格式称为格式 A（form A）。在我国，普惠制产地证由进出口商品检验局签发。

4）海关发票

海关发票（customs invoice）是进口国海关制定的一种固定的发票形式，要求出口方填制，供进口方凭以报关。进口国要求提供这种发票，主要是作为估价完税或征收反倾销税的依据。

5）领事发票

领事发票（consular invoice）是由进口国驻出口国的领事出具的一种特别印制的发票，主要为拉美国家所采用。这种发票证明出口货物的详细情况，供进口国用于防止外国商品的低价倾销，同时用做进口税计征的依据，有利于货物顺利通过进口国海关。出具领事发票时，领事馆一般根据进口货物价值收取一定费用。

6）出口许可证

出口许可证（export license）是根据一国出口商品管制的法令规定，由对外经贸行政管理部门签发的准许出口的证件。一般而言，某些国家对国内生产所需的原料、半制成品以及国内供不应求的一些紧俏物资和商品实行出口许可证制，通过签发许可证控制对外出口的货物。

（4）附属文件

1）受益人证明

受益人证明（beneficiary's certificate）是由受益人签发的证实某件事实的单据。它是信用证支付方式下进口方要求的常见单据之一。要求提供受益人证明一般有以下几种情形：进口方为了某种原因如转口货物等，要求在限定时间内先直接邮寄必要的单据以便及时提货、通关或再转口，此为寄单证明；进口方为预先取得装运的货样要求的寄样证明；要求受益人在限定时间内将装运情况通知进口方而出具的证明；进口方要求单据由进口国领事签证，但出口方又无该国领事而出具的证明；要求出口方执行某些行为而出具相应的证明。

2）电传副本

电传副本（telex/cable/fax copy）又称电抄，是出口方应进口方要求向其发出电传的副本，常见的有装运通知和投保通知。装运通知主要是便于进口方报关接货或筹措资金，将装船细节电告进口方，其内容一般包括合同号、信用证号、船名、装船日期、装货港和货物描述等。投保通知主要通知进口方投保，其内容包括货物描述、开航日期、船名、装货港和目的港等办理保险的相关内容。电传副本的日期应与信用证规定的日期相符。

3）船公司证明

船公司证明（shipping company's certificate）是进口方要求受益人提供的，由船公司或其代理人出具的用以说明载货船舶的船籍、船龄和船程等内容的证明文件。作用是供进口方满足其政府要求或了解运输情况。

（5）后继单据

出口方在货物出运和货款收妥后，还需要办理国内的一些善后业务，应及时向所在地外汇管理局办理出口核销手续，再向国家税务部门办理出口退税手续。后继单据主要包括以下两种。

1）出口外汇核销单。

2）出口退税申请表。

2. 出口制单的基本要求

（1）正确

正确是指信用证项下的单据要符合《UCP600》规定的"严格符合"原则，即"与信用证条款、本惯例的相关适用条款以及国际标准银行实务（ISBP）一致的交单"，否则会影响出单效果，甚至会导致进口商拒付货款。为了避免不必要的纠纷，出口方最好遵守"单证一致""单单一致""单货一致""证同一致"的原则。

（2）完整

一方面，要求每种单证的内容必须完整。任何单证都有其特定的作用，这种作用是通过单据本身的格式、项目、文字和签章等来体现的，所以要求制单时单据的必要项目必须完整、不可遗漏，否则就不能构成有效文件，也就不能为银行接受。例如，《UCP600》规定，凡信用证要求提供已装船提单，承运人必须在该提单上加注已装船（on board）字样和装船日期，否则银行会拒绝接受。

另一方面，要求单证必须按规定成套、份数齐全。成套是指一笔交易中卖方应按信用证或合同规定制作或获取所有种类的单证。份数齐全指每一种单证按要求制作正本×份，副本×份。例如，CIF 合同项下卖方应提交的单证有发票、提单、保险单或装箱单、产地证、商检证和装运通知电传副本等。

（3）及时

制单及时，一方面指各种单据的出单日期必须合理可行，即出单日期不能超过信用证规定的有效期限或按商业习惯的合理日期。例如，保险单的出单日不得迟于提单的签发日，提单的签发日不得晚于装运期限，装运通知必须在货物装运后立即发出等。这些日期如果出错，就会造成出单不符。

另一方面，全部单据制作完毕，要及时交单议付。信用证条件下尤其应注意交单议付日期不得超过规定的信用证有效期。例如，《UCP600》规定，如信用证没有规定交单议付期，则银行将拒收迟于运输单据出单日期 21 天后提交的单据，并不得迟于信用证到期日。过期提单将遭拒付或造成利息损失。

（4）简洁

单证内容要力求简明扼要，防止复杂烦琐。例如，《UCP600》规定，“开证行应劝阻申请人试图将基础合同、形式发票等文件作为信用证组成部分的做法。”这样不仅可以减少工作量和提高工作效率，而且也有利于提高单证质量，减少差错。例如，商品名称，除非信用证有特别规定，只要发票使用商品的具体名称即可，其他所有单据均可使用统称。

（5）清晰

单证的清晰指单证表面清洁美观、清楚易认、简洁明了。一般要求：单证的格式设计和缮制要力求标准化和规范化，单据的内容排列行次整齐、字迹清晰，重点项目突出、醒目。应尽量减少甚至不该出现差错涂改的现象。即使有涂改，也不允许在一份单据上做多次涂改。

随着打印机、电子计算机及网络技术的发展和应用，目前外贸单证的制作都实现了电子化，即采用电脑制单，主要包括普通电脑制单和 EDI 制单等。EDI 即通过网络将贸易中的各种信息或单证上的各个数据一次性输入，核对正确，在企业间、国际间进行交换和自动处理，避免了各种单证的制作和传递，便于单证的归档和管理，加速了贸易进程，故被称为“无纸贸易”。我国于 20 世纪 90 年代开始应用。

二、交单结汇

1. 交单

交单是指出口商（信用证受益人）在规定时间内向银行提交信用证规定的全套单据，这些单据经银行审核，根据信用证条款不同付汇方式，由银行办理结汇。交单应注意三点：一是单据的种类和份数与信用证的规定相符，二是单据内容正确，包括所用文字与信用证一致，三是交单时间必须在信用证规定的交单期和有效期之内。

交单方式有两种：一种是两次交单或称预审交单，在运输单据签发前，先将其他已备妥的单据交银行预审，发现问题及时更正，待货物装运后收到运输单据，可以当天议付并对外寄单。另一种是一次交单，即在全套单据收齐后一次性送交银行。因此时货已发运，银行审单后若发现不符点需要退单修改，耗费时日，容易造成逾期而影响收汇安全。因而出口企业宜与银行密切配合，采用两次交单方式，加速收汇。

2. 结汇

信用证项下的出口单据经银行审核无误后，银行按信用证规定的付汇条件，将外汇结付给出口企业。我国出口业务中，大多使用议付信用证，也有少量使用付款信用证和承兑信用证的。主要结汇方式如下：

（1）议付信用证

议付又称出口押汇。议付押汇收取单据作为质押，按汇票或发票面值，扣除从议付日起到估计收到开证行或偿付行票款之日的利息，将货款先行垫付给出口商（信用证受益人）。

议付是可以追索的，如开证行拒付，议付行可向出口商追还已垫付的货款。

议付信用证中规定，开证行对议付行承担到期承兑和付款的责任，《UCP600》规定，银行如仅仅审核单据而不支付价款不构成议付。

我国银行对于议付信用证的出口结汇方式，除上述出口押汇外，还采用另外两种：一是收妥结汇，即收到单据后不叙做押汇，将单据寄交开证行，待开证行将货款划给议付行后再向出口商结汇；另一种是定期结汇，即收到单据后，在一定期限内向出口商结汇，此期限为估计索汇时间。因此上述两种方式，对议付银行来说，都是先收后付，但按《UCP600》规定，银行不能取得议付行资格，只能算是代收行。

（2）付款信用证

付款信用证通常不用汇票，在业务中使用的即期付款信用证中，国外开证行指定出口地的分行或代理行为付款行，受益人直接向付款行交单。付款行付款时不扣除汇款利息。付款是不可追索的。在信用证方式中，这是对出口商最为有利的一种。

（3）承兑信用证

承兑信用证的受益人开出远期汇票，通过国内代收行向开证行或开证行指定的银行提示，经其承兑后交单。已得到银行承兑的汇票可到期收款，也可贴现。若国内代收行愿意做出口押汇（议付），则出口商也可立即收到货款，但此时该银行仅以汇票的合法持票人向开证行要求付款，不具有开证行所邀请的议付行的身份。

三、单证不一致时出口商可采取的措施

在出口业务中，由于种种原因造成单据不符，即单据存在不符点，而受益人又因时间条件的限制，无法在规定期限内更正，则有下列处理方法：

1. 凭保议付

受益人出具保证书承认单据瑕疵，声明如开证行拒付，由受益人偿还议付行所垫付款项和费用，同时申请开证人授权开证行付款。

2. 表提

议付行把不符点开列在寄单函上，征求开征行意见，由开证行接洽申请人是否同意付款。接到肯定答复后议付行即行议付。如申请人不予接受，开证行退单，议付行照样退单给受益人。

3. 电提

议付行暂不向开证行寄单，而是用电传通知开证行单据不符点。如开证行同意付款，再行议付并寄单，若不同意，受益人可及早收回单据，设法改正。

4. 有证托收

单据有严重不符点，或信用证有效期已过，已无法利用手上的信用证，只能委托银行在向开证行寄单函中注明“信用证项下单据作托收处理”，作为区别，称为有证托收。而一般的托收，则称为无证托收。由于申请人已因单证不符而不同意接受，故有证托收往往遭到拒付，实际上是一种不得已而为之的方式。

四、出口审单

单证的审核是对已经缮制、备妥的单据对照信用证（在信用证付款方式下）或合同（非信用证付款方式下）的有关内容进行单单、单证的及时检查和核对，发现问题时及时更正，达到安全收汇的目的。

1. 单证审核的基本要求

（1）及时性。

（2）全面性。

（3）按照“严格符合”的原则，做到“单单相符，单证相符”。

2. 单证审核的基本方法

单证审核的方法概括起来有以下几种。

（1）纵向审核法，是指以信用证或合同（在非信用证付款条件下）为基础对规定的各项单据一一审核，要求有关单据的内容严格符合信用证的规定，做到“单证相符”。

（2）横向审核法，是指在纵向审核的基础上，以商业发票为中心审核其他规定的单据，使有关的内容相互一致，做到“单单相符”。

上述审核一般由制单员或审单员进行，为第一道审核。为安全起见，应当对有关单据进行复审。

3. 银行审单的基本要求

（1）银行与单据的关系

在不同的结算方式下，银行对单据的要求和对单据的处理差异较大。在信用证方式下，除偿付行外，开证行和信用证中的指定银行（付款行和议付行）都涉及审单。银行审核单据的依据是信用证的条款以及《UCP600》的规定。银行审单要求最严，必须做到“相符交单”，否则会遭到银行拒付。但银行不审核单据的真实性、合法性以及与实体货物是否一致。

在托收方式下，银行负责寄交单据，没有审单的义务。因此银行对单据要求较为宽松，只要符合交易合同的条款、托收委托书的要求以及《托收统一规则》的规定即可。

在汇付方式下，银行不负责寄交和审核单据。单据相对“自由”，但仍需符合进口方要求。

（2）银行审核单据的基本原则

包括合理谨慎原则、合理时间原则、表面审核原则、单证一致原则、单单一致原则。

（3）银行对单据的种类、签署时间和签署人的要求

1）单据的种类

在受益人提交的种类繁多的各种单据中，商业发票是全套单据的中心单据。运输单据中以海运提单居多，作为一种物权凭证，海运提单是银行审单中的重点。受益人是否需要提交保险单据，视价格条件而定，在CIF、CIP价格条件下需提交保险单据。是否需要提交汇票视信用证的付款方式而定，承兑信用证必须提交汇票，延期付款信用证不需要提交汇票，即期付款和议付信用证可带汇票也可不带汇票。

2）单据的签署时间

一般来说，信用证会规定4个日期：开证日期、有效期、最迟交货期和最迟交单期。《UCP600》对商业发票、保险单据、运输单据和汇票的签署时间有相应的规定。其中，发

票的开立日期可以早于信用证的开立日期；检验证书和保险单的日期在发票日期之后，在提单的日期之前；提单的日期应早于信用证和合同规定的最迟装运期；汇票的签署日期应当在最迟交单期之前，无论如何应当早于信用证的有效期。

3）单据的签署人

根据单据的签发单位不同划分为出口商自制单据，其他企业签发的单据及政府机关和社会团体签发的单据。由出口商自行缮制签发的单据包括跟单汇票、商业发票、装箱单、重量单和制造商证明等；由其他企业签发的单据包括由承运人签发的各种运输单据和由保险公司签发的保险单等；由政府机关和社会团体签发的单据主要是一些公务证明文件，如有关部门签发的出口许可证，贸促会签发的产地证明和商检局签发的商检证书等。应当特别注意的是，由于提单代表商品的物权，因此，在信用证条款中对承运人的资格要求很高，不接受运输行提单。

4. 单证审核的重点

（1）综合审核的要点：检查规定的单证是否齐全，包括所需单证的份数；检查所提供的文件的名称和类型是否符合要求；是否按规定进行了认证；单证之间的货物描述、数量、金额、重量、体积和运输标志等是否一致；单证出具或提交的日期是否符合要求。

（2）分类审核的要点：因为信用证项下付款是以单据相符为条件，单据的准确程度决定了出口货款是否能顺利收回。而在实务中，70%～80%的单据在第一次交单时存在不符点。

常见不符点有以下几点：汇票大、小写金额打错，汇票付款人的名称和地址打错，发票抬头人打错，有关单据（如汇票/发票/保险单等）的币制名称不一致或不符合信用证的规定，发票上的货物描述不符合信用证的规定，多装或短装，有关单据的类型不符合信用证要求，单单之间商品名称/数量/件数/唛头/毛净重等不一致，应提交的单据提交不全或份数不足，未按信用证要求对有关单据（如发票/产地证等）进行认证，漏签字或盖章，汇票/运输提单/保险单据上未按要求进行背书，逾期装运，逾期交单。

5. 有问题单据的具体处理

通过对有关单据的认真审核，对有不符点的单据必须及时更正，否则将影响安全收汇。制单人应该在规定的效期和交单期内，将单据上的不符点全部改妥。

对于有问题的单据可根据具体情况做如下处理。

（1）有些单据由于种种原因不能按期更改或无法修改，可以向银行出具一份保函（通常称为担保书）。保函中交单人要求银行向开证行寄单，并承诺如果买方不接受单据或不付款，银行有权收回已偿付给交单人的款项。对此银行方面可能会接受，但这种做法并不安全。因为出具保函后，收不到货款的风险依然存在，同时要承担由此产生的其他费用。通常，交单人向银行出具保函，一般应事先与客户联系，并取得客户接受不符单据的确认文件。

（2）由银行向开证行拍发要求接受不符点并予以付款的电传（俗称“打不符电”）。有关银行在收到开证银行的确认接受不符单据的电传后，再行寄送有关单据，这样收汇一般有保证，也可以避免未经同意盲目寄单情况的发生。但要求开证行确认需要一定的时间，同时要冒开证行不确认的风险，并要承担有关的电传费用。

（3）改为托收方式。由于单据中存在不符点，原先信用证项下的银行信用已经变为商业信用，如果客户信用较好且急需有关文件提取货物，为减少一些中间环节可采用托收方式。

上述各项措施主要是在有效控制货物所有权的前提下，以积极、稳妥的方式处理不符合有关规定的单据，避免货款两空情况的发生。

五、交单收汇

交单是出口商将审核无误的全套单证送交议付银行的行为。交单的基本要求是：单证正确、完整，提交及时。对于不同的支付方式，交单的对象会有所不同。在 L/C、D/P 和 D/A 方式下，出口方向银行交单，其中在 L/C 方式下，出口方向银行交单议付；在 D/P和 D/A 方式下，出口方向银行交单托收；在 T/T 方式下，出口方直接将单据寄给进口商。通常，出口商除了向议付银行提交全套单证外，还需附上“出口结汇申请书”，表示办理结汇手续。

议付行在收到出口商提交的单据次日起 5 个工作日内将审核单据的结果通知受益人。如果发现不符点，议付银行会将单据退交受益人拒绝议付；如果审核无误，议付银行则按照信用证规定寄出单据向外索汇。当付款行将票款划入议付行账户后，议付行就按当日的外汇牌价将货款折成人民币划入出口商账户。

任务实施

一、制作单据

刘萍在出口货物装运后，根据信用证的要求及时制作汇票、发票、装箱单等单据，以便结汇。

Bill of Exchange

No. SHHXFP98167

For USD 81698.60　　　　Harbin 01-Jul-09

At ************************** sight of this FIRST bill of exchange (SECOND being unpaid)

Pay to the order of Bank of China Heilongjiang Branche the sum of

SAY U. S. dollars eighty-one thousand, six hundred and ninty-eight point six only

Value received for 190 ctns of Men's cotton woven shirts

Drawn under The Royal Bank of Canada, British Columbia international centre

L/C No. 09/0507-FTC Dated May 7, 2009

To: The Royal Bank of Canada, British　　　　for and on behalf of

Columbia International Centre　　　　Furide Trading Co., Ltd.

1055 West Georgia Street, Vancouver　　　　刘萍

B. C. V6E 3P3

Canada

China Furide Import and export Company

14th Floor ×× Mansion，74 ×× Rd.，Harbin China

Tel：××××-×××××××× Fax：××××-××××××××

Commercial Invoice

<table>
<tr><td rowspan="3">Seller
Furide Trading Co.，Ltd.
14th Floor ×× Mansion，
74 ×× Rd.，Harbin China</td><td>Invoice No.
SHGM70561</td><td>Invoice Date
May 22，2009</td></tr>
<tr><td>L/C No.
09/0507-FTC</td><td>Date
May 7，2009</td></tr>
<tr><td colspan="2">Issued by
British Columbia International Centre</td></tr>
<tr><td rowspan="3">Buyer
Brother Trading Co.，Ltd
#304-310 ×× Street，Toronto，Canada</td><td>Contract No.
FT09CS004</td><td>Date
Apr 23，2009</td></tr>
<tr><td>From
Dalian</td><td>To
Toronto</td></tr>
<tr><td>Shipped by
Hanjin Express V. 186</td><td>Price Term
CIFC3%
Toronto
Canada</td></tr>
</table>

Marks	Description	Qty	Unit Price	Amount
	190CNTS OF MEN'S COTTON WOVEN SHIRTS			
BROTHERS				
S/C No：FT09CS004	NO. 1094L	700dozs	USD53. 35/doz	USD37345. 00
	NO. 286G	800dozs	USD45. 18/doz	USD36144. 00
Port of destination：Toronto	NO. 654	160dozs	USD51. 31/doz	USD82096. 00
Carton No：1-190				USD81698. 60

Total Amount in Words： SAY U. S. Dollars eighty one thousand six hundred and nighty-eight point six only

Total Gross Weight： 7470 kgs

Total Number of Package： 190 ctns

Issued By

Furide Trading Co.，Ltd.

Signature

刘萍

China Furuide Import and Export Company

14th Floor ×× Mansion，74 ×× Rd.，Harbin China

TEL：××××-×××××××× FAX：××××-××××××××

Packing List

<table>
<tr><td rowspan="5">Seller
Furide Trading Co.，Ltd.
14th Floor ×× Mansion，
74 ×× Rd.，Harbin China</td><td>Invoice No.
SHGM70561</td><td>Invoice Date：
May 22，2009</td></tr>
<tr><td>S/C No.
FT09CS004</td><td>S/C Date：
Apr 23，2009</td></tr>
<tr><td>L/C No.：
09/0507-FTC</td><td>Date of Issue
May 7，2009</td></tr>
<tr><td>From
Dalian</td><td>To
Toronto</td></tr>
<tr><td colspan="2">Total Packages (in words)
Say one hundred and ninty cartons only</td></tr>
<tr><td>Buyer
BROTHER Trading Co.，Ltd
#304-310 ×× Street，Toronto，Canada</td><td colspan="2">Marks & Nos.
BROTHER
FT09CS004
Toronto
C/No：1-190</td></tr>
</table>

C/Nos.	Nos. &Kinds of Pkgs.	Quantity.	G. W.	N. W.	Meas (m³)
1-70	Men's cotton woven shirts 1pcs in a poly bag 6pcs in a kraft bag ART NO.：1094L M L XL 3 3 4=10dozs./ctn	700dozs	2310 kgs	2170 kgs	8.9838 m³
71-170	ART NO.：286G M L XL 1.5 3 3.5=8dozs./ctn	800dozs	4500 kgs	4300 kgs	14.7016 m³
171-190	ART NO.：654 M L XL 1.5 3.5 3=8 dozs./ctn	160dozs	660 kgs	620 kgs	1.9872 m³
Total		1660dozs	7470 kgs	7090 kgs	25.6726 m³

Issued By　Furide Trading Co.，Ltd.

Signature　刘萍

二、交单

为了保证安全和及时收汇，弗瑞德公司与银行密切配合、互相支持，在运输单据签发之前先将其他已备齐的单据送交银行预审和在全部单据备齐后向银行交单。刘萍从运输代理处取得提单，从保险公司取得保险单，从检验检疫局取得品质证书、产地证等，经仔细审核，连同制作的其他单据，在7月15日向银行提交信用证项下的单据，要求银行议付。

三、结汇

中国银行黑龙江分行在核实单据后确认弗瑞德公司所交单据符合信用证条款规定的情况下，按信用证的条款买入受益人的汇票和单据，按照票面金额扣除从议付日到估计收到票款之日的利息，按议付日人民币市场汇价折算成人民币，于2009年7月23日划入弗瑞德公司的账户。

知识链接

1. 信用证的到期日、交单期及交单地点

信用证的到期日：信用证的到期日在业务中常被称为有效期（expiry date）。如信用证未规定到期日，则该证无效，不能使用。信用证的到期日是银行承担兑付责任的最迟期限，同时也是约束受益人提交单据的最晚期限，如受益人交单晚于到期日，此信用证也就失效了，银行有权拒付。L/C的到期日应与装运期有一定的时间间隔，以便在装运货物后有足够的时间办理制单结汇工作，通常到期日规定为装运日后的第15天。

信用证的交单期：信用证的“交单期”（period for presentation of document）就是出口商在货物装运后必须向银行交单要求兑付的日期。一般来说，L/C对交单期都有明确的规定，合理的交单期的长短取决于许多因素，如到商会或领事馆办理认证或出具有关证明所需的时间；申领检验证明书，如SGS验货报告等所需的时间；缮制、整理、审核L/C规定的文件所需的时间；单据送交银行所需的时间包括单据送银行后经审核发现有误退回更正的时间等。通常交单期规定为运输单据出具后的7～15天。

L/C对交单期的规定是为约束受益人，促使其在货物出运后及时交单，避免由于受益人迟交单据而使得单据“过期”，如晚于货物抵达目的地，从而会给进口商带来不必要的费用支出和风险（如滞港费等），也会影响进口商及时提货转售，贻误商机。当然受益人尽早交单对其自身也有好处，如果单证相符，则受益人可早日收款，加速资金流转；如果单证不符，在不符点是被议付行发现的情况下，可以有较充裕的时间更正单据；即使单据已经寄到了开证行，开证行发现不符点并提出拒付的情况下，若时间允许，受益人也会有可能补交更正后的单据，以确保收款安全。

信用证的交单地点：关于交单地点（place for presentation），《UCP600》规定：可在其处兑用信用证的银行所在地即为交单地点。可在任一银行兑用的信用证其交单地点为任一银行所在地。除规定的交单地点外，开证行所在地也是交单地点。

如果采用电子交单方式，按照《eUCP1.1》的规定，电子记录的交单地点指电子地址。提交电子记录，必须注明电子记录的交单地点；提交电子记录和纸质单据者，还必须注明纸质单据的交单地点。

2. 信用证的到期日、交单期与交单地点之间的关系

(1) 信用证的交单地点与到期日、交单期的关系

L/C 交单地点的问题，涉及交单时间和 L/C 有效期的掌握。L/C 规定的到期地点实际上就是交单地点，如果到期地点在出口国，出口商只要在交单期和有效期内将单据交到出口地银行即可，而不管开证行收到单据时是否已经超过有效期。我国的出口业务中，如使用 L/C 支付，L/C 的到期地点通常都规定在我国到期，这对我国出口商较为有利。如“This L/C is valid for negotiation in China until September 30th，2006”。

如果 L/C 规定到期地点在进口国或第三国，则受益人必须在 L/C 有效期内将单据交至进口国或第三国的有关银行。由于受益人难以掌握单据邮递的时间，因此，容易造成 L/C 过期，开证行有权以“late presentation”（逾期交单）为由而拒付货款。所以，如遇 L/C 到期地点规定在进口国或第三国，受益人最好提出修改，要求将 L/C 到期地点改在出口国（受益人所在地），较为有利。若不能修改，则要充分考虑到寄单所需要的时间，以便在 L/C 规定的有效期内寄达开证行或指定银行。

(2) L/C 的到期日与交单期的关系

以交单日期表达 L/C 到期日，如“Documents should be presented to negotiation bank within 15 days after shipment.”此时到期日与最迟交单日相同。

L/C 各自明确规定到期日和交单期，如“最迟装运期为 9 月 30 日，最迟交单期为 10 月 10 日，到期日为 10 月 15 日”，交单期比有效期早，在这种规定方法下，到期日的规定失去意义，因为受益人无论如何不能超过交单期提交单据。

L/C 明确规定到期日，而交单期规定为装运日后××天，如“最迟装运期为 6 月 15 日，交单期为装船后 16 天内，有效期为 6 月 30 日”。如果实际装船日为 6 月 15 日，则最晚交单日为 7 月 1 日，此时受益人提交单据需同时满足两个时间要求，既要在 L/C 规定的交单期内提交单据，又不得超过 L/C 的有效期 6 月 30 日。

L/C 中只规定到期日，而没有规定交单期，则最迟交单期就是装运日后的 21 个日历日之内。此时受益人的交单也要满足两个时间要求，既要在到期日前提交，也不能超过装运日后的 21 个日历日。

技能训练

根据下列信用及制单资料制作全套结汇单据

一、制单参考资料

1. CIF Yokohama
2. Shipped by S. S. Hong V26 oN May 28th，1999
3. B/L No. 9905358
4. Invoice No. JYS698

二、信用证

Basic Header　F 01 BKCHCNBJA5×× 9109　069905

Appl. Headre O 700 1332990223 SMITJPJSA××× 4956 850438 9902231232 N
+Sum It OMO Bank Ltd Osaka Japan
(Bank NL：2632001) +Osaka，Japan

User Header Bank. Prioity 113：
Msg User REF. 108：G/FO—7752807

MT：700-………… Issue of Documentary Credit …………

Sequence of Total ：27：1/1

Form of Documentary Credit ：40A：Irrevocable

Documentary Credit Number ：20：G/FO—7752807

Date if Ussye ：31D：050610Qubgdao China

Applicant ：50 Toshu Corporation Osalm
12-36，KYUTARO—MACHI4—Chome Chuo-Ku，Osaka 561-8177JApan

Beneficiary ：59：Dongyue Knitwears and Hometex Tiles Import and Export Corporation 197 Zhonghua Road，Qingdao，China

Currency Code，Amount ：32B：USD 20 178 000

Available With... bt... ：41D：Any bank by negotiation

Drafts at... ：42C：At sight

Drawee ：42D：The Sumitomo Bank，Ltd. Osaka

Partial Shipment ：43P：Allowed

Transhipment ：43T：Prohibited

Loading/Dispatch/Taking/From：44A：Qingdao

For Transportation To...：44B：Yokohama

Latest Date of Shipment ：44C：050531

Descript of Goods/Services ：45A

CIF Yokohama

Man's shirt（Contract No. 05JA7031KL）

ST/NO	.QTY	Unit Price
71-800	67 200pcs	USD 1.43/pc
71-801	48 000 pcs	USD 1.46/pc
71-802	27 600pcs	USD 1.29/pc

Documents Required ：46A

+Commercial Invoice in Quintuplituplicate

+Full set original clean on board ocean bill of lading
Marked freight prepaid made out to order of the shipper blank
Endorsed notify applicant

+Packing list in 3 copies

+G. S. P Certificate of origin form a in 3 copies

+Insurance policy or certificate in duplicate endorsed in blank

With claim payable in Japan in the currency of the draft covering

110Percent of invoice value including institute war clauses, institute cargo clauses (a), institute s. r. c. c. clauses

+Beneficiary's certificate stating that one set of origin form a has been sent directly to the applicant (attn. osalm section) within 2

days after shipment by air courier.

Additional Conditions : 47A

This credit is subject to uniform customs and practice for

Documentary credits (1993 revision) I. C. C. Publication NO. 500.

T. T. Reimbursement: Unacceptable

×) the goods should be containerized.

×) a copy of cable advising shipping details fax to the accountee within 2days after shipment.

×) clean on board comdined transport b/l of itochu express Co. , Ltd acceptable.

Charges : 71B: All banking charges and commissions including

reimbursement comm. outside Japan are for A/C of beneficiary.

Period for presentations: 48: Documents to be presented within10 days

After the date of shipment but within the validity of the credit

Confirmation Instruction: 49: Without

Instruction to Bank: 78:

To Negotiating Bank: All shipping documents to be sent direct to the opening office by registered airmall in one lot. Upon receipt of the drafts and documents in order, we will remit the proceeds to your account with the bank designated by you.

Trailer

Mac: 51EF556F CHK: D3A3A848E00C

思考与练习

1. 简述交单结汇的几种方式。

2. 信用证结算方式下的信用证的到期日、交单期与交单地点之间的关系是什么？

3. 案例分析

（1）我国甲公司与美国乙公司签订进口合同，从加拿大进口木材到中国，使用信用证方式结算货款，信用证中规定“Available with issuing bank by acceptance, drafts at 90 days after sight drawn on aheissuing bank”。开证行收到单据后认为单据相符，于是发出加押电报通过交单行通知受益人，称其已承兑了汇票，汇票到期日为2005年5月17日。2005年5月17日，开证行收到法院发出的针对该信用证业务项下的将付款项的止付令，理由是乙公司存在欺诈行为。请问法院签发的止付令是否恰当?

(2) 我国甲公司与南美某国乙公司签订出口合同，从中国出口服装到该国，使用托收方式结算货款，汇票期限为 D/A at 30 days afer sight。代收行应甲公司要求，对汇票进行了保证，在汇票上注明“Avalised”(保付)，并通知到期日为 2005 年 5 月 20 日。汇票经承兑后，代收行将汇票寄给甲公司。但是，甲公司在到期日未收到付款。经向代收行了解，付款人乙公司被清盘。甲公司于是要求代收行履行付款责任，遭到代收行拒绝，理由是托收业务属于商业信用而非银行信用。请问本案中代收行是否可以免除其付款责任? 为什么?

(3) 我国某公司向英国某公司以 CIF 术语出口一批货物，合同规定 8 月份装运。英国公司于 8 月 10 日开来不可撤销信用证，此证规定按《跟单信用证统一惯例》办理。证内规定：装运期不得晚于 8 月 15 日。此时我方已来不及办理租船订舱，于是立即要求英国公司将装运期延至 9 月 15 日。随后对方来电称：同意延展船期，有效期也顺延一个月。我公司于 9 月 10 日装船，提单签发日 9 月 15 日，并于 9 月 14 日将全套符合信用证规定的单据交银行办理议付。试问我国某公司能否顺利结汇? 为什么?

(4) 我国某公司与某外商签订一份以信用证方式支付的 CIF 出口合同。对方来证规定：装运期不得迟于 8 月 5 日，信用证有效期为 8 月 31 日。我公司于 8 月 28 日向议付行提交签发日期为 8 月 5 日的提单，却遭到议付行拒付。请问议付行拒付有无道理，为什么?

(5) 我国某进出口公司向巴基斯坦一家公司以 CIF 条件出口货物一批，国外来证中单据条款规定：商业发票一式两份；全套清洁已装船提单，注明“运费预付”，做成指示抬头空白背书；保险单一式两份，根据中国人民保险公司 1981 年 1 月 1 日海洋运输货物保险条款投保一切险和战争险，信用证内并注明“按《UCP 600》办理”。我公司在信用证规定的装运期限内将货物装上船，并于到期日前向议付行交单议付，议付行随即向开证行寄单索偿。开证行收到单据后来电表示拒绝付款，其理由是单证有下列不符：①商业发票上没有受益人的签字；②正本提单是以一份组成，不符合全套要求；③保险单上的保险金额与发票金额相等，因此，投保金额不足。试分析开证行单证不符的理由是否成立? 并说明理由。

(6) 我国某外贸企业与某国 A 商达成一项出口合同，付款条件为付款交单 45 天付款。当汇票及附单据通过托收行寄抵进口国代收行后，A 商及时在汇票上履行了承兑手续。货抵目的港时，由于 A 商用货心切，A 商出具信托收据向代收行借得单据，先行提货转售。汇票到期时，A 商因经营不善，失去偿付能力。代收行以汇票付款人拒付为由通知托收行，并建议由我国外贸企业径向 A 商索取货款。对此，我国外贸企业应该如何处理?

(7) 中国 A 贸易公司就出口某产品与国外 B 公司达成销售合同，合同规定货物数量 100 公吨，可增减 10%，每公吨 USD 500。国外 B 公司所在地 C 银行应 B 公司的申请开立信用证。信用证规定货物总金额为 USD 50 000，数量约 100 公吨。A 贸易公司在交货时，恰逢市场价格呈下跌趋势。A 贸易公司将 110 公吨货物交船公司托运，并取得船公司签发的正本提单。A 贸易公司凭商业发票(金额为 USD 55 000)、提单等单证到银行结汇，但遭到银行拒付，理由是单证不符。请问：①银行是否有权拒付，理由何在? ②A 贸易公司应交多少公吨货物才能既符合信用证的规定，又避免经济损失? ③假如银行有权拒付，作为卖方的 A 公司应当如何处理此事?

任务 7　外汇核销与出口退税

教学目标

1. 掌握外汇核销与出口退税的流程。
2. 掌握出口收汇核销与出口退税的基本要求。
3. 能够在货物出口后及时出口收汇核销。
4. 能够正确核算出口退税，办理出口退税。

任务引入

7 月 2 日弗瑞德公司收到大连海通寄来的大连海关退回的出口收汇核销单和报关单。

弗瑞德公司从中国银行哈尔滨分行处得知国外客户已付款，银行于 2009 年 7 月 30 日把货款划到公司账户上。公司总经理让刘萍与财务处的小李一起去办理外汇核销和出口退税手续。

任务分析

货物出口后，出口公司必须在规定的期限内将货款收回，并向外汇管理局核销，这就是出口收汇核销制度。核销是国家对外汇进行管理的一种方法，防止出口不收汇，进口多付汇，外汇在境外截流，假出口骗退税等。出口收汇核销制度于 1991 年 1 月 1 日《中华人民共和国外汇管理暂行条例》实施后实行，这期间经过不断修改和完善，目前已成为一种比较成熟的管理制度。对出口产品实行退税是国家支持外贸出口的重要政策，符合国际惯例。WTO 协定规定，一缔约方领土的产品输入另一缔约方领土，不得因其免纳相似产品在原产国或出口国用于消费时所缴纳的税收，或因此种税收被退还（亦即通常所说的出口退税），而对其征收反倾销或反补贴税。出口退税是退还出口货物在国内已征收的间接税（主要是增值税），是一个国家或地区对出口货物免征国内生产、流通环节的间接税，或退还出口货物在国内生产、流通环节已缴纳的间接税的一种税收制度。实施出口退税制度的目的是使出口货物以不含国内间接税价格进入国际市场，避免对跨国流动货物双重征税，促进出口国的对外贸易。与出口补贴不同，出口退税是 WTO 明确赋予成员及其企业的权利，也是大多数国家通行的做法，是不违反 WTO 协定的合法措施。

出口企业应在货物出口收汇后，准备好核销单据到外汇管理局办理外汇核销，然后根据要求带齐出口退税所需单据到国家税务局去办理出口退税手续。

相关知识

一、出口收汇核销

所谓出口收汇核销，是指国家外汇管理部门在每笔出口业务结束后，对出口是否安全、及时收取外汇以及其他有关业务情况进行监督管理的业务。

1. 出口收汇核销单

是指由外汇局制发、出口单位凭以向海关出口报关、向外汇指定银行办理出口收汇、向外汇局办理出口收汇核销、向税务机关办理出口退税申报的有统一编号及使用期限的凭证。

出口收汇核销单是由国家外汇管理局面统一印制，每张分为左、中、右联，各联都编同一号码（见图 3—7—1）。左联为存根联，内容有出口单位（盖章）、出口总价、收汇方式、预计收汇日期、报关日期、发票编号、合同编号等项目；中联记载外汇指定银行结汇收账情况及外汇管理局核销情况；右联为出口退税专用联，内容有出口单位（盖章）、货名、数量、出口总价、报关单编号、外汇管理局核销情况等栏目。

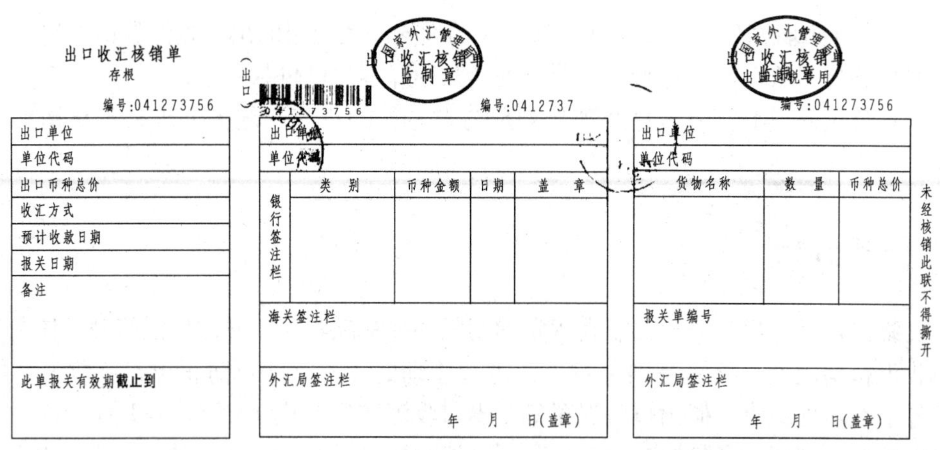

出口收汇核销单
存根
编号:041273756

出口单位
单位代码
出口币种总价
收汇方式
预计收款日期
报关日期
备注
此单报关有效期截止到

（出口）
出口收汇核销单
国家外汇管理局 监制章
编号:0412737

出口单位				
单位代码				
银行签注栏	类别	币种金额	日期	盖章
海关签注栏				
外汇局签注栏　年　月　日(盖章)				

出口收汇核销单
出口退税专用
编号:041273756

出口单位		
单位代码		
货物名称	数量	币种总价
报关单编号		
外汇局签注栏　年　月　日(盖章)		

未经核销此联不得撕开

图 3—7—1　出口收汇核销单

2. 出口收汇核销的对象、范围和原则

（1）出口收汇核销的对象

出口收汇核销的对象是经商务部及其授权单位批准的经营进口业务的公司、有对外贸易经营权的企业和外商投资企业，简称为出口单位。具体包括以下几个方面。

1）出口企业委托有代理报关权的外贸企业代理报关，但由委托单位自己签订出口合同并收汇的，报关时应使用委托单位的出口收汇核销单；报关后，代理报关单位应将核销单、报关单等文件及时送委托单位，由其向外汇管理部门办理核销。

2）对自身无对外贸易经营权或无该项商品出口权的企业，委托外贸单位出口并代理报关、收汇的，由受托单位到当地外汇管理部门办理收汇核销手续。如委托单位与受托单位不在同一地区，需由受托单位将出口收汇划转到委托单位，则由受托单位在当地外汇管理部门办妥领取核销单和异地委托原笔划转的出口收汇通知手续，委托单位凭解付收妥划转货款所出具的结汇水单或收账通知，在其所在地外汇管理部门办理收汇核销手续。

（2）出口收汇核销的范围

除经批准外，一切出口贸易项下的业务均应办理出口核销手续，它可分为收汇贸易、不收汇贸易和其他贸易三大类。

收汇贸易包括一般贸易、进料加工、来料加工、来件加工、来件装配、有价样品；不收汇贸易包括易货贸易、补偿贸易（实物补偿）、实物投资、记账贸易；其他贸易包括寄售、出境展销（览）、承包工程等，以及收款和不收款或自用、损耗、赠送、出售、退还兼有的贸易。

已经批准，不凭核销单报关，无须办理核销手续的范围是：援外项目物资、对外实物捐赠、暂时出口、无价样品、广告品及旅游者自携的1万美元以下纪念品、工艺品出境的。

（3）出口收汇核销的原则

1）属地管理。由出口单位向其注册所在地的外汇管理部门申领核销单，一般在何地申请核销单，就在何地办理核销手续。

2）专单专用。即谁申领的核销单就由谁使用，不得相互借用。核销单的交回、核销或遗失作废、注销等手续也由原领用核销单的出口单位向其所在地的外汇管理部门办理。

3）领用衔接。核销单的发放，一般按多用多发、不用不发的原则，也就是根据出口单位的业务量或出口量的大小，发给出口单位一定量的核销单。一般续发核销单与已用核销单及已核销情况和预计出口用单的增减量相呼应。

4）单单对应。原则上一份核销单对应一份报关单，报关单、核销单、发票、汇票副本上的有关栏目的内容应一致，如有变动，应附有关的更改凭证。

3. 出口收汇核销的程序

出口收汇核销的主要当事人包括出口企业、外汇管理局、海关和银行。出口核销程序基本程序可分为以下四个阶段：申领空白核销单，报关前备案与报关，出口交单，出口收汇核销。

国家外汇管理局和海关总署联合开发了“口岸电子执法系统”出口收汇系统，已于2001年8月1日起在全国范围内正式运行。

（1）申领空白核销单

1）自2001年8月1日起，出口企业可上网申领带有条形码的新版纸质核销单（以下简称“核销单”）。

2）空白核销单无须填写有效期，视同长期有效。

3）企业在到外汇管理局领取核销单之前，需上网向外汇管理局申请领用核销单份数。企业上网申请后，不需等待外汇管理局的网上审批，即可凭本企业操作员IC卡到外汇管理局领取核销单。

4）外汇管理局根据企业网上申请的核销单份数及本地出口收汇核销系统确认的企业可领单数量两者中的较小数，向企业发放核销单，同时将所发核销单电子底账数据联网存放到公共数据中心。

5）企业领单时不必当场在核销单上填写单位名称或加盖单位名称章。

6）出口企业申领的核销单，只能自用，不得相互借用，也不得转让或倒卖，且须按编号顺序使用。如不慎将核销单遗失，须立即自行上网挂失或向外汇管理局申请挂失。

7）出口企业如因关、停、并、转而不能经营出口业务时，应立即将所有未用完的核销单退回到原发单的外汇管理部门，并办理已用核销单的收汇核销手续。

（2）报关前备案与报关

1）出口企业到海关报关出口前，必须上网向报关地海关进行核销单使用的报关前备案。一张核销单只能用于一张出口报关单。

2）未进行报关前备案的核销单不能用于出口报关，对已备案成功的核销单，企业不能变更备案。

3）已进行口岸备案的出口收汇核销单，在核销单未被用于出口报关的情况下出口口岸发生变化，可上网申请变更并重新设置出口口岸。

4）出口企业须在领单后90天内，向海关出具核销单、有核销单编号（填在报关单的右上角）的报关单等单据，办理报关手续。

5）海关在核销单“海关签注栏”处加盖“验讫”章后将核销单退还出口企业。如因故不能出口或退关，出口企业应及时到发单的外汇管理部门办理核销单的注销手续。

6）出口企业应如实向海关申报成交方式（CIF/FOB），按成交方式申报成交总价、运费、保费，以保证报关数据真实性、完整性。外汇管理局根据实际成交方式及成交总价办理收汇核销手续。

（3）出口交单

1）出口企业在货物出口后不需到外汇管理局手工交单，但必须上网将已用于出口报关的核销单向外汇管理局交单。

2）出口企业如需要在报关后60天之内办理收汇核销手续的，应当在货物实际报关离境后先向外汇管理局进行网上交单，再到外汇管理局办理相关手续。

3）对于预计收款日期超过报关日期90天以上（含90天）的远期收汇，企业应当在报关后网上交单，凭远期出口合同、报关单、核销单向外汇管理局备案，并在核销单的“收汇方式”栏注明收汇天数。凡未向外汇管理局备案的，一律视做即期出口收汇。

4）出口企业进行网上交单时，应对相应核销单、报关单的电子底账数据进行认真核对；核对无误、网上交单成功后，方可持纸质单据到外汇管理局办理核销手续。

（4）出口收汇核销

在即期出口项下，出口企业应当在出口报关之日起100天内凭核销单、报关单、出口收汇核销专用联到外汇管理局办理出口收汇核销手续；远期出口项下，出口企业应当在合同规定收汇之日起10天内，持上述材料到外汇管理局办理收汇核销手续。出口企业可按月集中到外汇管理局办理核销。

【小知识】

出口单位将核销单丢失该怎么办？

如果出口单位将核销单丢失，必须立即向发放核销单的外汇管理部门报告所丢失的核销单编号，并通过报纸发表声明，该核销单即行作废。

二、出口退税

出口货物退免税（export rebates），简称出口退税，其基本含义是指对出口货物退还其在国内生产和流通环节实际缴纳的产品税、增值税、营业税和特别消费税。出口货物退税制度，是一个国家税收的重要组成部分。出口退税主要是通过退还出口货物的国内已纳税款来平衡国内产品的税收负担，使本国产品以不含税成本进入国际市场，与国外产品在同等条件下进行竞争，从而增强竞争能力，扩大出口创汇。

1. 出口退税的流程

出口企业产品报关后，在财务上作销售处理，按月或旬逐批填写出口产品退税申请书，同时提供四种证明材料，即盖有海关验讫章的出口报关单退税专用联（黄色）、出口商业发票副本、进货发票（增值税发票）、结汇水单或银行的收账通知单，报请主管退税的机关，申请退税。具体流程如图 3—7—2 所示。

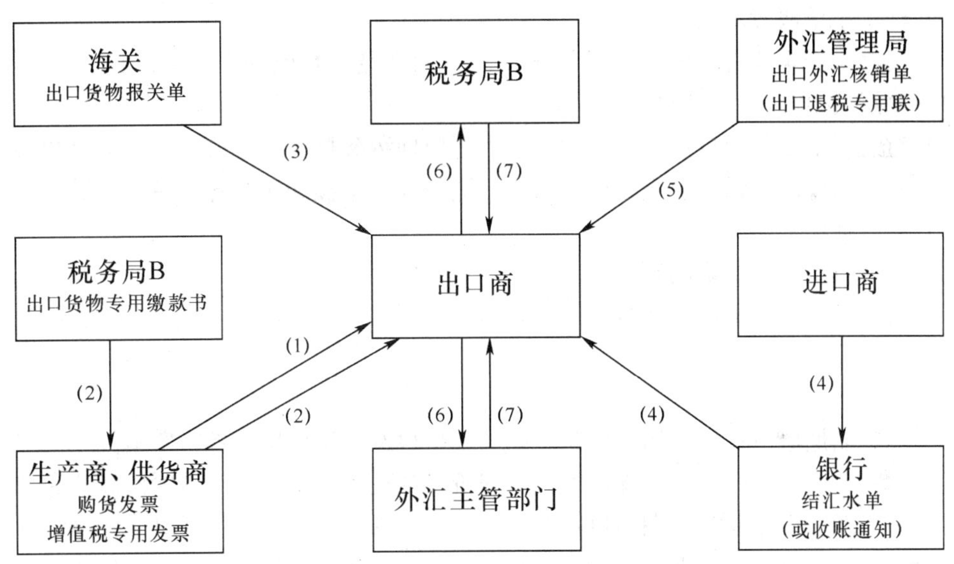

图 3—7—2　出口退税流程图

（1）出口商从生产商或供货商处购进商品，取得出口购货发票和增值税专用发票。

（2）生产商或供货商所在地的税务机关开具出口货物专用缴款书，并交给出口商。

（3）出口商向海关报关出口，取得出口货物报关单。

（4）出口商收到国外支付货款，取得银行出具的结汇水单或收账通知。

（5）出口商按规定向外汇管理局办理出口收汇核销手续，取得外汇管理局盖章的出口外汇核销单（出口退税专用联）。

（6）出口商填写出口退税申请表，汇集退税单据和凭证按月报请税务机关、外汇主管部门批准退还或免征有关税款。

（7）外贸主管部门稽核、税务机关审核无误将应退税款退给出口企业。

2. 计税依据

“先征后退”办法按照当期出口货物离岸价乘以外汇人民币牌价计算应退税额。“离岸价”（英文编写为FOB价）是装运港船上交货价，但这个交货价属于象征性交货，即卖方将必要的装运单据交给买方按合同规定收取货款，买卖双方风险划分都是以货物装上船为界限。因此，如果企业以到岸价格作为对外出口成交的，在货物离境后，应扣除发生的由企业负担的国外运费、保险费佣金和财务费用；以CFR价成交的，应扣除运费。

3. 出口退税附送材料

（1）报关单。报关单是货物进口或出口时进出口企业向海关办理申报手续，以便海关凭此查验和验放而填具的单据。

（2）出口销售发票。这是出口企业根据与出口购货方签订的销售合同填开的单证，是外商购货的主要凭证，也是出口企业财会部门凭此记账做出口产品销售收入的依据。

（3）进货发票。提供进货发票主要是为了确定出口产品的供货单位、产品名称、计量单位、数量，是否是生产企业的销售价格，以便划分和计算确定其进货费用等。

（4）结汇水单或收汇通知书。

（5）属于生产企业直接出口或委托出口的自制产品，凡以到岸价CIF结算的，还应附送出口货物运输单和出口保险单。

（6）有进料加工复出口产品业务的企业，还应向税务机关报送进口料件的合同编号、日期，进口料件名称、数量，复出口产品名称，进料成本金额和实纳各种税金额等。

（7）产品征税证明。

（8）出口收汇已核销证明。

（9）与出口退税有关的其他材料。

4. 计算方法

一般贸易计算公式：

当期应纳税额＝当期内销货物的销项税额＋当期出口货物离岸价×外汇人民币牌价×征税率－当期全部进项税额

当期应退税额＝当期出口货物离岸价格×外汇人民币牌价×退税税率

①当期进项税额包括当期全部国内购料、水电费、允许抵扣的运输费、当期海关代征增值税等税法规定可以抵扣的进项税额。

②外汇人民币牌价应按财务制度规定的两种办法确定，即国家公布的当日牌价或月初、月末牌价的平均价。计算方法一旦确定，企业在一个纳税年度内不得更改。

③企业实际销售收入与出口货物报送单、外汇核销单上记载的金额不一致时，税务机关按金额大的征税，按出口货物报关单上记载的金额退税。

④应纳税额小于零的，结转下期抵减应缴税额。

例：某鞋厂2000年3月出口鞋30 000打，其中：（1）28 000打以FOB价成交，每打200美元，人民币外汇牌价为1∶8.2 836元；（2）2 000打以CIF价格成交，每打240美元，并每打支付运费20元、保险费10元、佣金2元，人民币外汇牌价为1∶8.2 836元。当期实现内销鞋19 400打，销售收入34 920 000元，销项税额为5 936 400元，当月可予抵扣的进项税额为10 800 000元，鞋的退税率为13%。用“先征后退”方法计算应纳税额和应退税额。

解： 计算出口自产货物销售收入：出口自产货物销售收入＝离岸价格×外汇人民币牌价＋

（到岸价格一运输费一保险费一佣金）×外汇人民币牌＝28 000×200×8.2 836＋2 000×（240－20－10－2）×8.2 836＝49 834 137.60（元）

当期应纳税额＝当期内销货物的销项税额＋当期出口货物离岸价格×外汇人民币牌价×征税率一当期全部进项税额＝5 936 400＋49 834 137.60×17％－10 800 000＝3 608 203.39（元）

当期应退税额＝当期出口货物离岸价格×退税税率＝49 834 137.60×13％＝6 478 437.89（元）

【小知识】

出口退税的4个时限

出口企业在办理出口退税时要特别注意申报程序，注意时间限制，以免造成损失。出口企业在办理出口退税时，应注意4个时限规定：

一是“30天”。外贸企业购进出口货物后，应及时向供货企业索取增值税专用发票或普通发票，属于防伪税税控增值税发票，必须在开票之日起30天内办理认证手续。

二是“90天”。外贸企业必须在货物报关出口之日起90天内办理出口退税申报手续，生产企业必须在货物报关出口之日起3个月后免抵退税申报期内办理免抵税申报手续。

三是“180天”。出口企业必须在货物报关出口之日起180天内，向所在地主管退税部门提供出口收汇核销单（远期收汇除外）。

四是“3个月”。出口企业出口货物纸质退税凭证丢失或内容填写有误，按有关规定可以补办或更改的，出口企业可在申报期限内向退税部门提出延期办理出口货物退（免）税申报的申请，经批准后，可延期3个月申报。

任务实施

一、办理出口收汇核销

出口单位在开展出口业务前需要到外汇管理局领取出口收汇核销单，当场在每张核销单的“出口单位”栏内填写单位名称或者加盖单位名称章。出口单位填写的核销单应与出口报关单上记载的有关内容一致。7月2日，弗瑞德公司收到大连海通寄来的大连海关退回的出口收汇核销单和报关单，当天，核销员在网上将此核销单向外汇局交单，并在网上交单时对核销单和报关单的电子底账数据进行了核对。7月5日，弗瑞德公司收到银行的收汇水单，开证行已如数付款，该笔交易已安全收汇。网上交单成功后，7月6日，核销员持纸质的收汇水单（出口收汇核销专用联，经银行盖有“出口收汇核销专用章”）、出口收汇核销单（已经出口海关盖章，第三联）、报关单（白色报关联，海关已盖章）、商业发票以及自制的核销单送审登记表（外汇局留存联）到外汇局办理核销手续。核销完毕后，外汇管理局加盖“已核销章”的核销单（出口退税联）退回给弗瑞德公司。核销员将上述单据转交财务办税人员办理退税事宜。

二、办理出口退税

出口企业在取得外贸经营权的证明文件、工商行政管理部门核发的工商登记证明和税务机关核发的税务登记证明后，在30日内将外贸经营权的证明文件、工商登记证明、税务登记证明和企业章程的原件与复印件送交企业所在地的出口退税主管部门，退税机关审核后发给“出口企业退税登记证”。外贸企业在将某一所属期的出口退税数据申报盘片生成以后，到国税局申报大厅进行退税申报。

7 月 7 日，弗瑞德公司的财务办税人员将公司需要办理认证的增值税发票整理后一并申报国税局进行发票认证，取得国税局认证结果通知书和认证清单。7 月 8 日，财务办税人员将退税要用的单据收集齐全无误后装订成册。其中，核销单（外汇管理局退回的出口退税专用联）、报关单（黄色出口退税联）和商业发票为一册，增值税发票（抵扣联）、出口专用缴款书，认证结果通知书与认证清单为一册，并在退税申报软件中逐条录入进货明细及申报退税明细。录入完毕，核对无误后打印生成退税所需要的表格并复制到软盘，连同“外贸企业出口货物退税汇总申报审批表”送交外经委稽核处加盖稽核章。

7 月 12 日，财务办税人员将上述资料送交国税局稽核部门待批。8 月 3 日，国税局通过资料审核。8 月 4 号办税人员到银行查询，申报退税额已足额退回。该笔业务顺利完成。

知识链接

1. 出口收汇核销单的注意事项

（1）上网申请后，凭电子口岸操作员卡到所属地外汇管理部门领取纸质出口收汇核销单。

（2）出口收汇核销单领取后，一式三联加盖公司名章及组织机构代码章，按重要文件或票据的方式保管，特别注意要与操作员卡分开保管。

（3）按核销单顺序登记“出口收汇核销单登记表”（以下简称“核销单登记表”）。

（4）业务领用时，按领取序号顺序发放使用；领用时应在“核销单登记表”上注明领用人名称、领用日期及报关出口的备案口岸。业务领用后，登录中国电子口岸“出口收汇”子系统备案，并在“核销单登记表”上注明备案日期。业务领用的核销单，在准备报关使用时再加盖公司公章。

（5）核销单报关后收回时，应先仔细核对出口收汇核销单一式三联是否齐全，出口退税联是否加盖海关验讫章（未加盖海关验讫章的核销时无效），并在“核销单登记表”上注明收回日期。确认核销单后，登录中国电子口岸“出口收汇”子系统交单以核销使用、“出口退税”子系统报送以退税使用，并在“核销单登记表”上注明交单和报送日期。（一般情况下，外管局会在交单后的 4 个工作日接收到数据，而主管退税机关会在每周五下午读取数据，此处的交单日期和报送日期是供出口收汇核销和出口退税申报使用）。注：核销单如果发生退关或作废等情况，也要在外管局做注销后在“核销单登记表”上注明核销日期。

（6）出口收汇后，凭银行出具的加盖“出口收汇核销专用联章”及银行结汇业务专用章、经办人名章的收汇水单，报关单（出口结汇专用），出口收汇核销单（一式三联），出口发票等资料在电子信息齐全的情况下，到所属外管局的“出口收汇核销”部门办理出口收汇核销手续。核销后，要在“核销单登记表”上注明核销日期。

（7）核销后，在核销单一式三联每联的右下角按核销的先后时间顺序注明核销序号，并把核销的相关信息登记在“××公司出口收汇核销明细表”备查。核销单三联撕开后，做如下处理：出口收汇核销单存根联按领取时的序号整理保存，可自由选择每100组或每50组装订；出口收汇核销单退税联归入出口退税申报资料，作为其所属申报批次的附件保存装订，以备出口退税机关查阅或直接申报退税使用；出口收汇核销单的中间联作为出口收汇已核销资料存档，其装订方法为每50组核销资料为一本装订，所有资料在不缺损应有数据的前提下都剪裁成A4纸或不超过A4纸的大小。最后装订封皮并在封皮后附上所装订50组的“出口收汇核销单已核销明细表”以及附上50组已核销单证资料。单证资料的装订顺序为出口收汇核销单（中间联）、出口报关单（出口结汇联）、出口发票、银行收汇水单、涉外收入申报单。

2. 出口收汇核销单的遗失补办

出口单位遗失核销单后，视情况分别按下列规定处理：

（1）未用于报关出口的空白核销单遗失后，出口单位应当在1个工作日内在“中国电子口岸出口收汇系统”进行挂失。

（2）已用于报关出口未办理核销手续的核销单遗失，出口单位应当凭除核销单以外的其他核销单凭证向所在地外汇局提出核销单退税联挂失及补办申请。外汇局审核出口单位提供的核销凭证无误后，通过“中国电子口岸出口收汇系统”对核销单退税专用联进行挂失处理，并在为出口单位办理核销后，于3个工作日内为其签发“出口收汇核销单退税专用联补办证明”。

（3）已办理核销手续后遗失核销单退税专用联的，出口单位应当凭税务部门签发的退税情况证明向外汇局提出核销单退税联挂失、补办申请。对税务部门证明未退税的，外汇局在“中国电子口岸出口收汇系统”进行挂失处理后，于3个工作日内为出口单位签发“出口收汇核销单退税专用联”。

技能训练

根据以下的背景资料，说明企业的外汇核销流程，并填制外汇核销单。

上海进出口贸易公司（单位代码：18475022—9）与 Yi Yang Trading Co. Ltd. 就全棉帆布男童裤进行磋商，达成的主要交易条件如下：

1. 买方：Yi Yang Trading Co. Ltd.
   61 Queensway NSW 2119 France
2. 货名：全棉帆布男童裤（Canvas Trousers for little boys）
3. 数量：16 800 pcs
4. 包装：平摊（flat pack）
5. 价格：USD 8.00 per piece CIF Marseille（马赛）
6. 支付方式：不可撤销跟单即期信用证
7. 开证时间：2006年9月30日前将不可撤销跟单远期信用证开到卖方
8. 交货时间：不晚于2006年10月31日
9. 分批装运：不允许

10. 转运：不允许
11. 装运港：上海
12. 目的港：马赛
13. 保险：按发票金额110%投保中国人民保险公司海洋货物运输险、一切险、战争险

附：核销单

寄单日期：	海关核放情况： 年 月 日（盖章）
BP/OC号：	
结汇/收账日期：	
有关费用及货款处理方式：	受托行/解付行备注： 年 月 日（盖章）
□运费 □保险费	
□佣金回扣 □经批准还贷	
□退货款 □赔款	出口单位备注： 年 月 日（盖章）
□预收款式 □分期/延期收款	
□保留现汇 □其他出口收汇核销单	
外汇管理部门核销意见： 年 月 日（盖章）	
出口单位名称： 编号：	

注：

1. 寄单日期、BP/OC号、结汇/收账日期由受托行/解付行填写，有关费用及货款处理方式由出口单位填写。

2. 寄单日期是指信用证或托收项下银行寄单日期。

3. BP号指信用证项下议付通知书编号，OC号指托收项下托收委托书编号，如为自寄单据出口，则在BP/OC号栏中填写“自寄单据”。

4. 结汇/收账日期指解付行将货款结汇或收账的日期。

5. 有关费用及货款处理方式指出口项下从属费用及经批准保留现汇的货款金额，填写时，在所列的项目中如发生一项，即在项目前“□”内画“√”，并填写费用金额，如未发生该项，则不填。

思考与练习

1. 讨论出口收汇核销与退税的流程，并根据本公司的实际情况画出出口核销与退税的流程图。

2. 什么是出口收汇核销单？出口收汇核销的对象与范围是什么？

任务8　争议的处理

教学目标

1. 掌握各国关于违约责任的规定及争议的解决方式。
2. 了解不可抗力的含义及不可抗力事件的处理与认定原则。
3. 理解仲裁的意义与仲裁的作用。
4. 能够根据实际情况，选择合适的争议解决方式。
5. 正确处理合同履行中遇到的不可抗力事件。
6. 能模拟仲裁的流程。

任务引入

在国际贸易合同的履行过程中，涉及跨国运输、货物保险、国际支付等关键步骤时可能会出现贸易纠纷。并且因为纠纷涉及外国当事人的利益，增加了贸易纠纷的多样性。此外，国际贸易纠纷还受国际政治形势、国家外贸政策等客观条件变化的影响。

出现争议的原因有很多，主要是交易的一方认为另一方未能全部或部分履行合同规定的责任而引起的业务纠纷。有时在履行合同的过程中会遇到买卖双方不能预见或无法控制的情况，即某种不可抗力。假如本合同在履行的过程中，出现了下列情况：为及时履行合同，刘萍通知工厂于6月25日把货物运送、存放于大连港码头的一个仓库里。6月27日凌晨，该仓库因雷击起火；起火后，仓库管理员及时组织扑火，并及时报警，虽然救火及时，但火势过大，货物全部烧毁。由于该批货物是为兄弟公司特制的，如果重新生产，至少在8月下旬才能生产完毕。事发后，刘萍把本公司遭遇不可抗力一事及时通知了兄弟公司，并随后寄去了大连贸促会出具的相关证明。但是兄弟公司认为弗瑞德公司不能够及时交货就构成了违约，要求弗瑞德公司按照合同支付违约金；而弗瑞德公司坚持认为违约属于不可抗力，双方协商未果。兄弟公司根据合同中的仲裁协议向中国经济贸易仲裁委员会提出仲裁申请，要求弗瑞德公司赔偿损失。

如果在合同履行中出现上述情况，应该如何处理呢？

任务分析

争议的防范与处理是进出口合同签订与履行的保障机制，合理防范危机就要通晓导致争议的原因，掌握好解决争议的方法。交易的一方认为另一方未能全部或部分履行合同规定的责任与义务而引起的业务纠纷是业务中常见的事情。遇到问题时，最好能在尽可能短的时间、以尽可能少的费用解决纠纷，且尽量不要伤害彼此感情。首先要友好协商，其次要请求第三者调节，再次是通过仲裁庭进行裁决，最后再通过司法诉讼程序解决。

在实际的进出口贸易中，发生争议、索赔的实例很多。在市场情况发生变化，进出口方觉得履约对他们不利时，往往会寻找各种借口拒不履约或拖延履约，甚至弄虚作假或提出无理要求，不可抗力就是其中一个常见的借口。判断是否构成不可抗力，主要看事件是否符合不可抗力的构成条件。

相关知识

一、争议与违约

国际货物买卖过程复杂、当事人多，任何一个环节出现差错或任何一个当事人由于某种原因不能履行责任，都会影响合同的顺利履行或给另一方当事人带来损失，从而产生争议。

1. 争议的含义及产生的原因

所谓争议（dispute）是指交易的一方认为另一方没有履行合同规定的责任或义务而引起的纠纷。在合同履行过程中，争议产生的原因大致可归纳为以下几种情况。

（1）卖方违约

卖方违约即卖方不按合同规定的交货期交货或不交货；或所交货物的品质、规格、数量、包装等与合同（或信用证）规定不符；或所提供的货运单据种类不齐、份数不足等。

（2）买方违约

买方违约表现为当卖方按合同规定交货、交单时，买方无故拒不接货、接单；在 FOB 条件下，买方不按合同规定如期派船接货等；在按信用证支付方式成交的条件下买方不按期开证或不开证；不按合同、信用证规定付款赎单等。

（3）买卖双方均负有违约责任

这主要是由于买卖双方在订立合同时对合同条款规定得不明确、不详尽，致使双方理解或解释不统一，造成一方违约，引起纠纷；或履约过程中，双方均有违约行为。

2. 违约的法律责任

如上所述，争议产生的主要原因是违约。所谓违约，是指买卖双方之中任何一方未能履行或未能全部履行合同义务的行为。违约的行为不同，所引起的法律后果及应承担的责任也有所不同。在这方面，各个国家在法律上的规定不完全统一。

（1）英国《货物买卖法》的规定

英国《货物买卖法》（1979 年修订本）把违约分为违反要件与违反担保两种。所谓违反要件（breach of condition），是指违反合同的主要条款；而违反担保（breach of warranty），则是指违反合同的次要条款。至于合同中哪些属于要件，哪些属于担保，英国法律中并无明确规定，需要根据合同的解释来判断。一般认为与交易的标的物直接相关的品质、数量、包装、交货期等条件属于要件，与标的物不直接相关的为担保。

根据英国法律规定，如果一方违反要件，受害方有权因此解除合同并要求损害赔偿。而如果违约方违反的是合同的担保，受害方只能要求损害赔偿，而不能解除合同。英国法律同时规定，受害方有权把违反要件作为违反担保处理，即只要求赔偿损失，不主张解除合同。是否把违反要件看做违反担保，视违约的性质及其后果是否严重而定。如果性质和后果严重，受损害的一方有权解除合同，并要求损害赔偿；否则，只能要求损害赔偿，而不能解除合同。

（2）美国法律的规定

美国法律规定，若双方当事人中任何一方违约，致使另一方无法取得该交易的主要利益，则是重大违约。在这种情况下，受损的一方有权解除合同，并要求损害赔偿。如果一方违约情况较为轻微，并不影响对方在该交易中得到的主要利益，则属轻微违约，受损的一方无权解除合同而只能要求损害赔偿。

（3）《联合国国际货物销售合同公约》的规定

《联合国国际货物销售合同公约》把违约分为根本性违约和非根本性违约两类。所谓根本性违约（fundamental breach）是指“一方当事人违反合同的结果，如使另一方当事人蒙受损害，以至于实际上剥夺了他根据合同规定有权期待得到的东西，即为根本违反合同，除非违反合同的一方并不预知而且一个同等资格、通情达理的人处于相同情况下也没有理由预知会发生这种结果。也就是说，根本性违约是由于当事人的主观行为造成的，以致给另一方当事人造成实质性的损害，如卖方完全不交付货物，或买方无理拒收货物、拒付货款等。如果由于当事人不能预知，而且处于相同情况的另外一个通情达理的人也不能预知会发生这种结果，那么就不构成根本性违约。《联合国国际货物销售合同公约》还规定，如果一方当事人根本性违约，另一方当事人可以宣告合同无效，并要求损害赔偿；如果是非根本性违约，则不能解除合同，只能要求损害赔偿。

（4）我国的法律规定

我国合同法既没有根本性违约、非根本性违约之分，也没有违反要件和违反担保之分。

《中华人民共和国合同法》第 107 条、第 112 条规定，当事人一方不履行合同义务或者履行合同义务不符合约定的，应当承担继续履行、采取补救措施或者赔偿损失等违约责任。当事人一方不履行合同义务或者履行合同义务不符合约定的，在履行义务或者采取补救措施后，对方还有其他损失，应当予以赔偿。

【提示】

我国合同法对解除合同的规定

《中华人民共和国合同法》第94条规定，有下列情形之一的，当事人可以解除合同：

(1) 因不可抗力致使不能实现合同目的；

(2) 在履行期限届满之前，当事人一方明确表示或者以自己的行为表明不履行主要债务；

(3) 当事人一方迟延履行主要债务，经催告后在合理期限内仍未履行；

(4) 当事人一方迟延履行债务或者有其他违约行为致使不能实现合同目的；

(5) 法律规定的其他情形。

世界各国的法律和惯例对于违约行为的解释及违约后的处理有不同的规定，而且在解释上也具有不确定性和任意性。因此，有可能出现违约情况相同，但由于当事人所在的国家不同、适用的法律不同，处理的结果也就不一样的情况。所以在洽谈进出口业务和签订合同时，对于有可能出现的问题，应该在合同中明确规定。

3. 违约的补救方法

如果在国际贸易中，因为各种原因卖方违约了，买方可以根据有关公约或法律，采取如下补救措施：

(1) 买方可要求损害赔偿但损害赔偿额应与因卖方违约而造成的买方损失额相等，其中包括利润损失。

(2) 允许卖方延迟交货。如果卖方不按期交货（包括部分不按期交货），买方可规定一段合理的额外时间让卖方履行交货义务，卖方也可自付费用做此种补救，但买方保留对延迟交货造成的不便要求损害赔偿的权利。

(3) 要求减低价格或对货物进行修理。如卖方交付货物质量与合同不符，不论货款是否已支付，买方都可以要求减价或对货物进行修理。

(4) 要求交付替代货物。如货物与合同严重不符，已构成根本性违约，那么买方在能够按实际收到货物的原状归还的条件下，可以要求卖方交付替代货物。

(5) 宣告撤销合同。当卖方不履行合同义务而构成根本性违约时，买方可宣告撤销合同。在这种情况下，卖方有义务归还货款，他必须同时偿付给买方自支付货款之日起的利息。

在国际贸易中，如果是买方违反合同，例如，不履行或不完全履行其支付货款或收取货物的义务时，卖方可根据情况要求买方给予损害赔偿，允许其延迟履行、宣告撤销合同及设法保留货物的所有权以控制货物等。

在采取上述损害赔偿以外的任何一种补救方法时，受损害的一方都不丧失向违约方要求损害赔偿的权利。但是，当事人一方因另一方违约而受到损失的，应当及时采取适当措施防止损失的扩大。没有及时采取适当措施致使损失扩大的，无权对扩大的损失要求赔偿。

二、索赔与理赔

索赔，是遭受损害的一方在争议发生后，向违约方提出赔偿要求的行为。理赔，是一方提出索赔后，违约方受理对方的赔偿要求。索赔与理赔是一个问题的两个方面，对受害方是索赔，对违约方就是理赔。在实际业务中，索赔与理赔的主要依据是合同中的索赔条款。

1. 索赔对象确定

在国际贸易中，给当事人造成损失的原因很多，责任人也不同，受损的一方应该针对不同的索赔对象索赔。总体上看，受损害的一方根据造成损害的情况，可以分别向合同的另一方当事人、承运人或保险公司索赔。

（1）向合同的另一方当事人索赔

如果卖方违约给买方造成损失，则买方可向卖方提出索赔。如果买方违约而给卖方带来损失，卖方可向买方提出索赔。国际贸易中大多数情况是买方向卖方索赔。

（2）向承运人索赔

凡属下列情况，均可向承运人索赔。例如，货物数量少于提单所载数量；提单是清洁提单，而货物有残缺情况，并且属于船方过失所致；货物所受的损失，根据租船合同的有关条款应由船方负责等。

（3）向保险公司索赔

凡属下列情况者，均可向保险公司索赔。例如，由于自然灾害、意外事故或运输中其他事故的发生致使货物受损，并且在承保责任范围以内；凡轮船公司不予赔偿或赔偿金额不足抵补损失的部分，并且在承保责任范围以内。

2. 索赔方式

根据事故性质及责任对象确定索赔方式。索赔方式主要有三种：一是要求货币偿付的索赔，二是要求非货币偿付的索赔，三是混合索赔。索赔的适用方式见表 3—8—1。

表 3—8—1　　索赔的适用方式

索赔种类	具体方式	说明
货币的索赔	赔款	较适用于保险公司或船公司的索赔
	折价	10%以下较为普遍
	退货还款	较少发生
	拒绝付款	远期托收者和分期付款于货到时检验品质不符者
非货币的索赔	补交	短交、短失情形，要求供应商补交
	修复	适用机器类，修复后买方往往还要求再给予若干赔款
	掉换	适用于部分货品合格、部分不合格状况，运回不合格货物，换交合格者；如果不合格货物对买方还有价值，可以廉价出售，以节省运回运费
	延期付款	适用分期付款方式
混合索赔	延期付款	适用买方一时资金困难，以减少买方财务负担
	折价	部分不合规格的货物可折价售予买方，抵偿部分合格的货物
	补运	补交不足之数，免除回运之劳

3. 索赔理赔处理实务

（1）进口商索赔

1）货物损失的鉴定与必备的索赔文件

①确定货物发生损失后，应以书面通知有关当事人（船方、供应商、保险公司）公证的时间、地点，请当事人到现场处理联合公证，公证行出具公证报告，内容包括数量、包装及损害情形，责任划分，比如件数不足，究竟是航海中遗失，还是搬运、装船或卸货的仓库搬出及遭遇损失，均应加以判明。

收货人发现货物损失严重，在委托鉴定之前不要翻动货品，以免引起对方借口拒赔。如必须适当修整，要请第三者见证。

②核对提货运输单证等，主要有提单、装箱单副本、货物件数及包装情形。

③索取损失事故证明，如短卸证明（certification of shortlanding）、海难证明（marine protest or sea protest）、磅码单（tally sheet）等。

2）保留索赔权

发生损失后，立即取得事故责任证明文件，以书面形式向有关当事人交涉索赔。如果单证未齐全，应在有效期内提出保留索赔权，以保证权利。

3）注意时效，备齐索赔文件向有关方面交涉

①向船公司交涉。一旦发生短卸，应先向船方提交索赔通知函。多数情况下船方都要先向沿途各港探询短装货物下落，然后才能决定赔偿。如果船公司赔付一部分，另外的差额可向保险公司要求赔付。

提交的文件包括检验鉴定证书、承运部门或理货公司签发的事故证明文件、提单、发票、其他有关的证明文件。

②向出口商交涉。由于短装、漏装、品质不符、包装不良而导致的损失，应向出口商索赔。交涉之前，先把合同条款和信用证核对一下。

提交的文件包括检验鉴定证书、索赔账单或索赔要求函件、提单、发票、装箱单、理货报告等证明文件。

③向保险公司交涉。进口保险货物发生属于保险公司的保险责任范围内损失，比如，残损短少，一经保险公司或其指定的鉴定机构鉴定后，被保险人应附必要的索赔单证，向保险公司办理索赔。如已向其他责任人提出索赔，而该责任人以正当理由拒赔，应将交涉往来函电连同索赔文件一并提交保险公司。如果船方无正当理由拒赔，应继续交涉，其交涉的文件送保险公司。如果货主向第三方索赔有结果时，应通知保险公司销案。

提交的文件包括由保险代理人或由公证机构出具的检验报告、索赔清单、海难证明书（如遇海难）、货损货差证明、正本保险单、提单、发票、磅码单、船方拒赔函或其签发的事故证明书、第三者责任方的签证或商务记录以及向第三者责任方索赔的来往函件等其他有关证明文件。

（2）出口商理赔

1）查对出口货物品质及内容，以及装船时是否有同样缺陷，同时通知制造商查询该批货物制造情形及有关品质检查记录。

2）调查索赔发生原因，是制造过程的缺陷，还是运输作业的不良，抑或是卖方的疏忽。

3）研究合同条款，是否为买方无理的索赔要求。

（3）买卖双方的洽商及其执行事项

1）根据合同及事实确定索赔事项是否成立。

2）索赔范围及内容。

3）协议清偿索赔的具体办法。

4）根据解决办法，迅速妥善执行。

①如果赔款、罚款，应按定期汇款清偿。

②如果是补运、补交，应商定交货日期、数量及运送方法。

③如果是替换货物，双方应协定往返运费负担。

④如果是退货还款，买方将货物退还出口商，卖方同时办理退款手续。

⑤如果是修复方式，则商定买方派遣技术人员负责修复细节事项。

4. 合同中的索赔条款

在国际货物买卖合同中，对索赔条款有两种规定方式。一种是异议与索赔条款，另一种是罚金条款。商品买卖合同大多数只规定异议和索赔条款，只有在买卖大宗商品和机械设备一类商品的合同中，除定有异议与索赔条款外，还要另定罚金条款。

（1）异议与索赔条款

异议与索赔条款（discrepancy and claim clause）主要是针对卖方交货的品质、规格、数量、包装不符合合同规定或卖方装运不当而订立的，其主要内容除明确规定一方如违约另一方有权提出索赔外，还包括索赔依据、索赔期限、索赔金额及赔偿损失的办法等。

1）索赔依据。索赔依据包括法律依据和事实依据两个方面。前者是指贸易合同和有关国家的法律规定；后者是指违约的事实真相及其书面证明。如果证据不全、不清或出证机构不符合要求，都有可能遭到对方拒赔。

2）索赔期限。是指索赔方向违约方提出索赔的有效期限。索赔期限有约定的期限与法定的期限之分，前者是指买卖双方协商一致并在合同中作出明确规定的期限；后者是指根据有关法律规定的期限。受损害方有权在索赔期内向违约方提出索赔，逾期索赔违约方可不予受理。但是，如果索赔期限届满，一方可向对方要求延长索赔期限，或在合同规定的索赔有效期内向对方提出保留索赔权。

3）处理索赔的办法及索赔金额

由于违约的情况比较复杂，究竟在哪些业务环节上违约和违约的程度如何等，在订约时难以预计，因此，对于索赔办法及索赔的金额，也难以作出明确具体的规定。所以，关于这个问题通常在合同中只作一般笼统规定。

异议与索赔条款示例：

Any claim by the buyer regarding the goods shipped should be filed within ×× days after the arrival of the goods at the port of destination speciefied in the relative bill of lading and/or transport document and supported by survey report issued by a survey approved by the seller.

买方对装运货物的任何索赔必须于货物到达提单及/或运输单据所定目的港之日起××天内提出，并须提供卖方同意的公证机构出具的检验报告。

(2) 罚金条款

罚金条款(penalty clause)亦称违约金条款，是在合同中规定如果一方当事人未按合同履行义务，应向对方支付一定数额的罚金，以补偿对方损失的条款。其数额依违约时间长短或违约造成的损害程度而定，一般在合同中规定罚金的百分率。

罚金条款一般适用于卖方延期交货、买方延迟开立信用证或延期接货等情况。但是，罚金的支付并不解除违约方应继续履约的义务，违约方不仅要交付罚金，还要继续履行合同规定的义务。

罚金条款示例：

Should the buyer for its own sake all to open the Letter of Credit on time stipulated in the contract, the buyer shall pay a penalty to the seller. The penalty shall be charge at the rate ×× % of the amount of Letter of Credit for every ×× days of delay in opening the Letter of Credit, however the penalty shall not exceed ×× % of the total value of the Letter of Credit which the buyer should have opened.

买方因自身原因不能按合同规定的时间开立信用证应向卖方支付罚金。罚金按迟开证每××天收取信用证金额的××%，不足××天者按××天计算，但罚金不超过买方应开立信用证金额的××%。

三、不可抗力

国际货物买卖合同成立以后，有时会发生人力不可抗拒的意外事件，此时再一味要求当事人履行合同，显然是对当事人过于苛刻。按照国际惯例和许多国家的法律所规定的原则，当事人因此而获得免责。对于一个具体交易，如何处理不可抗力问题，双方当事人应在合同中明确规定。

1. 不可抗力的含义及其条件

不可抗力(force majeure)又称人力不可抗拒，是指在货物买卖合同签订以后，不是由于订约者任何一方当事人的过失或疏忽，而是由于发生当事人既不能预见和预防，又无法避免和克服的意外事故，以致不能履行或不能如期履行合同。遭受意外事故的一方，可以免除履行合同的责任或可以延期履行合同。

不可抗力事故通常包括两种情况：一是由自然力量引起的，如水灾、地震、风暴、旱灾、火灾、暴风雨等；二是由社会力量引起的，如战争、罢工、政府禁令、封锁禁运等。

需要注意，并不是所有的由自然力量、社会力量所引起的意外事故都可以归结为不可抗力。一般来说，构成不可抗力事故需要具备以下三个条件。

(1) 不可抗力事故必须发生在合同签订以后

在订立合同时，并没有不可抗力事故发生。如果订立合同时这种事故已经存在了，对当事人来讲则不具备偶然性、突发性，当事人在订立合同条款时已考虑到了该事故对合同的影响，那么，这种事故就不属于不可抗力事故。

(2) 不可抗力事故不是合同当事人的过失、疏忽或故意行为造成的

遭受事故的一方对该事故的发生并无责任。如果是由于当事人的错误行为导致合同无法

履行，则不能作为不可抗力事故。

（3）不可抗力事故是当事人无法预见、无法预防和控制的

即当事人在订约时，并不能预料到该事故必然会发生，即使估计到事故发生的可能性，也没有能力避免或防止事故发生。

2. 不可抗力事件的处理

（1）变更或解除合同

变更合同是指由一方提出并经对方同意，对合同内容作适当的变更修改，如延迟交货、分散装运、替代交付和减量履行。如何处理应视事件对合同履行的影响程度而定。如果履行合同已经不可能，则可以解除合同；如果是暂时阻止合同履行，只能修改合同，而不能解除合同。

（2）免责期限

不可抗力事件的免责对障碍存在的期间有效。如果合同没有宣告失效，则合同关系继续保留，一旦履约障碍解除，双方仍要继续履行合同。

（3）通知和证明

不可抗力事件发生后，受害一方必须及时通知对方，并提供有效的证明文件，在事故通知中提出明确的处理方案，否则不能免责。

3. 合同中的不可抗力条款

在合同签订以后发生的意外事故，能否构成不可抗力，在国际上并无统一的解释。因此为了避免当事人之间产生纠纷，防止一方当事人任意扩大或缩小对不可抗力事故范围的解释，或不可抗力事故发生后在履约方面提出不合理要求，应在买卖合同中对不可抗力条款作出尽可能明确、具体的规定。

国际货物买卖合同中不可抗力条款的内容虽然不尽相同，但归纳起来，一般包括以下几个方面。

（1）不可抗力事故的范围

买卖双方在磋商交易和签订合同时，应对构成不可抗力事故的范围达成一致意见，并在合同中作出明确规定，因为这一问题与双方当事人的利益有密切关系。我国进出口合同规定不可抗力事故范围有以下三种方法：

1）概括式规定

即在合同中不具体订明哪些属于不可抗力事故，而只是以笼统的语言作出概括的规定。例如“如由于不可抗力的原因使卖方不能如期交货或延期交货，卖方不负责任……”概括式规定虽然包括面广，但范围含混不清，在解释上容易产生纠纷。

2）列举式规定

即在合同中明确列出经双方认可的不可抗力事故，凡合同中没有明确规定的，均不能作为不可抗力事故对待。例如“由于战争、洪水、火灾、地震、雪灾、暴风雨的原因致使买卖双方不能履行或不能如期履行各自的义务时，不负责任……”列举式规定明确、肯定，在理解和解释上不容易产生分歧。但是，由于在合同中难以将所有不可抗力事故一一列举，一旦出现未列举的其他事故，就丧失了援引不可抗力条款达到免责的权利。

3）综合式规定

将列举式与概括式结合起来，先将双方当事人已取得共识的各种不可抗力事故列举出来，其后再加上“以及其他不可抗力事故等”概括式语句。例如“如因战争、地震、水灾、火灾、雪灾、暴风雨或其他不可抗力事故，致使任何一方不能履行合同时，不负责任……”。综合式规定方法，弥补了前两种规定方法的不足，做到了既明确、具体，又有一定的灵活性，因此，在实际业务中普遍采用。

（2）不可抗力事故的处理

不可抗力事故引起的后果有两种，一种是解除合同，一种是延迟履行合同。买卖双方应在条款中作出具体规定，以便于执行。但在实际业务中，由于签约时很难预料会发生何种事故以及对履约造成何种影响，因此，有些合同中规定，发生不可抗力事故，遭受事故的一方可以一段时间（如 2～3 个月）暂不履行合同，届时，如果仍无法履行合同，则可以解除合同，如果影响履约事故已不存在，则可继续执行合同。

（3）发生不可抗力事故后通知对方的期限和方式

按国际惯例，当发生不可抗力事故影响到合同的履行时，遭受事故的一方必须及时通知卖方，对方亦应于接到通知后及时给予答复，如有异议应及时提出。为了明确责任，一般在不可抗力条款中规定一方发生事故后通知对方的期限和方式。例如，合同中规定“一方遭受不可抗力事故后，应以电报通知对方，并应在 15 天内以航空挂号信提供事故的详情及其由××机构出具的影响合同履行程度的证明文件。”

（4）证明及出具证明的机构

当一方援引合同中不可抗力条款要求免责时，必须向对方提交一定机构出具的证明文件，作为发生不可抗力的证据。在国外，一般由当地商会或经注册登记的合法公证机构出具。在我国，是由中国国际贸易促进委员会或其设在口岸的分会来出具。

在我国出口合同中常用的不可抗力条款示例：

If the shipment of the contract goods is prevented or delayed in whole or in part by reason of war，earthquake，flood，fire，storm，heavy snow or other cause of Force Majeure，the Seller shall not be liable for non-shipment or late shipment of the goods of this contract. However，the Seller shall notify the Buyer by telex and furnish the latter within ×× days by registered airmail with a certificate issued by the China Council for the Promotion of International Trade attesting such event or events.

如由于战争、地震、水灾、火灾、暴风雨、雪灾或其他不可抗力的原因，致使卖方不能全部或部分装运或迟装运合同货物，卖方对于这种不能装运或延迟装运本合同货物不负责。但卖方必须用电传通知买方，并在××天内以航空挂号信件向买方提交由中国国际贸易促进委员会出具的证明此类事件的证明书。

四、仲裁

在国际货物买卖过程中，买卖双方在履行合同时不可避免地因种种原因发生争议。一旦争议发生，买卖双方就要面临如何解决争议的问题。

在国际上，解决争议的方式有四种：协商解决、第三者调解、提交仲裁机构仲裁和进行司法诉讼。从国际贸易实践来看，采用仲裁方式是解决争议的一种重要方式。

1. 非仲裁方式

（1）协商解决

协商（consultation，negotiation）又称友好协商。指在发生争议后，由当事人双方直接进行磋商，自行解决纠纷。这种做法可节省费用，而且气氛和缓、灵活性大，有利于双方贸易关系的发展，是解决争议的好办法。

（2）调解

发生争议后，如果双方协商不成，则在争议双方自愿的基础上，邀请第三者出面从中调解（conciliation）。调解人的作用是帮助当事人找出造成争议的事实及责任方，并找到一种双方均可接受的解决办法。调解在性质上与协商是一样的，最后的解决办法还需经当事人一致同意才能成立。

（3）诉讼

诉讼（litigation）就是打官司，由司法部门按法律程序来解决双方的争议。这通常是由于争议所涉及的金额较大，双方都不肯让步，不愿或不能采取友好协商或仲裁方式，或者一方缺乏解决问题的诚意，可以通过向法院提出诉讼来解决。由于诉讼的程序复杂、费用高、时间长，一般贸易中较少采用。

2. 仲裁

仲裁（arbitration）又称公断，是指买卖双方在争议发生之前或发生之后，签订书面协议，自愿将争议提交双方同意的第三者裁决，以解决争议的一种方式。仲裁依照法律允许的仲裁程序裁定争端，裁决具有法律约束力，当事人双方必须遵照执行。

（1）仲裁的特点

1）仲裁以双方自愿为基础

在国际货物买卖合同履行过程中，只要双方自愿，任何争议都可以通过仲裁机构进行仲裁。同时，仲裁机构对争议案件的受理，也以双方自愿为基础，并依据双方当事人的仲裁协议来进行，对没有仲裁协议的争议案件不予受理。但诉讼不存在自愿问题，诉讼的提起可以单方面进行，只要双方当事人向有管辖权的法院起诉，另一方就必须应诉。

2）仲裁机构和仲裁员一般是非官方的

受理争议的仲裁机构通常是属于社会性民间团体所设立的组织，而非国家政权机关或官方机构，不具有强制管辖权，只是凭争议双方当事人提交的仲裁协议而取得对争议案件的管辖权。同时，仲裁员也非国家任命，而是由争议双方当事人推选的，并且仲裁员来自不同国家和不同行业。因此，双方当事人均有在仲裁机构中推选仲裁员以裁决争议的权力。但诉讼方式下争议双方都无权选择法官。

3）仲裁机构的裁决是终局性的

仲裁机构一般是依照法律所允许的仲裁程序来审理和裁决争议案件。因此，仲裁裁决具有法律约束力，当事人双方必须遵照执行。如有一方拒绝执行，另一方可提请法院强制执行。

4）仲裁程序简便，处理迅速，费用较低

仲裁也要递交仲裁申请书和有关材料，但不像诉讼那样要经过一系列复杂的法律程序，并且也不需要请律师，而且仲裁员一般都是贸易界的知名人士或有关方面的专家，比较熟悉国际贸易业务。所以，仲裁相对来说比较简便和迅速。同时，由于仲裁费用是按标的物的价值来计算的，且没有律师费用，因此，仲裁费用较低。

5）仲裁有利于当事人之间维系商业关系

仲裁方式较之诉讼方式要友好得多，气氛也比较平和。由于仲裁主要从商业角度解决双方争议，因此，为了保守商业秘密，可以不公开进行。而诉讼一般是公开开庭，这对当事人今后的业务活动和声誉都会有一定影响。

总之，与其他几种方式相比，仲裁方式有自愿性，又有强制性和灵活性。自愿性主要体现在仲裁的提起，要有双方达成的协议；强制性则表现在仲裁裁决是终局性的，双方必须遵照执行且仲裁与诉讼相比具有较大的灵活性，处理问题比较迅速及时，费用也比较低。由于这些原因当争议双方通过友好协商不能解决问题时，一般都愿意通过仲裁方式裁决。

（2）仲裁协议

仲裁协议是双方当事人自愿将争议提交仲裁机构进行裁决的书面协议。仲裁协议是申请仲裁的必备材料，也是仲裁机构和仲裁员受理争议案件的依据。

1）仲裁协议的形式

仲裁协议有两种形式，一种是由双方当事人在争议发生之前订立的，表示同意把将来可能发生的争议提交仲裁裁决的协议，这种协议一般作为买卖合同的一项条款，称为仲裁条款(arbitration clause)。另一种是由双方当事人在争议发生之后订立的，表示同意把已经发生的争议提交仲裁解决的协议，称为提交仲裁的协议，两种仲裁协议的形式虽然不同，其法律效力与作用却是相同的。

2）仲裁协议的作用

①约束双方当事人按协议规定以仲裁方式解决争议，而不得向法院起诉。

②排除法院对有关争议案件的管辖权。各国法律一般都规定法院不受理双方订有仲裁协议的争议案件，包括不受理当事人对仲裁裁决的上诉，如果一方违背仲裁协议，自行向法院起诉，另一方可根据仲裁协议要求法院不予受理，并将争议案件交仲裁庭裁决。

③使仲裁机构和仲裁员取得对有关争议案件的管辖权。仲裁协议是仲裁机构受理案件的依据，任何仲裁机构都无权受理无书面仲裁协议的案件。

仲裁协议以上三方面的作用是互相联系的，但以第2条为核心，即仲裁协议排除了法院对有关争议案件的管辖权。因此，双方当事人在签订合同时如果愿意把日后可能发生的争议交付仲裁，而不愿诉诸法律程序，就应在合同中订立仲裁条款。在实际业务中，如果买卖双方没有事先在合同中订立仲裁条款，待争议发生之后，由于双方处于对立地位，往往无法就提交仲裁问题取得一致意见，原告就有可能直接向法院起诉，在这种情况下，任何一方都无法迫使对方接受仲裁。

3. 仲裁实务

（1）申请仲裁

申请仲裁时应提交的文件：

1）仲裁协议。

2）写明下列内容的仲裁申请书。

①申请人、被申请人的姓名或者名称、住所、邮政编码、电话、传真以及其他的联系方式；法人或者其他组织法定代表人或主要负责人的姓名、职务、住所、邮政编码、电话、传真以及其他可能的快捷联系方式。

②仲裁请求和所根据的事实、理由。

3）证据和证据来源并附清单，证人姓名和住所。

4）申请人身份证明文件。

（2）仲裁案件的受理

1）审查案件相关资料，看是否符合受理条件。

2）申请人提交仲裁费。申请仲裁时，应当预交仲裁费用。当事人预交仲裁费用有困难的，可以申请缓交。当事人不预交仲裁费用，又不提出缓交申请的，视为撤回仲裁申请。

3）组成仲裁庭。仲裁庭可以由 3 名仲裁员或者 1 名仲裁员组成，由 3 名仲裁员组成的，设首席仲裁员。

4）答辩。被申请人在接到仲裁委员会转来的仲裁申请书后，应当在规定的时间内提交答辩书。答辩书的内容应对申请人在仲裁申请书中提出的请求、陈述的事实和依据的理由加以回答、抗辩和反驳。仲裁委员会在收到被申请人的答辩书后，应立即寄送申请人。

5）反诉。被申请人有权利提出自己独立的反诉请求，用来抵消或吞并申请人的请求权利，从而使申请人的请求受到削弱或全部丧失。如有反诉（应写明具体的事实和理由，并附具有关的证明文件），最迟应在收到仲裁通知书之日起 60 天内以书面形式提交仲裁委员会。

6）审理案件。仲裁庭对案件的审理一般有以下几项内容：

①开庭审理。仲裁庭应当开庭审理案件，但经双方申请或征得双方同意，仲裁庭也认为不必开庭审理的，可以只依据书面文件处理。如果开庭审理，应在开庭前 30 天通知双方当事人，如开庭时一方不出席，可进行缺席裁决。

②调解。经调解达成和解协议的仲裁庭可作出裁决书。

③收集证据。为判断案情，除申请人提交的证据外，仲裁庭可以自行调查、向专家咨询、委托他人鉴定等。

④采取保全措施。即指仲裁程序开始后至作出裁决前对争议标的或证据，或有关当事人的财产采取临时性强制措施。比如临时扣押财产，防止转移或变卖；对易腐烂货先行出售等。

7）作出裁决。仲裁裁决是仲裁庭审理案件后，根据事实和证据，对当事人提交的请求事项作出的予以支持或者驳回，或者部分支持部分驳回的书面决定。仲裁庭应当自组庭之日起 6 个月（不包括鉴定期间）内作出裁决。有特殊情况需要延长的，由首席仲裁员提请秘书长批准，可以适当延长。作出裁决书的日期，即为裁决发生法律效力的日期。裁决是终局的，对双方当事人均有约束力。任何一方当事人均不得向法院起诉，也不得向其他任何机构提出变更仲裁裁决的请求。

8）裁决的履行。

①当事人应当依照裁决书写明的期限履行仲裁裁决。裁决书未写明履行期限的，应当立即履行。

②一方当事人不履行裁决的，另一方当事人可以根据中国法律的规定，向有管辖权的中国法院申请执行。或者根据1958年联合国《承认及执行外国仲裁裁决公约》或者中国缔结或参加的其他国际条约，向有管辖权的法院申请执行。

4. 合同中的仲裁条款

仲裁条款的内容有简有繁，不完全统一。合同中的仲裁条款一般包括提请仲裁的争议范围、仲裁地点、仲裁机构、仲裁规则、裁决的效力等内容。

（1）仲裁地点

在我国进出口贸易合同中对仲裁地点的规定，通常是根据具体情况，首先是力争在中国仲裁，或选择在被申请人所在国仲裁，或在双方同意的第三国（地区）仲裁。当采用在第三国仲裁的方法时，仲裁地点应选择仲裁法规允许受理双方当事人都不是本国公民的第三国，并且该仲裁机构具备一定的业务能力且态度公正。

（2）仲裁机构

当事人双方选择哪个国家（地区）的仲裁机构审理争议，应在合同中作出具体说明。国际上的仲裁机构有两种，一种是常设性仲裁机构，另一种是临时性仲裁机构。

1）常设性仲裁机构

常设性仲裁机构是指专门从事商事纠纷处理，并进行仲裁管理与组织工作的仲裁机构。常设性仲裁机构有三类：国际性或区域性仲裁机构（如国际商会仲裁院）；全国性（国家级）的仲裁机构（如伦敦仲裁院、中国国际经济贸易仲裁委员会、美国仲裁协会、瑞典斯德哥尔摩商会仲裁院、瑞士苏黎世商会仲裁院、日本国际商事仲裁协会、意大利仲裁协会等）；附设在特定行业内的专业性仲裁机构（如中国海事仲裁委员会等）。

2）临时性仲裁机构

临时性仲裁机构是指专门为审理某一争议案件，由双方当事人指定仲裁员组成的仲裁庭；案件审理完毕后，仲裁庭即自动解散。因此，双方当事人采用这种方式解决争议时，应对仲裁庭的组成作出明确的规定，包括双方指定仲裁员的办法、人数、组成仲裁庭的成员以及是否需要首席仲裁员等。

（3）仲裁规则

仲裁规则与仲裁机构有密切关系，在一般情况下，合同的仲裁条款中规定在哪个仲裁机构仲裁，就按该机构制定的仲裁规则办理。但是，有些国家的法律也允许根据双方当事人的约定，选择他们认为合适的仲裁地点以外的其他国家（地区）的仲裁机构的仲裁规则，但以不违反仲裁地国家仲裁法中的强制性规定为限。

（4）仲裁裁决的效力

仲裁裁决的效力主要是指由仲裁庭作出的裁决，对双方当事人是否具有约束力，是否为终局性的；如果一方当事人对裁决不服，可否向法院上诉。

在我国，凡是由中国国际经济贸易仲裁委员会作出的裁决，都是终局性的，对双方当事人均有约束力，必须依照执行，任何一方都不得向法院上诉要求变更；如果逾期不执行，另一方当事人可向法院申请依法执行。在西方国家，仲裁裁决作出后，一般也不允许再向法院上诉，即使有的国家允许上诉，法院也只审查仲裁裁决在法律手续上是否完备而不审查裁决本身是否正确。如果法院审查出裁决在程序上有问题，才有权宣布裁决为无效。

为了明确仲裁裁决的效力，承认与执行裁决，避免引起复杂的上诉程序，在订立合同仲裁条款时应明确规定“仲裁裁决是终局性的，对双方当事人都有约束力”（The arbitral award is final binding upon both parties）。

（5）仲裁费用的负担

通常在仲裁条款中规定仲裁费由败诉方承担，也有的规定由仲裁庭酌情决定。

（6）仲裁条款示例

1）规定在我国仲裁的条款

Any dispute arising out of the performance，or relating to this contract，shall be settled amicably through negotiation. In case no settlement can be reached through negotiation，the case shall then be submitted to the China Internationd Economic and Trade Arbitration Commission，Beijing，China，for arbitration in accordance with its Rules of Arbitration. The arbitral award is final and binding upon both parties.

凡因执行本合同所发生的或与本合同有关的任何争议，双方应通过友好协商解决。如经协商不能解决，应提交中国国际经济贸易仲裁委员会，根据其仲裁规则进行仲裁。仲裁裁决是终局性的，对双方都有约束力。

2）规定在被申请方所在国仲裁的条款

Any dispute arising out of the performance，or relating to this contract，shall be settled amicably through negotiation. In case no settlement can be reached through negotiation，the case shall then be submitted for arbitration. The location of arbitration shall be in the country of the domicile of the defendant. If in China，the arbitration shall be conducted by the China International Economic and Trade Arbitration Commission，in accordance with its Rules of Arbitration. If in ×× ，the arbitration shall be conducted by××in accordance with its arbital rules of procedure. The arbitral award is final and binding upon both parties.

凡因执行本合同所发生的或与本合同有关的任何争议，双方应通过友好协商解决。如经协商不能解决，应提交仲裁，仲裁在被申请方所在国进行。如在中国，由中国国际经济贸易仲裁委员会根据其仲裁规则进行仲裁。如在××（被申请方所在国家的名称），由××（被申请方所在国的仲裁机构的地址和名称）根据该仲裁机构的仲裁规则进行仲裁。仲裁裁决是终局性的，对双方都有约束力。

3）规定在第三国仲裁的条款

Any dispute arising out of the performance, or relating to this contract, shall be settled amicably through negotiation. In case no settlement can be reached through negotiation, the case shall then be submitted to ×× for arbitration in accordance with its rules of arbitration. The arbitral award is final and binding upon both parties.

凡因执行本合同所发生的或与本合同有关的任何争议，双方应通过友好协商解决。如经协商不能解决，应提交××（某第三国某地仲裁机构名称）根据该仲裁机构的仲裁程序规则进行仲裁。仲裁裁决是终局性的，对双方都有约束力。

任务实施

弗瑞德公司与兄弟公司签订的合同中的违约金与不可抗力和仲裁条款如下：

不可抗力：因人力不可抗拒事故，使卖方不能在合同规定期限内交货或不能交货，卖方不负责任，但是卖方必须立即以电报通知买方。如果买方提出要求，卖方应以挂号函向买方提供由中国国际贸易促进会或有关机构出具的证明，证明事故的存在。

Force Majeure: The Sellers shall not be held responsible if they, owing to Force Majeure causes. Fail to make delivery within the time stipulated in the contract or can't deliver the goods. However, in such a case the sellers shall inform the Buyers immediately by cable. The Sellers shall send to the Buyers by registered letter at the quest of the Buyers a certificate attesting the existence of such a cause or causes issued by China Council for the Promotion of International Trade or by a competent Authority.

异议索赔：品质异议须于货到目的口岸之日起 30 天内提出，数量异议须于货到目的口岸之日起 15 天内提出，买方需同时提供双方同意的公证行的检验证明。卖方“将根据具体情况解决异议。由自然原因或船方、保险商责任造成的损失，将不予考虑任何索赔，信用证未在合同指定日期内到达卖方，或 FOB 条款下、买方未按时派船到指定港口，或信用证与合同条款不符，买方未在接到卖方通知所规定的期限内更改有关条款时，卖方有权撤销合同或延迟交货，并有权提出索赔。

Discrepancy and Claim: In case discrepancy on quality of the goods is found by the Buyers after arrival of the goods at port of destination, claim may be lodged within 30 days after arrival of the goods at port of destination, while for quantity discrepancy, claim may be lodged within 15 days after arrival of the goods at port of destination, being supported by Inspection Certificate issued by a reputable public surveyor agreed upon by both party. The Sellers shall, then consider the claim in the light of actual circumstance. For the losses due to natural cause or causes falling within the responsibilities of the Ship-owners or the Underwriters, the Sellers shall not consider any claim for compensation. In case the Letter of Credit not reach the Sellers within the time stipulated in the Contract, or under FOB price terms Buyers do not send vessel to appointed ports or the Letter of Credit opened by the Buyers does not correspond to the Contract terms and the Buyers fail to amend therefore its terms by telegraph within the time limit after receipt of notification by the Sellers, the Sellers shall have right to cancel the contract or to delay the delivery of the goods and shall have also the right to lodge claims for compensation of losses.

仲裁：凡因执行本合同所发生的或与合同有关的一切争议，双方应友好协商解决。如果协商不能解决应提交中国国际经济贸易仲裁委员会，根据该委员会的有关仲裁程序暂行规则在中国进行仲裁的、仲裁裁决是终局的，对双方都有约束力。仲裁费用除另有裁决外由败诉一方承担。

Arbitration: All disputes in connection with the contract or the execution thereof, shall be settled amicable by negotiation. In case no settlement can be reached, the case under dispute may then be submitted to the China International Economic and Trade Arbitration Commission for arbitration. The arbitration shall take place in China and shall be executed in accordance with the provisional rules of Procedure of the said Commission and the decision made by the Commission shall be accepted as final binding upon both parties for setting the dispute. The fees, for arbitration shall be borne by the losing party unless otherwise awarded.

（1）提出仲裁申请（to apply for application）

加拿大兄弟公司认为此次不能够及时交货的原因是雷击起火，不属于不可抗力，于是将所发生的争议根据合同的仲裁条款向中国国际经济贸易仲裁委员会提出仲裁申请。附有所依据的事实证明文件，预缴了一定数额的仲裁费。

仲裁申请书内容包括：申诉人和被诉人的名称、地址；申诉人所依据的仲裁协议；申诉人的要求及所依据的事实和证据。

（2）组织仲裁庭（to establish arbitration tribunal）

根据我国仲裁规则的规定，弗瑞德公司和兄弟公司各自在仲裁委员会仲裁员名册中指定一名仲裁员，并由仲裁委员会主席指定一名仲裁员为首席仲裁员，共同组成仲裁庭审理案件，审理该争议案件。

（3）审理案件（to hear the case）

仲裁庭征得双方当事人同意，只依据书面文件进行审理并作出裁决；仲裁庭审理案件的依据是中国国际经济贸易仲裁委员会的仲裁规则。

（4）作出裁决（to give award）

裁决是仲裁程序的最后一个环节。裁决作出后，审理案件的程序即告终结，因而这种裁决是终局裁决。

仲裁裁决于案件审理终结之日起45天内以书面形式作出，说明裁决所依据的理由，并写明裁决是终局的和作出裁决的日期、地点以及仲裁员的署名等。

仲裁庭作出裁决如下：

火灾发生在合同订立后，满足“不能预见”“不能避免”“不能克服”且当事人均无过错，因此，火灾构成不可抗力。

火灾发生后，弗瑞德公司及时通知对方，并提供当地贸易促进委员会的证明，且因货物全部烧毁，故弗瑞德公司延期履行合同或终止履行合同。弗瑞德公司不需要向兄弟公司进行赔偿。

知识链接

一、索赔与理赔应注意的问题

1. 我方索赔需注意的问题

（1）注重实际，查明责任。查明对方是否确实违约，如属对方责任，可向对方提出索赔；如是船运公司或保险人的责任，应向船运公司或保险人索赔。

（2）必须在合同规定的期限内提出索赔；若按《公约》规定，则索赔期为两年。

（3）按合同预先规定的金额提出索赔；或根据实际损失情况确定适当的金额。

（4）备齐索赔单证，如提单、发票、保险单、装箱单、磅码单、商检机构出具的货损检验证书或由船长签署的短缺残损证明，以及索赔清单。

2. 我方理赔应注意的问题

（1）对方索赔理由是否充足、属实。

（2）对方索赔证件和有关文件是否齐全、清楚、有无夸大损失等。

（3）合理确定赔付办法，如赔付部分货物、退货、换货、补货、修整、赔付一定金额、对索赔货物给予价格折扣或按残损货物百分比对全部货物降价等办法。

二、索赔函与理赔函示例

索赔通知函示例　　向出口商索赔通知函

Def International Trading Co.

G. street，H box ××××. California U. S. A. Tel：(001 ××× ××× ××××) Fax：(001 ××× ××× ××××)

Date：2 July，2001

Our ref No. 248

Dear sirs，

We received your consignment of working boots made in China this morning. However, on examining the contents we found that 26 cartons are broken and dozens of the working boots inside them are seriously damaged.

We have had the carton and contents examined by the insurance surveyor but，as you will see from the enclosed copy of this report，he maintains that the damage was due to insecure packing and not to unduly rough handling of the carton. So we have to lodge a claim against you for the loss of USD 6 500. 80 we have sustained.

We are looking forward to having you early reply to this matter.

Yours faithfully，

Def International Trading Co.

Mr. Villard Henry

理赔函示例　出口商理赔函

Abc Trading Corporation

115 ×× Road，×× District，Changchun China

Date：8 Aug. 2001

Dear sirs，

Re：Your claim No. 248

With reference to your claim No. 248 for a 26 cartons of working boots broken . We wish to express our much regret over the unfortunate incident.

After a check-up by our staff in New York，it was found that the 26 cartons of working boots broken because the bands held infirm . We apologize for the inconvenience you have sustained and assure you that we shall be careful never to make such a mistake again.

In the 26 broken cartons of working boots there are about 15 cartons available for use. So in view of our friendly business relations，we are prepared to compensate for the loss of the broken of 11 cartons of working boots and the packing charges and other additional fees occurred herewith. Enclosed is a check for USD 3 000. 00 which will cover the whole loss of yours.

We trust that the arrangement we have made will satisfy you and look forward to receiving your further orders.

Yours faithfully，

Huang Helong

技能训练

业务背景

某年 6 月，我国北方某粮油进口公司（以下简称我方公司）与澳大利亚 PM 公司（以下简称澳方公司）成交油炸花生米 200 公吨，每公吨 CFR 悉尼 400 美元，总金额 80 000 美元，交货期为当年 9—12 月。合同规定，双方发生争议时先协商解决，如协商不能解决，提交仲裁机构解决，仲裁地点为中国，仲裁机构为中国对外经济贸易仲裁委员会。

我方公司签订合同后，开始组织货源，但由于供应货的加工厂能力有限，致使货源不足，我方公司当年只交了 50 公吨，其余 150 公吨经双方协商统一延长至下一年度内交货。次年，我国部分花生生产地发生自然灾害，花生减产，又加上供应货的加工厂停止生产这种产品，我方公司无力组织货源，于是于次年 9 月 26 日函电澳方公司，以“不可抗力”为理由，要求免除交货责任。澳方公司于 9 月 29 日回电，认为自然灾害并不能成为卖方解除免交货物责任的“不可抗力”理由，并称该商品市场价格已上涨，由于我方公司未交货已使其损失 2 万美元，因而要求我方公司无偿供应其他品种的同类食品抵偿其损失。我方公司对此项要求不同意，坚持“不可抗力”是不能交货的理由，因而不承担不能交货责任，也无义务对澳方公司进行其他补偿。在协商不成的情况下，澳方公司根据仲裁条款向中国仲裁机构提出仲裁。仲裁申请书中强调，中方公司所称“不可抗力”的理由不能成立，迟延交货的原因是加工不足，而这之后出现的自然灾害不能作为“不可抗力”的理由免除交货的责任的。并提出中方公司如不愿以商品抵偿其损失，澳方公司就坚持索赔 2 万美元。

训练任务

1. 根据实际情况写一封索赔函。
2. 判定该事件是否是不可抗力事件？为什么？
3. 模拟仲裁程序与仲裁裁决。

思考与练习

1. 什么是争议？产生争议的原因有哪些？解决争议的方式有哪些？
2. 什么是不可抗力？构成不可抗力事件需要具备哪些条件？
3. 什么是仲裁？仲裁有哪些特点？
4. 仲裁的程序是什么？
5. 案例分析

(1) 一进口商对外开出信用证后，因卖方生产原料缺乏，无法履行合同，致使信用证已过期，此时市价上涨两倍多，进口商应如何要求卖方赔偿？若卖方能取得政府证明文件以不可抗力为由拒赔，进口商应如何处理？

(2) 信用证上标明是“直航，且不转船，目的地为美国”，结果押汇之后，货被退关，只装上部分货物，其余将装下班轮。船务公司在新加坡转船后将所载部分货物运至目的地。买方收货时发现部分存在货损情况。买方以卖方违反信用证规定为由，提出索赔。问：①索赔是否成立？②若成立，应向谁索赔？③卖方应负什么责任？④转船损失是否可向保险公司索赔？

(3) 某港商与中东某客商签订一批进口精炼油合同。后客商提炼原油的三个工厂之一遭受火灾，此时正值国际市场油价大幅上涨，故客商以不可抗力事故为由要求解除合同，请问该港商应如何处理此事？

(4) 某港商向美国一客商出口一批货物，仲裁条款规定：“凡因执行本合同所发生之一切争议，双方同意提交仲裁。仲裁在被诉人所在地进行。仲裁裁决是终局的，对双方均有约束力。”在履约过程中，美商认为港商所交货物品质与合同规定不符，于是向香港某仲裁机构对该港商提出申诉。经仲裁庭调查审理，认为美商证据不实，裁决美商败诉。事后，该港商因美商不执行信用证裁决向香港法院提出申请，要求法院强制执行。美商不服，请问：美商可否向美国法院上诉？为什么？